La territorialisation de l'aide sociale légale

Une source d'inégalité selon le département de résidence

Le droit aujourd'hui

La collection « Le droit aujourd'hui » regroupe des études juridiques concernant des problèmes d'actualité nationale et internationale, dans divers domaines (éthique, politique, questions de société…).

Dernières parutions

Yasser OMAR AMINE, *Propriété des formes créatives issues de la manifestation d'un sentiment religieux. Étude de droit d'auteur comparé, notamment franco-égyptien,* 2025.
Nicolas BOUCANT, *Les conflits d'intérêts en droit des sociétés*, 2025.
Mélanie GRANSEIGNE-GAPAIL, *La confidentialité à l'épreuve de la médiation administrative*, 2025.
Héloïse PLAQUIN, *Identités culturelles régionales ou autochtones et Etats unitaires. Les exemples de la Corse en France et du peuple sami en Norvège*, 2024.
Jacques DELGA, *Avocat, Parcours et règles essentielles*, 2024.
Béatrice BLOHORN-BRENNEUR (dir.), *La médiation sur les cinq continents, rêve ou réalité ? GEMME 20 ans déjà !*, 2024.
Anaïs VIAL, *Le droit à la mort*, 2024.
Béatrice BLOHORN-BRENNEUR (dir.), *Médiation, écologie, environnement et intelligence artificielle*, 2024.
François GERBER, *Tempête Xynthia. La responsabilité des acteurs locaux dans les conséquences de la submersion*, 2023.
Olivier SALOMON, *Interprétation artistique et propriété intellectuelle, Essai d'une théorie du voisinage des droits exclusifs au sein de la propriété littéraire et artistique*, 2023.
Sarah TOUBAL, *Le rebond du débiteur. Contribution à l'étude du droit de la défaillance économique,* 2023.
Claire BORREL, Loïc PELISSIER, Abélisse PINCHON, *Altruisme et Droit*, 2023.
Cristina Elena POPA TACHE, *Le dynamisme du droit international public contemporain et la transdisciplinarité,* 2023.
Charles COLOMAR, *Le droit de l'art en question(s). 20 réponses juridiques sur des thématiques artistiques*, 2023.

Michel Boudjemaï

La territorialisation de l'aide sociale légale

Une source d'inégalité selon le département de résidence

Seconde édition augmentée et mise à jour

Préface de Martine Long

L'Harmattan

5-7, rue de l'École Polytechnique - 75005 Paris
www.editions-harmattan.fr
ISBN : 978-2-336-60993-5
EAN : 9782336609935
Dépôt légal : juillet 2026

Je dédie ce travail à mes parents, Ali et Fatima BOUDJEMAÏ et à ma belle-mère, Tassadit, seconde épouse de mon père.

Un grand merci également à mon épouse, Fabienne GUERIN-BOUDJEMAÏ, et à mes deux belles-filles, Lou et Anouk, sans lesquelles ma vie ne serait pas aussi belle.

Merci à Olivier DUPERON, Professeur de droit public à l'université de Reims Champagne-Ardenne et qui a dirigé ma thèse.

Merci aussi à Dominique RIEFFEL pour ses corrections et ses précieuses observations.

Enfin, merci à mon grand ami Didier LAHAYE qui a toujours été présent et dont les conseils avisés m'ont toujours éclairé tout au long de mes différents travaux de recherche.

SOMMAIRE

PRÉFACE 11

INTRODUCTION 13

PREMIÈRE PARTIE
Décentralisation de l'aide sociale légale et égalité : l'impossible équation ? 19

TITRE I
La fonte de l'État social 21

CHAPITRE 1
Désengagement progressif de l'État 23

CHAPITRE 2
Constitutionnalisation de l'inégalité dans le domaine de l'aide sociale 73

CONCLUSION DU TITRE I DE LA PREMIÈRE PARTIE 99

TITRE II
Aide sociale décentralisée : une égalité de façade 101

CHAPITRE 1
Domicile des secours et domiciliation : histoire d'un lien filial avec le territoire 103

CHAPITRE 2
Territorialisation du droit : la prise en compte du territoire dans la détermination du contenu de la règle de droit 111

CONCLUSION DU TITRE II DE LA PREMIÈRE PARTIE 151

DEUXIÈME PARTIE
Territorialisation de l'aide sociale légale : une source avérée d'inégalité de traitement **153**

TITRE I
L'inégalité comme dénominateur commun de tous les champs de l'aide sociale légale 155

CHAPITRE 1
Dans le champ de l'autonomie des personnes 157

CHAPITRE 2
Dans le champ de la lutte contre les exclusions et de la protection de l'enfance 227

CONCLUSION DU TITRE I DE LA DEUXIÈME PARTIE 307

TITRE II
Vers une correction des inégalités 309

CHAPITRE 1
L'égalité d'accès aux droits sociaux : un objectif affirmé des politiques sociales 311

CHAPITRE 2
Recentralisation partielle de l'aide sociale 327

CONCLUSION DU TITRE II DE LA DEUXIÈME PARTIE 355

CONCLUSION GÉNÉRALE **357**

BIBLIOGRAPHIE 363

TABLE DES MATIÈRES 371

PRÉFACE

Dans le monde en crise dans lequel nous vivons, les solidarités qu'elles soient familiales, internationales ou locales constituent un point de repère essentiel. Au sein des systèmes de solidarités le département occupe une place singulière depuis les transferts de compétences opérés en 1984 et l'affirmation de sa place de clef de voûte de l'aide et de l'action sociale. Si depuis cette date différents dispositifs législatifs ont altéré l'édifice avec la montée en puissance de l'intercommunalité de projet, la création des métropoles ou encore le déploiement de techniques de contractualisation avec l'État, le département en qualité d'échelon des solidarités territoriales et sociales n'a pas été remis en question dans sa globalité. Certes, une fragilisation se fait jour au gré de recompositions territoriales, d'une recentralisation partielle de certaines compétences ou d'un retour de l'État sous une forme de contrôle ; mais malgré l'annonce du souhait de sa disparition en 2014, ce dernier est sorti relativement conforté, à la fois par la loi NOTRe du 7 août 2015 et du fait de la nécessité de proximité mise en avant dans la gestion de crise. La création des grandes régions, et le besoin de références claires confirment cette tendance.

La thèse de M. Boudjemaï vient nous rappeler combien l'action du département est importante dans les différentes branches du social, elle nous montre également combien au-delà du cadre légal, l'accompagnement des différents publics est divers et source d'inégalités. Pour autant, au fondement se trouve bien le principe de solidarité nationale inscrit aux alinéas 10 et 11 du préambule de la Constitution du 27 octobre 1946.

L'intérêt du travail de M. Boudjemaï est de nous offrir une lecture panoramique de l'ensemble des branches d'intervention du département, à travers le double prisme du cadre légal et du principe d'égalité. Il y fait œuvre d'érudition par sa maîtrise du secteur et sa pratique professionnelle aguerrie.

La démonstration est opérante et au-delà du discours convenu d'un département contraint, la thèse montre les lectures territoriales de la loi. Le travail mené montre bien que derrière la décentralisation se jouent les différenciations territoriales qui viennent questionner les droits des usagers et poser la problématique de la place d'un socle de base malléable malgré les apparences.

Pendant longtemps les départements se sont très largement complu dans une posture de victimation à l'égard de l'État dans une quête compensatrice, le champ du social s'ouvre aujourd'hui sur des visions davantage politiques et des perspectives d'innovation intéressantes. Deux types de profils apparaissent, ceux qui restent dans une définition classique de leur rôle et ceux qui trouvent une légitimité dans l'action et les propositions. Derrière ces champs ouverts, que ce soit la conditionnalité des aides ou l'expérimentation, ce sont bien des visions de la société qui sont en jeu. Si la différenciation est aujourd'hui plébiscitée par les élus locaux, la réflexion portée par le travail de M. Boudjemaï montre bien l'ambigüité de son application au social.

Le social est aujourd'hui morcelé dans des logiques d'action et d'acteurs qui trouvent une cohérence dans les impératifs de l'État. Il reste à ce dernier très certainement à cesser de jouer aux apprentis sorciers et à remettre l'individu au cœur des préoccupations. La gestion des EHPAD durant la première partie de la crise sanitaire a montré les limites d'un système cogéré et a souligné combien il faut repenser les formes de gouvernance dans une logique d'inclusion des préoccupations des usagers et de leurs familles. Si l'expérimentation et la gestion locale sont source d'innovation et amènent la proximité, l'État se doit d'être garant à la fois de l'accès aux droits et du respect de la dignité et des droits fondamentaux des individus, notamment les plus fragilisés.

Au-delà des enjeux gestionnaires, redonner au social la place qui est la sienne et rappeler le rôle de l'investissement social dans la construction de la société est essentiel, à ce titre la démarche de M. Boudjemaï offre des pistes de réflexion. Au-delà des concepts, mettre à jour les inégalités réelles permet de reposer des questions fondamentales : Quel échelon pertinent pour gérer le social ? Quelle marge d'autonomie laisser aux départements ? Quelles formes de partenariat et de mise en réseau afin de sortir d'une logique verticale pour aller vers une forme de leadership qui soit à la fois une interface, mais aussi un activateur des écosystèmes locaux ? La prise en charge des mineurs en danger, des personnes fragilisées par l'avancée en âge ou les accidents de la vie, de ceux qui ne trouvent pas leur chemin dans une société qui exclut davantage qu'elle n'agrège, constitue un défi confié aujourd'hui au département, sans que ce dernier ne soit totalement armé ni pour faire face, ni pour proposer des solutions innovantes dans un cadre légal défini par l'État de façon unilatérale.

Respecter l'individu, c'est avant tout offrir des perspectives et permettre un épanouissement dans un environnement sécurisé. Si le territoire peut constituer un élément de rattachement, il ne peut exclure au travers de notions comme le domicile de secours ou les logiques administratives qui amènent à des phénomènes massifs de non-recours. Il est temps dès lors dans nos sociétés morcelées de rappeler qu'évoluer dans un environnement sécurisé constitue un enjeu fondamental quels que soient l'âge et le parcours. L'État en la matière doit montrer l'exemple en garantissant l'accès aux droits et en ayant une ambition réformatrice apaisée et non guidée par des enjeux de communication ou de simple gestion.

Martine Long, Professeur de droit public.

INTRODUCTION

Le système français de protection sociale repose sur le principe cardinal d'égalité. Au cœur de la devise de la République, l'égalité constitue un pilier républicain qui fait l'objet d'une protection constitutionnelle. Aussi, toute exception au principe n'est possible que sous certaines conditions, notamment de justification et de proportionnalité. Par principe, l'aide sociale légale vise à répondre aux besoins des plus nécessiteux par le biais de prestations diverses. Pourtant, bien que constituant une partie intégrante de la protection sociale, l'aide sociale légale semble s'appliquer inégalement sur le territoire national. Il y a manifestement, dans ce domaine tout particulièrement, une entorse au principe d'égalité qui réinterroge profondément l'économie du système de protection mis en place.

Le Baromètre d'opinion de la DRESS permet, entre autres, d'analyser chaque année le soutien des Français aux politiques publiques en faveur des personnes démunies, handicapées ou âgées et dépendantes. Il en ressort que 65 % d'entre eux sont favorables aux transferts de fonds publics en leur direction[1]. Ainsi, deux tiers des Français souhaitent une augmentation du RSA, plus de 80 % sont favorables à une solidarité renforcée envers les personnes handicapées et plus de 70 % estiment qu'il revient à l'État et aux pouvoirs publics de financer la perte d'autonomie. Notre système de protection sociale est donc fortement plébiscité et soutenu par la population. Quelques chiffres permettent de mesurer l'ampleur des enjeux financiers et budgétaires de la protection sociale. Et au-delà, de mieux comprendre les tensions qui peuvent naître entre ceux qui financent les aides sociales et ceux qui les mettent en œuvre.

La dépense totale de protection sociale s'élève à 742 milliards d'euros en 2018, ce qui représente environ un tiers du produit intérieur brut (PIB). Dans cet ensemble, l'aide et l'action sociale représentent un peu moins de 10 % de la dépense totale de protection sociale c'est-à-dire 73 milliards d'euros. Ces dépenses sont financées pour moitié par les départements, qui y ont consacré 67 % de leurs dépenses de fonctionnement en 2018. Cette même année, 4,3

[1] DRESS, « L'aide et l'action sociale en France », 2020, p. 23 et suivantes. Les autres données chiffrées citées dans ce paragraphe sont issues de la même source.

millions de mesures et prestations ont été attribuées à 6 % de la population par les collectivités départementales. Que ce soit au titre de l'aide à l'insertion (environ 2 millions de prestations), aux personnes âgées (environ 1,5 million de prestations), aux personnes handicapées (environ 550 000 prestations) ou encore à la protection des enfants ou des jeunes majeurs en danger ou en risque de l'être (environ 355 000 prestations), ce qui, pour l'ensemble de l'année 2018, a représenté pour les collectivités départementales un coût de 38,4 milliards d'euros nets de recouvrements ou remboursements. Les recettes de fonctionnement des départements en 2018 se composent des impôts indirects[2] (40,3%), des impôts directs (32,1 %)[3], des dotations et participations (23,5 %)[4] et des autres recettes[5] (4,1%).

En 2019[6], on constate une augmentation modérée de la dépense nette d'action sociale de 1,9 % par rapport à 2018, soit 38,6 milliards d'euros (hors DROM). La charge nette (concours de l'État déduit) augmente de 2,6 %, soit 780 millions d'euros, ce qui s'explique par une baisse des abondements de l'État : en effet, la Dotation Globale de Fonctionnement (DGF) a diminué de 2,2 % en 2018. Sur la période 2013-2018, on enregistre une baisse de la DGF de 30,4 %.

On peut légitimement penser qu'à partir du moment où les conditions d'accès à l'aide sociale légale sont définies nationalement et que, de plus, la décentralisation de cette compétence est encadrée strictement par le législateur, les collectivités départementales, en charge du social, n'ont qu'une marge de manœuvre restreinte dans la mise en œuvre. Aussi serait-il logique que les bénéficiaires de l'aide sociale légale soient traités de manière égale dès lors qu'ils se trouvent être dans une situation identique. Or, l'analyse des différentes prestations légales d'aide sociale tend à démontrer que la réalité de l'égalité est beaucoup plus nuancée qu'il n'y parait. Qu'en effet, la décentralisation de l'aide sociale légale qui induit l'existence de pouvoirs locaux se traduit par des différences de traitement directement liées au lieu de résidence des bénéficiaires. S'il est vrai qu'un tel constat semble plus évident en matière d'actions sociales, sa mise en lumière dans le champ de l'aide sociale légale semble plus problématique. Cela interroge d'abord les causes qui peuvent expliquer ces différences. Par ailleurs, peut-on accepter qu'il en soit ainsi dans un État unitaire décentralisé qui, en théorie tout au moins, devrait assurer sur l'ensemble du territoire une égalité entre les bénéficiaires

---

[2] Impôts indirects : droits de mutation à titre onéreux (DMTO), taxe spéciale sur les conventions d'assurance (TSCA) et taxe intérieure de consommation sur les produits énergétiques (TICPE).

[3] Produits du foncier bâti et cotisation sur la valeur ajoutée des entreprises (CVAE).

[4] Dotation globale de fonctionnement, dotation de la caisse nationale de solidarité pour l'autonomie (CNSA) et fonds de mobilisation départemental pour l'insertion (FMDI).

[5] Recouvrements d'indus, produits financiers, transferts de charges, notamment.

[6] ODAS, « Dépenses sociales et médico-sociales des départements. 2019-2020 : la fin d'une époque », *La lettre de l'ODAS*, décembre 2020. L'ensemble des chiffres de ce paragraphe en est issu.

de l'aide sociale légale ? Nous pensons aussi que nos politiques sociales, en particulier de lutte contre les exclusions, sont frappées d'une certaine inefficacité unanimement admise.

Dans le cadre de cet ouvrage, nous traiterons, à titre principal, de l'aide sociale légale départementale, c'est-à-dire relevant de la compétence de cette collectivité. Cela regroupe le revenu solidarité active (RSA) et la lutte contre les exclusions, la prestation de compensation du handicap (PCH), l'allocation personnalisée d'autonomie (APA), l'aide sociale à l'hébergement (ASH) et l'aide sociale à l'enfance (ASE). Nous avons regroupé ces différents dispositifs, d'une part dans un champ référé à l'autonomie des personnes, d'autre part dans un champ plus global qui traitera de la lutte contre les exclusions et la protection de l'enfance.

Il est à noter également l'existence d'une action sociale obligatoire qui ne relève ni de l'aide sociale légale, ni de la Sécurité sociale. En réalité, les collectivités ont l'obligation de la mettre en œuvre mais, en revanche, elles disposent d'une marge de manœuvre très importante en termes de moyens qu'elles souhaitent y consacrer. Bien qu'appartenant à cette catégorie, l'aide sociale à l'enfance (ASE) y occupe une place particulière. En effet, il s'agit d'un service départemental obligatoire qui délivre des prestations d'aide sociale légale (articles L. 222-1 à L. 222-7 du code de l'action sociale et des familles (CASF). À ce titre, nous intégrons son analyse dans le périmètre de l'étude comme précisé ci-dessus. En revanche, nous excluons la protection maternelle infantile (PMI) de notre champ. D'une part parce qu'elle ne délivre pas de prestation d'aide sociale légale, d'autre part parce que les dispositions qui la régissent relèvent du Code de la santé publique ce qui les classe plutôt dans le champ sanitaire que social. À l'inverse, nous traiterons du fonds de solidarité logement (FSL) et du fonds d'aide aux jeunes (FAJ) qui relèvent pourtant des « actions sociales sous contraintes légales »[7]. En effet, dans ces deux domaines qui s'inscrivent dans la politique de lutte contre les exclusions, le département a l'obligation de créer un fonds qui l'alimentera et qui pourra également être abondé par d'autres acteurs publics ou privés. Par ailleurs, les inégalités territoriales au titre du FSL et du FAJ nous semblent suffisamment significatives pour intégrer pleinement le cadre de ce travail.

C'est un corpus de règles nationales qui définit les conditions d'attribution des différentes aides sociales légales. L'article L. 111-1 du Code de l'action sociale et des familles qui dispose que « sous réserve des dispositions des articles L. 111-2 et L. 111-3, toute personne résidant en France bénéficie, si elle remplit les conditions légales d'attribution, des formes de l'aide sociale telles qu'elles sont définies dans le présent code » constitue la base juridique des différentes aides sociales légales.

---

[7] BORGETTO M. et LAFORE R., *Droit de l'aide et de l'action sociale,* Montchrétien, 2018, p. 124-127.

Nous faisons explicitement le choix de ne traiter, à titre principal, que de l'aide sociale légale qui relève de la compétence départementale parce qu'elle pose la question de ses rapports avec l'égalité de traitement de ses bénéficiaires. En définitive, nous émettons l'hypothèse que la décentralisation des compétences sociales produit de l'inégalité de traitement alors que les textes qui régissent lesdites aides sont définis nationalement. Mais encore faut-il, dans un premier temps, s'entendre sur la définition juridique de l'égalité pour, dans un second temps, en déduire potentiellement d'éventuelles inégalités.

L'égalité devant la loi, ou égalité formelle, se distingue de l'égalité des conditions. La première est acquise dès lors que la loi s'applique de la même manière à tous. La seconde est davantage référée aux situations économiques et personnelles caractérisées par une inégalité des situations. Seule l'égalité formelle entre dans le périmètre de cette recherche. Notre étude se propose, justement, de vérifier si l'égalité formelle en matière d'aide sociale légale est une réalité sur le terrain. Autrement dit, les lois d'aide sociale légale s'appliquent-elles de manière identique aux situations identiques ?

Au-delà de cet aspect, la décentralisation joue-t-elle un rôle dans la production d'inégalité de traitement entre les bénéficiaires de l'aide sociale légale ? Quant au droit de la Sécurité sociale, nous l'excluons partiellement de cette étude parce qu'il demeure une compétence de l'État. Pour autant, nous intégrerons des exemples tirés du droit de la Sécurité sociale dès lors qu'ils présenteront un lien ou un intérêt pour le sujet. Tel est notamment le cas des prestations non contributives de Sécurité sociale c'est-à-dire pour lesquelles les caisses ne perçoivent aucune cotisation et qui, en toute logique, ne devraient pas relever du Code de la Sécurité sociale.

Pour ce qui est de l'action sociale facultative, elle est par nature discriminante. D'une part, parce qu'elle n'est pas obligatoire, et qu'elle est donc liée aux politiques et aux moyens de chaque département. D'autre part, parce qu'elle s'inscrit dans une amélioration de l'aide sociale légale. Ce qui conduit, d'une certaine manière, à créer une inégalité de traitement légale en matière d'aide sociale. Voilà pourquoi nous nous autoriserons à illustrer notre propos par des exemples tirés de l'action sociale facultative à chaque fois que nous le jugerons nécessaire.

Nous excluons également du périmètre de l'étude la question des aides sociales en Europe. D'une part, parce que les moyens réservés à cette étude ne permettent pas de procéder, de manière satisfaisante, à une analyse différenciée des différents régimes s'appliquant au niveau européen. D'autre part, nous considérons que les droits dont il s'agit sont réglés principalement par les législations nationales en fonction des choix politiques des États qui sont étroitement liés aux réalités économiques, sociales et culturelles de chaque pays.

Afin de rendre compte de nos constats et analyses, nous proposons d'articuler cet ouvrage en deux parties. La première s'intitule :

« Décentralisation de l'aide sociale légale et égalité : l'impossible équation ? », la seconde : « Territorialisation de l'aide sociale légale : une source avérée d'inégalité de traitement ».

Il nous semble, en effet, que la décentralisation induit, par essence, de l'inégalité dans la mesure où l'État décentralisé transfère des compétences aux collectivités territoriales qui disposent alors du pouvoir (et du devoir) d'agir directement dans les domaines dévolus par la loi. Quand bien même l'État exerce un contrôle *a posteriori* sur les actes des collectivités territoriales, la décentralisation marque la fin d'un système de tutelle desdites collectivités jusque-là en vigueur. Nous ferons la démonstration, dans la première partie, que le principe d'égalité s'accommode assez mal d'une organisation administrative décentralisée. Que par ailleurs, la décentralisation se traduit par une forme de territorialisation de l'action publique dans le domaine de l'aide sociale légale, seul objet de cet ouvrage, qui aboutit à traiter inégalement les citoyens selon leur département de résidence. Nous démontrerons tout au long de la seconde partie que le principe d'égalité est alors mis à mal dans tous les domaines qui relèvent directement de l'aide sociale légale qui, en principe, devrait être identique sur l'ensemble du territoire national dans la mesure où elle est régie par un corpus de règles nationales. Nous profiterons également de la réédition augmentée de cet ouvrage pour rappeler que la question des inégalités de traitement des bénéficiaires de l'aide sociale est toujours d'actualité. En effet, un rapport commun de l'IGF/IGASS[8], de mai 2025, portant sur une thématique similaire met à nouveau en lumière la problématique traitée lors de mon travail de recherche, soutenu en 2019 et publié une première fois, en 2022, dans cette même maison d'édition. Le rapport pourra être utilement complété par les analyses précises des pratiques départementales étudiées dans le cadre de ce travail universitaire, qui conduisent à créer des inégalités frappantes envers les citoyens selon leur lieu de résidence.

[8] Inspection générale des finances et Inspection générale des affaires sociales, « Divergences territoriales dans les modalités d'attribution des aides sociales légales (AAH, AEEH, PCH, APA, ASH) et panorama des aides extra-légales », mai 2025.

PREMIÈRE PARTIE

Décentralisation de l'aide sociale légale et égalité : l'impossible équation ?

Quand l'État prend une part de moins en moins importante dans le domaine social du fait même de la décentralisation se produit un phénomène que nous qualifions de fonte de l'État social (titre 1). Par ailleurs, la décentralisation ne conduit pas nécessairement à une plus juste distribution de l'aide sociale. Il nous semble, au contraire, relever dans les textes et les pratiques de l'aide sociale une égalité de façade purement textuelle, ce qui interroge nécessairement les fondements de notre République (titre 2).

TITRE I

La fonte de l'État social

La décentralisation se traduit par un désengagement progressif de l'État en matière sociale, qui a pour corollaire une accentuation du rôle du département (chapitre 1). Par ailleurs, lorsque le principe d'égalité est invoqué lors du contrôle de constitutionnalité d'une loi sociale, nous constatons que le Conseil constitutionnel exerce un contrôle *a minima.* Aussi, assistons-nous à une constitutionnalisation de l'inégalité dans le domaine social qui vient frontalement contredire la devise républicaine se référant à l'égalité (chapitre 2).

CHAPITRE 1

Désengagement progressif de l'État

On assiste à une intensification de la décentralisation sociale au profit des départements (section 1). Parallèlement, ce glissement progressif de la compétence sociale permet l'émergence d'un département providence (section 2).

SECTION 1. INTENSIFICATION DE LA DÉCENTRALISATION SOCIALE

La décentralisation peut s'analyser comme une pièce en « trois actes » qui finalement n'en compte que deux (§1). Parallèlement, une réduction drastique des moyens alloués au social plonge les départements dans une zone de flou et d'inquiétudes (§ 2).

§ 1. Une pièce en « trois » actes

Pour mieux saisir les évolutions qui ont conduit à la décentralisation, il convient de revenir à des considérations historiques qui nous renverront aux étapes ayant jalonné la décentralisation de la compétence d'aide sociale (A). Ensuite, nous aborderons la question de la conciliation du principe de libre administration des collectivités territoriales avec celui d'égalité (B).

A. La décentralisation progressive de la compétence d'aide sociale

Le processus de décentralisation, mis en œuvre en France depuis plus de trente ans, marque une rupture catégorique avec une tradition centralisatrice multiséculaire. La Révolution française impose la centralisation en mettant fin à la confusion administrative des provinces de l'Ancien Régime. Le Consulat et l'Empire se chargeront de parfaire l'œuvre commencée. Deux évènements majeurs, durant cette période centralisatrice, constituent des remises en cause du pouvoir central. D'une part, la Commune de Paris (1871), mouvement insurrectionnel initié par les classes les plus modestes de la capitale contre le gouvernement royaliste issu des élections de février 1871, qui portera Adolphe Thiers au pouvoir. D'autre part, la loi municipale de 1884 qui s'analyse comme l'affirmation progressive des communes face au pouvoir central. En 1919, le ministre de l'Industrie et du Commerce, Etienne Clémentel, va décider de la création de dix-sept groupements économiques régionaux (ancêtres de nos régions économiques). On peut dire que cette régionalisation économique, qui s'inscrit dans une logique de rénovation de l'État et d'instrument de planification et d'aménagement du territoire, va constituer, tant sous la IVème que sous la Vème République, la ligne directrice de la décentralisation. C'est à partir de ces bases que le retour du général de Gaulle va se traduire par l'adoption d'un décret du 14 mars 1964[9] qui lancera la régionalisation imaginée comme un moyen de rénovation de l'État. La mission du préfet de région consiste principalement à mettre en œuvre la politique du gouvernement concernant le développement économique et l'aménagement de sa circonscription. Il contrôle et coordonne les services civils de l'État ainsi que les établissements publics à vocation régionale. Les évènements de 1968 vont contribuer à changer radicalement la donne. Le général de Gaulle va soumettre au référendum du 27 avril 1969 un projet de loi relatif à la création de régions et à la rénovation du Sénat.

Rejeté par 52,41 % de Français, le référendum entraine la démission du général de Gaulle le 28 avril 1969. Sous la présidence de Georges Pompidou, la loi du 5 juillet 1972[10] va attribuer à la région le statut d'établissement public. Puis, sous la présidence de Valéry Giscard d'Estaing, un nouveau pas va être franchi. En effet, Olivier Guichard, délégué à la Délégation à l'aménagement du territoire et à l'action régionale (DATAR)[11], va se voir confier la présidence d'une commission éponyme chargée de réfléchir à une réforme des institutions locales. Même si, en effet, l'idée même de décentralisation est ancienne, il est unanimement reconnu que 1982 marque un véritable tournant institutionnel en matière de décentralisation.

Il est intéressant de souligner, à l'instar de Michel Verpeaux, que ni les constituants de la IVème République, ni ceux de la Vème République ne font référence au concept de décentralisation, lui préférant celui de libre administration. En effet, la loi Defferre du 2 mars 1982 est relative aux droits et libertés des communes, des départements et des régions[12]. Bien que ne faisant aucunement référence au concept de décentralisation dans son titre, elle n'en constitue pas moins l'Acte I.

---

[9] Décret n° 64-251 du 14 mars 1964 relatif à l'organisation des services de l'État dans les circonscriptions d'action régionale, *JORF* du 20 mars 1964, p. 2589.

[10] Loi n° 72- 619 du 5 juillet 1972 portant création et organisation des régions, *JORF* du 9 juillet 1972, p. 7176.

[11] Délégation à l'aménagement du territoire et à l'action régionale. C'est un service du Premier ministre qui a été créé en 1963 et dont Olivier GUICHARD a été le premier délégué.

[12] Loi n° 82-213 du 2 mars 1982 relative aux droits et libertés des communes, des départements et des régions, *JORF* du 3 mars 1982, p. 730.

La loi de 1982 procède à trois modifications cardinales. D'une part, la suppression de la tutelle tant administrative que financière exercée par le préfet qui ne peut donc plus empêcher l'entrée en vigueur d'un acte décidé par une collectivité territoriale. D'autre part, l'exécutif départemental et régional, jusque-là exercé par le préfet, l'est désormais par un élu local (président du conseil général, président du conseil régional). Enfin, la région devient une collectivité territoriale de plein exercice alors qu'elle n'était jusque-là qu'un établissement public[13] dont l'organe délibérant (le conseil régional) va être élu au suffrage universel direct, en 1986, pour la première fois.

Le transfert progressif des compétences sociales de l'État dans le domaine social vers l'échelon départemental commence avec la loi de décentralisation du 22 juillet 1983 complétant celle du 7 janvier de la même année, relative à la répartition des compétences entre les collectivités territoriales et l'État[14]. On peut même dire que le département a été le principal bénéficiaire de ces transferts pour trois raisons essentielles. D'une part, parce que l'aide sociale reposait déjà sur une base départementale avec l'inscription des dépenses au budget des départements. D'autre part, parce que les personnels de l'administration déconcentrée (Directions départementales des affaires sanitaires et sociales) étaient déjà mis à disposition du président du conseil général.

Enfin, et au regard des deux raisons précédentes, le département offre des garanties de continuité du service d'aide sociale à destination des populations les plus fragiles. La loi du 22 juillet 1983 va attribuer au département une compétence de droit commun en matière sociale et en matière de prévention sanitaire. Le département est donc, à partir de là, responsable de l'aide sociale à l'enfance, de l'aide aux personnes handicapées adultes, de l'aide aux personnes âgées, de la protection sanitaire de la famille et de l'enfance ainsi que de la lutte contre les fléaux sociaux. Nous savons par ailleurs que les lois de 1988 (RMI)[15] et 1992 (logement des personnes défavorisées)[16] vont élargir le champ légal d'intervention des départements. Notons toutefois que les transferts de compétences n'ont pas eu pour effet d'interdire à l'État de définir les conditions légales d'accès aux différentes prestations dans un souci d'égalité de traitement sur l'ensemble du territoire national.

---

[13] Loi n° 72- 619 du 5 juillet 1972 portant création et organisation des régions, *JORF* du 9 juillet 1972, p. 7176.

[14] Loi n° 83-663 du 22 juillet 1983 complétant la loi n° 83-8 du 7 janvier 1983 relative à la répartition des compétences entre les communes, les départements, les régions et l'État, *JORF* du 23 juillet 1983, p. 2286. Ajoutons pour être complet la loi n° 86-17 du 6 janvier 1986 adaptant la législation sanitaire et sociale aux transferts de compétences en matière d'aide sociale et de santé, *JORF* du 8 janvier 1986, p. 372.

[15] Loi n° 88-1088 du 1er décembre 1988 relative au revenu minimum d'insertion, *JORF* du3 décembre 1988, p. 115119.

[16] Loi n° 92-722 du 29 juillet 1992 portant adaptation de la loi n° 88-1088 du 1er décembre 1988 relative au revenu minimum d'insertion et relative à la lutte contre la pauvreté et l'exclusion sociale et professionnelle, *JORF* n° 175 du 30 juillet 1992, p. 10215.

L'acte II de la décentralisation correspond à l'adoption de divers textes législatifs. D'abord, la révision constitutionnelle du 28 mars 2003 sur l'organisation décentralisée de la République[17]. Ce texte va étendre, d'une certaine manière, les possibilités offertes aux collectivités, notamment en leur reconnaissant le droit à l'expérimentation. Par ailleurs, il renforce leur autonomie financière et élargit la démocratie locale (possibilité pour les collectivités d'organiser des référendums décisionnels et droit de pétition pour les électeurs).

Pour la mise en œuvre de l'expérimentation, des référendums locaux et de l'autonomie financière, trois lois organiques vont être votées. La première, qui date du 1er août 2003, est relative à l'expérimentation[18]. Elle fixe les conditions dans lesquelles une collectivité territoriale peut être autorisée à déroger aux dispositions législatives ou règlementaires relatives à ses compétences. Toute expérimentation devra répondre à un objet d'intérêt général et durera, au maximum, trois ans. Ensuite, une évaluation transmise au Parlement permettra de savoir s'il convient d'abandonner, de prolonger ou d'aménager l'expérience. La deuxième, également datée du 1er août 2003, sera relative au référendum local[19]. Elle fixe les conditions d'organisation des référendums locaux par les collectivités territoriales (communes, départements et régions). Des projets d'acte ou de délibération pourront être ainsi soumis à cette procédure. Enfin, la dernière loi organique du 29 juillet 2004[20] est relative à un renforcement de l'autonomie financière des collectivités territoriales. Elle vise à mettre en œuvre le principe d'autonomie financière constitutionnellement reconnu par l'article 72-2 de la Constitution. La loi de 2004 prévoit le calcul d'un taux d'autonomie financière par catégorie de collectivités en même temps qu'elle définit la notion de ressources propres. Elle indique également que le niveau atteint en 2003 constitue pour chaque catégorie de collectivités territoriales un seuil minimal de référence. Elle met aussi en place un dispositif garantissant à l'avenir le respect de cette autonomie financière. Enfin, le statut des Outre-mer va être aménagé. Il sera prévu, en effet, par l'article 73 de la Constitution que les départements d'outre-mer peuvent déroger à la loi, sauf la Réunion.

---

[17] Loi constitutionnelle n° 2003-276 du 28 mars 2003 relative à l'organisation décentralisée de la République, *JORF* n° 75 du 29 mars 2003, p. 5568.

[18] Loi organique n° 2003-704 du 1er août 2003 relative à l'expérimentation par les collectivités territoriales, *JORF* n° 177 du 2 août 2003, p. 13217.

[19] Loi organique n° 2003-705 du 1er août 2003 relative au référendum local, *JORF* n° 177 du 2 août 2003, p. 13218.

[20] Loi organique n° 2004-758 du 29 juillet 2004 prise en application de l'article 72-2 de la Constitution relative à l'autonomie financière des collectivités territoriales, J*ORF* n° 175 du 30 juillet 2004, p. 13561.

L'Acte II va être clos par l'adoption de la loi du 13 août 2004 relative aux libertés et responsabilités locales[21]. Ce texte réalise un nouveau transfert de compétences de l'État vers les différentes collectivités territoriales, à compter du 1er janvier 2005, et prévoit également les principes de compensation financière qui devront s'appliquer. La gestion de deux fonds qui jusque-là étaient cogérés avec l'État est transférée au département. Il s'agit du fonds d'aide aux jeunes (FAJ) et du fonds de solidarité logement (FSL). On y trouve aussi des précisions sur le transfert des personnels de l'État vers les collectivités concernées et les garanties offertes auxdits fonctionnaires du fait de leur changement de fonction publique. Les collectivités territoriales volontaires pourront mener des expérimentations dans les huit domaines suivants : gestion des fonds structurels européens, interventions économiques, transferts des aéroports, résorption de l'insalubrité, financement de l'équipement sanitaire, assistance éducative confiée par la justice aux départements, organisation des écoles primaires et entretien du patrimoine. Enfin, il y a simplification des modalités d'organisation et de fonctionnement de l'intercommunalité dans le but de faciliter son extension sur l'ensemble du territoire national.

L'Acte II attribue de nouvelles compétences à chaque type de collectivités, étant précisé que les régions et les départements sont les grands bénéficiaires de cette nouvelle distribution des cartes. Soulignons que les communes et les groupements de communes ont été peu concernés par cette seconde vague de décentralisation.

Outre le fait de se voir attribuer le rôle de chef de file de l'action sociale, le département va récupérer la charge de l'ensemble des aides sociales. La loi prévoit que la politique de l'habitat est transférée aux collectivités territoriales, plus particulièrement aux départements et aux groupements intercommunaux, l'État étant réduit à un rôle de garant de la solidarité nationale dans ce dernier domaine.

On retiendra aussi que le département se voit transférer la responsabilité intégrale du revenu minimum d'insertion par la loi du 18 décembre 2003[22]. Outre les dépenses d'insertion qu'il assume depuis l'instauration du RMI en 1988, le département récupère la charge de la prestation financière proprement dite qui, jusque-là, incombait à l'État.

En 2005, le département va devenir coordonnateur de l'action en faveur des personnes handicapées. La loi n° 2005-102 du 11 février de cette même année relative à l'égalité des droits et des chances, la participation et la citoyenneté des personnes handicapées confie au président du conseil général

---

[21] Loi n° 2004-809 du 13 août 2004 relative aux libertés et responsabilités locales, *JORF* n° 190 du 17 août 2004, p. 14545.
[22] Loi n° 2003-1200 du 18 décembre 2003 décentralisant le RMI et créant le RMA, *JORF* n° 293 du 19 décembre 2003, p. 21670.

la direction de la maison départementale des personnes handicapées (MDPH) constituée en groupement d'intérêt public.

Les Actes I et II de la décentralisation démontrent bien que l'État n'a conservé, en matière sociale, qu'une compétence résiduelle. La lecture de l'article L. 121-7 du Code de l'action sociale et des familles (CASF) permet de s'en convaincre car il ne lui reste plus, après ces deux Actes, que sept compétences sociales au lieu des dix qu'il avait jusque-là : les dépenses d'aide sociale engagées en faveur des personnes dont la présence sur le territoire métropolitain résulte de circonstances exceptionnelles (réfugiés, apatrides) ou qui n'ont pas de domicile fixe (SDF), les frais d'aide médicale de l'État, l'allocation simple au personnes âgées, l'allocation différentielle aux personnes handicapées, les frais d'hébergement, d'entretien et de formation professionnelle des personnes handicapées dans les établissements de rééducation professionnelle, les mesures d'aide sociale en matière de logement, d'hébergement et de réinsertion et l'allocation aux familles dont les soutiens indispensables accomplissent le service national. Outre cet aspect de la question, au cours de l'Acte I de la décentralisation *« plus de 50 000 agents quittèrent le « giron » de l'État pour être transférés aux départements lesquels emploient aujourd'hui plus de 60 000 travailleurs sociaux et près de 50 000 assistants familiaux »*[23].

Quant à « l'Acte III » de la décentralisation dont Michel Verpeaux se demande s'il s'agit de la *« scène finale »*[24], il se matérialise par le vote d'un ensemble de lois adoptées entre 2014 et 2015. Il y a d'abord la loi de modernisation des collectivités publiques territoriales et d'affirmation des métropoles dite « loi MAPTAM »[25] du 27 janvier 2014. Ensuite, on trouve la loi du 16 janvier 2015 relative à la délimitation des régions, aux élections régionales et départementales et modifiant le calendrier électoral[26]. Enfin, celle du 7 août 2015 portant nouvelle organisation du territoire de la République dite « loi NOTRe »[27].

En ce qui nous concerne, nous considérons, contrairement à une partie de la doctrine, qu'il est impropre de parler d'Acte III de la décentralisation dans la mesure où les lois postérieures citées ci-dessus ne procèdent aucunement à de nouveaux transferts de compétence de l'État vers les collectivités

[23] RIHAL H., « 30 ans de décentralisation de l'action sociale », *SJACT*, n° 44-45, 5 novembre 2012, p. 2352.

[24] VERPEAUX M., « Acte III, scène finale ? », *SJACT* 2014, p. 2287.

[25] Loi n° 2014-58 du 27 janvier 2014 de modernisation des collectivités publiques territoriales et d'affirmation des métropoles, dite « loi MAPTAM », *JORF* n° 0023 du 28 janvier 2014, p. 1562.

[26] Loi n° 2015-29 du 16 janvier 2015 relative à la délimitation des régions, aux élections régionales et départementales et modifiant le calendrier électoral, *JORF* n° 0014 du 17 janvier 2015, p. 777.

[27] Loi n° 2015-991 du 7 août 2015 portant nouvelle organisation territoriale de la République, dite « loi NOTRe », *JORF* n° 0182 du 8 août 2015, p. 13705.

territoriales. Or, ce sont justement ces transferts qui constituent le cœur même d'un acte de décentralisation.

Pour autant, le désengagement de l'État en matière sociale va continuer à s'accentuer. En effet, ce dernier va perdre trois compétences sociales au cours de l'année 2015. Tout d'abord, l'État perd le financement de la part du revenu de solidarité active dit « RSA activité » financé par le fonds national des solidarités actives qui a été supprimé suite à la création de la prime d'activité (loi du 21 décembre 2015)[28]. Ensuite, il perd la prise en charge des frais de fonctionnement des établissements et services d'aide par le travail qui va être transférée à l'assurance maladie (loi du 21 décembre 2015)[29]. Enfin, bien que conservant la prise en charge des frais d'accueil et d'hébergement des étrangers dans les centres d'accueil pour demandeur d'asile (loi du 29 juillet 2015)[30], lesdits frais ne sont plus imputés sur le budget d'aide sociale de l'État.

Les seules prises en charge sociales conservées par l'État peuvent s'expliquer de manière rationnelle. En effet, les bénéficiaires qui relèvent de celles-ci ne sont pas « naturellement » éligibles à la solidarité locale, c'est-à-dire s'exerçant au niveau communal ou départemental, mais davantage à la solidarité nationale. C'est particulièrement le cas des personnes sans domicile fixe n'ayant pas acquis de domicile de secours ou encore de celles qui sont arrivées en France dans des circonstances particulières et involontaires (apatrides, réfugiés, par exemple). Pour ces catégories juridiques seule la solidarité nationale est en mesure de répondre à leurs besoins puisqu'elles n'ont pas forcément acquis de domicile de secours, qui s'acquiert par une résidence ininterrompue de trois mois dans un même département. Une autre raison, un peu moins avouable sans doute, est que les personnes concernées ne sont pas toujours accueillies favorablement par la population pour des motifs tenant à un sentiment d'insécurité, à des cultures ou religions différentes, etc. Cette insécurité ressentie se cristallise souvent sur une catégorie de population ou une figure. Dans la société préindustrielle c'est la figure du vagabond qui en était victime. Ce dernier représentait *« l'individu désaffilié par excellence, à la fois hors inscription territoriale et hors travail »*[31].

Nous qualifions le désengagement progressif de l'État en matière sociale de « fonte de l'État social ». L'utilisation de cette expression dans le cadre de ce travail se réduit aux compétences sociales de l'État telles qu'elles résultent

---

[28] Loi n° 2015-994 du 17 août 2015 relative au dialogue social et à l'emploi, *JORF* n° 0189 du 18 août 2015, p. 14346. Cette loi créée la prime d'activité. Le département conserve le financement du RSA-socle (ex RMI) et des actions d'insertion.

[29] Loi n° 2015-1702 du 21 décembre 2015 de financement de la Sécurité sociale pour 2016, *JORF* n° 0296 du 22 décembre 2015, p. 23635.

[30] Loi n° 2015-925 du 29 juillet 2015 relative à la réforme du droit d'asile, *JORF* n° 0174 du 30 juillet 2015, p. 12977.

[31] CASTEL R., L'insécurité *sociale. Qu'est-ce qu'être protégé ?,* Seuil-La République des idées, 2003, p. 12.

du Code de l'action sociale et des familles. Généralement, le concept dont il s'agit est entendu plus largement puisqu'il *« englobe une qualité constitutive de l'État »*[32] à laquelle nous ne faisons pas directement référence. Cela dit, et dans la lignée de ce que soutient Alain Supiot, nous considérons également que *« ne pas définir l'État comme social, ou par référence au principe de justice sociale est (...) de par le monde l'exception plutôt que la règle »*. Bien entendu, la conception que les États ont du social ou de leur rôle dans le social diffère. Nous ferons référence, sauf indications contraires, à la conception « française » de l'État social, c'est-à-dire d'un État qui s'est construit à partir des années 45 tout en conservant le champ de l'aide sociale dont nous avons déjà tracé à grands traits la construction. Nous dirons même que la Constitution du 4 octobre 1958, dans son article 1er, renvoie explicitement à l'idée que la France est une République sociale en disposant qu'elle *« est une république indivisible, laïque, démocratique et sociale »*. Le concept de République sociale implique un projet de société tourné vers le social. Nous reprendrons ici les propos de Michel Borgetto selon lequel « la République n'est véritablement elle-même et n'accomplit réellement toute son essence que si elle ajoute aux procédures démocratiques un minimum – qui reste à définir et qui est nécessairement évolutif – de contenu social »[33]. Nous ajouterons qu'il ne peut y avoir, selon nous, de République sociale sans solidarité entre les citoyens et les territoires de la République. Par conséquent, les inégalités de traitement qui frappent les bénéficiaires de l'aide sociale en fonction du département dans lequel ils résident constituent une atteinte à la République sociale telle que nous venons de la définir. Enfin, nous entendons, à l'instar de Robert Castel, l'État social dans son sens durkheimien, c'est-à-dire en référence à l'idée que l'individu fait partie d'un collectif[34]. Ce qui nous renvoie à la notion de liens de solidarité entre les individus sur lesquels repose, *in fine*, tout notre système de protection sociale.

En réalité, la décentralisation qui conduit à répartir les compétences sociales entre l'État et les collectivités territoriales comme nous venons de le voir *« ne fait que traduire la persistance historique de communautés locales, à laquelle l'État, envers et contre tout, est contraint de faire allégeance »*[35]. Jean-Bernard Auby, auteur de cette dernière citation, s'inscrit dans la continuité de la théorie de l'institution mise en lumière et développée par Maurice Hauriou. Théorie qui consiste à penser qu'en marge de l'État et de son droit, des phénomènes juridiques se créent, se structurent, se transforment. Pour Jean-Bernard Auby, *« les institutions sont ces espaces juridiques vivants, que le système juridique consacre plus ou moins complètement »*[36]. Par

[32] SUPIOT A., *Grandeur et misère de l'État social*, Collège de France-Fayard, 2013, p. 28.
[33] BORGETTO M., LAFORE R., « La République sociale », PUF, 2000, p. 6.
[34] CASTEL R., « Le choix de l'État social » in AUVERGNON P. et al. (dir..), *l'État à l'épreuve du social*, Syllespe, 1998, pp. 99-107.
[35] AUBY J-B., *La décentralisation et le droit, LGDJ.*, 2006, p. 133.
[36] *Ibid.*, p. 134.

ailleurs, il ajoute que la décentralisation est un *« vecteur de territorialisation du droit »*[37] ce qui, dans l'absolu, est susceptible d'interroger certains principes républicains. Enfin, la décentralisation doit être compatible avec l'ensemble des principes susvisés, en particulier celui d'égalité. Il ne peut y avoir de décentralisation sans principe de libre administration des collectivités territoriales. En même temps, la France reste un État unitaire dans lequel les citoyens ont le droit à une égalité de traitement. La loi du 21 février 2022, dite « 3DS »,[38] réinterroge le principe d'égalité. Elle comprend une série de dispositions concernant le secteur social et médico-social. Nous retiendrons, particulièrement dans le cadre strict de ce travail, l'expérimentation de la recentralisation du RSA (article 132 de la loi), l'expérimentation des territoires zéro non-recours (article 133 de la loi) et le recours obligatoire au fichier AEM (appui à l'évaluation de la minorité) pour les mineurs non-accompagnés (article 39 de la loi)[39]. Une partie de la doctrine perçoit dans les expérimentations susvisées un « retour de l'État dans le giron du social »[40]. Une façon de redistribuer les compétences sociales et médico-sociales entre l'État et les départements. Malgré la pertinence de cette analyse, cela n'empêche pas l'application locale, voire très locale, des politiques sociales. Ce qui, *de facto,* crée des différences de traitement difficiles à soutenir au pays de l'égalité.

Par ailleurs, la loi 3DS ouvre la possibilité au législateur de différencier les règles relatives à l'attribution et à l'exercice des compétences applicables au sein d'une même catégorie de collectivités (département, région), à condition que celles-ci se trouvent dans des "*différences objectives de situation*"[41]. L'article 2 de la loi ouvre la possibilité à ces collectivités de saisir le Premier ministre ainsi que les assemblées parlementaires de demandes de différenciation territoriale. Ces demandes font l'objet d'une délibération de l'assemblée délibérante[42].

---

[37] AUBY J-B., « Réflexions sur la territorialisation du droit » in *La profondeur du droit local, Mélanges en l'honneur de Jean-Claude Douence*, 2006, p. 3.

[38] La loi n° 2022-217 du 21 février 2022 relative à la différenciation, la décentralisation, la déconcentration et portant diverses mesures de simplification de l'action publique locale

[39] En outre, la loi 3 DS prévoit le transfert au département de la tutelle des pupilles de l'État, prolonge l'application de la loi SRU obligeant les communes à compter 20 à 25 % de logements sociaux sur leur territoire, permet aux métropoles et aux communautés urbaines de créer un CIAS ou encore procède au transfert à la fonction publique territoriale des directeurs de la protection de l'enfance.

[40] LONG M., la loi 3DS : la fin du département-providence ? RDSS, 2022, pp. : 412-422.

[41] Code général des collectivités territoriales, art. L. 1111-3-1. Pour l'heure, trois régions ont engagé une démarche de différenciation : la région Bretagne, la région Ile-de-France et la région Occitanie. Voir également : circulaire n° 6390-SG du 16/1/2023 relative au suivi des propositions de différenciation et d'adaptation par les collectivités territoriales.

[42] Code général des collectivités territoriales, art. L. 3211-3. Pour une analyse critique de la loi, voir, FERRIERA M., La différenciation des compétences : réelle innovation ou mystification ? Après la loi 3 DS, AJ Collectivités Territoriales, 2022, pp. : 240-244.

B. Concilier libre administration des collectivités territoriales et principe d'égalité

La décentralisation, au-delà du fait d'être un processus d'aménagement de l'État unitaire, a acquis valeur constitutionnelle au même titre que le principe d'égalité ou d'indivisibilité de la République depuis la loi de révision constitutionnelle du 28 mars 2003. Pourtant, on peut observer que les juridictions préfèrent se référer au principe de libre administration plutôt qu'à « la notion floue de décentralisation »[43]. Cela résulte clairement des décisions rendues par le Conseil constitutionnel et par le Conseil d'État. Pour Michel Verpeaux *« la décentralisation(...), bien que constitutionnalisée, n'a pas acquis ses galons de norme directement et utilement invocable... »*[44]. Le Conseil d'État réaffirme clairement que l'établissement d'une tutelle de fait porte incontestablement atteinte au principe de libre administration des collectivités territoriales.

Pour autant, et désormais, la Constitution précise que *« la France est une République indivisible, laïque, démocratique et sociale [dont] l'organisation est décentralisée »*[45]. Par la même occasion, la révision constitutionnelle de 2003 confirme le principe de libre administration des collectivités territoriales qui figurait déjà dans la Constitution de 1946, et a été constitutionnalisé en 1979.

On lit dans le nouvel article 72 de la Constitution issu de la réforme de 2003 que les collectivités territoriales, dans *«les conditions prévues par la loi (...) s'administrent librement par des conseils élus et disposent d'un pouvoir règlementaire pour l'exercice de leurs compétences »*. Cet article s'applique donc aux communes, départements, régions, collectivités à statut particulier et aux collectivités d'outre-mer.

La jurisprudence administrative[46] et constitutionnelle[47] qualifie le principe de libre administration de liberté fondamentale. Pour le Conseil constitutionnel, il s'agit même d'un droit fondamental dont les collectivités sont les sujets. Aussi, un contrôle maximum de la nécessité et de la proportionnalité des restrictions qui lui sont apportées par le législateur est mis

---

[43] VERPEAUX M., « 1982 : de quoi la loi du 2 mars est-elle la cause ? », *AJDA* 2012, p. 743.
[44] *Ibid.*
[45] Constitution du 4 octobre 1958, art. 1er.
[46] CE, ord.réf., 24 janv. 2002, Commune de Beaulieu-sur-Mer, n° 242128 : *« Le fait pour un arrêté portant création d'une communauté d'agglomération d'y inclure une commune sans que celle-ci ait donné son assentiment affecte la libre administration des collectivités territoriales qui constitue une liberté fondamentale au sens de l'article de l'article L.521-2 du code de justice administrative »*.
[47] Cons. const., 2 juill. 2010, n° 2010-12 QPC, Commune de Dunkerque (fusion de communes), cons.3 (le Conseil constitutionnel refuse de voir dans la rédaction de deux articles du CGCT une atteinte à une liberté garantie par la Constitution).

en œuvre. Par ailleurs, le Conseil constitutionnel garantit un seuil minimum de compétences et de moyens aux collectivités décentralisées.

Pour autant, la conciliation du principe de libre administration des collectivités territoriales avec celui d'égalité est loin d'être une évidence.

En théorie, le principe de libre administration se distingue clairement de la décentralisation. Cette dernière est une modalité d'organisation de l'État alors que la libre administration est une liberté attribuée aux collectivités territoriales aux fins de gérer les affaires locales en toute autonomie et de défendre l'intérêt local, c'est-à-dire celui de la population vivant sur le territoire de la collectivité.

De rang constitutionnel, ce principe s'impose au législateur ainsi qu'à toute autorité administrative.

Malgré l'apparente simplicité et clarté du principe, les collectivités territoriales semblent posséder une liberté d'action dans leur domaine de compétences plus ou moins grande selon le vœu du législateur. Cela permet sans doute de rendre compte d'une forme de continuité de la centralisation dans la décentralisation. Dans tous les cas, il ne peut y avoir décentralisation sans ce principe qui garantit l'autonomie des collectivités territoriales par rapport à l'État.

La question des moyens dont disposent les collectivités territoriales est également au cœur des préoccupations. Comment la collectivité départementale peut-elle assurer les compétences sociales qui lui incombent dans un contexte budgétaire de plus en plus contraint ?

§ 2. Réduction drastique des moyens du social

La décentralisation trouve sa justification dans l'idée d'un rapprochement entre les citoyens et les décideurs politiques pour accroître l'efficacité de la décision arrêtée. L'excuse de proximité invoquée (A) se traduit, dans les faits et contrairement à ce qui était attendu, par une accentuation des inégalités (B).

A. L'excuse de proximité

Apporter une réponse nationale à l'ensemble des problèmes sociaux semble être considéré comme un leurre. En effet, il est communément admis que l'échelon local est plus à même de répondre de manière adaptée aux difficultés sociales des populations qui résident sur le territoire de la collectivité concernée. Pour dire les choses clairement, ce que nous nommons l'excuse de proximité est utilisé comme le fer de lance du courant décentralisateur, voire l'argument suprême. La proximité constitue un avantage considérable des collectivités territoriales sur l'État. Pour ne pas dire une condition *sine qua non* de la réussite des politiques sociales initiées par ce dernier. Dans tous les cas, la logique de proximité n'est rien d'autre qu'une conséquence du principe constitutionnel de libre administration des collectivités territoriales et de l'économie même de la décentralisation. Pour aller plus loin, nous pouvons dire que le service public de l'aide sociale justifie la logique de proximité. Il semble évident, au premier abord, que les situations individuelles doivent relever de l'échelon le plus proche et non pas être traitées au niveau central. Le principe énoncé par l'article 72 alinéa 2 de la Constitution selon lequel les « *collectivités territoriales ont vocation à prendre les décisions pour l'ensemble des compétences qui peuvent le mieux être mises en œuvre à leur échelon* » s'inscrit parfaitement dans l'idée de proximité, mais également de subsidiarité. En effet, le principe de subsidiarité nous amène à considérer la commune comme l'échelon de première intention en matière sociale suivi du département si l'on considère que ce dernier est plus à même d'exercer la compétence désignée, puis, le cas échéant, de la région et, *in fine*, de l'État. Bien que constitutionnellement reconnu, il semble, en effet, difficile d'accorder audit principe toute valeur contraignante. Comment interpréter des formules de l'article 72 précité comme « *vocation à prendre les décisions* » ou encore « *compétences qui peuvent le mieux être mises en œuvre à leur échelon* » ? On peut même soutenir qu'il s'agit d'un principe à double tranchant dans la mesure où il peut justifier autant un approfondissement de la décentralisation qu'un retour à davantage de centralisation. Pourtant, et malgré son caractère fluctuant, on ne peut, d'un simple trait de plume, rayer ce principe en lui déniant toute valeur opératoire. La jurisprudence du Conseil constitutionnel s'y réfère soit en tant que norme de contrôle, soit en tant que norme d'interprétation pour reprendre la distinction opérée par Bertrand Faure[48]. La première hypothèse vise à sanctionner l'erreur manifeste du législateur dans le choix du niveau *adéquat* d'exercice de la compétence[49] ou encore dans l'hypothèse d'une recentralisation pure et simple, c'est-à-dire insuffisamment motivée. La seconde hypothèse concerne davantage les zones de flou concernant la répartition des compétences entre les différents niveaux. Le juge constitutionnel peut alors s'appuyer sur le principe de subsidiarité pour définir l'échelon le plus adapté, notamment en cas de conflits positifs ou négatifs de compétences.

Pourtant, nous pouvons également nous inquiéter des conséquences de la décentralisation sur le droit des personnes. À plusieurs égards, la décentralisation crée des inégalités entre les territoires puis, logiquement, entre les habitants qui y résident. Dans le champ de l'aide sociale légale cela pose la question du rôle de l'État à l'égard de droits créances constitutionnellement reconnus. Dans l'exposé des motifs au Sénat, au cours de la séance du 1er octobre 2003 du projet de loi relatif aux responsabilités

---

[48] Faure B, *Le pouvoir règlementaire des collectivités locales,* LGDJ, 1998.

[49] Cons. constit., 7 juillet 2005, n° 05-516 DC, loi de programmation fixant les orientations de la politique énergétique [choix du préfet plutôt que des autorités décentralisées pour la détermination des zones de développement de l'éolien].

locales[50], il est clairement précisé que l'objectif est de faire émerger une *« République des proximités... pour rétablir la légitimité même de l'action publique ».*

Dans le même ordre d'idées, la loi du 27 février 2002 relative à la démocratie de proximité s'analyse comme un approfondissement de cette dernière. La participation des citoyens à la gestion des services publics locaux constitue l'une des nouvelles exigences de la République.

Toutes ces affirmations et évolutions, qui à certains égards peuvent être rassurantes, sont largement contredites par la réalité de la décentralisation.

Les départements souffrent de l'absence de compensation financière suffisante des compétences transférées par l'État dans le cadre de la décentralisation. La lettre de l'Observatoire national de l'action sociale (ODAS) de juin 2014 titrait : *« Financement de l'action sociale. Les départements dans l'impasse »* et celle de juin 2015 *« Les dépenses départementales d'action sociale en 2014 : Le doute n'est plus permis ».*

On peut effectivement affirmer que les départements se sont retrouvés piégés par le transfert des dépenses d'action sociale et que leur situation financière continue de se dégrader progressivement. Il est évident que les conséquences de cet état de fait se répercutent sur les populations qui y résident.

Si l'on prend un peu de recul, on constate que depuis 1983 la dépense d'action sociale a été multipliée par 3,5, et la charge par 2,7 entre 1984 et 2014, soit sur une période de trente ans[51] . Cela s'explique par la création de nouvelles allocations mises à la charge des départements. C'est le cas de l'allocation personnalisé d'autonomie (APA) en 2001, mais aussi et surtout du transfert de la charge du RSA en 2004, puis de la prestation de compensation du handicap (PCH) en 2005. Cette accumulation de prestations nouvelles renvoyées sans compensation financière totale vers la compétence départementale est à l'origine des maux rencontrés par cette collectivité territoriale. Les difficultés financières que rencontrent les départements placent les bénéficiaires dans des situations inégales si l'on se réfère au concept d'égalité des chances, particulièrement face au retour dans l'emploi. Le lien entre la situation économique de la France et les difficultés rencontrées par les départements pour assumer l'ensemble de leurs compétences sociales n'est plus véritablement à démontrer. Ainsi, il existe une corrélation entre la part d'allocataires du RSA dans un département et le taux de chômage. Fin 2018, les allocataires du RSA représentent 4,2 % de la population âgée de 15 à 69 ans en métropole. Leur répartition départementale confirme le lien étroit entre la perception d'un minimum social d'insertion et le chômage. Pour cette

---

[50] Ce projet deviendra la loi n° 2004-809 du 13 août 2004 relative aux libertés et responsabilités locales.

[51] Données tirées de *La Lettre de l'ODAS* intitulée « Les dépenses départementales d'action sociale en 2014 : Le doute n'est plus permis », juin 2015.

même année, le taux de corrélation a été de 0,95 en France (hors Mayotte). De plus, le taux d'allocataires du RSA en métropole est supérieur à la moyenne nationale (3,9 %) dans la quasi-totalité des départements où le taux de chômage dépasse les 9 % et atteint même les 6 % lorsque le taux de chômage est supérieur à 11 %. Ainsi en est-il dans le Gard, les Pyrénées-Orientales, l'Aude, les Bouches-du-Rhône, l'Hérault, le Nord, le Pas-de-Calais, les Ardennes ou encore la Seine-Saint-Denis. Dans les DROM (hors Mayotte), 15,6 % de la population âgée de 15 à 64 ans perçoit le RSA, soit 3,7 fois plus qu'en métropole en 2018[52]. En outre, le taux de couverture du RSA par l'État est passé de 92,2 % en 2004 à 71,3 % en 2013, 65,7 % en 2014, 61,3 % en 2015, 56,4 % en 2019. Ce qui correspond à une évolution de la charge nette d'allocations qui passe de 550 millions d'euros en 2009 à 3,5 milliards d'euros sur la même période en 2019 [53] : le poids de cette allocation pèse donc de plus en plus sur les budgets départementaux.

Si l'on prend également en compte les réalités sociodémographiques des départements, notamment en termes de vieillissement de la population, on en déduit qu'il existe de fortes disparités situationnelles. Ainsi, en décembre 2018[54], le taux de mesures, rapporté au nombre d'aides à la population de 60 ans ou plus, varie de 4,3 % à 13,1 % selon le département. Si l'on raisonne en matière de dépense moyenne pour la même année, elle varie entre 4 000 € et 8 600 €, étant précisé que 75 % des départements ont une dépense moyenne comprise entre 4 500 € et 5 400 €. Plusieurs raisons peuvent être avancées pour expliquer ces différences. D'abord, des différences territorialisées de prévalence de la dépendance selon les départements. Ensuite, des reconnaissances administratives de la perte d'autonomie liées, notamment, à une lecture différenciée de la « grille autonomie, gérontologie, groupes iso-ressources » (AGGIR) permettant d'établir un groupe iso-ressource (GIR). Ou encore, le nombre de places d'hébergement, très divers selon les départements.

Après avoir montré que l'État a justifié la décentralisation par l'excuse de proximité, nous allons nous intéresser à l'accentuation des inégalités induites par une décentralisation galopante.

B. Accentuation des inégalités

La décentralisation implique que les collectivités territoriales se voient attribuer les moyens, notamment financiers, nécessaires à l'exercice des compétences transférées. En réalité, la participation des collectivités au

---

52 DRESS, « L'aide et l'action sociale en France », 2020, p. 196. Tous les chiffres de ce paragraphe proviennent de cette source, sauf indications contraires.

53 ODAS, « Dépenses départementales d'action sociale : L'inquiétude persiste », *La lettre de l'ODAS*, juin 2016, p. 4.

54 Chiffres tirés de l'étude suivante : DRESS, « L'aide et l'action sociale en France », 2020, p. 87-88.

financement de l'aide sociale légale devient de plus en plus pesante. Pour certains auteurs, la question du financement des transferts de compétences constitue une véritable « bombe à retardement »[55]. Par conséquent, leur autonomie financière est malmenée notamment lorsqu'il s'agit de mettre en place de l'action sociale facultative. Plus la part consacrée à l'aide sociale légale est importante, moins celle consacrée à l'aide sociale facultative l'est. La première victime reste le bénéficiaire qui d'une certaine manière subit de plein fouet ce système inégalitaire entre départements. Sans compter le fait que les inégalités en termes de potentiel fiscal contribuent à accroître les inégalités départementales et, *de facto*, entre bénéficiaires résidant dans tel ou tel département.

L'étude des dépenses et charges nettes et des recettes de l'État (DGF) par aide sociale légale permet de mieux rendre compte de l'effet ciseau évoqué précédemment.

Si l'on considère tout d'abord le RSA[56], notons que le nombre de bénéficiaires ne cesse d'augmenter puisqu'il est passé de 1 660 000 en 2014 à 1 709 000 en 2015 (+3 %). La dépense nette de RSA qui comprend l'allocation proprement dite et les actions d'insertion atteint 9 840 millions d'euros en 2015 au lieu de 9 330 millions d'euros en 2014 soit une augmentation de 510 millions d'euros (+5,5 %). Quand on observe le taux de couverture des allocations RSA par les abondements de l'État entre 2009 et 2015, on ne peut que prendre acte d'une chute vertigineuse de l'intervention de l'État par le concours de la TICPE et du FMDI. Le taux de couverture était de 90,4 % en 2009 alors qu'il n'est plus que de 61,3 % en 2015. Logiquement, la charge nette d'allocation a augmenté dans des proportions incroyables en passant de 550 millions d'euros en 2009 à 3 milliards 540 millions en 2015, soit une charge nette multipliée par 6. Parallèlement, la part du budget consacrée à l'insertion a connu une réduction drastique en passant de 14,5 % de la dépense nette d'allocation RSA en 2009 à seulement 7,7 % en 2015.

Selon la « Lettre de l'ODAS 2015 », le taux de couverture précédemment évoqué fluctue de 50 % à 75 % et la dépense brute d'allocation varie de 70 € à plus de 200 € par habitant selon les départements. Pour autant, aucune corrélation n'a pu être établie entre le taux de couverture et le taux de pauvreté des départements. Par conséquent, les départements les plus précarisés ne sont pas forcément ceux pour lesquels l'effort de l'État est le plus important. Il y a là un paradoxe majeur qui, à ce jour, ne trouve pas encore d'explication rationnelle. On peut subodorer que dans les départements les plus défavorisés économiquement, notamment, résident des publics plus précarisés et donc

---

55 EYDOUX A ET TUCHSZIRER C., « Du RMI au RSA : la difficile mise en place d'une gouvernance décentralisée des politiques d'insertion in GALTIER B (dir.) « Politiques sociales locales », *RFAS*, n° 4, 2011, La Documentation française, p. 91-109.

56 ODAS, « Dépenses départementales d'actions sociales en 2015 : l'inquiétude persiste », *la lettre de l'ODAS*, juin 2016. Les chiffres de ce paragraphe proviennent de cette Lettre.

éligibles au RSA. Que le fait qu'il n'y ait pas de corrélation démontrée entre la situation économique du département et le taux de couverture de l'État ne fait que renforcer l'idée d'inégalité de traitement entre les bénéficiaires selon leur lieu de résidence.

Cette situation conduit à substituer la solidarité locale à la solidarité nationale alors qu'il s'agit d'une prestation fondée sur le principe de solidarité de la collectivité à l'égard des plus démunis. Il y a une inversion des logiques qui traduit aussi un désengagement inquiétant de l'État. La conséquence est que les départements sont exsangues et qu'ils ne peuvent plus assurer leurs obligations en matière d'insertion. Situation qui est aggravée par le fait que contrairement au dispositif RMI qui obligeait les départements à consacrer 20 % puis 17 % des dépenses d'allocation à l'insertion, le passage au RSA intégralement piloté par le département a mis fin à cette obligation minimale.

Il est instructif de relever que les dépenses nettes liées au RSA sont restées stables pour les années 2018 et 2019[57], respectivement 10,37 et 10,42 milliards d'euros soit +0.9 %, légère augmentation corrélée à celle du nombre de bénéficiaires sur ces deux années (+0.5 %) et qui fait suite depuis 2018 à une diminution progressive du nombre de bénéficiaires entre 2015 et 2017. Quant aux dépenses consacrées à l'insertion, la baisse se confirme. Avec 525 millions d'euros en 2019, l'insertion ne représente plus que 5,3 % des dépenses nettes consacrées au RSA, soit 2,4 points de moins qu'en 2015 (voir ci-dessous)[58]. Depuis la crise sanitaire, le nombre de bénéficiaires a crû de 8 % au 1er semestre 2020 et la dépense d'allocation de 10 % en moyenne. On constate, dès à présent, que dans les budgets primitifs de 2021, les départements anticipent une forte augmentation des dépenses RSA pouvant atteindre 15 %. Pour autant et malgré la crise, les départements ont su soutenir le tissu économique de leur territoire en coordination avec les autres collectivités. Néanmoins, des disparités départementales persistent du fait de la situation contrastée de l'emploi et de la pauvreté dans les territoires.

Ensuite, le soutien aux personnes en situation de handicap au travers de l'aide sociale à l'hébergement ou de la prestation de compensation du handicap pose également de multiples questions aux départements. Toujours selon la « Lettre de l'ODAS » de juin 2015, la dépense nette totale qui comprend l'hébergement, l'accueil de jour, la prestation de compensation du handicap, mais également d'autres aides dont le soutien aux MDPH, a

---

[57] ODAS, « Dépenses sociales et médico-sociales des départements. 2019-2020 : la fin d'une époque », *La lettre de l'ODAS*, décembre 2020. L'ensemble des chiffres de ce paragraphe en est issu.

[58] Le processus de réduction des dépenses d'insertion constaté depuis la décentralisation du RMI se poursuit. Ces dépenses atteignaient 830 millions d'euros en 2009 lors de la mise en place du RSA. En 2018, elles ne représentent plus que 630 millions (- 24 %). En 2009, 12,7 % de la dépense nette de RSA l'était pour l'insertion contre 5,3 % en 2019. Voir : ODAS, « Dépenses départementales d'action sociale en 2018. Un pacte financier respecté…mais à quel prix ? », *La lettre de l'ODAS*, juin 2019.

augmenté de 3,9 % entre 2014 et 2015. Cette augmentation a été particulièrement élevée entre 2006 et 2015 puisqu'elle a atteint 71,39 %. La charge nette sur la période 2006-2015 a été de 78,11 % et de 4,1 % de 2014 à 2015. Globalement, les dépenses d'hébergement progressent : elles ont augmenté de 3,4 % entre 2014 et 2015, en raison d'une progression du nombre de bénéficiaires (+2,3 %)[59], mais également de l'ouverture de places dans certains départements du fait de l'application des schémas départementaux. Pour autant, la « Lettre de l'ODAS » souligne que cette augmentation masque des tendances contrastées entre départements renforcées par l'amplification des décalages de paiement particulièrement entre 2012 et 2015. Quant à la prestation de compensation du handicap, il est clair que l'augmentation a été très importante en 2015 (+ 8 %) alors qu'elle n'était que de 6,6 % en 2014.

Il est constant, au regard des derniers chiffres disponibles, que la dépense nette totale consacrée aux personnes en situation de handicap augmente sans discontinuer depuis 2014 (6 860 €) pour atteindre 7 790 € en 2019 soit +13,56 % en 5 ans. Cette hausse continue est étroitement liée à celle du nombre de bénéficiaires. Elle ne s'explique que partiellement par la disparition progressive de l'allocation pour tierce personne (ACTP). En effet, il faut avoir à l'esprit que la PCH est attribuée sur un long terme. S'y ajoutent alors les nouveaux bénéficiaires, ce qui augmente mécaniquement leur nombre total. De fortes disparités sont également relevées entre les territoires.

La « Lettre de l'ODAS de juin 2015 » souligne que les départements débordent d'imagination pour tenter de réduire le poids que représente cette dépense d'aide sociale légale. Par exemple, on relève des alternatives à l'hébergement sous forme d'accueil de jour ou encore de colocation entre adultes handicapés. Moins élevés en termes de coût d'hébergement, ces modes d'accueil favorisent l'autonomie et l'inclusion sociale tout en répondant à l'évolution des attentes des personnes handicapées. Malheureusement, ces initiatives restent marginales alors que les besoins de cette population augmentent et représentent une menace de plus en plus inquiétante pour les finances départementales.

Enfin, le soutien aux personnes âgées dépendantes constitue également un sujet d'inquiétude pour les départements. En 2015, la dépense nette de soutien aux personnes âgées dépendantes a augmenté de 70 millions d'euros, soit 1 % de plus qu'en 2014. Quant au soutien de la CNSA, il est resté stable puisqu'il passe de 1 710 millions d'euros en 2015 à 1 700 millions d'euros en 2014. La charge nette augmente de 1,2 % et le soutien de la CNSA représente 31,3 % de la dépense nette d'allocation personnalisée d'autonomie (APA). Quant à l'APA à domicile, le constat est assez décevant dans la mesure où elle ne s'est pas véritablement installée dans une pratique en augmentation. Les personnes âgées préfèrent sans doute bénéficier de l'APA en établissement. En réalité,

---

[59] Tendance confirmée entre 2015 et 2016 par la DRESS (+ 2.7 %). Cf. DRESS, « L'aide et l'action sociale en France », 2018, p. 14.

on peut retenir que certaines personnes renoncent à l'APA à domicile car elles trouvent sa mise en œuvre trop contraignante au regard du bénéfice procuré. Pour elles, l'impact sur la vie privée et les tracas administratifs qu'elle comporte sont supérieurs au bénéfice qu'elle procure. Par ailleurs, certains départements ont durci les conditions d'attribution et les modalités de mise en œuvre de l'APA à l'égard des personnes les moins dépendantes (GIR 4). La loi du 28 décembre 2015 relative à l'adaptation de la société au vieillissement [60] dite « loi ASV » propose de relever les plafonds autorisés pour l'APA et d'augmenter le soutien afin de limiter le reste à charge. La réforme de l'APA est entrée en vigueur le 1er mars 2016. L'objectif est de permettre aux personnes les plus dépendantes (GIR1) de ne pas être limitées par la saturation de leur plan d'aide et donc de pouvoir aller au-delà du nombre d'heures maximal autorisé. Le montant maximal des plans d'aide a été revalorisé de 100 € à 400 € en fonction du degré de dépendance de la personne âgée. Tous les plans déjà arrêtés à la date d'entrée en vigueur du texte ont été à nouveau étudiés au 1er janvier 2017 en vue de leur éventuelle réévaluation. On les désigne sous le vocable d'APA 2.

Pour ce qui est du reste à charge, le barème de participation financière des allocataires est davantage dégressif. Désormais, il sera tenu compte non seulement des revenus mais également de la lourdeur du plan d'aide. Ces deux mesures vont logiquement augmenter la dépense obligatoire des départements qui s'en inquiètent fort légitimement.

En effet, l'APA 2 (nouveaux plafonds) s'est traduite par une augmentation de 2,2 % de l'APA à domicile entre 2018 et 2017. L'APA en établissement augmente également, mais seulement de 0,6 point sur la même période. En revanche, si l'on observe la tendance sur les 17 dernières années, l'APA à domicile diminue de 0,7 %, celle en établissement de 1,3 %. Il s'agit là d'un effet de générations qui ne peut être que temporaire. Celles des années 1935 à 1944 sont moins nombreuses (600 000) que celles issues du baby-boom (850 000). Par conséquent, on devrait, en toute logique, connaitre une augmentation du nombre de bénéficiaires.

En revanche, la contribution des départements aux autres services (portage de repas, téléalarme, soutien aux aidants…) à destination des personnes âgées baisse et ne représente en 2015 que 20 millions d'euros. Mais la loi ASV met en place une conférence des financeurs qui permettra de cofinancer tous les services. En feront partie les communes, la CARSAT, la MSA ou encore l'ARS. Le maintien à domicile implique aussi l'intervention du secteur sanitaire (médecins, services de soins à domicile – SSIAD) ou infirmiers (ères) libéral(es). L'enquête diligentée pour évaluer l'incidence de la Conférence des financeurs de la prévention de la perte d'autonomie sur des actions collectives

---

[60] Loi n° 2015-1176 du 28 déc. 2015 relative à l'adaptation de la société au vieillissement et son rectificatif, dite « loi ASV », JORF du 29 décembre 2015 et du 16 janvier 2016, JORF n° 0013 du 16 janvier 2016.

de prévention (CFPPA) a confirmé l'effet levier des concours CNSA, mais également la montée en puissance des CARSAT et des structures inter régimes en matière d'action collective de prévention, accentuée par une connaissance réciproque des acteurs et donc une meilleure coordination de leurs actions.

In fine, dans le domaine de l'autonomie (soutien aux personnes handicapées, âgées et dépendantes), on constate une légère hausse du nombre de bénéficiaires au cours du 1er semestre 2020. La crise sanitaire n'a pas empêché l'étude sur dossier des situations. Pour les cas les plus complexes, il y a eu maintien des évaluations à domicile. Dans les EHPAD, on relève une baisse du nombre de personnes accueillies du fait d'une mortalité importante, mais aussi des craintes des familles à placer la personne dans ces structures. Tout cela s'est donc traduit par une baisse des aides sociales à l'hébergement et de l'APA en établissement. Néanmoins, les départements ont maintenu leurs financements sur la base d'une activité théorique. En outre, ils se sont substitués à l'État (en début de crise) pour fournir masques, blouses et charlottes notamment. Sans compter les effets du « Ségur de la santé » (primes aux personnels…), ce qui devrait se traduire, dans les comptes administratifs 2020, par une légère augmentation de la dépense en faveur des personnes handicapées (+ 2%) et pour le soutien aux personnes âgées dépendantes (+ 3%).

D'une façon générale et quelle que soit la prestation d'aide sociale étudiée, les départements semblent *« contraints à l'innovation »* face à la réduction des moyens qu'ils connaissent. Paradoxalement, d'aucuns y voient un motif d'espoir lié à cet état de vulnérabilité qui, *in fine*, oblige les départements à faire preuve *« d'inventivité qui ressurgit dans la collectivité territoriale et dans le mouvement associatif »*[61]. On pourrait aussi considérer que le département providence s'est substitué, au fil du temps, à l'État providence. Reste à savoir si cette situation est tenable.

SECTION 2. ÉMERGENCE DU DÉPARTEMENT PROVIDENCE

La question transversale qui va servir de fil rouge à notre propos est celle de savoir si un tel glissement - d'une solidarité nationale vers une solidarité locale - est compatible avec le principe d'égalité (§ 1). Une contradiction apparait dès lors que l'on pense l'aide sociale légale fondée sur un corpus de règles nationales. Par ailleurs, la loi de modernisation de l'action publique et d'affirmation des métropoles du 27 janvier 2014 dite « loi MAPTAM »[62] va clarifier les conditions d'exercice de certaines compétences en instaurant des chefs de file. Ainsi, le département va se voir attribuer le rôle de chef de file

---

[61] RICARD M., « Les départements sous pression », *ASH*, n° 3063, 1er juin 2018, pp.6-7.

[62] Loi n° 2014-58 du 27 janvier 2014 de modernisation de l'action publique territoriale et d'affirmation des métropoles, *JORF* n° 0023 du 28 janvier 2014, p. 1562.

du social. Pour autant, cela interroge encore une fois le rapport à l'égalité dans la mesure où un tel mécanisme induit nécessairement l'existence d'une différenciation territoriale qui vient télescoper le principe d'égalité (§ 2).

§ 1. D'une solidarité nationale à une solidarité locale

Notre système de protection sociale repose sur l'idée de solidarité. La mobilisation du principe de solidarité éclaire toute l'économie de notre système qui s'est construit sur le long terme au fil des siècles (A). Pour autant, la décentralisation fragilise les protections sociales. Aussi traiterons-nous des conséquences de la compensation partielle des dépenses d'aide sociale légale sur la situation des bénéficiaires potentiels (B).

A. Mobilisation du principe de solidarité

Pour bien comprendre l'économie de notre système de protection sociale, il convient d'abord de s'intéresser à la façon dont il s'est construit au cours des siècles (1). Ensuite, nous nous intéresserons à ce qui le fonde philosophiquement et politiquement, à savoir, la solidarité (2).

1. Construction progressive du système de protection sociale

On s'accorde généralement à dire que c'est sous la IIIème République que les fondements modernes du droit de l'aide sociale vont être posés au travers de quatre grands principes :

- Principe de subsidiarité : l'aide n'est attribuée qu'à défaut de famille ;
- Principe de territorialité : la commune est débitrice de l'obligation ;
- Principe d'action : la commune est dans l'obligation de faire fonctionner le service public. À défaut, le préfet fait inscrire d'office la dépense au budget local ;
- Principe d'opposabilité : le bénéficiaire dispose, s'il remplit les conditions d'élection à l'aide, d'un droit opposable à la commune qu'il peut contraindre par la voie judiciaire.

Tout au long de la IIIème République de nombreuses lois d'assistance vont être votées. À titre d'exemple, on peut citer la loi du 15 juillet 1893 sur l'assistance médicale gratuite, celles des 27 et 28 juin 1904 sur l'aide à l'enfance, du 14 juillet 1905 sur l'assistance aux vieillards, infirmes et incurables, du 17 juin 1913 sur les secours aux femmes en couches sans ressources, ou encore celle du 14 juillet 1913 sur les aides aux familles nombreuses nécessiteuses.

Le système d'assistance sociale, qui s'adresse aux plus démunis, constitue l'un des deux piliers de notre système de protection sociale. Il va falloir attendre 1945, et donc la fin de la Seconde Guerre mondiale, pour que l'on ajoute un second pilier au système de protection sociale, l'institution de la Sécurité sociale[63].

L'article 1er de l'ordonnance de 1945 dispose que : « *Il est institué une organisation de la Sécurité sociale destinée à garantir les travailleurs et leurs familles contre les risques de toute nature susceptibles de réduire ou de supprimer leur capacité de gain, à couvrir les charges de maternité et les charges de famille qu'ils supportent* ».

D'inspiration beveridgienne, l'idée d'instaurer un régime de protection pour tous intègre des éléments de programme politique. La notion même de démocratie sociale devient une condition des systèmes démocratiques. D'une certaine manière, et à cause des conséquences de la guerre, il y a eu une prise de conscience politique du fait que chacun peut un jour être frappé par la précarité et la pauvreté. En outre, des données démographiques objectives (1,5 millions de morts dus à la Seconde Guerre mondiale) induisent la mise en place d'une politique sociale et familiale énergique. Les politiques familiales sont, par conséquent, clairement natalistes.

Bien que l'intention soit louable, la Sécurité sociale, telle que philosophiquement conçue, ne s'adresse globalement qu'aux cotisants (employeurs et salariés). Autrement dit, à ceux qui ont un emploi. C'est la raison pour laquelle ce dispositif n'a pas été d'une grande efficacité pour répondre à la problématique de la pauvreté liée, en particulier, à l'absence d'emploi. Même si on a pu légitimement penser que les dispositifs d'assistance sociale étaient voués à devenir inutiles du fait de la situation de plein emploi que connaissait la France après la Seconde Guerre mondiale, chacun ayant alors vocation à être protégé par le système de Sécurité sociale. En réalité, non seulement la Sécurité sociale va s'installer durablement dans le paysage institutionnel français, mais également l'assistance sociale va devenir l'aide sociale à partir de 1953-1954[64]. Le changement de vocable enlève la connotation négative référée au concept d'assistance même si cette subtilité langagière n'est pas forcément perçue par tous. Outre cette intention, l'objectif est de procéder à un toilettage, voire à une refonte, des différents textes concernant l'assistance sociale, textes épars qu'il convient, par conséquent, de codifier selon une certaine logique. Ainsi fut créé le Code de

---

[63] Ordonnance n° 45-2250 du 4 octobre 1945 portant organisation de la Sécurité sociale, *JORF* du 6 octobre 1945, p. 6280.

[64] Décret n° 53-1186 du 29 novembre 1953 relatif aux pupilles de l'État, *JORF* du 3 décembre 1953, p. 10759 et décret n° 54-611 du 11 juin 1954 pour l'application des dispositions générales du décret 53-1186 du 29 novembre 1953, *JORF* du 12 juin 1954, p. 5491.

la famille et de l'aide sociale CFAS)[65] qui deviendra 46 ans plus tard le Code de l'action sociale et des familles (CASF)[66].

On peut dire, sans réserve, que l'instauration de la Sécurité sociale n'a pas eu pour effet de « faire de l'ombre » au droit de l'aide sociale qui, à son tour, va s'installer durablement dans le paysage juridique français. Les deux systèmes vont, par conséquent, coexister. L'impossibilité pour la Sécurité sociale, malgré sa généralisation, de couvrir l'ensemble de la population du fait, notamment, de sa logique socio-professionnelle va légitimer la création d'un dispositif l'aide sociale. Ce dernier est déclenché soit à titre substitutif, c'est-à-dire en cas d'inéligibilité à la Sécurité sociale, soit à titre complétif lorsque cette dernière ne propose qu'une prise en charge partielle. Ce système dual de protection sociale trouve son fondement dans le principe de solidarité, lui-même issu de celui de fraternité.

2. La solidarité comme fondement du système de protection sociale

La référence au principe de solidarité suffit à justifier l'ensemble de notre dispositif de protection sociale. De plus, il entretient des liens étroits avec celui de fraternité, ce qui implique l'étude simultanée des deux concepts.

Le principe de solidarité a d'abord été utilisé dans le droit romain des obligations. Les romanistes ont mis en exergue deux types de solidarité : l'une dite active, l'autre passive. La première se traduit par l'existence d'une pluralité de créanciers, l'autre par celle d'une pluralité de débiteurs.

Mais au-delà du droit, le terme solidarité va entrer dans le champ de la sociologie. D'abord par le biais de son père fondateur, Auguste Comte, qui y voit la loi générale qui préside à l'ensemble des faits sociaux. Ce principe va être théorisé par Émile Durkheim qui distingue la solidarité par similitude qualifiée de mécanique, et la solidarité due à la division du travail qualifiée d'organique. La première se retrouve principalement dans les sociétés anciennes, non spécialisées, contrairement à la seconde. Il convient de bien comprendre qu'à l'origine du principe sociologique de solidarité, la référence utilisée était celle de fraternité. Autrement dit, les deux principes dans leur sens politique se confondent. Pour autant, il convient de ne pas les considérer comme parfaitement synonymes dans la mesure où la fraternité renvoie à la notion de charité chrétienne, mais également de patrie, ce qui ne l'empêche pas de constituer, malgré tout, le troisième terme de la devise républicaine. On peut dire que la fraternité constitue un principe philosophique et moral qui ne peut servir véritablement de norme de référence, contrairement au principe d'égalité. La Constitution du 4 novembre 1848 y fait référence dans son

---

[65] Décret n° 56-149 du 24 janvier 1956 portant publication du Code la famille et de l'aide sociale (assistance publique, bureau d'aide sociale, aide sociale aux personnes âgées, aux infirmes et aux aveugles, établissements et bienfaisance privés), JORF du 28 janvier 1956, p. 1109.

[66] Ordonnance n° 2000-1249 du 21 décembre 2000 relative à la partie Législative du code de la famille et de l'aide sociale, *JORF* n° 0297 du 23 décembre 2000, p. 20471.

Préambule. La fraternité s'entend d'un « *lien ou idéal d'affection entre ceux qui se traitent comme frères, principe de solidarité entre concitoyens consacré par certaines constitutions* »[67] auquel la Constitution actuelle, du 4 octobre 1958, fait explicitement référence dans la devise républicaine (art. 2). Pour la première fois, le Conseil constitutionnel, dans une décision remarquable du 6 juillet 2018[68], vient de consacrer la valeur opératoire du principe de fraternité. La Cour de cassation a saisi, le 11 mai 2018, le Conseil constitutionnel d'une question prioritaire de constitutionnalité visant à obtenir l'annulation de deux articles du Code de l'entrée et du séjour des étrangers et du droit d'asile (CESEDA).

Après avoir rappelé les dispositions constitutionnelles qui visent la fraternité, à savoir les seuls articles 2 et 72-3 de la Constitution de 1958, les Sages en déduisent que « *la fraternité est un principe à valeur constitutionnelle* » qui doit être considéré de la même importance que la liberté et l'égalité. En effet, la référence à l'article 2 précité traduit cette volonté du Conseil constitutionnel. Puis, dans le prolongement de cette idée, le Conseil constitutionnel va indiquer, dans un 8ème considérant, qu'« *il découle du principe de fraternité la liberté d'aider autrui, dans un but humanitaire, sans considération de la régularité de son séjour sur le territoire national* ». Ce considérant marque ainsi la dimension éminemment humanitaire de la fraternité qui implique solidarité et tolérance. Par ailleurs, la fraternité est aveugle à la situation administrative de la personne aidée, ce qui donne une dimension générale à la liberté d'aider autrui. Aussi, pour le Conseil constitutionnel, « *en réprimant toute aide apportée à la circulation de l'étranger en situation irrégulière, y compris si elle constitue l'accessoire de l'aide au séjour de l'étranger et si elle est motivée par un but humanitaire, le législateur n'a pas assuré une conciliation équilibrée entre le principe de fraternité et l'objectif de valeur constitutionnelle de sauvegarde de l'ordre public* ». En définitive, les Sages distinguent l'aide à l'entrée sur le territoire, c'est-à-dire au passage de frontière, de l'aide à la circulation des personnes étrangères qui implique qu'elles soient déjà rentrées sur le territoire. S'il est vrai que l'aide à l'entrée crée une situation illicite imputable à l'aidant, l'aide à la circulation ne produit pas cette conséquence (considérant 12).

Nous pensons que cette jurisprudence, au-delà de l'aspect technique qu'elle traite, vient rappeler que la fraternité constitue une limite à l'égoïsme qui habite naturellement tout être humain et oblige, par conséquent, chacun envers les autres membres de la communauté. Par ailleurs, on peut considérer que la fraternité entretient des liens étroits avec une République qui se qualifie de sociale. Autrement dit, la République impose par son système d'organisation une solidarité entre ses membres, mais aussi leur rappelle le

---

[67] CORNU G., *Vocabulaire juridique*, Association Henri Capitant, Paris, 2012.

[68] Cons. constit., 6 juillet 2018, n° 2018-717-718 QPC [délit d'entraide à l'entrée, à la circulation ou au séjour irréguliers d'un étranger].

lien fraternel qui les unit et qui, parfois, à l'expérience d'une épreuve collective douloureuse, se révèle une évidence.

Mais, comme le dit très justement Virginie Donier, cela n'empêche pas ces deux principes – égalité et fraternité - d'entretenir *« une relation quasiment fusionnelle »*[69]. Toutefois, nous avons d'un côté un principe, celui d'égalité, qui constitue un objectif à atteindre par le législateur, et d'un autre côté, celui de fraternité, qui n'oblige pas juridiquement parlant le législateur, sous réserve désormais de la jurisprudence précitée. Une relation fusionnelle, certes, qui n'interdit pas de différencier les deux notions, même si l'une découle de l'autre, comme nous l'avons précédemment expliqué. Bien que différentes, ces deux notions trouvent aussi à se compléter. La fraternité comble les insuffisances de la solidarité nationale qui exclut, *stricto sensu*, les non-nationaux. En revanche, la solidarité a une effectivité juridique qui manque à la fraternité. Ajoutons que fraternité et égalité sont les deux piliers du caractère social de notre démocratie. Il ne faut pas oublier que le principe d'égalité se « réduit » à créer de l'égalité juridique entre citoyens, alors que le principe de fraternité vise un objectif plus large de justice sociale. Autrement dit, le principe d'égalité ne prend pas en compte les inégalités de fait, contrairement au principe de fraternité qui vise à les corriger.

Pour Michel Borgetto, *« c'est dans les liens de solidarité qui unissent et doivent unir tous les membres de la société qu'il faut rechercher le fondement véritable de l'aide et de l'action sociales »*[70]. Pour Michel Borgetto, la solidarité est incluse dans la fraternité. Le paradoxe réside sans doute dans le fait que l'on parle davantage de la première que de la seconde. Pourtant, seule la fraternité constitue le troisième pilier de la devise républicaine. À la différence de la solidarité, la fraternité implique la relation à l'autre. Dit autrement, elle se distingue de la solidarité par la chaleur humaine qu'elle dégage. Pour aller plus loin, nous pourrions dire que la fraternité est consubstantielle aux idées de démocratie et de République. Sa place dans la devise républicaine en est une preuve irréfutable. Nier cet état de fait revient à nier l'histoire même de cette notion. Bien qu'indiscutablement rattachée, à l'origine, à des valeurs religieuses, la IIème République marque la laïcisation du principe. Pour nous, la fraternité constitue un idéal vers lequel on doit tendre. La solidarité n'est alors qu'une partie du versant opératoire de cet idéal. Pour Weber le droit est rationnel ce qui, toujours selon cet auteur, exclut toute référence aux sentiments. Là où le droit semble davantage relever de la physique, la fraternité semble appartenir au champ de la métaphysique. En réalité, et selon nous, le droit ne peut se concevoir que dans un système fraternel ou, dit autrement, qu'en intégrant la dimension sentimentale et

---

[69] DONIER V., « Le principe d'égalité dans l'action sociale des collectivités territoriales », PUAM, Thèses, 2005, p. 51.

[70] BORGETTO M., LAFORE R., *Droit de l'aide et de l'action sociale*, Montchrestien, 2000, p. 32.

morale dans la relation juridique. Pour autant, cette opposition apparente entre les deux principes peut aussi s'analyser comme une complémentarité. Michel Borgetto voit dans la fraternité la face humaine du droit social ce qui permet d'insuffler de l'humanité dans les rapports entre l'administration qui distribue l'aide et le bénéficiaire qui la reçoit. Il est à noter que nous assistons, sans doute, à un retour de la fraternité dans le champ lexical du politique depuis la fin des années quatre-vingt, ce qui, de toute évidence, ne peut constituer un fait anodin.

Nous pensons, malgré tout, que la référence au principe de solidarité ne suffit pas à juguler les inégalités de traitement territorial. Sans doute parce que la proximité avancée comme argument majeur pour répondre le plus efficacement possible aux situations locales réduit d'autant le contrôle de l'État régulateur. Nous constatons un glissement de la solidarité nationale vers des solidarités locales du fait de la décentralisation. Ce processus, qui tend à s'accentuer dans un système décentralisé, présente sans doute des avantages, mais également des inconvénients. Ce glissement se produit, selon nous, au détriment de son destinataire : le bénéficiaire potentiel de l'aide sociale.

B. Conséquences de la compensation partielle des dépenses d'aide sociale légale

Les dépenses d'aide sociale pèsent lourdement sur le budget des départements. L'insuffisance des compensations financières de l'État interroge l'autonomie financière des collectivités départementales (1). Par ailleurs, tous les départements ne supportent pas le poids des dépenses sociales de la même manière. Ce qui contribue, au moins en partie, à aggraver indirectement les inégalités de traitement entre les bénéficiaires de l'aide sociale (2).

1. Dépenses d'aide sociale et autonomie financière du département

La compensation partielle des dépenses départementales engagées en matière sociale interroge l'autonomie financière des collectivités territoriales. La question est d'autant plus importante que le désengagement de l'État se traduit, et nous l'avons précédemment démontré, par un transfert des compétences sociales vers le département.

Dans tous les cas, on ne peut envisager une quelconque effectivité du principe de libre administration des collectivités territoriales sans autonomie financière. Il est largement admis que la réforme constitutionnelle de 2003 marque un progrès d'importance en la matière. En effet, l'inscription du principe d'autonomie financière des collectivités dans la Constitution constitue une avancée considérable qu'il convient de saluer. Pour le Conseil constitutionnel, ce principe est à classer parmi les droits et libertés que la

Constitution garantit[71]. L'alinéa 1er de l'article 72-2 pose le principe de la libre disposition des ressources par les collectivités territoriales. Ce qui signifie, en premier lieu, qu'elles peuvent effectuer les dépenses qu'elles jugent nécessaires dans le cadre des compétences qui leur sont dévolues.

L'article susvisé dispose, en effet, que *« les collectivités territoriales bénéficient des ressources dont elles peuvent disposer librement dans les conditions fixées par la loi »*. La question qui se pose alors est celle des ressources propres laissées à leur libre disposition. Condition essentielle de l'effectivité du principe de libre administration considéré comme le premier pilier de l'autonomie financière des collectivités. Le Conseil constitutionnel a été amené à répondre à la question de savoir si le principe même de dépenses obligatoires, ou de certaines d'entre elles, ne contrevenait pas au principe de libre administration ainsi énoncé. Manifestement, ce n'est pas le cas. Sa décision du 30 juillet 2003 ne laisse planer aucun doute : *« Considérant, en premier lieu, qu'en disposant que les dépenses liées à l'organisation du référendum constituent une dépense obligatoire de la collectivité territoriale qui a décidé d'y recourir, l'article L.O. 1112-5 ne porte pas atteinte au principe des ressources des collectivités territoriales, tel qu'il est précisé par le premier alinéa de l'article 72-2 de la Constitution »*. D'autant plus que le recours à un référendum reste facultatif. En revanche, une fois décidée sa mise en œuvre par la collectivité, la dépense qui y est liée devient obligatoire.

Une question plus délicate concerne la détermination de la part des ressources propres laissées à la collectivité. Il s'agit en réalité du second pilier de l'autonomie financière des collectivités territoriales. Il faut que ces dernières puissent bénéficier d'une certaine marge de manœuvre en termes de maîtrise des ressources. À défaut, tout principe d'autonomie ne serait qu'illusoire. La part des ressources propres laissées à leur disposition dans le budget global doit être déterminante. Le Conseil constitutionnel y veille particulièrement. C'était déjà le cas avant même la réforme constitutionnelle de 2003. En effet, il a été jugé, le 12 juillet 2000[72], que le législateur ne peut pas réduire, au sein des ressources globales de la collectivité, la part de ses recettes fiscales au point de porter directement atteinte au principe de libre administration. La part déterminante des ressources propres visée par l'article 72-2 de la Constitution s'analyse par catégorie de collectivités et non pour chaque collectivité prise distinctement. Le Conseil veille à ce que cette part déterminante ne descende pas en deçà d'un certain seuil par catégorie[73].

Enfin, précisons qu'autonomie financière des collectivités ne signifie pas pour autant autonomie fiscale. Le législateur, dans un État unitaire, a

---

[71] Cons. constit., 29 juin 2012, n° 2012-255/265 QPC, Départements de la Seine-Saint-Denis et du Var, cons. 9.

[72] Cons. constit., 12 juillet 2000, n° 2000-432 DC, Loi de finances rectificative pour 2000, cons. 5.

[73] Cons. constit., 29 juillet 2004, n° 2004-500 DC, Loi organique relative à l'autonomie financière des collectivités territoriales, cons. 11.

compétence pour définir les ressources fiscales des collectivités. Aucune collectivité n'a compétence pour créer, modifier ou supprimer un impôt qu'elle percevrait par la suite. Il est donc bien clair que le pouvoir fiscal local n'est pas un pouvoir normatif puisque seul l'État en est titulaire selon l'article 34 de la Constitution. Avant la réforme de 2003, les collectivités pouvaient fixer le taux de la recette fiscale dans la limite définie par le législateur. Depuis la réforme, elles peuvent également en fixer l'assiette, si et seulement si le législateur l'a prévu. Ce qui, de toute évidence, constitue une limite importante au pouvoir des collectivités dans ce domaine. Dans tous les cas, l'impôt représente un enjeu de pouvoir considérable, qui tend les relations entre l'État et les collectivités territoriales. Ces dernières ont connu à diverses reprises des politiques fiscales qui se sont traduites en exonérations, allégements de taxes et dégrèvements pour les entreprises comme pour les particuliers. Ce qui, *in fine*, s'est traduit par une baisse de ressources pour les collectivités territoriales dans la mesure où les compensations offertes ne couvrent jamais totalement les pertes subies. Pour Michel Bouvier, ce type de choix fiscal aboutit à « miner le système fiscal local de l'intérieur »[74]. Comment peut-on alors ne pas considérer que l'État, en procédant ainsi, porte atteinte au principe constitutionnel de libre administration des collectivités territoriales ? Pour l'heure, le juge constitutionnel considère que mettre des dépenses à la charge des collectivités territoriales ou réduire leurs ressources fiscales ne s'analyse pas comme une atteinte au principe constitutionnel de libre administration des collectivités territoriales. Ainsi, par exemple, il a été jugé que le fait d'imposer à la collectivité départementale de participer au fonds de solidarité pour le logement (FSL) à la même hauteur que l'État n'est pas contraire au principe de libre administration des collectivités territoriales[75]. Ou encore, la suppression de la part régionale de la taxe d'habitation ne constitue pas une atteinte au principe de libre administration dans la mesure où cette suppression est compensée : « Considérant, toutefois, que les règles posées par la loi sur le fondement de ces dispositions ne sauraient avoir pour effet de diminuer les ressources globales des collectivités territoriales ou de réduire la part des recettes fiscales dans ces ressources au point d'entraver leur libre administration »[76]. Actuellement, les départements s'inquiètent des scénarios proposés, en 2018, par la mission « finances locales » co-présidée par

---

[74] BOUVIER M., « Le Conseil constitutionnel et l'autonomie fiscale des collectivités territoriales : du quiproquo à la clarification », Nouveaux cahiers du Conseil constitutionnel, n° 33, octobre 2011, consultable sur :https://www.conseil-constitutionnel.fr/nouveaux-cahiers-du-conseil-constitutionnel/le-conseil-constitutionnel-et-l-autonomie-fiscale-des-collectivites-territoriales-du-quiproquo-a-la

[75] Cons. constit., 29 mai 1990, n° 90-274 DC, Loi visant à la mise en œuvre du droit au logement, cons. 20.

[76] Cons. constit., 12 juillet 2000, n° 2000-432 DC, Loi de finances rectificatives pour 2000, cons. 5.

messieurs Alain RICHARD et Dominique BUR[77]. En effet, la suppression totale de la taxe d'habitation (TH) à l'horizon 2020 signifie pour le bloc communal une perte de recettes totale de 26,3 milliards d'euros. Pour obtenir la compensation à l'euro près en faveur des collectivités locales concernées par la suppression de la taxe d'habitation, la loi de finances pour 2020 prévoit le transfert aux communes (excepté Paris), dès 2021, de la part départementale de la taxe foncière sur les propriétés bâties (TFPB). Pour la ville de Paris et les EPCI à fiscalité propre, une fraction du produit net de la TVA sera versée. Un mécanisme correcteur de neutralisation des écarts de compensation liés au transfert de la TFPB est prévu. Il se traduira chaque année par une retenue sur le versement des recettes de la taxe foncière en cas de surcompensation, et par l'inverse en cas de sous compensation. Les départements se verront transférer une fraction de la TVA pour compenser leur perte de recettes. Enfin, les régions recevront une dotation budgétaire de l'État en compensation de la perte des frais de gestion liés à la taxe d'habitation.

2. Dépenses d'aide sociale et situation sociodémographique du département

La dépense d'aide sociale n'est pas supportée de la même manière par les départements. L'INSEE a créé, en 2009, des indicateurs sociaux départementaux[78] qui vont nous permettre de mettre en exergue des différences entre les départements. À titre d'exemple, la dépense totale brute de RSA en 2014, par habitant, est de 73,9 € dans l'Ain pour 619 497 habitants alors qu'elle atteint 284,5 €, quasiment 4 fois plus, en Seine-Saint-Denis qui compte 1 571 028 habitants. Chiffre qui se hisse à 717,2 € (quasiment dix fois plus que dans l'Ain) à La Réunion qui comptabilise 842 767 habitants. Pour ces mêmes départements mais pour l'année 2015, le taux de population percevant le RSA socle, majoré ou activité atteint respectivement 4,1 %, 14,8 % et 33,2 %. Si l'on complète ces données avec celles de la DRESS[79], on peut relever que la répartition sur le territoire des dépenses totales liées au RSA/RSO, rapportées à la population de chaque département, reste hétérogène comme indiqué précédemment. En 2018, elles varient du simple

[77] BUR D., RICHARD D, *Mission « finances locales »*. Rapport sur la refonte de la fiscalité locale, mai 2018, consultable sur : https://www.gouvernement.fr/sites/default/files/document/document/2018/05/rapport_sur_la_refonte_de_la_fiscalite_locale- 09.05.2018.pdf

[78] Les chiffres produits dans ce passage proviennent de diverses sources étudiées simultanément : indicateurs sociaux départementaux de l'INSEE : https://www.insee.fr/fr/statistiques/2382915 (consulté le 22 octobre 2017) ; DRESS, « Dépenses d'aide sociale départementales en 2013 », n° 197, août 2015, 51 pages ; DRESS, *Études et résultats*, « Dépenses d'aide sociale départementale : une hausse de 9% depuis 2010 » février 2016, n° 0950 ; PENAUD P., « Les dépenses d'aide sociale des départements, bilan et perspectives, *Gestion et finances publiques*, novembre 2013, pp. 1-5.

[79] DRESS, « L'aide et l'action sociale en France », 2020, p. 207-208.

au quintuple en métropole. Dans les DROM (hors Mayotte), la dépense se situe entre 600 et 770 €, le minimum se situant dans la fourchette comprise entre 60 et moins de 120 € (20 départements concernés). Au niveau national, la dépense annuelle en 2018 est de 180 € par an et par habitant (48 départements dans la fourchette 120-180 €), la médiane se situant à 150 € par habitant. Au 31 décembre 2018, le taux d'allocataires du RSA au sein des populations départementales de 15 à 69 ans varie de 1,5 % à 17,6 %. Le taux de corrélation entre la dépense et le nombre moyen d'allocataires concernés atteint logiquement 0,99. Évidemment, la présence de barèmes nationaux réduit les disparités des dépenses rapportées au nombre moyen d'allocataires. Ainsi, le rapport interdécile n'est que de 1,1 pour les dépenses moyennes par allocataire, contre 2,8 pour les dépenses moyennes par habitant et 2,6 pour la proportion d'allocataires dans la population. À titre comparatif, les dépenses d'insertion par allocataires enregistrent un rapport interdécile de 2,7 et de 2,8 pour la part des dépenses d'insertion dans les dépenses totales RSA/RSO.

Ajoutons à cela le taux de pauvreté monétaire[80] pour les deux départements métropolitains (respectivement 10,6 % pour l'Ain et 27,8 % pour la Seine-Saint-Denis) et pour le département d'outre-mer où il atteint 42 %. L'ensemble de ces données montre que plus le taux de pauvreté monétaire est important, plus la dépense de RSA l'est également. Cela crée inévitablement des disparités de traitement des bénéficiaires dans la mesure où les fonds consacrés au versement du RSA ne sont pas compensés complètement par la dotation de l'État, qui n'est pas révisée en fonction de l'augmentation du nombre des bénéficiaires du RSA. Par conséquent, et fort logiquement, les territoires qui connaissent une hausse importante de leur nombre de bénéficiaires consacrent une part importante du budget de l'aide sociale au versement du RSA. Souvent au détriment de l'accompagnement social rattaché à cette prestation[81]. Aussi, le bénéficiaire n'a pas les mêmes chances de réinsertion selon son département de résidence.

Selon la DRESS, *« En France métropolitaine, [...] les dépenses d'insertion du RMI et du RSA qu'elles soient liées ou non aux contrats d'insertion progressent de 1 % en 2013 mais sont en recul de 18 % depuis 2009 »*. Il nous semble que cette analyse, à défaut d'établir une corrélation irréfutable entre la crise financière de 2008 et l'augmentation du nombre de bénéficiaires du RSA, situe la baisse constante des dépenses d'insertion à la même période, c'est-à-dire en 2009. Nous en déduisons que cette baisse des dépenses d'insertion est à corréler, au moins en partie, avec l'augmentation de

[80] En 2018, en France métropolitaine, 9,3 millions de personnes vivent en dessous du seuil de pauvreté fixé à 1063 € mensuels, soit 14,8 % de la population (même seuil en 2021 mais représentant 18,46 % de population), sachant qu'au 1er avril 2018 le RSA était de 551 € (564,76 au 1er/04/2021) et l'Allocation de Solidarité aux Personnes Âgées (ASPA, ex minimum vieillesse) de 833 € mensuels (906,81 € en 2021). En 2018, 66 % des allocataires du RSA vivent en dessous du seuil de pauvreté contre 47 % de celles percevant l'ASPA.

[81] Se reporter à la note 51.

la dépense de RSA. Plus cette dépense est importante du fait, notamment, de l'accroissement du nombre de demandeurs d'emploi et de temps partiel, moins la « dépense d'insertion » est élevée. Selon l'enquête Emploi de l'INSEE de 2011, près de 4,2 millions de salariés sont concernés par le temps partiel, soit 18,6 % des salariés. Or, le RSA activité concerne principalement des salariés à temps partiel rémunérés sur la base du Smic. Selon la DARES[82], la moitié des salariés à temps partiel ont un salaire net inférieur à 850 € par mois. Plus d'un quart d'entre eux sont rémunérés sur la base du Smic.

On sait que certains départements sont asphyxiés, plus que d'autres, par la charge que représentent les dépenses d'aide sociale (RSA et APA), ce qui résulte très clairement du rapport Jamet de 2010[83]. En effet, outre leur forte disparité, les dépenses sociales départementales sont en forte hausse en raison des spécificités géographiques dans 40 % des cas, des besoins de la population dans 30 % des cas, ou encore du revenu moyen des habitants dans 30 % des cas. Parmi les départements ruraux pauvres étudiés dans ce rapport on trouve la Creuse, la Corrèze, l'Indre, les Ardennes, le Cher, la Haute-Loire, la Meuse et la Haute-Saône. Pour les départements urbains pauvres : la Seine-Saint-Denis, le Pas-de-Calais et le Val d'Oise. Les onze départements étudiés ont pour point commun d'avoir des caractéristiques sociodémographiques permettant de les classer dans la catégorie des départements fragiles.

Ces données comparatives permettent de montrer que la gestion stricte de la section de fonctionnement dans des contextes difficiles, ruraux comme urbains, se traduit généralement par une augmentation des recettes fiscales et donc des impôts. Si on y ajoute la recette tirée de la DGF au titre de la solidarité nationale, cela permet aux départements de maintenir les équilibres financiers. Pour autant, ces équilibres restent très fragiles car ils induisent une gestion contrainte qui nécessairement implique des coupes franches dans certaines dépenses pour continuer à assumer les compétences légales dévolues. Cet effet ciseau (simultanéité d'une augmentation des dépenses d'aide sociale et d'une diminution des recettes) est aggravé par l'article 72-2 alinéa 4 de la Constitution. Ce dernier dispose que : *« Tout transfert de compétences entre l'État et les collectivités territoriales s'accompagne de l'attribution de ressources équivalentes à celles qui étaient consacrées à leur exercice »*[84]. L'article 72-2 pose donc deux limites : premièrement, seules sont transférées les ressources constatées à la date du transfert. Deuxièmement, il appartient au législateur d'apprécier le niveau du transfert de ressources dans le respect du principe de libre administration des collectivités territoriales[85].

[82] PAK M., Le travail à temps partiel, *Synthèse. Stat*, n° 4, DARES, juin 2013.
[83] JAMET P., *Rapport à Monsieur le Premier ministre sur les finances départementales*, 20 avril 2010, pp 14-18.
[84] Cons. constit., 30 juillet 2003, n° 2003-482 DC, Loi organique relative au référendum local, cons. 10.
[85] Pour un autre exemple d'application : Cons. constit., 30 juin 2011, n° 2011-142/145 QPC, Département de la Seine-Saint-Denis, cons. 12 à 14.

Il existe bien un mécanisme de compensation financière lorsque l'État transfère des compétences aux collectivités territoriales. Nous venons de démontrer les insuffisances de ce dispositif. En 2019, l'État contribue au financement du RSA à hauteur de 56,4 %, part qui ne cesse de décroitre depuis 2004 où elle s'élevait à 92,2 %. En outre, cette part contributive varie d'un département à l'autre. Cela se traduit par une mise en difficulté des départements même si certains semblent moins impactés que d'autres. D'où l'idée d'une renationalisation du financement du RSA[86] afin de permettre aux collectivités départementales de retrouver, au moins, plus de marges de manœuvre financière[87].

En réalité, au-delà du département, personne morale, ce « dysfonctionnement » se répercute indubitablement sur les bénéficiaires. Ce sont notamment leurs chances d'insertion, lorsque l'on s'intéresse au volet insertion du RSA, qui se trouvent quelque peu hypothéquées.

Ce qui semble acquis, c'est que toutes les dépenses sociales augmentent (RSA, APA, PCH, ACTP). La dépense de RSA reste la plus imprévisible du fait, d'une part, des variations de la conjoncture économique et, d'autre part, de sa sensibilité aux évolutions législatives, comme les règles d'indemnisation du chômage. On peut, d'ores et déjà, prévoir pour 2020 une forte augmentation des dépenses de RSA et de lutte contre la pauvreté. Estimation fixée à +10 % par l'ODAS dans sa « Lettre » de décembre 2020[88]. Ce qui représente selon Dominique Bussereau, président de l'assemblée des départements de France (ADF) une dépense supplémentaire d'un milliard d'euros. À titre comparatif, en 2019 la hausse médiane avait été de 1,5 %. On sait par ailleurs que la baisse de la DMTO (- 10 %) aggrave davantage la situation budgétaire des départements, d'autant plus que durant la crise sanitaire on a enregistré 3 000 bénéficiaires supplémentaires par jour, selon les déclarations d'Olivier VERAN, ministre de la santé[89].

Malgré tous les problèmes référencés ci-dessus, les départements endossent la place de chef de file du social. Par ailleurs, cette place légitime le maintien de cette collectivité dans le paysage institutionnel de la France.

---

[86] Trois départements d'Outre-mer (la Guyane, Mayotte et la Réunion) ont déjà fait la bascule. En métropole, le Premier ministre, Jean CASTEX, propose une expérimentation de renationalisation du RSA dans les départements les plus pauvres dès le 1er janvier 2022. Effet « positif » de la crise sanitaire, la Seine-Saint-Denis est au premier rang des candidats à cette expérience métropolitaine. La crise a plongé 200 000 concitoyens de plus dans le RSA ce qui a fait passer la barre des 2 millions de bénéficiaires à ce jour (2,02 millions de bénéficiaires fin février 2021). On peut percevoir enfin une occasion de régler une anomalie faisant supporter à la collectivité départementale une allocation de solidarité nationale.

[87] ODAS, « Dépenses sociales et médico-sociales des départements. 2019-2020 : la fin d'une époque », *La lettre de l'ODAS*, décembre 2020. L'ensemble des chiffres de ce paragraphe en est issu.

[88] *Ibid.*

[89] Questions politiques, France Inter, 8 novembre 2020.

§ 2. Le département chef de file du social

Incontestablement, la collectivité départementale connait un élargissement de ses compétences sociales (A) ce qui se traduit par davantage de pouvoirs dévolus aux autorités locales. Fort logiquement, cela pose également la question de la conciliation du pouvoir normatif local et du principe d'égalité (B).

A. Élargissement des compétences sociales du département

Depuis la loi du 13 août 2004, le département est considéré comme chef de file du social (1). Cela n'a pas empêché un débat passionné autour de la pertinence du maintien de l'échelon départemental. Malgré tout, nous constatons que la loi NOTRe du 7 août 2015 marque, en définitive, la pérennisation de la compétence sociale du département (2).

1. Le département comme chef de file du social

En matière sociale, bien que n'ayant pas une compétence exclusive, le département acquiert le statut de chef de file. D'une certaine manière, il dispose d'une habilitation constitutionnelle émanant de l'article 72 alinéa 5 de la Constitution, issue de la réforme constitutionnelle de 2003.

En réalité, le chef de file a pour mission d'organiser, et non pas de fixer, comme prévu dans la rédaction initiale du projet, les modalités de l'action commune dès lors que l'exercice d'une compétence implique le concours de plusieurs collectivités territoriales. Dans tous les cas, seul le législateur, et donc la loi, peut autoriser une collectivité à revêtir le costume de chef de file.

Les précautions rédactionnelles du 5ème alinéa de l'article 72 à propos du verbe « organiser » en lieu et place de « fixer » les modalités d'une action commune visent à prévenir toute possibilité de tutelle d'une collectivité sur une autre. Ce qui, de toute évidence, serait venu télescoper le principe constitutionnel de libre administration des collectivités territoriales. La reconnaissance de cette notion répond également à des considérations pragmatiques. Il est vrai, en effet, que la décentralisation par voie de « blocs de compétences » montre ses limites dès lors qu'il s'agit de domaines transversaux impliquant des financements croisés.

Il n'empêche que l'utilisation de la notion de chef de file s'avère toujours délicate. Comment peut-on être « chef », et *a fortiori* « chef de file » si, par ailleurs, la loi ne lui reconnait aucun pouvoir de contrainte ? De deux choses l'une : soit le législateur recherche l'efficacité de l'action publique et pour cela il crée des chefs de file aux fins exclusives de rationaliser l'action publique, et nous serions dans un cas de dérogation pure et simple au principe de non-tutelle, car un tel objectif induit un pouvoir de contrainte ; soit au contraire, le législateur vise à garantir le respect du principe de libre administration des collectivités territoriales. Auquel cas, le principe de non-tutelle trouve à s'appliquer dans toute sa plénitude et par conséquent, il y a incompatibilité avec tout pouvoir de contrainte. La question de l'enchevêtrement des compétences entre l'État et le département, malgré toutes les précautions et intentions annoncées, reste entièrement posée. Derrière cette problématique se cache, bien évidemment, celle de l'imputabilité de la dépense.

Un arrêt du Conseil d'État, en date du 30 mars 2016, en constitue une parfaite illustration. Dans cette affaire, le département de Seine-Saint-Denis a refusé de prolonger le versement de l'aide financière mensuelle dont bénéficiait la famille pour la prise en charge de ses frais d'hébergement à l'hôtel. Ce qui, dans l'absolu, semble correspondre à une application pure et simple du Code de l'action sociale et des familles. En effet, ce dernier précise dans son article L. 222-5 que sont prises en charge par le service de l'aide sociale à l'enfance sur décision du président du conseil départemental *« les femmes enceintes et les mères isolées avec leurs enfants de moins de trois ans qui ont besoin d'un soutien matériel et psychologique, notamment parce qu'elles sont sans domicile »*. Aussi, au-delà des trois ans de l'enfant, ou du dernier d'entre eux, l'hébergement d'urgence est une compétence obligatoire de l'État. C'est ce qui résulte de la combinaison de l'article précité avec l'article L. 345-2-2 du même Code. Ce dernier dispose, en effet, que *« toute personne sans abri en situation de détresse médicale, psychique ou sociale a accès, à tout moment, à un dispositif d'hébergement d'urgence »*.

Malgré la logique apparemment implacable découlant de l'articulation des dispositions légales applicables, la prise en compte de la situation particulière de la famille a conduit le Conseil d'État à une conclusion plus équilibrée sans doute. Le raisonnement syllogistique du Conseil d'État va se dérouler en plusieurs étapes. Tout d'abord, le Conseil d'État va procéder, par une prémisse majeure, à un rappel des compétences respectives de l'État et du département en matière d'hébergement d'urgence : *« Sont en principe à la charge de l'État les mesures d'aide sociale relatives à l'hébergement des familles qui connaissent de graves difficultés, notamment économiques ou de logement, à l'exception des femmes enceintes et des mères isolées avec leurs enfants de moins de trois ans qui ont besoin, notamment parce qu'elles sont sans domicile, d'un soutien matériel et psychologique, dont la prise en charge incombe au département au titre de l'aide sociale à l'enfance en vertu de l'article L. 222-5 du même code »*. Ensuite, il va introduire subtilement une prémisse mineure indiquant que *« toutefois, cette compétence de l'État n'exclut pas l'intervention supplétive du département lorsque la santé des enfants, leur sécurité, leur entretien ou leur éducation l'exigent, par des aides financières versées en application de l'article L 222-3 précité du code de l'action sociale et des familles »*.

Cette référence à l'article L. 222-3 bascule la question sur le terrain des prestations d'aide sociale à l'enfance (ASE) puisque l'article précité se situe dans un chapitre 2 du CASF qui leur est réservé. Ces prestations appartiennent bien à la catégorie des aides sociales légales relevant exclusivement de la compétence départementale. Elles peuvent prendre des formes diverses comme le versement d'aides financières, allocations mensuelles notamment. Enfin, et pour rester dans le déroulement du raisonnement syllogistique, la conclusion du Conseil d'État va se faire en deux temps. D'une part, il va rappeler la *« faculté (...) ouverte [au département] de rechercher la responsabilité de l'État en cas de carence avérée et prolongée »*. D'autre part, il va affirmer qu'*« un département ne peut légalement refuser à une famille avec enfants l'octroi ou le maintien d'une aide entrant dans le champ de ses compétences, que la situation des enfants rendrait nécessaire, au seul motif qu'il incombe en principe à l'État d'assurer leur hébergement »*. Nous relevons que ce considérant a une portée susceptible de troubler la clarté apparente de la répartition des compétences en matière d'hébergement d'urgence entre le département et l'État. Tout d'abord, parce que l'utilisation de l'expression *« en principe »* pourrait laisser sous-entendre une absence de certitude quant à la compétence de l'État en matière d'hébergement d'urgence. Ce qui nous semble contredire les dispositions de la loi elle-même[90]. Ensuite, parce que la fonction supplétive attribuée en la matière par les juges au département semble devoir s'appliquer également aux demandes initiales d'hébergement quel que soit l'âge des enfants mineurs puisque le Conseil d'État vise *« les familles avec enfants »*. Une telle obligation peut donc plonger encore davantage certains départements budgétairement fragiles dans des situations délicates. D'autant plus que la durée de cette suppléance peut être plus ou moins longue, mais également peu incitative pour l'État en termes d'augmentation des capacités d'accueil des structures chargées de ce type d'hébergement.

Notons que le département de Seine-Saint-Denis a soulevé, dans une affaire assez similaire[91], une QPC jugée par le Conseil d'État, le 13 juillet 2016. Le département de la Seine-Saint-Denis soutient que la portée effective donnée par une jurisprudence constante du Conseil d'État aux articles L. 222-2 et L. 222-3 du CASF méconnait le principe de libre administration des collectivités territoriales, énoncé à l'article 72 de la Constitution, et le principe de compensation financière applicable aux collectivités territoriales inscrit à l'article 72-2 de la Constitution. Dès lors, toujours selon le département, cela entraine, sans attribution de ressources correspondantes, un transfert de l'État aux départements de la compétence d'hébergement des familles en difficulté avec des enfants ou, à tout le moins, une extension de leurs compétences en matière d'aide sociale à l'enfance. Argumentaire écarté par le Conseil d'État qui invoque que l'intervention du département a un caractère supplétif. Par conséquent, cela n'impose pas *« aux départements de prendre définitivement à leur charge des dépenses qui incombent à l'État »*[92]. Outre cette QPC, dans

---

[90] Voir en particulier, CASF, art. L. 345-1.
[91] Conseil d'État, 13 juillet 2016, n° 388317.
[92] *Ibid.*

cette affaire, il s'agissait d'une mère isolée contrainte de quitter le domicile suite à des violences conjugales. Le département a pris en charge les frais hôteliers durant quasiment deux ans sous forme d'une allocation mensuelle. Puis il a cessé les versements dès le troisième anniversaire du dernier des enfants. Le Conseil confirme le jugement du tribunal administratif de Montreuil en précisant que le *« tribunal n'a pas commis d'erreur de droit en jugeant que le département ne pouvait légalement mettre fin au versement de l'aide au seul motif que le plus jeune enfant avait atteint l'âge de trois ans et que l'hébergement de la famille relevait désormais de la compétence de l'État, sans avoir procédé à un examen particulier de la situation de l'intéressée et de ses enfants »*.

La logique qui préside aux décisions du 30 mars 2016 et du 13 juillet 2016 est davantage référée à une logique de protection de l'enfance, quand bien même nous ne sommes pas forcément dans l'hypothèse d'un danger au sens de l'article 375 du Code civil, mais plus d'une information préoccupante au sens de l'article L. 226-3 de CASF. Ce dernier article oblige le département à *« évaluer »*[93] la situation particulière qui lui est présentée. A défaut de procéder à cette évaluation, il se place, *de facto*, hors du cadre légal. C'est ce qui semble résulter de la motivation qu'apporte le Conseil d'État lorsqu'il précise que le département ne peut *« décider de cesser le versement de son aide sans avoir examiné la situation particulière de cette famille »*. Plus précisément, et cela résulte clairement des deux décisions analysées, le département doit s'assurer de l'existence d'une solution alternative (hébergement pris en charge par l'État, accueil des mineurs par l'aide sociale à l'enfance ou de toute autre solution), de nature à éviter que la santé, la sécurité, l'entretien ou l'éducation des enfants ne soient menacés.

On peut par conséquent en déduire que le département joue un rôle de suppléance en matière d'hébergement d'urgence dès qu'il y a carence avérée et continue de l'État ou seulement saturation des places d'hébergement d'urgence[94]. L'âge des enfants, plus ou moins trois ans, n'est pas en soi un critère suffisant pour mettre fin à une prise en charge départementale. Cette règle vaut aussi bien pour une prise en charge initiale que pour sa continuation.

Pour que le département ait une obligation de suppléance en matière d'hébergement d'urgence, il faut constater une carence de l'État. En revanche, même en l'absence de carence du département, l'État aurait une obligation d'intervenir dès lors qu'on est en présence de jeunes enfants, y compris pour des parents en situation irrégulière.

Ces différentes jurisprudences permettent de mieux articuler les deux acteurs autour d'une même compétence sans pour autant créer une véritable

---

[93] Art. L. 226-3 du CASF : *« Le président du conseil départemental est chargé du recueil, du traitement et de l'évaluation, à tout moment et quelle qu'en soit l'origine, des informations préoccupantes relatives aux mineurs en danger ou qui risquent de l'être »*.
[94] Conseil d'État, 23 juillet 2016, n° 399836.20160713.

confusion du champ d'intervention de chacun. Il eût été plus simple, sans doute, de considérer que l'hébergement d'urgence relève de la seule compétence de l'État.

Ce qui est certain, en revanche, est que la loi du 13 août 2004 précitée, au lieu de remettre en cause la place de la collectivité départementale dans le paysage administratif et institutionnel français, la conforte très largement. Ce qui, de toute évidence, alimente la thèse des départementalistes.

2. Pérennisation de la compétence sociale du département

La loi du 7 août 2015 portant nouvelle organisation territoriale de la République[95] dite loi NOTRe se propose en 136 articles répartis en 3 titres de renforcer les régions (articles 1er à 32), les intercommunalités (articles 33 à 93) et de promouvoir les solidarités et égalités des territoires (articles 94 à 136). Il s'agit notamment, pour ce dernier titre, de supprimer la clause de compétence générale des départements et de définir leurs capacités d'intervention pour leurs solidarités territoriales et humaines. Relevons que le département voit réaffirmé par cette loi son rôle en matière sociale. Rôle qui continue à se justifier en termes de proximité à l'instar de ce qui était défendu dès le projet initial de 1983 pour soutenir la loi de décentralisation. Les lois postérieures du 28 décembre 2015 d'adaptation de la société au vieillissement, dite « *loi ASV* », et du 14 mars 2016 relative à la protection de l'enfant confirment la place prééminente du département dans le champ social et médico-social. Aussi, et toujours pour l'instant, il n'y a pas lieu, selon nous, de faire preuve d'un pessimisme exacerbé quant à la survie de cette collectivité territoriale, contrairement aux inquiétudes sans doute légitimes de Michel Verpeaux qui annonce, dès 2015, « *la fin des départements* »[96].

Néanmoins, la loi NOTRe, pose la question de la survie du département. Nous pensons particulièrement à la suppression de la clause de compétence générale qui oblige les départements à se concentrer sur les compétences qui leur sont dévolues par le législateur (principe de spécialisation). Leurs compétences semblent désormais bornées. À quoi il convient d'ajouter l'instauration des métropoles par la loi MAPTAM[97]. On peut donc dire que la conjugaison de ces différentes orientations politiques réinterroge évidemment la pertinence du maintien de l'échelon départemental. Mais, et dans le même sens que Virginie Donier, nous pensons que la disparition du département à moyen terme, tout au moins, n'est pas (ou plus) à l'ordre du jour. Les différentes lois précitées semblent témoigner de l'intérêt encore porté à cette

---

[95] Loi n° 2015-991 du 7 août 2015 portant nouvelle organisation de la République dite « Loi NOTRe », *JORF* n° 0182 du 8 août 2015, p. 13705.

[96] VERPEAUX M., « La fin des départements. Chronique d'une mort annoncée », in *Mélanges en l'honneur du professeur Henri Oberdorff*, LGDJ, 2015, pp. 231-240.

[97] Loi n° 2014-58 du 27 janvier 2014 de modernisation de l'action publique territoriale et d'affirmation des métropoles dite « loi MAPTAM », *JORF* n° 0023 du 28 janvier 2014, p. 1562.

collectivité territoriale. Par ailleurs et surtout, ne laisse planer aucun doute sur les intentions actuelles du législateur. On peut y lire : « *Tout en limitant sa compétence aux domaines expressément prévus par la loi et codifiés notamment dans le code de l'action sociale et des familles, et dans celui de la santé publique, [cela] positionne le département sur ses compétences principales, à savoir les compétences de solidarités sociales et territoriales* ». La loi du 13 août 2004, comme nous l'avons vu précédemment, en a fait incontestablement le chef de file. N'est-ce pas la meilleure des preuves de l'importance qu'on lui confère ? Ce qui est certain, c'est que le département, du fait de la loi de 2015, a une compétence spécialisée qui est définie restrictivement par l'article L. 3211-1 du CGCT. Désormais, le conseil départemental règle par ses délibérations les affaires du département, mais seulement dans les domaines de compétences que lui attribue la loi. Par ailleurs, il est compétent pour la mise en œuvre de toute aide ou action relative à la prévention ou à la prise en charge des situations de fragilité, au développement social, à l'accueil des jeunes enfants ainsi qu'à l'autonomie des personnes. Ce même article lui reconnait également compétence pour faciliter l'accès aux droits et services des publics dont il a la charge. Enfin, le département a compétence pour promouvoir les solidarités et la cohésion territoriale sur son territoire, dans le respect de l'intégrité, de l'autonomie et des attributions des régions et des communes.

Malgré tout, on peut soutenir que les marges de manœuvre du département se restreignent de plus en plus. En effet, le département n'est pas dans la même situation que la commune ou que la région en termes de capacité d'initiative. Tout d'abord, la commune n'a pas perdu sa clause de compétence générale au détour de la loi de 2015. Quant à la région qui, comme le département, a perdu sa clause de compétence générale, elle conserve, particulièrement en matière économique, un pouvoir stratégique très important. Ce qui, de toute évidence, lui donne un « *droit d'initiative* » inexistant au niveau départemental.

En même temps, les hésitations du législateur sur la clause de compétence générale peuvent également s'interpréter comme un retour à la logique des blocs de compétences à l'origine des lois de décentralisation. Cela démontre aussi les incertitudes du législateur sur les choix qu'il conviendrait d'arrêter en matière de décentralisation, et plus précisément, de répartition des compétences.

En réalité, en restreignant les pouvoirs du département tout en lui confiant la gestion des aides sociales légales le législateur réduit considérablement la marge de manœuvre de la collectivité départementale. Pour l'État stratège la partie est bien menée car, et ne l'oublions pas, il réussit un double coup gagnant. D'une part, il transfère la gestion d'aides sociales coûteuses (APA, RSA …) au département. D'autre part, il maintient cette collectivité « *entre ses mains* », pourrait-on dire, car il réussit à la contraindre dans un espace de liberté qu'il prétend lui reconnaitre par ailleurs. Pour compléter ce constat, nous reprenons les propos de Virginie Donier selon laquelle « *on peut raisonnablement penser que le sort réservé au département est moins valorisant. La spécialisation dont il fait l'objet est à cet égard porteuse d'ambiguïtés : d'un côté, elle justifie son existence, mais de l'autre, elle tend à le confiner dans un rôle de distributeur de prestations sociales, l'assimilant ainsi à un guichet* ».

Cependant, les collectivités territoriales disposent constitutionnellement d'un pouvoir règlementaire. Qu'elles soient enfermées dans leurs spécialisations ne leur enlève pas ce pouvoir. D'un point de vue politique, philosophique et institutionnel la question de réussir à concilier le pouvoir normatif dont elles disposent avec le principe d'égalité de traitement des citoyens où qu'ils se trouvent semble se poser avec acuité.

B. Concilier pouvoir normatif des collectivités territoriales et principe d'égalité

Nous allons, d'abord, mettre en évidence que le pouvoir règlementaire des collectivités territoriales a fait l'objet d'une constitutionnalisation et que ce n'est pas sans conséquences (1). Par ailleurs, nous nous intéresserons à l'expérimentation, plus particulièrement en matière sociale. En effet, il nous semble que les départements qui choisissent d'entrer dans le champ de l'expérimentation font également le choix de traiter différemment, pendant une certaine durée, leurs résidents ou une partie d'entre eux (2).

1. Constitutionnalisation du pouvoir règlementaire des collectivités territoriales

Il faut sans doute distinguer la territorialisation du droit[98] de la territorialisation du pouvoir normatif. En réalité, les rapports qu'entretiennent ces deux notions, distinctes, avec le principe d'égalité ne sont pas de même nature. S'il est exact que la territorialisation du droit renvoie toujours à l'existence d'une norme nationale dont elle découle et qui la délimite précisément, la territorialisation du pouvoir normatif renvoie au pouvoir d'édiction des normes locales. L'élément fondamental de distinction réside bien dans la création de la norme applicable.

L'article 72 alinéa 4 de la Constitution, précise que *« dans les conditions prévues par la loi, ces collectivités [territoriales] s'administrent librement par des conseils élus et disposent d'un pouvoir règlementaire pour l'exercice de leurs compétences »*. La réforme constitutionnelle du 28 mars 2003 constitutionnalise le pouvoir règlementaire des collectivités territoriales qui était implicitement reconnu par le Conseil constitutionnel. Pour autant, ce pouvoir règlementaire est secondaire et résiduel. Il est soumis au pouvoir

[98] Nous ne développerons pas ici la question de la territorialisation du droit, qui sera traitée dans la deuxième partie de ce travail.

règlementaire du Premier ministre[99] et du président de la République[100]. Ce qui fait dire à certains auteurs que, pour cette raison, « *le pouvoir règlementaire local (...) est mis en demeure d'établir son droit à l'existence* »[101].

Alexis Zarca parle d' « *illusion du pouvoir législatif local* »[102] pour dire, au final, que la « *décentralisation normative* » n'aura pas lieu parce qu'elle menace directement le principe d'unité législative. Pour cet auteur, « *la territorialisation du pouvoir normatif interroge l'indivisibilité de la République et la préservation d'une conception fermement ancrée de l'égalité, garante de l'unité nationale* ». En effet, l'article 3 de la Constitution précise que « *la souveraineté nationale appartient au peuple qui l'exerce par ses représentants et par la voie du référendum. Aucune section du peuple ni aucun individu ne peut s'en attribuer l'exercice* ». Aussi, l'auteur en déduit que les élus locaux n'ont pas vocation à représenter la nation. Par conséquent, le pouvoir normatif de collectivités territoriales ne peut s'exercer que dans le cadre de la loi qui lui est supérieure. Dans tous les cas, il n'est pas question de parler de pouvoir normatif autonome des collectivités territoriales.

Nous partageons partiellement cette analyse. En effet, le pouvoir règlementaire dont dispose les collectivités territoriales, de par la Constitution, n'est pas un pouvoir législatif mais, en revanche, il est bien un pouvoir normatif de nature règlementaire. Or, précisément en vertu de ce pouvoir, les conseils départementaux et leurs présidents donnent une couleur locale aux prestations légales d'aide sociale définies, au niveau national, par la loi. Nous pensons qu'il faut distinguer le pouvoir légal du pouvoir réel des collectivités territoriales ou de leurs présidents. Le premier est prévu et limité par la loi comme le soutient Alexis Zarca, le second correspond à celui qui s'exerce au quotidien et qui détermine la vie des gens. Le contrôle juridictionnel des modalités d'exercice du pouvoir réel nous semble restreint pour deux raisons principales. La première tient au fait que pour obtenir la bonne application de la loi, il faut agir en justice. La seconde découle du fait que, dans la majorité des cas, ces bénéficiaires n'ont ni les moyens, ni les connaissances, ni l'énergie d'aller réclamer leurs droits quand ils pensent avoir été lésés. Il nous semble, *in fine*, que l'égalité en droit ne peut se limiter aux textes qui la définissent.

La loi donne compétence au conseil départemental pour adopter un règlement départemental d'aide sociale (RDAS)[103], qui ne peut contenir de dispositions moins favorables que celles définies par les lois et règlements,

---

99 Constitution, art. 21.

100 Constitution., art. 13.

101 FAURE B., « Le pouvoir règlementaire des collectivités locales », *op.cit.*, *note 36,* p. 134.

102 ZARCA A., « Égalité et territorialisation du pouvoir normatif », *CIVITAS EUROPA*, Février 2015, n° 35, pp. 55-76.

103 CASF, art. L. 121-3.

fixant le cadre des aides sociales[104]. A contrario, le RDAS peut contenir des dispositions plus favorables exprimant, par la même, une forme de générosité de la collectivité départementale.

Le contrôle juridictionnel sur certaines dispositions des règlements départementaux contrevenant à la règle précitée s'avère plutôt rare, la jurisprudence étant peu fournie en la matière. Toutefois, un arrêt du Conseil d'État du 28 novembre 2014 en constitue un bon exemple. Une disposition du RDAS du Tarn-et-Garonne a été annulée au motif de son illégalité. En effet, pour le Conseil d'État, *« un règlement départemental ne saurait légalement prévoir que la prise en charge par l'aide sociale des personnes âgées bénéficiant d'un accueil familial serait plafonnée au coût le plus élevé d'un accueil en structure privée dans le département »*[105]. Pour l'essentiel, il s'agit de RDAS qui ajoute une condition à la loi. Insistons simplement sur le fait que la jurisprudence produit un effet relatif. Autrement dit, seuls ceux qui agissent et gagnent en justice voient leurs droit rétablis.

La réforme du contentieux de l'aide sociale va sans doute contribuer à éloigner, encore plus, le juge de l'aide sociale du justiciable. Le recours administratif préalable obligatoire (RAPO) contre les décisions du président du conseil départemental, notamment, risque de dissuader les personnes d'exercer un recours. Nous interprétons ces futures évolutions comme un renforcement du pouvoir normatif départemental.

Rappelons d'abord que l'article L. 134-1 du CASF, actuel, prévoit que les décisions d'admission à l'aide sociale prises par le président du conseil départemental et le représentant de l'État dans le département dans le cadre de leurs compétences respectives en la matière sont susceptibles d'un recours. En première instance, devant les commissions départementales d'aide sociale (CDAS). En appel, devant la Commission centrale d'aide sociale (CCAS). Or, la loi n° 2016-1547 du 18 novembre 2016 de modernisation de la justice du XXIème siècle supprime les CDAS ainsi que les tribunaux des affaires de la Sécurité sociale (TASS) et les tribunaux du contentieux de l'incapacité (TCI). Désormais, les tribunaux de grande instance (TGI) spécialement désignés connaitront, au plus tard à compter du 1er janvier 2019, si aucun décret d'application ne prévoit une entrée en vigueur antérieure, du contentieux de l'allocation différentielle aux adultes handicapés, de la prestation de compensation du handicap (PCH), des recours en récupération et des recours exercés à l'encontre des obligés alimentaires des bénéficiaires des prestations d'aide sociale. Pour les autres prestations d'aide sociale, revenu de solidarité active (RSA) et allocation personnalisée d'autonomie (APA), le contentieux sera soumis aux tribunaux administratifs. Soulignons que le recours contre les

[104] CASF, art. L. 121-4.

[105] CE, 28 novembre 2014, *Département du Tarn-et-Garonne*, n° 365733. Voir également : CE, 4 novembre 1994, *Département de la Dordogne*, n° 100354 (allocation compensatrice tierce personne).

décisions du président du conseil départemental ou du représentant de l'État dans le département en matière de prestations légales d'aide sociale devra être précédé d'un recours administratif préalable obligatoire (RAPO). En matière de RSA, devant la commission de recours amiable (CRA) comme actuellement. En matière d'allocation personnalisée d'autonomie (APA), devant la commission de l'allocation d'autonomie du département. Pour toutes les autres aides sociales légales, devant l'autorité décisionnaire, à savoir le président du conseil départemental ou le représentant de l'État dans le département, ce qui correspond, *in fine*, à un recours gracieux.

Nous craignons que ces modifications aient pour effet de neutraliser un grand nombre de recours. Or, l'accès aux droits de l'aide sociale est immédiatement corrélé à l'accès au juge en charge de ce contentieux, comme le démontre Claire MAGORD dans ses travaux de recherche[106]. Outre ce que nous avons déjà dit sur le profil des publics bénéficiaires de l'aide sociale, ajoutons que le RAPO n'entre pas dans le cadre de la prise en charge par l'aide juridictionnelle. Par conséquent, et eu égard aux moyens très modestes de ces populations, nous supputons qu'une partie non négligeable de décisions contestables, voire illégales, ne feront l'objet d'aucun recours. Le pouvoir des autorités décisionnaires s'en trouve, *de facto*, renforcé. Pour être le plus précis possible, nous devons d'abord indiquer qu'en matière de RSA, le RAPO qui, rappelons-le, existe déjà, peut être exercé par une association, sous certaines conditions, dont celle d'obtenir l'accord préalable du bénéficiaire[107]. Par ailleurs, les données chiffrées du dernier rapport public du Conseil d'État montrent que les contentieux sociaux diminuent globalement de 2,5 % en 2016[108]. Ce contentieux spécifique regroupe les litiges référés à l'aide sociale, au RSA, au logement et aux droits des travailleurs sans emploi. Si l'on extrait de cet ensemble le seul contentieux du RSA, qui représente 24 % des recours en la matière, on observe une augmentation des recours en 2016, mais cette hausse de 4 % est moins importante que l'année précédente. En revanche, les recours relatifs à l'aide sociale aux personnes handicapées augmentent de 8 %. Pour autant, ces données contredisent, en apparence, nos craintes. En effet, nous ne disposons d'aucune statistique officielle qui permettrait de connaitre le taux de recours réel comparé au taux de recours éventuel. Ce dernier supposerait que l'on analyse toutes les décisions d'aide sociale légale pour déterminer celles susceptibles d'un recours. Le risque de paralysie des recours tel que précédemment décrit nous semble réel. Il serait regrettable que la célèbre formule du professeur Imbert « *droit des pauvres, pauvre(s) droit(s)* »,

---

[106] MAGORD C., *Le parcours contentieux de l'aide sociale*, thèse, 2015.

[107] CASF, art. L. 262-47 (associations régulièrement constituées depuis au moins cinq ans pour œuvrer dans le domaine de l'insertion et de la lutte contre l'exclusion et la pauvreté)

[108] Conseil d'État, *Rapport annuel présentant l'activité juridictionnelle et consultative de la juridiction administrative en 2016*, 2017, p. 32.

citée par Pierre Joxe dans une interview donnée à L'Obs, soit encore plus vraie du fait de ces nouvelles exigences procédurales[109].

2. L'expérimentation, une source particulière d'inégalité de traitement

La réforme de 2003 introduit une nouveauté remarquée qui permet de déroger, sous certaines conditions, aux lois et règlements par le truchement de l'expérimentation. Ce qui, évidemment, conduit à des applications territorialisées de la loi et crée une rupture d'égalité de traitement entre les bénéficiaires selon leur département de résidence.

Tout d'abord, l'article 37-1 de la Constitution dispose que « *la loi et le règlement peuvent comporter, pour un objet et une durée limités, des dispositions à caractère expérimental* ». Ensuite, l'article 72 du même texte indique que les collectivités territoriales ou leurs groupements peuvent, à condition que la loi ou le règlement l'aient prévu, déroger à titre expérimental aux dispositions législatives ou règlementaires, pour un objet et une durée limités. En outre, l'expérimentation ne peut remettre en cause une liberté publique ou un droit constitutionnellement garanti.

Le Code Général des Collectivités Territoriales (CGCT) définit le régime juridique de l'expérimentation[110]. Cette dernière ne peut durer plus de cinq ans. À l'issue de l'expérimentation, soit le projet est prolongé ou modifié dans la limite de trois ans, soit maintenu et généralisé, ou enfin abandonné purement et simplement. Toute expérimentation doit faire l'objet d'un rapport d'évaluation.

Désormais, l'expérimentation fait partie intégrante du paysage constitutionnel et administratif français.

Depuis la réforme constitutionnelle de 2003 autorisant l'expérimentation (articles 37-1 et 72 al. 4 de la Constitution), on peut dire que le bilan est assez mitigé. On ne relève en effet à ce jour que trente-six expérimentations dont seize sont encore en cours. La loi du 13 août 2004 relative aux libertés et responsabilités locales a autorisé certaines expérimentations. Entre 2004 et 2006, neuf expérimentations ont été mises en œuvre. La période 2007-2014 a été moins productive puisque l'on ne relève que dix expérimentations. Depuis 2015, en revanche, on constate un regain d'intérêt dans ce domaine avec dix-sept expérimentations.

Par ailleurs, il est intéressant de remarquer que plus des trois quarts des expérimentations mises en œuvre par les collectivités territoriales sont fondées sur l'article 37-1 et ont porté, principalement, sur des transferts de compétences aux collectivités territoriales. Pourtant, l'article 37-1 susvisé n'est pas spécifique aux collectivités territoriales contrairement à l'article 72

---

[109]Extrait de l'Interview [de Pierre JOXE] publiée dans le journal "Le Nouvel Observateur" du jeudi 2 janvier 2014 : https://www.nouvelobs.com/justice/20140102.OBS1189/droits-des-pauvres-pauvre(s)-droit(s).html [consulté le 28 juillet 2018].

[110] CGCT, art. LO.1113 à LO.1113-7 qui constitue un chapitre 3, intitulé « Expérimentation ».

alinéa 3. Outre cette différence, l'article 37-1 ne permet pas de déroger à la répartition normale des compétences normatives contrairement à l'article 72 alinéa 4. L'article 37-1 issu de la réforme constitutionnelle de 2003 confirme et sécurise l'expérimentation. Le Conseil constitutionnel précisera, par la suite, que cet article « *permet au Parlement d'autoriser, dans la perspective de leur éventuelle généralisation, des expérimentations dérogeant, pour un objet et une durée limités, au principe d'égalité devant la loi ; que, toutefois, le législateur doit en définir de façon suffisamment précise l'objet et les conditions et ne pas méconnaitre les autres exigences de valeur constitutionnelle* »[111].

Quant à l'article 72 alinéa 4, certes plus novateur, son utilisation s'avère parcimonieuse car, selon la mission, à ce jour, on ne relève que cinq expérimentations sur son fondement :

- le revenu de solidarité active (RSA) expérimenté dans une trentaine de départements en 2007-2008 et généralisé en 2009[112];
- la tarification sociale de l'eau[113];
- la dérogation aux modalités de répartition des fonds non affectés par les entreprises de la taxe d'apprentissage[114];
- l'accès à l'apprentissage jusqu'à trente ans[115];
- les Territoires zéro chômeur de longue durée (TZCLD)[116].

À l'issue d'une expérimentation plusieurs possibilités s'ouvrent alors :

[111] Cons. constit., 12 août 2004, n° 2004-503 DC, Loi relative aux libertés et responsabilités locales, cons. 9.

[112] Expérimentation autorisée par la loi n° 2006-1666 du 21 décembre 2006 de finances pour 2007, *JORF* n° 299 du 27 décembre 2006, p. 19641 et la loi n° 2007-1223 du 21 août 2007 en faveur du travail, de l'emploi et du pouvoir d'achat dite loi « TEPA », *JORF* n° 0281 du 3 décembre 2008, p. 18424.

[113] Expérimentation autorisée par la loi n° 2013-312 du 15 avril 2013 visant à préparer la transition vers un système énergétique sobre et portant diverses dispositions sur la tarification de l'eau et sur l'éolien, *JORF* n° 0089 du 16 avril 2013, p. 6208. Actuellement, cinquante expérimentations sont en cours auprès de communes ou d'EPCI.

[114] Expérimentation autorisée par la loi n° 2016-1088 du 8 août 2016 relative au travail, à la modernisation du dialogue social et à la sécurisation des parcours professionnels, *JORF* n° 0223 du 24 septembre 2016. Actuellement deux régions expérimentent le dispositif.

[115] *Ibid.*

[116] Loi n° 2016-231 du 29 février 2016 d'expérimentation territoriale visant à résorber le chômage de longue durée. Dix territoires ruraux et urbains comptant entre 5 000 et 10 000 habitants ont bénéficié de l'expérimentation dès le 1er janvier 2017 (Territoire de Mauléon dans les Deux-Sèvres, Territoire de Jouques dans les Bouches-du-Rhône, Territoire de la Métropole européenne de Lille dans le Nord, Territoire de Paris 13 …). Le principe consiste à créer sur ces territoires des entreprises à but d'emploi (EBE) proposant des activités répondant à des besoins non satisfaits sur le territoire. Les salariés sont embauchés en CDI. Mais à l'inverse d'une démarche classique de recherche d'emploi ce sont les EBE qui recensent les compétences et les envies de chaque individu, puis qui recherchent en fonction de ses compétences les travaux utiles qui peuvent correspondre (logique inversée).

– la prolongation ou la modification de l'expérimentation pour une durée de trois ans maximum. Signalons que l'expérimentation TZCLD va être reconduite durant cinq ans auprès de 50 nouveaux territoires[117]. Néanmoins, la crise sanitaire bouleverse fortement les perspectives de « *stabilisation et de développement des EBE* »[118]. « *Toutefois, les EBE semblent avoir fait preuve de résilience en redéployant leurs activités en lien avec ce nouveau contexte tout en maintenant mobilisé le collectif de travail* »[119]. Par exemple, les salariés de la Fabrique de l'Emploi à Lille ont su lancer de *« nouvelles activités (gestion d'un dépôt de pain, livraisons de repas, confection de masques), ce qui a contribué à légitimer l'EBE via la création de nouveaux partenariats et les prestations de services utiles* »[120].
– le maintien et la généralisation des mesures expérimentales ;
– l'abandon de l'expérimentation.

Il résulte du rapport de la mission flash « *Expérimentation et différenciation* » du 9 mai 2018 que sur les quatre expérimentations menées sur le fondement de l'article, 72 alinéa 4, une a été généralisée (RSA), les trois autres sont en cours. Depuis cette mission flash, ont été également généralisées les expérimentations sur la tarification sociale de l'eau et sur l'accès à l'apprentissage jusqu'à l'âge de trente ans.

Pour ce qui est des vingt-huit expérimentations fondées sur l'article 37-1, douze ont été généralisées, trois abandonnées et treize sont en cours. D'après la mission susvisée, « *Au-delà de ces éléments, il reste difficile d'établir un bilan qualitatif global des expérimentations en raison de l'insuffisance d'évaluation* ».

La mission insiste également sur le fait que l'expérimentation fondée sur l'article 72 alinéa 4 n'est pas la seule méthode actuelle offrant des possibilités de différenciation.

En effet, des collectivités appartenant à la même catégorie peuvent exercer des compétences différentes. Ainsi en est-il, par exemple, du transfert de compétences d'une commune vers un EPCI. Ou encore de la création d'une collectivité à statut particulier, à l'instar de la métropole de Lyon qui exerce les compétences du département du Rhône sur son territoire. Enfin, la

---

[117] Loi n° 2020-1577 du 14 décembre 2020 relative au renforcement de l'inclusion dans l'emploi par l'activité économique et à l'expérimentation « territoire zéro chômeur de longue durée », *JORF* n° 0302 du 15 décembre 2020. Voir également le rapport final du comité scientifique, « Expérimentation Territoires zéro chômeur de longue durée », DARES, avril 2021.
[118] Rapport final du comité scientifique, « Expérimentation Territoires zéro chômeur de longue durée », Dares, avril 2021, p. 20.
[119] *Ibidem*, p. 20.
[120] *Ibidem*, p. 21.

délégation de compétence de l'État aux collectivités ou entre collectivités vient également illustrer ce constat.

On peut donc soutenir que des normes différenciées peuvent s'appliquer à certaines collectivités sans pour autant remettre en cause le principe d'égalité ou encore l'unité de pouvoir. Bien entendu, le gardien de la Constitution y veille particulièrement puisque « *le principe d'égalité ne s'oppose ni à ce que le législateur règle de façon différente des situations différentes, ni à ce qu'il déroge à l'égalité pour des raisons d'intérêt général, pourvu que, dans l'un et l'autre cas, la différence de traitement qui en résulte soit en rapport direct avec l'objet de la loi qui l'établit* »[121].

En y regardant de plus près, on constate que le législateur pratique déjà la différenciation territoriale. Les fondements qui justifient cette pratique peuvent être d'ordre géographique (loi littorale[122] ou montagne[123]) ou démographique (la loi SRU [124] oblige les communes de plus de 3500 habitants à avoir au moins 20 % de logements sociaux).

Pour autant, on ne peut pas soutenir qu'il s'agit d'attribuer un pouvoir d'adaptation des normes aux collectivités. En effet, c'est la loi qui fixe le cadre et il n'est pas question de s'en éloigner. On sait simplement que ce pouvoir d'adaptation est prévu constitutionnellement pour les collectivités d'outre-mer régies par l'article 73 de la Constitution. Ces dernières pouvant être habilitées par la loi pour adapter les règles relevant de leurs compétences afin de tenir compte des « *caractéristiques et contraintes particulières* »[125] de leurs territoires. Outre cette spécificité propre à l'outre-mer, la collectivité de Corse bénéficie du pouvoir de demander une habilitation législative aux fins d'adapter les dispositions règlementaires aux spécificités de l'île[126]. Signalons également que depuis la loi NOTRe, du 7 août 2015, un *« conseil régional ou, par délibération concordante, plusieurs conseils régionaux peuvent présenter des propositions tendant à modifier ou à adapter des dispositions législatives ou règlementaires, en vigueur ou en cours d'élaboration, concernant les compétences, l'organisation et le fonctionnement d'une, de plusieurs ou de l'ensemble des régions* ». La mission insiste aussi sur une évolution récente concernant les autorités déconcentrées de l'État (préfet[127], directeur

---

121 Cons. constit., 6 mai 1991, n° 91-290 DC, Loi portant statut de la collectivité territoriale de Corse, cons. 40.

122 Loi n° 86-2 du 3 janvier 2006 relative à l'aménagement, la protection et la mise en valeur du littoral.

123 Loi n° 85-30 du 9 janvier 1985 relative au développement et à la protection de la montagne.

124 Loi n° 2000-1208 du 13 décembre 2008 relative à la solidarité et au renouvellement urbain loi dite « SRU ».

125 Constitution, art. 73 al. 1.

126 CGCT, art. L. 4221-16 al. 1.

127 Décret n° 2017-1845 du 29 décembre 2017 relatif à l'expérimentation territoriale d'un droit de dérogation reconnu au préfet, *JORF* n° 0305 du 31 décembre 2017.

académique des services de l'éducation nationale[128], directeur d'agence régionale de santé[129]). En effet, trois décrets de cette même année leur attribuent la possibilité, sous certaines conditions, de déroger localement à des normes règlementaires.

C'est dire que l'idée de permettre plus de souplesse et d'adaptation des normes acquiert de plus en plus d'autorité tant auprès des élus locaux que des citoyens. Idée séduisante au premier abord, mais il faut prendre garde à ne pas transférer des charges sans que les moyens ne soient corrélés à ces évolutions.

Le monde local, ainsi que des chercheurs spécialistes des collectivités territoriales, s'accordent sur la pertinence de la méthode expérimentale aux fins d'optimiser et d'adapter l'action publique locale aux réalités du terrain, et au-delà du seul cadre de l'expérimentation, d'aller vers une action publique locale adaptée à la diversité des territoires et aux besoins et attentes des populations. Aussi, selon les auteurs du rapport, il faut libérer la capacité d'initiative locale. Pour autant, et afin d'éviter de futurs écueils, il semble essentiel de mesurer, avant son édiction, l'impact d'une norme, légale ou règlementaire, applicable aux collectivités territoriales spécifiquement ou non. Par exemple, le transfert des enregistrements de PACS aux mairies en lieu et place des tribunaux d'instance a eu un impact fort sur la charge de travail, mais aussi sur les besoins de formation des agents des communes. Il s'agit par conséquent de rendre possible, pour les collectivités relevant de l'article 72, l'adaptation des normes législatives aux réalités locales comme cela est déjà constitutionnellement prévu pour les collectivités de l'article 73 et 74 de la Constitution. Il s'agit, de « *réhabiliter le pouvoir règlementaire local* »[130] en cohérence avec le principe de subsidiarité de l'article 72, alinéa 2 de la Constitution selon lequel « *les collectivités territoriales ont vocation à prendre des décisions pour l'ensemble des compétences qui peuvent le mieux être mises en œuvre à leur échelon* »[131].

Les causes du succès mitigé de l'expérimentation semblent être de deux ordres.

D'une part, suite à une expérimentation, le choix qui s'offre est binaire : généralisation de l'expérience ou abandon. Or, cette décision appartient à l'État alors que le temps et les moyens consacrés sont ceux des collectivités. Ces dernières préfèrent ne pas se lancer dans des démarches longues et coûteuses dont elles ne maîtrisent pas l'issue.

---

[128] Décret n° 2017-1108 du 27 juin 2017 relatif aux dérogations à l'organisation de la semaine scolaire dans les écoles maternelles et élémentaires publiques, *JORF* n° 0150 du 28 juin 2017.

[129] Décret n° 2017-1862 du 29 septembre 2017 relatif à l'expérimentation territoire d'un droit de dérogation reconnu au directeur général de l'agence régionale de santé, JORF n° 0305 du 31 décembre 2017.

[130] CHAVRIER G. citée in DÉLÉGATION AUX COLLECTIVITÉS TERRITORIALES ET À LA DÉCENTRALISATION, Mission *flash* sur la réforme des institutions, *op. cit*, note 177, p. 18.

[131] *Ibidem.*

D'autre part, est invoquée une lourdeur procédurale de mise en œuvre de l'expérimentation qui gagnerait, sans doute, à être allégée. Pas moins de six étapes sont nécessaires pour qu'une expérimentation soit mise en place. Cette procédure longue et complexe est prévue par la loi organique du 1er août 2003[132]. Permettre à des collectivités territoriales de même catégorie d'exercer des compétences différenciées[133], sous certaines conditions rappelées clairement par le Conseil d'État[134] implique de bien identifier, par la loi, les compétences précises, et en nombre limité, pouvant faire l'objet d'un tel transfert. Nous pensons que cette évolution s'inscrit dans la droite ligne de la révision de 2003 qui prévoit clairement que l'organisation de la France est décentralisée. Il s'agit, en fait, d'aller plus loin dans la décentralisation. Toutefois la question du curseur, c'est-à-dire des limites de l'effort de décentralisation, reste posée entièrement.

Le « *projet de loi constitutionnelle pour une démocratie plus représentative, responsable et efficace* »[135] qui a été présenté en Conseil des ministres le 9 mai 2018 prévoit l'instauration d'un droit à la différenciation. L'article 15 du projet modifie, en deux points, l'article 72 de la Constitution pour introduire un droit à la différenciation entre collectivités territoriales. D'une part, certaines collectivités territoriales pourront exercer des compétences, en nombre limité, dont les autres collectivités de même catégorie ne disposent pas. Cette possibilité sera ouverte par la loi, dans des conditions définies par une loi organique, sans que les conditions essentielles d'exercice d'une liberté publique ou d'un droit constitutionnellement garanti puissent être mises en cause. Parallèlement, les collectivités territoriales et leurs groupements auront la possibilité, si la loi le prévoit, de déroger aux dispositions législatives ou règlementaires régissant leurs compétences. Dérogation qui pourra intervenir après une période expérimentale, ce qui offre une troisième voie à l'issue de l'expérimentation qui jusqu'alors pouvait être soit généralisée soit abandonnée. Pour Didier Maus, « *l'idée est bonne, mais les verrous sont si nombreux que les territoires ne s'en empareront pas forcément. Dans le domaine social par exemple, comment moduler le*

---

132 Loi organique n° 2003-704 du 1er août 2003 relative à l'expérimentation par les collectivités territoriales.

133 Délégation aux collectivités territoriales et à la décentralisation, Mission *flash* sur la réforme des institutions, *op. cit*, note 177, p. 24.

134 CE, 7 décembre 2017, avis consultatif sur la différenciation des compétences des collectivités, territoriales relevant d'une même catégorie et des règles relatives à l'exercice de ces compétences ; n° 393651, consultable sur : http://www.conseil-etat.fr/Decisions-Avis-Publications/Avis/Selection-des-avis-faisant-l-objet-d-une-communication-particuliere/Differenciation-des-competences-des-collectivites-territoriales-relevant-d-une-meme-categorie-et-des-regles-relatives-a-l-exercice-de-ces-competences

135 Assemblée Nationale, « projet de loi constitutionnelle pour une démocratie plus représentative, responsable et efficace, n° 911, 9 mai 2018, consultable sur : http://www.assemblee-nationale.fr/15/pdf/projets/pl0911.pdf.

versement des prestations sans toucher au droit fondamental ? »[136] On peut également s'inquiéter de l'instauration de lois à géométrie variable qui télescopent de plein fouet le principe d'égalité républicaine. Nous plaidons davantage pour un renforcement de l'égalité plus que pour un renforcement de la différenciation même si, dans certains domaines, l'urbanisme ou l'aménagement du territoire par exemple, l'idée semble répondre à un véritable besoin. En revanche, dans le domaine social, la mise en œuvre du droit à la différenciation risque de conduire à une accentuation des écarts entre les plus démunis. Or, ces écarts existent déjà dans les faits. Il convient donc, selon nous, de les contenir, voire de les résorber et non de les aggraver.

Ajoutons, pour être complet, que le Conseil d'État a été saisi pour avis le 29 mai 2019 d'un projet de loi constitutionnelle « *pour un renouveau de la vie démocratique* » qui reprend en partie le « *projet de loi constitutionnelle pour une démocratie plus représentative, responsable et efficace* ». A l'instar du projet de 2018, une nouvelle étape vers davantage de décentralisation se traduit par l'introduction d'un droit à la différenciation entre collectivités territoriales, de la reconnaissance des particularités de la Corse et de l'élargissement des marges ouvertes aux collectivités d'outre-mer (voir le point 51 de l'avis du Conseil d'État précité).

Pour l'heure, a été promulguée la loi organique du 19 avril 2021 relative à la simplification des expérimentations mises en œuvre sur le fondement du quatrième alinéa de l'article 72 de la Constitution. Nous avons indiqué précédemment la lourdeur procédurale propre à la mise en œuvre d'une expérimentation. Jusqu'ici, toute expérimentation impliquait de prendre un décret en Conseil d'État. Désormais, une simple délibération de la collectivité territoriale ou de son groupement suffit. Par ailleurs, le régime binaire de l'expérimentation (généralisation ou abandon) est modifié. Les nouvelles dispositions permettent le maintien partiel de l'expérimentation ou son extension à de nouveaux candidats remplissant des conditions prédéfinies.

En outre, le Conseil d'État a rendu, le 12 mai 2021, un avis sur le projet de loi relatif à la Différenciation, la Décentralisation, la Déconcentration et portant diverses mesures de simplification de l'action publique locale (Décomplexification) dit « *projet de loi 4D* ». Le projet 4D est composé de huit titres répartis sur soixante-dix-sept articles. Le 1er titre est consacré à « *la différenciation territoriale* ». On peut y lire que « *l'objectif est, dans le respect du principe d'égalité, de reconnaitre aux élus davantage de marges de manœuvre pour exercer leurs compétences. La différenciation peut aussi consister à apporter des tempéraments à l'uniformité des règles d'attribution et d'exercice des compétences au sein d'une même catégorie de collectivités*

[136] BOUNIOL B., « Que changera le "droit à la différenciation" dans la Constitution La Croix, 13 juillet 2018 [interview de Didier Maus], consultable sur : https://www.la-croix.com/France/Politique/changera-droit-differenciation-Constitution-2018-07-13-1200954978.

territoriales, pour donner une portée plus effective au principe de subsidiarité énoncé au deuxième alinéa de l'article 72 de la Constitution ». Le projet 4D a été adopté en première lecture par l'Assemblée Nationale le 21 juillet 2021 par 242 voix contre 92.

Après avoir vu que l'expérimentation est par essence source d'inégalité de traitement, nous allons étudier, dans un titre 2, la question de la constitutionnalisation de l'inégalité dans le domaine social. Autrement dit, nous soutenons que le Conseil constitutionnel procède à un contrôle *a minima* de constitutionnalité des lois d'aide sociale. La conséquence est que cette absence de censure contribue à maintenir des dispositifs d'aide sociale source d'inégalité de traitement des bénéficiaires qui y recourent.

CHAPITRE 2

Constitutionnalisation de l'inégalité dans le domaine de l'aide sociale

Si l'on se réfère seulement à la loi, on peut soutenir l'existence d'une égalité formelle de chacun devant la loi (section 1). Pourtant, et pour diverses raisons, la réalité nous conduit à prendre acte d'une inégalité réelle, source de tensions susceptibles de remettre en cause l'idée même de cohésion sociale (section 2).

SECTION 1. UNE ÉGALITÉ FORMELLE

Afin de mieux appréhender la manière dont les juges interprètent et appliquent le principe d'égalité aux situations qui leur sont soumises, nous étudierons cet aspect au travers de la jurisprudence administrative d'abord (§ 1), et constitutionnelle ensuite (§ 2).

§ 1. Le principe d'égalité dans la jurisprudence administrative

Le principe d'égalité occupe une place centrale dans la devise républicaine depuis maintenant plus de deux siècles. Intéressons-nous, dans un premier temps, à l'analyse du principe par le juge administratif (A), puis, dans un second temps, à sa mise en application dans le champ de l'aide sociale (B).

A. Analyse du principe par le juge administratif

Aucun texte de droit positif ne définit vraiment l'égalité, *« notion complexe s'il en est une et d'une grande plasticité »*[137]. En revanche, elle est au centre de la devise républicaine et sa protection est assurée par le premier alinéa de

[137] BORENFREUND G., VACARIE I (dir)., *Le droit social, l'égalité et les discriminations*, Dalloz, 2013, p. 1.

l'article 1er de la Constitution[138]. Pour autant, *« bien que fondateur et à maints égards représentatif de l'esprit révolutionnaire, le principe d'égalité ne figure pas, en 1789, au nombre des "droits naturels et imprescriptibles de l'homme" affirmés à l'article 2 de la Déclaration »*[139].

Cette *« passion pour l'égalité »* chère à Alexis de Tocqueville[140] explique en partie au moins que le principe d'égalité soit régulièrement invoqué devant le Conseil constitutionnel[141]. Le problème de l'égalité n'est pas ce qu'elle est dans l'absolu, mais comment il convient de procéder pour la mesurer. Est-elle seulement mesurable ? À partir du moment où l'on sollicite le juge tant administratif que constitutionnel aux fins de vérifier s'il y a violation du principe d'égalité, il se retrouve dans l'obligation de créer une norme de référence à laquelle il va comparer la situation litigieuse. En réalité, l'égalité s'est transformée, à défaut d'être expressément définie, en une absence de discrimination même s'il faut reconnaitre que dans certains domaines, financier et fiscal notamment, l'égalité devant la loi est parfaitement garantie. Pourtant, la promotion de l'égalité ne se réduit pas à la lutte contre les discriminations puisque leur disparition n'aurait pas pour résultat d'instaurer une égalité complète entre les individus.

Aussi, définir l'égalité est une entreprise qui semble vouée à l'échec dans la mesure où il en existe différentes conceptions. Par ailleurs, et surtout, aucun texte politique ou juridique ne s'est risqué à cet exercice. Parfois associé à la liberté (Déclaration de 1789), à la justice (Aristote), à la démocratie (Montesquieu), l'égalité reste un concept polymorphe. En arithmétique on peut arriver à un concept assez simple mais le droit ne se résume pas à des questions d'arithmétique. Il convient alors d'imaginer l'égalité face à la diversité des situations. Comment peut-on traiter « justement » des situations différentes ? Peut-on volontairement créer des inégalités en vue de restaurer l'égalité ? Autant de questions qui permettent de percevoir la complexité de cette problématique.

Selon la Déclaration de 1789, « les hommes naissent et demeurent libres et égaux en droit ». On associe alors l'égalité et la liberté. Ce qui semble signifier que l'une ne peut exister sans l'autre. À partir de ce postulat comment gérer le paradoxe qui découle du fait que la liberté est souvent source d'inégalité ? On sait que l'égalité formelle ne correspond pas à l'égalité réelle. Que signifie finalement « être égaux » ?

---

138 Constitution, art. 1er : *« La France est une république indivisible, laïque, démocratique et sociale. Elle assure l'égalité devant la loi de tous les citoyens sans distinction d'origine, de race ou de religion… ».*

139 PESQUET A., *Le principe d'égalité dans le droit de la fonction publique d'État*, thèse de doctorat en droit public, sous la direction de Michel DEGOFF, Reims, Université de Reims Champagne-Ardenne, juin 2005, p. 28.

140 TOCQUEVILLE (de) A., *De la démocratie en Amérique*, Gallimard, 1992.

141 MELIN-SOUCRAMANIEN F., Le *principe d'égalité dans la jurisprudence du Conseil constitutionnel*, PUAM, 1997, p. 17.

A défaut de pouvoir définir l'égalité, on la fait apparaitre en dénonçant les inégalités qui, elles, ont l'avantage d'être matériellement constatables. Ce qui semble acquis dans tous les cas, et bien au-delà des problématiques définitionnelles, c'est la place centrale qu'occupe l'égalité dans la devise républicaine. Ce qui nous semble évident dans un État de droit, c'est qu'il n'y a d'égalité que dans la légalité. Comme le précise Hans Kelsen *« poser l'égalité devant la loi, c'est poser simplement que les organes d'application du droit n'ont le droit de prendre en considération que les distinctions qui sont faites dans les lois à appliquer elles-mêmes, ce qui revient à affirmer tout simplement le principe de la régularité d'application du droit en général (...) et le principe de la légalité (...)»*. Mais au-delà du principe même de l'égalité devant la loi, celle-ci n'institue d'égalité qu'entre des personnes appartenant à la même catégorie juridique. C'est ce qu'exprime Eric Weil quand il indique que *« sont égaux ceux qui portent le même masque »*[142].

L'analyse de la jurisprudence du Conseil d'État nous éclaire non seulement sur le principe lui-même, mais aussi sur l'évolution qu'il a connue depuis les années 1920.

La première référence jurisprudentielle au principe d'égalité remonte au début du XXème siècle avec l'arrêt *Roubeau*[143].

Par la suite, la jurisprudence du Conseil d'État déclinera le principe matriciel d'égalité devant la loi et les règlements à l'ensemble des domaines relevant du droit public. L'égalité des usagers devant les services publics sera élevée au rang des principes généraux du droit en 1948[144]. Par une formule plus large, la Haute juridiction administrative appliquera le principe à tout ce qui *« régit le fonctionnement des services publics »*[145]. Le principe d'égalité concernera aussi l'égalité d'accès aux emplois publics[146] et l'égalité de traitement dans le déroulement de la carrière des fonctionnaires[147]. Outre les agents, les usagers du service public bénéficieront également d'une égalité d'accès et de traitement aux services administratifs[148]. Les grands services publics de la justice[149], de l'enseignement[150] et des postes et télécommunications[151] se verront aussi analysés sous le prisme du principe d'égalité. L'égalité devant les charges publiques concernera au premier chef

---

[142] Cité par *RAY* A., *Dictionnaire culturel*, Robert, 2005, p.352

[143] CE, 9 mai 1913, *Roubeau*, Lebon. , p. 521.

[144] CE, 25 juin 1948, *Société du journal « l'Aurore*, Lebon, p. 289.

[145] CE, 9 mars 1951, *Société des concerts du conservatoire*, Lebon, p. 151.

[146] CE, Assemblée, 28 mai 1954, *Barel et autres*, Lebon., p. 308, concl. M. LETOURNEUR.

[147] CE, Assemblée, 13 mai 1960, *Molina et Guidoux,* Lebon., p. 324.

[148] CE, 9 mars 1951, préc. ; voir également : C.E. 1er juillet 1936, *Veyre* ; C.E., Ass, 1er avril 1938, *Société l'alcool dénaturé de Coubert*, Lebon, p. 337 (égalité devant un service public industriel et commercial).

[149] CE, 2 juillet 1982, *Huglo et autres*, Lebon, p. 258.

[150] CE, 12 février 1982, *université de Paris VII*, Lebon, p. 72

[151] CE, Section, 24 avril 1964, *Société anonyme de livraisons industrielles et commerciales*, Lebon, p. 240.

l'impôt. C'est dans l'arrêt *Fontan* du 5 mai 1922[152] que le Conseil d'État en fera la première application. L'égalité devant l'impôt deviendra un principe général du droit suite à la décision *Guieysse* du 4 février 1944[153]. L'égalité devant les charges publiques connaitra encore des développements remarqués dès 1946 avec le contrôle des réquisitions[154] et des mesures de répartition des denrées contingentées[155]. Le juge sera également amené à consacrer l'égalité des sexes[156].

Enfin, le contentieux de la responsabilité repose en grande partie sur l'application du principe d'égalité, en particulier lorsqu'il s'agit d'engager la responsabilité sans faute de l'État[157]. L'explication réside dans le fait qu'il y a rupture d'égalité lorsque certaines personnes supportent une charge excédant ce qu'il est normalement admissible de faire supporter à un citoyen.

De façon générale, le juge administratif applique rigoureusement la règle et censure sans ménagement toute discrimination relative à l'origine, la race ou la religion pour fonder un acte ou une décision. Censure encourue quelle que soit la nature de l'acte litigieux.

La découverte et l'application du principe d'égalité dans la jurisprudence administrative succinctement retracées, il convient, désormais, d'analyser l'usage qui en est fait dans le domaine de l'aide sociale par le juge administratif.

B. Applications dans le domaine de l'aide sociale

Outre les situations de discrimination manifeste, on trouve de nombreux exemples de violation du principe d'égalité dans le champ de l'action sociale facultative pour des motifs apparemment moins flagrants, voire moins graves, mais tout autant discriminants.

Pour ce qui concerne la question de l'application du principe d'égalité d'un point de vue jurisprudentiel, le service public local à vocation sociale, directe ou indirecte [158], est un terrain fécond.

Le service public local à vocation sociale directe a pour objectif de satisfaire un besoin et s'adresse à une catégorie précise d'usagers qui répondent à des critères d'éligibilité prédéterminés (niveau de ressources, situation familiale...). Il s'agit d'un service public local gratuit, c'est-à-dire qui n'implique aucun échange monétaire entre le prestataire et l'usager. Le

---

[152] CE, 5 mai 1922, *Fontan*, Lebon, p. 386 (application du principe à la répartition d'une taxe sur les véhicules).

[153] *CE, 4 février 1944, Guieysse, R.D.P. 1944, p. 158, concl. Chenot,note Jèze.*

[154] *CE, 1 février 1946, Dame Sornin de Leysat, S. 1947, III, 14.*

[155] *CE, 15 février 1946, Les savonneries de Bourgogne, S. 1947, III, 15.*

[156] CE, Assemblée, 3 juillet 1936, *Dlle Bobard.*

[157] C.E., Assemblée plénière, 29 juin 1962, Société Manufacture des machines du Haut-Rhin.

[158] DONIER V., *Le principe d'égalité dans l'action sociale des collectivités territoriales, op. cit*, note 63, pp. 391-439.

service public local à vocation sociale indirecte vise à répondre à un besoin social local généralement repéré suite à une analyse des besoins sociaux (crèche, cantine scolaire…). Il a pour particularité d'être payant. Son caractère social découle du fait que la tarification du service va être différenciée en fonction de la situation de l'usager (niveau de ressources, situation familiale…). On perçoit une différence radicale entre les deux types de services publics locaux. Le premier est catégoriel et gratuit alors que le second et universel et payant.

En revanche, il semble ne pas y avoir d'équivalent dans le champ de l'aide sociale légale départementale. Les juridictions administratives spécialisées n'ont pas eu à connaitre de l'application du principe d'égalité dans ce champ spécifique *« tout simplement parce qu'elles ne sont pas saisies de conclusions à cet égard »*[159]. Par conséquent, le Conseil d'État n'est pas davantage saisi de cette problématique en cassation. Il y a en la matière ce qu'il convient d'appeler un vide jurisprudentiel. Aussi, dans le cadre de notre démonstration qui porte sur l'office du juge administratif quant au respect du principe d'égalité par l'autorité administrative, nous sommes tenus par analogie de puiser nos illustrations dans le champ de l'aide sociale communale.

À titre d'exemple, dans l'affaire *« Commune de Saint-Cyr l'École »*, le tribunal administratif, saisi en référé le 13 juin 2012, a annulé une décision du maire tendant à limiter la cantine et les services périscolaires municipaux aux enfants dont un des deux parents est au chômage ou en longue maladie. Même si la mise en place d'un tel service n'est pas obligatoire, sa création entraine l'obligation de respecter le principe d'égalité. Dans l'affaire *Oullin* concernant également la question de la restauration scolaire, le Conseil d'État a jugé discriminatoire le fait de réserver l'accès à la cantine aux seuls enfants dont les deux parents travaillent[160].

Dans le même ordre d'idées, constitue une discrimination le fait de réserver la gratuité dans les transports en commun aux seuls demandeurs d'emploi domiciliés dans la commune de Saint-Etienne, non imposables et percevant les ASSEDIC. Pour la Cour administrative d'appel de Lyon[161], il y a discrimination puisqu'objectivement, qu'un chômeur soit indemnisé ou non, il se trouve être dans une situation identique, au regard de l'emploi tout au moins, et de la nécessité de se déplacer pour chercher du travail. Ce qui semble poser problème, en l'espèce, est la condition de percevoir des ASSEDIC. Ce dernier critère ne permet pas de justifier d'une différence de traitement recevable. On pourrait même soutenir que ceux qui ont le plus besoin de la gratuité des transports sont précisément les demandeurs d'emploi non indemnisés. Mais au-delà de cet argument de justice sociale, ce critère ne

---

[159] BELORGEY J-M., « Les juridictions d'action sociale confrontées au principe d'égalité », *RDSS*, 2013, p. 414.

[160] CE, 23 oct. 2009, *Oullin*, n° 329076.

[161] CAA Lyon, 27 juin 2002, n° 97 LYO1972, Brindel, AJDA 2002, 1409, obs. S. Brondel.

permet pas d'établir objectivement une différence de situation entre ces deux *« catégories d'usagers »* qui en réalité n'en forme qu'une. Voilà pourquoi la délibération du conseil municipal du 2 mai 1988 a été annulée.

En revanche, rien n'interdit à la commune de prendre en compte les revenus des usagers pour justifier un traitement différent. De la même manière, le critère territorial est recevable même si la jurisprudence atténue cette exigence en se référant au concept de *« lien suffisant »* avec la commune[162].

Lorsque l'argument de la violation du principe d'égalité est avancé mais que le juge constate son irrecevabilité ou son caractère infondé, il conclut logiquement au rejet de la requête.

À titre illustratif, le Conseil d'État a validé en 1996[163] le refus d'un maire, président du conseil d'administration du centre communal d'action sociale (CCAS), d'attribuer *« un revenu minimum étudiant »* au demandeur au motif qu'il ne remplissait pas l'une des conditions requises puisque ni lui, ni ses parents n'étaient inscrits au rôle de la taxe d'habitation de la commune depuis au moins trois ans.

Dans les exemples que nous venons d'étudier, le critère territorial occupe une place primordiale. D'ailleurs, l'ensemble des aides sociales légales ou facultatives impliquent de remplir une condition de résidence ou de domiciliation minimale sur un territoire déterminé (national, départemental ou communal) pour y être éligible. L'inégalité de traitement des bénéficiaires résulte des conditions d'éligibilité posées au niveau local. Comme nous venons de le voir, il peut s'agir de conditions relatives à la situation familiale personnelle, mais également de résidence minimale. Fort logiquement, il ne peut y avoir pour une prestation locale, c'est-à-dire propre à un territoire déterminé, d'égalité puisque la création de la prestation est liée directement au pouvoir de libre administration du territoire concerné par l'autorité locale (maire ou président du conseil départemental notamment). Or, on ne peut comparer des territoires pour en déduire une inégalité de traitement susceptible de fonder un recours judiciaire pour rupture d'égalité. Les seuls recours recevables concernent des inégalités de traitement constatées au sein d'un même territoire et lorsque les usagers sont dans une situation identique.

Nous avons également souligné que les services publics locaux à vocation sociale sont, comme tout service public, soumis au principe de gratuité. A priori, la gratuité correspond à la situation où l'usager reçoit le service sans contrepartie monétaire. Par conséquent, créer une condition en termes de contrepartie non monétaire constitue-t-il une remise en cause de la gratuité ? Autrement dit, existe-t-il d'autres façons de payer un service sans devoir débourser le moindre centime ? Si l'on en croit l'arrêt *« Commune de Mons-*

---

[162] CE, Section, 13 mai 1994, *Commune de Dreux*, n° 116459.

[163] CE, 11 décembre 1996, *CCAS de Saint-André-Les-Vergers,* n° 164865.

en-Barœul » rendu par le Conseil d'État le 29 juin 2001[164], la réponse que l'on doit donner à cette question est positive. En l'espèce, la commune crée une aide à l'insertion sociale dite *« allocation municipale d'habitation »* d'un montant de 500 francs affecté en priorité à l'apurement des sommes dues aux organismes publics et aux concessionnaires intervenant en matière d'habitation. Cette allocation est versée en contrepartie d'une *« participation à des activités d'intérêt général ou d'utilité publique »*. Outre la question référée à la compétence communale en matière d'insertion sociale tranchée favorablement par le Conseil d'État le 29 juin 2001[165], celle qui nous occupe ici même concerne la demande d'une contrepartie au bénéficiaire qui peut s'analyser comme une remise en cause implicite de la gratuité d'un service public communal à vocation sociale.

Aussi, pour la première fois, le Conseil d'État est amené à confirmer la compétence communale en matière d'insertion sociale, en sus des dispositifs mis en place au niveau national, mais également la possibilité d'exiger en contrepartie de la prestation sociale locale commandée par un intérêt communal une activité prenant la forme d'une activité bénévole.

Cette jurisprudence s'inscrit dans la logique des politiques d'insertion basées sur l'implication active de leurs destinataires. Dit autrement, ces derniers bénéficient d'un droit à l'aide sociale contrebalancé par un ensemble de devoirs. Nous soulignons toutefois un risque important de stigmatisation d'une catégorie de la population qui, à l'analyse, n'a pas choisi de se retrouver dans une situation de précarité car *« l'on est rarement allocataire du RSA par plaisir »*[166]. Tenter de justifier la contrepartie demandée en termes de « responsabilisation » même partielle des bénéficiaires revient à les considérer comme responsables d'un problème de nature plus économique et sociétale que personnelle. Sans oublier bien entendu que l'aide sociale légale repose sur un impératif de solidarité nationale à l'égard des plus démunis. Prétendre être solidaire d'autrui tout en faisant peser sur lui une suspicion permanente de malhonnêteté et de paresse vide la notion de solidarité de son essence même.

Au travers de l'analyse de ces quelques jurisprudences, pour l'heure, force est de constater que, selon leur lieu de résidence, les bénéficiaires des aides sociales facultatives peuvent connaitre dans l'absolu des différences notables de traitement.

En matière d'égalité de traitement, le Conseil d'État intervient pour vérifier la bonne application de la règle de droit alors que le Conseil constitutionnel, sauf l'exception notable de la question prioritaire de constitutionnalité (QPC),

[164] CE, 29 juin 2001, *Commune de Mons-en-Barœul, n° 193716.*

[165] *Ibid.*, cons. 5 : « *Considérant qu'il résulte de l'ensemble de ces dispositions [loi du 1er décembre 1988 instituant le RMI complétée par celle du 29 juillet 1998] que le législateur n'a pas entendu interdire aux communes de créer, de leur propre initiative, des aides dont l'objectif est de favoriser l'insertion sociale de leurs bénéficiaires dès lors qu'elles répondent à un intérêt communal...* ».

[166] RIHAL H.., *« RSA : halte au bénévolat forcé ! »*, *AJDA* 2017, p. 226.

intervient avant la promulgation de la loi. Nous allons, par conséquent, étudier maintenant le principe d'égalité dans la jurisprudence du Conseil constitutionnel qui, dans une large mesure, s'est inspiré de la jurisprudence élaborée par le Conseil d'État.

§ 2. Le principe d'égalité dans la jurisprudence constitutionnelle

L'égalité repose sur un fondement constitutionnel ce qui lui attribue une autorité particulière (A). Pour autant, l'égalité de traitement en matière d'aide sociale ne semble pas toujours acquise. En outre, l'égalité n'interdit pas que des conditions différentes soient posées pour accéder aux aides sociales selon la situation de chacun (B).

A. Fondements constitutionnels de l'égalité

Principe fondamental applicable à l'ensemble des droits et libertés garantis par la Constitution, l'application par le Conseil constitutionnel du principe d'égalité varie selon les droits concernés, alors que l'égalité formelle semble être garantie. L'invariabilité du principe, qui en toute logique devrait être la règle, semble quelque peu bousculée dans le domaine de la protection sociale en général, et de l'aide sociale en particulier. L'inégalité de traitement peut par conséquent être pratiquée sans que le Conseil constitutionnel la condamne systématiquement. C'est particulièrement dans le domaine de l'aide sociale légale que les inégalités de traitement selon les territoires sont les plus marquées. Le principe de libre administration des collectivités territoriales posé par l'article 72 de la Constitution ne parait pas seul en cause pour expliquer cet état de fait. Il nous semble que le contrôle *a minima* qu'exerce le Conseil constitutionnel ouvre la voie aux inégalités pour des motifs qui nous paraissent peu convaincants, voire obscurs. La tolérance du Conseil à l'égard d'inégalités de traitement au motif qu'il ne s'agit pas d'une « rupture caractérisée » laisse quelque peu perplexe. Cette absence de rigueur contribue à la production d'un « droit moyen » dénoncé par Jean-Marie DENQUIN[167], et qui, de toute évidence, contribue à obscurcir la matière plus qu'à l'éclairer.

Le droit de l'aide sociale est soumis au principe d'égalité puisque l'alinéa 11 du Préambule de la Constitution de 1946 reconnait que *« tout être humain qui, en raison de son âge, de son état physique ou mental, de la situation économique, se trouve dans l'incapacité de travailler a droit d'obtenir de la collectivité des moyens convenables d'existence ».* Cette disposition confirme l'existence d'un droit de l'individu sur la société sous forme d'un droit-

---

[167] DENQUIN J-M, « La jurisprudence du Conseil constitutionnel : grandeur ou décadence du droit constitutionnel ? Un regard surplombant sur les libertés publiques », intervention lors du Colloque "le Conseil constitutionnel, gardien des libertés publiques" organisé par l'institut de recherches CARRE DE MALBERG (Université de Strasbourg) et l'institut Michel VILLEY (Paris II Panthéon-Assas), 6 mai 2011.

créance à objet social, mais aussi d'un droit universel puisque tout être humain peut réclamer son dû.

Même si cette thèse est parfois contestée[168], le *« principe de solidarité sociale »*[169] entre les membres qui composent la société permet de *« rendre compte du processus de légitimation du droit de l'aide et de l'action sociale »*[170]. D'aucuns soutiennent que seuls les droits-créances reconnus à l'individu par le Préambule de la Constitution justifient l'existence d'un droit à l'aide sociale. Nous pensons, à l'instar de Michel Borgetto[171], qu'une telle référence nie la dimension historique, politique, sociale et fraternelle de ce droit en particulier. S'il est vrai que l'individu détient un droit sur la société, il n'en n'est pas moins vrai que le maintien de ce droit est étroitement lié aux volontés politiques du moment. Or, l'histoire de la dernière moitié du XIXème siècle en particulier montre la fragilité d'une telle conception. Si l'on réduit toute l'explication à la reconnaissance d'un droit strictement individuel, on fait fi de l'histoire collective ayant abouti à la construction de ce droit. Aussi, la seule justification qui nous semble recevable réside dans le concept de solidarité sociale. Une solidarité imposée, certes, mais au nom d'un idéal commun qui trouve sa traduction dans un système démocratique au cœur d'une République sociale.

On peut dire que l'alinéa 11 du Préambule de 1946 constitue la base constitutionnelle de l'ensemble des aides sociales légales ce qui assure, *de facto*, une protection renforcée. Ainsi, l'aide médicale de l'État émane directement du droit à la protection de la santé, l'aide sociale aux personnes handicapées[172] ou âgées[173] du droit pour tout être humain qui, du fait de son état physique ou mental, ou de son âge, se trouve dans l'incapacité de travailler, le revenu minimum d'insertion[174], devenu revenu de solidarité active[175], du droit pour chacun d'obtenir des moyens convenables d'existence si l'état de besoin découle de la situation économique.

---

168 Voir en particulier : ALFANDARI E., TOURETTE F., *Action et aide sociales*, Dalloz, 2011, p. 110

169 BORGETTO M., LAFORE R., *Droit de l'aide et de l'action sociale*, Montchrestien, 2015, p.44.

170 *Ibidem.*, p. 33.

171 *Ibid.*, p. 45

172 Loi n° 2005-102 du 11 février 2005 relative à l'égalité des droits et des chances, la participation et la citoyenneté des personnes handicapées, *JORF* n° 36 du 12 février 2005, p. 2353.

173 Loi n° 2001-647 du 20 juillet 2001 relative à la prise en charge de la perte d'autonomie des personnes âgées, *JORF* n° 167 du 2 juillet 2001, p. 11737. Cette loi crée l'allocation personnalisée d'autonomie (APA) qui a remplacé la prestation spécifique dépendance (PSD) créée par la loi n° 97-60 du 24 janvier 1997.

174 Loi n° 88-1088 du 1er décembre 1988 relative au revenu minimum d'insertion, *JORF* du 3 décembre 1988, p. 15119.

175 Loi n° 2008-1249 du 1er décembre 2008 généralisant le revenu de solidarité active et réformant les politiques d'insertion, JORF n° 0281 du 3 décembre 2008, p. 18424.

L'ensemble de ces droits-créances crée l'obligation pour la société d'intervenir afin de combler, par une prestation déterminée, une absence ou une insuffisance de prise en charge dans le but de rétablir une égalité matérielle entre les citoyens. Les droits-créances sont exigibles de l'État alors que les droits-libertés, reconnus également par la Constitution, sont opposables à l'État. Les premiers, contrairement aux seconds, impliquent une intervention du législateur pour devenir effectifs. Ils se distinguent aussi parce qu'ils ne portent pas sur le même objet. Les droits-créances renvoient aux prérogatives que l'individu peut exiger des pouvoirs publics comme le droit au travail, à l'éducation ou encore à la santé (droits à…). Alors que les droits-libertés renvoient aux droits civils et politiques proclamés par la déclaration de 1789 tels que la liberté d'opinion et de conscience ou encore le droit de propriété (droits de…).

On peut dire, à l'instar d'une partie de la doctrine, que la logique qui sous-tend les droits-créances repose non seulement sur une obligation pour l'État de protéger le droit en cause, mais également de le concrétiser par la création de prestations matérielles répondant aux besoins des individus. La dette de l'État à l'égard de l'individu constitue alors son obligation positive. Alors que les droits-libertés reposent sur une logique de défense faite au législateur d'y porter atteinte - obligation négative de l'État - mais aussi sur l'obligation de garantir à chacun la possibilité d'exercer ses droits.

Pour Virginie Donier, *« L'aide sociale légale est donc un outil pour assurer la concrétisation et l'effectivité des droits-créances à objet social affirmés par le Préambule de 1946 ; par conséquent, c'est un instrument au service de l'égalité matérielle puisqu'elle a pour finalité de satisfaire les besoins vitaux des plus démunis, c'est-à-dire des personnes qui ne peuvent subvenir elles-mêmes à leurs besoins »*[176]. Le pacte social repose donc sur la recherche d'un équilibre juste qui permet aux plus nécessiteux d'obtenir de la société une aide matérielle aux fins d'empêcher l'éviction pure et simple des plus fragiles parfois qualifiés de *« surnuméraires »*[177]. C'est le sens même de la solidarité qui découle du principe de fraternité contenu dans la devise républicaine.

Au début des années 1970, le principe d'égalité sera reconnu comme principe à valeur constitutionnelle par décision du Conseil constitutionnel du 27 décembre 1973[178].

---

[176] DONIER V., *Le principe d'égalité dans l'action sociale des collectivités territoriales*, PUAM, 2005, *op.cit.*, note 63, p. 43.

[177] CASTEL R., *Les métamorphoses de la question sociale*, Gallimard, 1995, pp. 645-675.

[178] Cons. constit., 27 décembre 1973, n° 73-51 DC, Loi de finances pour 1974, cons 2 : *« Considérant, toutefois, que la dernière disposition de l'alinéa ajouté à l'article 180 du code général des impôts par l'article 62 de la loi de finances pour 1974, tend à instituer une discrimination entre les citoyens au regard de la possibilité d'apporter une preuve contraire à une décision de taxation d'office de l'administration les concernant ; qu'ainsi ladite disposition*

Pour comprendre le sens et la portée de cette décision, il convient de se référer à la décision rendue par cette même juridiction le 16 juillet 1971[179]. Cette décision reconnait la juridicité du préambule de la Constitution de 1946 dans la mesure où il qualifie la liberté d'association de principe fondamental reconnu par les lois de la République. Le Préambule perd alors la valeur relative qu'on lui attribuait jusque-là (simple énonciation de principes) pour intégrer le droit positif. Ce qui a eu pour conséquence de soumettre le législateur à l'ensemble des dispositions du bloc de constitutionnalité constitué, outre de la Constitution de 1958, du Préambule de la Constitution de 27 octobre 1946 et de la Déclaration du 26 août 1789 à laquelle renvoie expressément le Préambule précité.

C'est par une décision du 27 décembre 1973 que le Conseil constitutionnel va viser pour la première fois le « *principe d'égalité devant la loi contenu dans la Déclaration des Droits de l'Homme de 1789 et solennellement réaffirmé par le Préambule de la Constitution* »[180]. Cette jurisprudence est d'autant plus remarquable que généralement le Conseil constitutionnel renvoie de manière générale à la Déclaration de 1789 sans prendre soin de préciser la disposition pertinente sur laquelle il se fonde, parfois même sans aucune référence à une disposition ou texte contenant ledit principe[181].

Le Conseil constitutionnel accorde une valeur générale au principe d'égalité qu'il décline sous différentes formes. Toujours selon Gilles Pellissier, « *l'égalité devant la loi a donc vocation à s'appliquer à l'ensemble des lois, à travers ses nombreux corollaires* »[182]. Par conséquent, le champ d'application du contrôle de constitutionnalité est particulièrement large : qu'il s'agisse de l'égalité devant la justice[183], de l'accès aux emplois publics[184], de l'égalité de traitement dans le déroulement de carrière des

---

porte atteinte au principe de l'égalité devant la loi contenu dans la Déclaration des Droits de l'Homme de 1789 et solennellement réaffirmé par le Préambule de la Constitution ».

179 Cons. constit., 16 juillet 1971, n° 71-44 DC, Loi complétant les dispositions des article 5 et 7 de la loi du 1er juillet 1971 relative au contrat d'association, cons 2 : « *Considérant qu'au nombre des principes fondamentaux reconnus par les lois de la République et solennellement réaffirmés par le Préambule de la Constitution il y a lieu de ranger le principe de la liberté d'association* ».

180 Cons. constit., 24 décembre 1973, n° 73-51 DC, Loi de finance pour 1974, cons 2.

181 Cons. constit., 17 janv. 1979, n° 78-101 DC, Loi portant modification des dispositions du livre 1er du titre V du code du travail relatif aux conseils de prud'hommes, cons. 3. ; Cons. constit., 9 avr. 1996, n° 96-373 DC, Loi organique portant statut d'autonomie de la Polynésie française, cons. 17.

182 PELLISSIER G, *op. cit, note 289, p. 7.*

183 Cons. constit., 23 juillet 1975, n° 75-56 DC, Loi modifiant et complétant certaines dispositions de procédure pénale spécialement le texte modifiant les articles 398 et 398-1 du code de procédure pénale, cons. 4.

184 Cons. constit., 12 septembre 1984, n° 84-179 DC, Loi relative à la limite d'âge dans la fonction publique et le secteur public, cons. 8.

fonctionnaires[185], de l'égalité de traitement en matière de communication audiovisuelle[186], d'éligibilité[187] ou encore d'égalité en matière de statut des étrangers. Certaines situations nous renvoient aux limites d'application du principe d'égalité. C'est le cas, particulièrement, lorsque les enjeux sont plus humanitaires que juridiques. Nous pourrions dire qu'il y a alors un télescopage entre la froideur de la loi et la chaleur des situations humaines.

Au même titre que les nationaux, les personnes étrangères peuvent prétendre aux aides sociales. Pourtant, elles doivent remplir des conditions précises pour y être éligibles. De façon plus surprenante, les nationaux non-résidents sont également soumis à certaines conditions de stabilité du séjour en France.

B. Conditions différenciées d'accès aux aides sociales et principe d'égalité

La question épineuse de l'application de la législation d'aide sociale à des personnes étrangères fait débat. C'est au début des années 1990 que la jurisprudence a consacré une égalité des droits entre nationaux et étrangers. Dès 1993[188], pour leurs droits à la protection sociale et pour la protection de leurs droits fondamentaux[189]. Le législateur doit, à leur égard, respecter les libertés et droits fondamentaux de valeur constitutionnelle reconnus à tous ceux qui résident sur le territoire de la République. Il en va ainsi de la liberté d'aller et venir, de la liberté du mariage, du droit de mener une vie familiale normale. Pour l'ensemble de ces droits fondamentaux, aucune condition n'est requise pour bénéficier de ce socle de droits constitutionnellement garantis.

Par ailleurs, les étrangers jouissent des droits à la protection sociale dès lors qu'ils résident de manière stable et régulière sur le territoire national. Sous cette double condition, les étrangers ont notamment *« comme les nationaux, le droit de mener une vie familiale normale »*[190] et par conséquent, de solliciter un regroupement familial. Autrement dit, les droits sociaux des personnes étrangères sont garantis si et seulement si les conditions précitées sont remplies.

La condition de stabilité concerne également les nationaux expatriés qui, lors de leur retour en France, ne remplissent par la condition de résidence

---

[185] Cons. constit., 27 janvier 1994, n° 93-336 DC, Loi organique modifiant l'ordonnance n° 58-1270 du 22 décembre 1958 relative au statut de la magistrature, cons. 23.

[186] Cons. constit., 27 juillet 1982, n° 82-141 DC, Loi sur la communication audiovisuelle, cons. 11.

[187] Cons. constit., 30 mars 2000, n° 2000-426 DC, Loi relative à la limitation du cumul des mandats électoraux et des fonctions et à leurs conditions d'exercice, cons. 12.

[188] Cons. constit., 13 août 1993 , n° 93-325 DC, Loi relative à la maîtrise de l'immigration et aux conditions d'entrée, cons. 16 à 18 et 35.

[189] Ibidem, cons. 3.

[190] *Ibid*, cons. 70.

minimale requise par la législation. L'exemple de l'amendement Seguin[191] est emblématique. Ce dernier prévoit que certaines allocations non-contributives de Sécurité sociale (allocation spéciale, allocation spéciale du fonds national de solidarité et allocation aux adultes handicapés) impliquent une durée minimale de résidence sur le territoire national pour y être éligible.

Aussi, le pouvoir règlementaire a compétence pour fixer la durée de résidence minimale de façon à ne pas remettre en cause les droits sociaux constitutionnels reconnus par le Préambule. En d'autres termes, lesdits droits peuvent être définis dans leurs conditions d'application par le pouvoir règlementaire. Il s'agit de *« droits constitutionnels conditionnels »*[192] qui s'opposent à ceux qui ne le sont pas et qui, de ce fait, revêtent un caractère universel. Les garanties d'invariabilité offertes aux seconds ne s'appliquent évidemment pas aux premiers. Pour autant, des limites existent puisque le contrôle s'exerce dans le cadre posé par la Conseil en termes de violation caractérisée du principe d'égalité qui conduit nécessairement à une censure.

La référence à la notion de résidence figure également dans la loi. En particulier dans l'article L. 111-1 du Code l'action sociale et des familles (CASF). Ce dernier dispose que *« sous réserve des dispositions des articles L. 111-2 et L.111-3, toute personne résidant en France bénéficie, si elle remplit les conditions légales d'attribution, des formes de l'aide sociale telles qu'elles sont définies par le présent code ».*

Le critère de nationalité est donc exclu, *ab initio,* par le législateur puisque *« toute personne »* peut en être bénéficiaire potentiel. Pour les étrangers, il ne peut être exigé une convention avec leur pays d'origine. Seul est retenu le critère de résidence. Le renvoi aux articles L. 111-2 et L. 111-3 du Code précité met en exergue, respectivement, le caractère conditionnel de chacune des aides sociales et les hypothèses dérogatoires à la condition de résidence régulière.

La première hypothèse dérogatoire s'applique aux personnes (et non pas aux étrangers) dont la présence sur le territoire métropolitain (et non pas outre-marin) résulte de circonstances exceptionnelles et qui n'ont pu librement choisir leur lieu de résidence (réfugiés et apatrides qui sont *« assimilés »* à des nationaux au titre des droits à l'obtention des aides sociales).

La seconde hypothèse dérogatoire s'applique aux personnes pour lesquelles aucun domicile fixe ne peut être déterminé (personnes sans domicile fixe). Pour ce qui concerne l'aide sociale aux personnes âgées ou handicapées (aide à domicile ou placement), en sus de la condition de régularité, elles doivent justifier de quinze ans de présence ininterrompue sur

---

[191] Cons. constit., 23 janv. 1987, 86-225 DC, Loi portant diverses mesures d'ordre social, cons 13 à 18.
[192] KISSANGOULA J C.., « Brèves réflexions sur l'application du principe d'égalité aux droits sociaux des étrangers », *RDSS* 2013, p. 422.

le territoire national avant l'âge de soixante-dix ans[193]. L'article L. 111-2, *in fine,* prévoit des dérogations possibles seulement pour la régularité du séjour, qui relève de la compétence du ministre chargé de l'action sociale.

Enfin, pour les prestations d'aide sociale à l'enfance (ASE), d'aide sociale en cas d'admission dans un centre d'hébergement et de réinsertion sociale (CHRS) et d'aide médicale de l'État (AME), la condition de régularité du séjour n'est pas requise, contrairement bien entendu à la condition de résidence[194].

Le principe d'égalité élevé au rang de *« principe cardinal du droit de l'aide et de l'action sociale »*[195], fait également l'objet de certains tempéraments. Ces derniers peuvent être l'œuvre du juge. Se pose alors toute la question des raisons profondes qui amènent le juge à déroger à un principe de valeur constitutionnelle.

SECTION 2. UNE INÉGALITÉ RÉELLE

Les juges, administratifs comme constitutionnels, admettent des entorses au principe d'égalité sous certaines conditions. Nous allons démontrer qu'il existe un système bien connu de dérogations prétoriennes au principe d'égalité (§ 1). Outre un système dérogatoire, se pose aussi la question de l'émergence d'un droit à un traitement différent (§ 2).

§ 1. Dérogations au principe d'égalité

Le principe d'égalité souffre des exceptions dont les juges administratifs (A) et constitutionnels (B) assurent le contrôle.

A. Dans la jurisprudence administrative

Le Conseil d'État admet des dérogations au principe d'égalité soumises au contrôle du juge administratif. L'arrêt *Desnoyer et Chorques* permet de justifier des différences de traitement entre usagers d'un même service ou ouvrage public[196]. En l'espèce, les deux requérants demandent l'annulation d'une décision du préfet de la Charente-Maritime refusant de les faire bénéficier du tarif applicable aux habitants de l'île de Ré par la régie départementale des passages d'eau. Le Conseil d'État va préciser que *« la fixation de tarifs différents applicables, pour un même service rendu, à diverses catégories d'usagers d'un service ou d'un ouvrage public implique,*

---

[193] CASF, art. L 111-2, 4°.
[194] CASF, art. L 111-2, 1°, 2° et 3°.
[195] AUBIN E, *Droit de l'aide et de l'action sociale*, Galino, 2014, p.100.
[196] CE, Section, 10 mai 1974, *Desnoyer et Chorques*, n° 88032.

à moins qu'elle ne soit la conséquence nécessaire d'une loi, soit qu'il existe entre les usagers des différences de situations appréciables, soit qu'une nécessité d'intérêt général en rapport avec les conditions d'exploitation du service ou de l'ouvrage commande cette mesure ». Relevons que la différence de traitement trouve aussi son explication dans le lieu de résidence des intéressés. Le Conseil d'État compare la situation des *« habitants du continent »* à celle des personnes qui *« résident de manière permanente sur l'île de Ré »*. Pour aller plus loin, le Conseil ajoute que les propriétaires d'une *« résidence d'agrément »* sur l'île de Ré ne sont pas davantage éligibles à la grille tarifaire souhaitée. Il y a bien ici une référence explicite à un certain ancrage territorial apprécié à la lumière d'un critère de permanence qui doit être démontré.

Une application de cette jurisprudence résulte de la loi du 29 juillet 1998 relative à la lutte contre les exclusions qui précise que *« les tarifs des services publics administratifs à caractère facultatif peuvent être fixés en fonction du niveau des revenus des usagers et du nombre des personnes vivant au foyer »*[197]. Cette disposition légale s'inscrit directement dans la droite ligne de l'arrêt *Desnoyer et Chorques*[198].

Par la suite, une série d'arrêts référés aux services publics administratifs à caractère administratif composés de services sociaux (cantines scolaires[199], crèches municipales[200] ou encore centres de loisirs[201]) et de services culturels (écoles de musique, musées, conservatoires d'arts plastiques notamment) vont admettre l'application de différences tarifaires tenant compte de la situation financière des usagers.

Finalement, l'aide sociale facultative obéit au même principe d'égalité et de non-discrimination que l'aide sociale légale.

Il ne peut pas y avoir non plus de différence de traitement entre nationaux et étrangers en dehors du cadre précédemment défini par la jurisprudence Desnoyer et Chorques. Par conséquent, réserver une aide à la naissance d'un troisième enfant aux seuls parents de nationalité française ou d'un État membre de l'Union européenne est discriminatoire, car sans objet avec la finalité de l'aide sociale mise en place[202].

B. Dans la jurisprudence constitutionnelle

Des dérogations au principe d'égalité sont envisageables à partir de situations objectivement différentes ou lorsqu'une raison d'intérêt général le

---

197 Loi n° 98-657 du 29 juillet 1998 d'orientation relative à la lutte contre les exclusions, *JORF* n° 175 du 31 juillet 1998, p. 11679, art. 147,

198 CE, Section, 10 mai 1974, *op. cit.*, note 328.

199 CE, 10 février 1993, *Commune de la Rochelle*, n° 95863.

200 CE, 20 janvier 1989, *CCAS de la Rochelle*, n° 89691.

201 CE, 18 mars 1994, *Mme Dejoncheere*, n° 140870.

202 CE, 30 juin 1989, Ville *de Paris et Bureau d'aide sociale de Paris c/Lévy*, n° 78113.

justifie (1). La Conseil constitutionnel développe également une jurisprudence autour du concept de rupture caractérisée d'égalité (2).

1. Situations objectivement différentes ou raisons d'intérêt général

Le principe d'égalité en matière d'aide sociale s'applique de façon spécifique pour tenir compte des diversités de situations rencontrées. Autrement dit, et au nom de la recherche d'une plus grande équité, la mise en œuvre d'une égalité strictement formelle aboutirait à l'accroissement des inégalités.

Notre système d'aide sociale ne peut, par conséquent, être détaché de la réalité des situations de ceux qui en sont les principaux bénéficiaires, ou des raisons d'intérêt général autorisant une dérogation au principe d'égalité.

Dans un considérant, devenu de principe, le Conseil constitutionnel précise dans sa décision *« Mutualisation de la Caisse nationale de crédit agricole »* que *« le principe d'égalité ne s'oppose ni à ce que le législateur règle de façon différente des situations différentes, ni à ce qu'il déroge à l'égalité pour des raisons d'intérêt général pourvu que, dans l'un et l'autre cas, la différence de traitement qui en résulte soit en rapport avec l'objet de la loi qui l'établit »*[203].

Le principe connait donc des aménagements lorsque les situations sont objectivement différentes ou lorsque l'intérêt général commande une telle différence de traitement. La formule consacrée par cette jurisprudence a connu une évolution remarquée dans la décision du 9 avril 1996[204] qui impose que les différences de traitement soient en « *rapport direct* » avec l'objet de la loi et non plus seulement *« en rapport »*. Contrairement à ce que soutient une partie de la doctrine, il n'existe pas une complète identité de contenu entre les principes appliqués par le Conseil d'État et le Conseil constitutionnel puisque le niveau normatif en cause[205] n'est pas le même.

On peut affirmer que le principe d'égalité est un principe qui ne souffre aucune dérogation lorsque l'inégalité en cause est fondée sur l'origine, la race, la religion ou la croyance[206]. Au-delà des textes de référence, le juge constitutionnel veille au respect du principe d'égalité.

Dans deux décisions du 30 août 1984, *« Statut du territoire de Polynésie française »*[207] et *« Statut du territoire de Nouvelle-Calédonie et ses*

---

[203] Cons. constit., 7 janvier 1988, 87-232 DC, Loi relative à la Mutualisation de la Caisse nationale de crédit agricole, cons. 10 ; pour un exemple plus récent d'utilisation de la formule, voir la décision : Cons. const, 13 janvier 2014, n° 2014-401 QPC, Recours au contrat de travail à durée déterminée et exclusion de l'indemnité de fin de contrat, cons. 3.

[204] Cons. constit., 23 juillet 1996, n° 96-375 DC, France Télécom, cons. 9.

[205] MELIN-SOUCRAMANIEN F., *op. cit*, note 113, p. 38.

[206] L'article 1er de la Constitution indique que la France *« assure l'égalité devant la loi de tous les citoyens sans distinction d'origine, de race ou de religion. Elle respecte toutes les croyances... »*.

[207] Cons. constit., 30 août 1984, n° 84-177 DC, Loi relative au statut du territoire de la Polynésie française et notamment son article 10, cons. 7.

dépendances »[208], le Conseil constitutionnel, saisi par l'opposition, a invalidé certaines dispositions desdites lois comme contrevenant au principe d'égalité. En effet, les textes soumis au contrôle prévoyaient une incompatibilité entre les fonctions de membre du gouvernement du territoire et celles de député, de sénateur, de conseiller économique et social ainsi que de membre de l'assemblée des communautés européennes. Dans ces deux décisions, le Conseil constitutionnel déduit du principe d'indivisibilité du territoire une discrimination fondée sur l'origine géographique. Dans un autre registre, le Conseil constitutionnel a été saisi le 2 mai 1999 par le président de la République de la question de savoir si la ratification de la Charte européenne de langues régionales ou minoritaires, signée à Budapest le 7 mai 1999, doit être précédée d'une révision constitutionnelle. Pour le Conseil constitutionnel l'identification de groupes au sein du peuple français constitue une remise en cause de l'idéal d'égalité.

Enfin, par une question prioritaire de constitutionnalité (QPC) émanant du Conseil d'État, le Conseil constitutionnel a été saisi la 17 juillet 2012 au sujet du régime de circulation des gens du voyage[209]. Pour circuler librement, ils doivent être munis d'un livret de circulation qui doit être visé par l'autorité administrative tous les trois mois. Le Conseil constitutionnel a jugé que cette distinction méconnaissait le principe d'égalité devant la loi et que le régime du carnet de circulation portait une atteinte disproportionnée à la liberté d'aller et venir.

2. Rupture caractérisée d'égalité

A l'inverse de ce qui vient d'être précédemment développé, le Conseil constitutionnel a été saisi d'une QPC suite à la loi du 5 juillet 2000 relative à l'accueil et à l'habitat des gens du voyage. Selon cette loi, dès lors qu'une commune remplit ses obligations en matière d'aire d'accueil des gens du voyage, son maire ou, à Paris, le préfet de police peut, par arrêté, interdire en dehors des aires d'accueil aménagées le stationnement sur le territoire de la commune des résidences mobiles. Il était reproché aux articles 9 et 9-1 de la loi de porter atteinte à la liberté d'aller et de venir et au principe d'égalité. À propos de ce dernier, le Conseil constitutionnel écarta toute atteinte dans son 6ème considérant qui précise *« qu'il résulte des dispositions combinées du paragraphe I de l'article 1er de la loi du 5 juillet 2000 et de l'article 2 de la loi du 3 janvier 1969 (...) [que] la distinction qu'elles opèrent repose sur des critères objectifs et rationnels en rapport direct avec le but que s'est assigné le législateur en vue d'accueillir les gens du voyage dans des conditions compatibles avec l'ordre public et les droits des tiers ; qu'elles n'instituent*

---

208 Cons. constit., 30 août 1984, n° 84-178 DC, Loi portant statut du territoire de la Nouvelle-Calédonie et dépendances et notamment des articles 12, 131 et 137, cons 8.

209 Cons. constit., 5 octobre 2012, n° 2012-279 QPC, régime de circulation des gens du voyage, cons. 16.

aucune discrimination fondée sur une origine ethnique ; que, par suite, elles ne sont pas contraires au principe d'égalité »[210].

Le législateur s'est fondé sur une différence de situation objective. En effet, il convient de considérer que ne se trouvent pas être dans la même situation les personnes dont l'habitat principal est constitué de résidences mobiles et celles qui vivent de manière sédentaire. Par ailleurs, le législateur se devait, dans l'intérêt général, de concilier l'accueil des gens du voyage et le respect de l'ordre public et les droits des tiers, la différence contestée étant fondée sur ces seules exigences et aucunement sur une référence aux origines ethniques des intéressés.

Depuis la révision constitutionnelle du 23 juillet 2008[211] le Conseil constitutionnel a été saisi, à diverses reprises, de QPC référées à une violation *supposée* du principe d'égalité[212] ou encore du principe d'égalité devant les charges publiques[213].

La décision n° 2011-137 QPC relative aux conditions d'attribution du RSA s'inscrit dans cette logique du contrôle puisqu'elle rejette toute violation du principe d'égalité de traitement entre nationaux et étrangers, mais aussi entre étrangers, certains étrangers étant soumis à une condition de résidence stable d'au moins cinq années pour prétendre à la même allocation[214]. Pour le Conseil constitutionnel, les demandeurs étrangers non communautaires ne sont ni dans la situation des étrangers communautaires ou assimilés[215] soumis à des textes spécifiques, et encore moins dans celle des Français. Par conséquent, il n'y a pas discrimination dans le fait de traiter différemment des personnes se trouvant dans des situations différentes. La disposition contestée ne contrevenait pas, selon les juges du droit, à l'objet de la loi. En effet, la prestation dont il s'agit « *a pour principal objet d'inciter à l'exercice ou à la reprise d'une activité professionnelle* ». Or, il ne semble pas disproportionné d'exiger des intéressés une certaine stabilité sur le territoire national (cinq ans) pour pouvoir prétendre atteindre l'objectif fixé par le législateur. Autrement dit, la stabilité est une condition *sine qua non* de tout projet d'insertion professionnelle. La durée de cinq ans correspond à l'application d'une directive européenne du 25 novembre 2003[216].

---

[210] Cons. constit., 09 juillet 2010, n° 2010-13 QPC, M. Orient O. et autres [gens du voyage], cons. 6.

[211] La réforme constitutionnelle du 23 juillet 2008 a introduit en France le contrôle, *a posteriori,* de la conformité de la loi à la Constitution (article 61-1 de la Constitution de 1958).

[212] Cons. Const., 9 juill. 2010, n° 2010-13 QPC, *op.cit.*, rejet de l'argument tiré d'une violation du principe d'égalité.

[213] Cons. const., 9 juill. 2010, n° 2010-11 QPC, cons. 5.

[214] Cons. constit., 17 juin 2011, n° 2011-137 QPC, *JORF* du 18 juin 2011, P ; 10459, cons 5.

[215] Règles conventionnelles propres aux ressortissants de l'Union européenne et de l'Espace Économique Européen (EEE) ou de la Confédération suisse.

[216] Directive 2003/109/CE du Conseil du 25 novembre 2003 relative au statut des ressortissants de pays tiers résidents de longue durée, n° 2003/109/CE.

Pourtant, on ne peut que relever le cas du département de Mayotte. En effet, un étranger qui souhaite bénéficier du RSA à Mayotte doit justifier, non pas de cinq ans de résidence conformément au droit commun, mais de quinze ans[217]. Dans son rapport de 2012[218], le Conseil d'État émet une réserve sérieuse quant à la conformité du projet d'ordonnance étendant et adaptant au département de Mayotte le RSA. D'une part, parce qu'il y a méconnaissance de l'article 73 de la Constitution qui pose le principe d'identité législative. D'autre part, parce que ce même article permet des adaptations législatives ou règlementaires à condition qu'elles soient proportionnées. Or, les « caractéristiques et les contraintes particulières » propres au département en cause ne justifient nullement une durée aussi longue. Pour l'heure, ces réserves n'ont pas eu l'effet escompté. Par conséquent, le délai de quinze ans s'applique à Mayotte pour les étrangers.

En matière d'aide sociale, la jurisprudence du Conseil constitutionnel ne sanctionne le législateur qu'à partir du moment où la loi déférée crée une *rupture caractérisée d'égalité*. Pour autant, ce concept reste flou et permet dans de nombreux cas de valider une loi en évitant de s'interroger sur les conséquences de son application.

Comme le souligne très justement Michel Borgetto[219] on a assisté entre 1997 et 2004 à une évolution des formules élaborées par le Conseil constitutionnel. Dans sa décision du 21 janvier 1997 relative à l'instauration d'une prestation sociale dépendance (PSD) on pouvait lire qu'*« il incombait au législateur de prévenir par des dispositions appropriées la survenance de ruptures caractérisées d'égalité dans l'attribution de prestations »*. Puis, par la suite, une décision du 18 juillet 2001 relative à l'allocation personnalisée d'autonomie (APA) a précisé qu'il était *« loisible au législateur de définir des conditions d'octroi de cette allocation de nature à assurer l'égalité de traitement entre toutes les personnes âgées dépendantes sur l'ensemble du territoire national ; que le législateur pouvait fixer de telles conditions dès lors qu'il n'a pas méconnu les compétences propres des départements, ni privé d'attribution effective aucun organe départemental »*[220]. L'expression *« loisible au législateur »* utilisée par le Conseil constitutionnel équivaut à un chèque en blanc au profit du législateur qui pourra faire varier les conditions d'attribution d'une prestation sociale sans être trop inquiété par une censure du juge de la loi.

Ces formulations un peu lâches interrogent l'intensité du contrôle exercé par le Conseil constitutionnel, et on ne peut faire l'économie d'une réflexion

---

[217] CASF, art. L. 542-6, III, 1°.

[218] CE, avis, 20 mai 2010, site de GITSI, rubrique Jurisprudences, consultable sur : https://www.gisti.org/spip.php?article2420.

[219] BORGETTO M., « L'égalité et l'aide sociale », *RDSS* 2013, p. 401.

[220] Cons. constit., 18 juillet 2001, n° 2001-447, Loi relative à la prise en charge de la perte d'autonomie des personnes âgées et à l'allocation personnalisée d'autonomie, cons. 6.

portant sur la méthodologie du contrôle mis en œuvre par le juge des lois. Pour Virginie DONIER, on peut parler de *« lacunes du contrôle de constitutionnalité »*[221].

À partir du moment où le législateur a déterminé une architecture nationale en fixant des conditions minimales d'attribution des aides sociales, le Conseil constitutionnel valide la loi et réfute, par conséquent, toute violation du principe d'égalité.

En outre, le contrôle de constitutionnalité s'arrête à la vérification de l'existence de garde-fous visant à prévenir une rupture caractérisée d'égalité. Il n'appartient pas au Conseil constitutionnel de s'assurer que la loi validée ne produira pas d'effets indésirables dans son application. Cela équivaut à soumettre le législateur à une obligation de moyens et non de résultat.

À partir de l'analyse de ces différentes jurisprudences, nous pouvons affirmer que l'inégalité de traitement est tolérée, sous certaines conditions, par le Conseil constitutionnel. La marge de manœuvre laissée au législateur dans le champ de l'aide sociale marque la limite du contrôle de constitutionnalité. Ainsi, la mise en œuvre des lois validées par le Conseil constitutionnel aboutit nécessairement à créer des inégalités de traitement entre les bénéficiaires de l'aide sociale selon leur lieu de résidence puisque la mise en œuvre des lois d'aide sociale relève de la compétence des collectivités locales, en particulier du département. Bien que l'inégalité soit un effet induit par la décentralisation, nous soutenons que le contrôle *a minima* exercé par le Conseil constitutionnel aboutit à une sorte de constitutionnalisation des inégalités en matière d'aide sociale. Que le Conseil juge les textes conformes au principe d'égalité équivaut à considérer que les inégalités liées à leur mise en œuvre sont également conformes à la Constitution. La Haute juridiction ne se préoccupe jamais des conséquences prévisibles de l'application de la loi. Il faut, mais il suffit, que le législateur prévoie un cadre national garanti à l'intérieur duquel toutes les variations d'un territoire à l'autre sont possibles.

En définitive, l'intervention du Conseil constitutionnel se limite au contrôle de l'erreur manifeste d'appréciation du législateur. Il y a rupture caractérisée lorsque l'atteinte au principe d'égalité au regard de l'objet de la loi ou de l'intérêt général est disproportionnée[222].

Les jurisprudences analysées font ressortir que la rupture caractérisée correspond généralement à une différence de traitement que le législateur n'a pas su justifier. Le contrôle du Conseil constitutionnel porte alors, d'une certaine manière, sur la motivation du législateur dont l'insuffisance ou l'absence aboutit nécessairement à une censure de la disposition déférée. Autrement dit, et *a contrario*, le législateur qui prend soin de préciser ses

---

[221] DONIER V., « Garantir les droits sociaux dans le cadre de la décentralisation », *Informations sociales,* juin 2010, CNAF.

[222] DUCLERCQ J-B., « Les mutations du contrôle de proportionnalité dans la jurisprudence du Conseil constitutionnel », LGDJ, Thèses, 2015.

motivations aura de fortes chances de passer sans difficulté le cap du contrôle de constitutionnalité. Cela semble résulter particulièrement du peu de censures prononcées à l'encontre des lois de protection sociale au sens large soumises au contrôle.

Ajoutons toutefois que le contrôle de constitutionnalité porte sur le contenu de la loi (égalité dans la loi) contrairement au contrôle du juge administratif qui porte sur l'application de la loi (égalité devant la loi). Cette affirmation mérite toutefois d'être atténuée depuis l'introduction de la question prioritaire de constitutionnalité qui permet au juge constitutionnel d'exercer un contrôle *a posteriori* et donc d'égalité devant la loi.

Par comparaison, l'application du principe d'égalité est beaucoup plus rigoureuse lorsqu'il s'agit de protéger les libertés publiques et notamment celle de l'enseignement, comme nous l'avons signalé précédemment en évoquant une décision du Conseil constitutionnel du 18 janvier 1985[223]. En effet, la disposition litigieuse prévoyait que la conclusion d'un contrat d'association entre l'État et un établissement privé concernant les classes du 1er degré était soumise à l'accord de la commune intéressée. Or, selon la position adoptée par la commune, cela place les enfants et les familles dans une situation d'inégalité. En toute logique, la censure semblait inévitable.

La comparaison des deux champs analysés montre que le principe d'égalité ne s'applique pas avec la même rigueur. Ce qui est toléré au nom de l'absence d'existence d'une *« rupture caractérisée »* d'égalité constitue une exception au principe d'égalité propre au champ social. Finalement, ne pourrait-on pas dire qu'il n'y pas d'égalité face au principe d'égalité ?

§ 2. Reconnaissance du droit à un traitement différent

S'il est vrai que le principe d'égalité implique que l'on traite de manière identique des personnes se trouvant dans des situations identiques, on ne peut en déduire pour autant que cela équivaut, *a contrario*, à la reconnaissance d'un droit à un traitement différent. C'est ce qui résulte de la position jurisprudentielle actuelle (A). On se rend compte, également, que l'égalité peut être source d'inégalité. Pour tenter de remédier à ce type de problème, la référence à l'équité est utilisée contre l'égalité (B).

A. Position jurisprudentielle

De façon paradoxale l'égalité ne conduit pas nécessairement à plus de justice. Parfois, l'égalité peut être perçue comme une anomalie (1). À l'inverse, nous assistons à un combat pour l'inégalité de traitement qui permet d'analyser le principe d'égalité sous un autre angle (2).

---

[223] DUCLERCQ J-B., *ibidem*, p. 27.

1. L'égalité de traitement comme anomalie

Il est intéressant de constater l'évolution du contrôle exercé par le Conseil constitutionnel en matière d'égalité. L'exemple de la loi Falloux[224] est emblématique. Pour la première fois, en effet, il est reproché au législateur d'avoir appliqué strictement le principe d'égalité.

Les auteurs de la saisine reprochaient au texte de violer *« le principe d'égalité en permettant à parité entre établissements publics et établissements privés des concours financiers alors que les charges et contraintes des uns sont supérieures à celles des autres et en ne limitant les facultés d'aide aux investissements de chaque catégorie de collectivités territoriales que lorsqu'il s'agit du financement de l'enseignement public »*[225].

Dans une loi postérieure du 26 novembre 2003 relative à la maîtrise de l'immigration, au séjour des étrangers en France et à la nationalité[226], le Conseil constitutionnel a été amené à rejeter un argument visant à relever une rupture caractérisée d'égalité. Mais à l'inverse, il accueillera favorablement l'argument soulignant le caractère *« injuste »* d'une égalité de traitement[227].

Dans ces deux affaires, les requérants réclament d'être traités différemment dans la mesure où l'application stricte de l'égalité de traitement aboutit à une anomalie. L'uniformité est à distinguer, en effet, de l'égalité. Or, les deux lois litigieuses confondent manifestement ces deux principes, d'où les censures prononcées.

2. La différence de traitement comme argument

Même si le principe d'égalité devant la loi impose de traiter de la même manière des personnes qui se trouvent dans une situation identique, il n'en résulte pas pour autant l'obligation de traiter différemment des personnes se trouvant dans des situations différentes[228].

Une décision du Conseil d'État du 13 avril 2016 concernant le régime local de protection sociale en Alsace Moselle constitue une illustration de la revendication d'une différence de traitement.

---

[224] Cons. constit., 13 janvier 1994, n° 93-329 DC, Loi relative aux conditions de l'aide aux investissements des établissements d'enseignement privés par les collectivités territoriales, cons. 27.

[225] *Ibid.*, cons. 27.

[226] Loi n° 2003-1119 du 26 novembre 2003 relative à la maîtrise de l'immigration, au séjour des étrangers en France et à la nationalité, *JORF* n° 274 du 27 novembre 2003, p. 20136.

[227] Cons. constit., 20 novembre 2003, n° 2003-484 DC, cons. 12 : *« Considérant, en revanche, qu'en mettant à la charge de l'hébergeant des frais de rapatriement éventuel de l'étranger accueilli, sans prévoir un plafonnement de ces frais, sans tenir compte ni de la bonne foi de l'hébergeant ni du comportement de l'hébergé et sans fixer le délai de prescription adapté, le législateur a rompu de façon caractérisée l'égalité des citoyens devant les charges publiques »*.

[228] Cons. constit., 15 janvier 2015, n° 2014-436 QPC, Madame Roxane S. Valeur des créances à terme pour la détermination de l'assiette des droits de mutation à titre gratuit et de l'ISF, cons. 8.

En l'espèce différents syndicats d'Alsace et du Bas-Rhin ont tenté, par le biais d'un recours pour excès de pouvoir, d'obtenir l'annulation d'un décret concernant les garanties complémentaires santé des salariés. Après avoir rejeté un argument strictement procédural, le Conseil d'État, dans son 5ème considérant, rejette l'argument tiré d'une absence d'adaptation par le pouvoir règlementaire du décret contesté aux particularités locales.

Même si, en effet, cette décision concerne une prestation de Sécurité sociale et non une aide sociale légale, elle illustre parfaitement l'idée d'une revendication d'un traitement différent. Sauf que, en l'espèce, le Conseil d'État rejette la requête au motif principal que le décret litigieux ne remet pas en cause le régime local qui impose déjà aux salariés une complémentaire santé obligatoire. En réalité, ce décret permet d'aboutir à une sur-complémentaire qui couvrira ce que la complémentaire locale ne couvre pas déjà.

Dans une décision rendue par le Conseil constitutionnel au sujet de la loi de finance pour 2004[229], il est précisé que *« si en règle générale, le principe d'égalité impose de traiter de la même façon des personnes qui se trouvent dans la même situation, il n'en résulte pas pour autant qu'il oblige à traiter différemment des personnes se trouvant dans des situations différentes »*

Notons que quelques années auparavant, le Conseil d'État se positionnait exactement dans le même sens comme en témoigne la décision *Société Baxter et autres* du 28 mars 1997. Pour la Haute juridiction *« le principe d'égalité n'implique pas que des entreprises se trouvant dans des situations différentes doivent être soumises à des régimes différents »*[230].

Encore une fois, le même raisonnement a été tenu par le juge constitutionnel saisi d'une QPC le 7 avril 2011[231] par la *Fédération nationale des associations tutélaires et autres* au sujet du financement des diligences exceptionnelles accomplies par le mandataire judiciaire à la protection des majeurs.

Un autre exemple résulte de la saisine du Conseil constitutionnel d'une QPC relative à la loi de finances pour 2015 qui modifie les règles d'attribution des allocations familiales en les faisant varier dans leur montant en fonction des ressources du foyer[232].

À la lumière de ces différentes décisions, nous pouvons soutenir qu'il n'existe pas, *stricto sensu*, un droit à un traitement différent lorsque les situations en cause ne sont pas identiques. Il est donc loisible au législateur de décider s'il en sera ainsi.

---

229 Cons. constit., 29 déc. 2003, n° 2003-489 DC, loi de fiance pour 2004, cons. 37 et 38.
230 C.E., 28 mars 1997, *Société Baxter et autres,* n° 179050.
231 Cons. constit. 17 juin 2011, 2011-136 QPC, Fédération nationale des associations tutélaires et autres, cons. 8 et 9.
232 *Ibid.*

Pour les juges européens, en revanche, le principe d'égalité veut que des situations comparables ne soient pas traitées de manière différente et que des situations différentes ne soient pas traitées de manière égale. Contrairement aux enseignements tirés de notre jurisprudence tant constitutionnelle qu'administrative, la jurisprudence européenne pose une obligation de traiter différemment des situations différentes. L'affaire Thlimmenos contre la Grèce illustre parfaitement cette position du juge européen[233]. En l'espèce, le requérant a été condamné à quatre ans d'emprisonnement, le 9 décembre 1983, pour insubordination par le tribunal militaire permanent d'Athènes. En effet, à une époque de mobilisation générale, il refusa de porter l'uniforme en invoquant ses convictions religieuses (témoin de Jéhovah). En juin 1988, le requérant fut reçu à l'examen d'État d'experts-comptables. Toutefois, le 8 février 1989, le bureau directeur de la Chambre des experts-comptables de Grèce refusa de le nommer au regard de son casier judiciaire. Dans cette affaire, la CEDH confirme que l'application aveugle d'une disposition légale peut conduire à créer des situations injustifiables et injustes. Par conséquent, la prise en compte des différences est indispensable lorsque les conséquences produites sont disproportionnées au regard de ce que la règle appliquée voulait préserver.

B. L'équité « contre » l'égalité

L'action sociale et médico-sociale fait l'objet d'une définition légale donnée par l'article L. 116-1 du CASF. Définition issue de la loi emblématique du 2 janvier 2002 rénovant l'action sociale et médico-sociale. Il est intéressant de constater que l'article suivant, L. 116-2 du même code, précise que cette action doit être *« conduite dans le respect de l'égale dignité de tous les êtres humains afin de répondre aux besoins de chacun d'entre eux en leur garantissant un accès équitable sur l'ensemble du territoire ».* On peut remarquer et souligner une prudence rédactionnelle du législateur qui évite de se référer au principe d'égalité d'accès aux dispositifs d'aide et d'action sociale sur l'ensemble du territoire en lui préférant celui d'équité. Ce qui, *de facto*, confirme l'impossible égalité et l'affirmation que l'accès aux droits sociaux, dans son acception la plus large, connait des disparités territoriales liées, sans doute, aux particularités des territoires eux-mêmes, mais aussi aux volontés des hommes qui président à leur avenir. En même temps, la référence à l'équité revêt un intérêt certain dans la mesure où elle renvoie davantage à la notion de justice sociale. Aussi, peut-on penser que la recherche « obstinée » de l'égalité ne doit pas se faire au détriment de la justice. Il s'agit

---

233 CEDH, affaire Thlimennos c Grèce, 6 avril 2000, n° 34963/97, Recueil des arrêts et décisions, 2000 IV, consultable sur :
https://www.doctrine.fr/d/CEDH/HFJUD/GRANDCHAMBER/2000/CEDH001-63055
Pour un autre exemple tiré de la CJUE : CJUE, Arrêt du 13 novembre 1984, Racke, C-283/83, EU:C:1984:344, consultable sur : https://www.doctrine.fr/d/CJUE/1984/CJUE61983CJ0283.

là d'un arbitrage qui peut reposer également sur des considérations d'ordre éthique. Ne vaut-il pas mieux une inégalité juste qu'une égalité injuste ? Le bandeau qui couvre les yeux de la déesse Thémis symbolise l'impartialité de la justice qui est rendue sans autre considération que le strict respect de la loi qui doit être la même pour tous. L'équité prend en compte la situation de chacun et intègre toujours la question des conséquences qui pourraient être liées à une application aveugle de la règle de droit. En fait, *« là où le législateur crée du droit pour maîtriser les faits, le juge va s'employer à user de l'équité pour adapter la justice en soi aux faits. En ce sens, M. Zaki définit l'équité comme une "méthode d'individualisation" [s'orientant] dans le sens de la modération du droit positif »*[234].

Pour autant, il convient d'entretenir une certaine méfiance à l'égard de l'équité qui se caractérise, pourtant, par la bienveillance et l'indulgence. En effet, l'équité induit un fort engagement subjectif du juge contrairement à l'égalité. Sous l'Ancien Régime, selon le mot attribué au chancelier Seguier, le peuple français clamait : « *Dieu nous garde de l'équité des parlements* ». Aussi comprend-on que l'équité peut également être source d'inégalités fortes. Ce qui semble acquis aujourd'hui, dans la doctrine juridique majoritaire, c'est l'indéfinition du concept d'équité[235]. Pour autant, cette indéfinition ne freine pas la connaissance de ce qui la caractérise, à savoir la subjectivité du juge et la prise en compte du cas singulier dans toutes ses dimensions. La référence à l'équité dans notre système juridique heurte de plein fouet notre besoin de prévisibilité du droit. Comment accepter la variabilité de la règle de droit dans une société qui réclame, à cor et à cri, garanties et certitudes ? Cela nous distingue de *l'equity* qui caractérise le droit anglais et plus globalement la plupart des systèmes juridiques anglo-saxons qui acceptent cette incertitude que l'on ne saurait accepter en l'état, en France particulièrement. Au XVème siècle le chancelier, juridiction à part entière, rendait ses sentences en référence à *l'equity* et venait, par là même, contredire la *common law*. Deux systèmes juridiques parallèles se sont alors développés. Paradoxalement *l'equity* est devenue, au fil du temps, un droit écrit à l'instar de la *common law*. Ce qui explique que par la suite, et pour distinguer ce qui relève davantage du droit positif (*common law*) que de l'equity, cette dernière est devenue *natural justice* dès le XXème siècle.

Malgré le refus de prendre l'équité comme fondement de notre système juridique, pour toutes les raisons sus-énoncées, nous pouvons prévoir un recours à ce concept dans certaines spécialités du droit. L'instauration du médiateur de la République comme autorité administrative indépendante en est une parfaite illustration. Il ne lui est pas demandé d'intervenir seulement au nom du droit positif mais justement de prendre en compte l'équité, comme

---

234 FOULETIER M., *Recherche sur l'équité en droit public français*, LGDJ, 2003, p. 194.

235 CORNU G., *Vocabulaire juridique*, Association Henri Capitant, 2012, PUF : soulignons que Gérard Cornu propose six acceptions différentes du terme équité.

boussole des avis qu'il rend. En droit administratif également, l'arrêt Blanco apparait comme un exemple de droit prétorien qui repose, notamment, sur des considérations d'équité ayant permis l'indemnisation de la victime d'un dommage causé par l'État qui, jusque-là, était considéré comme irresponsable. Le souci de justice guide incontestablement le juge équitable. On trouve, par ailleurs, de nombreux exemples de référence à l'équité en droit judiciaire privé. Ainsi en est-il, par exemple, de la possibilité laissée au juge de ne pas faire supporter les frais du procès à la partie perdante au nom de l'équité[236]. Ou encore, lorsque l'on fait référence à la notion de procès équitable[237] en droit processuel. Il est même des cas où l'équité est implicitement sous-entendue par la loi, quand, par exemple, le juge octroie des délais de paiement au débiteur, ou réduit le taux d'intérêt[238] notamment dans le cadre des procédures de surendettement de particuliers.

On peut donc en conclure que l'équité n'est pas absente de notre système juridique, qu'il s'agisse du droit public ou du droit privé. Pour autant, le débat sur l'équité est loin d'être clos. Certains juges refusent d'appliquer strictement la loi au nom de l'équité. Pour la Cour de cassation, il s'agit d'un motif de cassation dans la mesure où la loi s'impose au juge qui doit alors s'y plier. La seule référence à l'équité dans une décision judiciaire conduit systématiquement à la censure[239]. La différenciation territoriale, invoquée lors de la conférence nationale des territoires du 7 juillet 2017, semble relever d'une logique d'équité que soutient, *in fine*, l'article L. 116-2 précité. L'application n'appartient pas alors au juge mais aux autorités locales. C'est à ces dernières que revient la responsabilité de la mise en œuvre en fonction des contraintes qui leur sont propres. On s'éloigne alors de considérations d'égalité pour donner plein sens à l'adage *« summum jus, summa injuria »*[240]. Évitant ainsi de créer davantage d'inégalité au nom de la loi qui, appliquée sans tempérament, conduirait à l'inverse de ce qu'elle sous-tend, à savoir l'égalité. Pour autant, des réserves sérieuses sont opposées à une telle démarche, contraire dans son principe aux fondamentaux d'un État unitaire décentralisé. Le risque étant notamment un désengagement progressif de l'État qui, au nom de plus d'équité et donc de justice, abandonnerait les territoires à leur triste sort. Nous allons dans une deuxième partie montrer comment, finalement, la décentralisation de l'aide sociale présentée sous l'angle d'une plus grande proximité et de plus d'équité, nous éloigne également de l'égalité fondatrice de notre République.

---

236 CPC, art. 700, *in fine*.
237 CEDH, art. 6-1.
238 C. civ., art. 1343-5.
239 CPC, art. 12 al. 1.
240 Pousser jusqu'au bout le droit peut donner les injustices les plus graves.

CONCLUSION DU TITRE I DE LA PREMIÈRE PARTIE

Nous avons vu que l'État, en quelques décennies, s'est délesté du social au profit de la collectivité départementale. À l'instar de la fonte de la banquise, nous assistons à la fonte de l'État social. Le projet de décentralisation qui consistait à donner aux collectivités territoriales les moyens de leur autonomie, notamment financière, afin qu'elles puissent répondre au mieux aux besoins de leurs administrés semble, *in fine*, ne pas avoir abouti. L'argument de proximité a joué un rôle important pour imposer le courant décentralisateur. Les deux Actes de décentralisation (1982-2004) se sont conclus par des transferts de compétences qui n'ont pas été suivis, comme on aurait pu le penser ou l'espérer, des transferts de moyens suffisants. Nous relevons également que le Conseil d'État comme le Conseil constitutionnel développent une jurisprudence floue qui permet à l'État d'imposer aux collectivités territoriales, et notamment aux départements, la charge effective des transferts de compétences sociales. Même si notre propos ne consiste pas à remettre en cause le choix de la décentralisation nous constatons objectivement que les départements connaissent une réduction très importante des moyens qui leur sont alloués par l'État pour assumer leur mission de chef de file du social. Logiquement, ils se retrouvent en difficulté financière puisque les moyens attribués ne sont pas corrélés à la réalité des dépenses engagées. Aussi soutenons-nous que les chances d'avoir accès à une prestation d'aide sociale de qualité varient d'un département à l'autre en fonction de la réalité économique et sociale de chaque collectivité départementale. Ce qui nous semble être en contradiction avec la notion d'égalité de traitement qui devrait s'appliquer, *de facto,* à l'ensemble des bénéficiaires d'aides sociales légales. Les conséquences produites par cette situation sur les prestations légales d'aide sociale s'analysent également comme un glissement d'une solidarité nationale vers des solidarités locales.

Le principe d'égalité, au-delà des aspects strictement définitionnels, renvoie à un impératif constitutionnel inscrit au cœur de la devise républicaine. Même si l'égalité en droit se distingue de l'égalité en fait, la garantie d'un minimum d'égalité relève de l'essence de la démocratie et implique un contrôle exercé par des instances juridictionnelles indépendantes.

Or, nous constatons une défaillance du contrôle de constitutionnalité des lois sociales. Ces dernières sont rarement censurées par le Conseil constitutionnel qui semble faire preuve d'une souplesse excessive. Cela se traduit, *in fine*, par des lois qui, sur leur territoire d'application, produisent de l'inégalité. La recherche systématique, par le Conseil constitutionnel, d'une rupture caractérisée d'égalité comme critère justifiant la censure de la loi nous parait alors insuffisante. La traduction de cette insuffisance a des conséquences graves sur les droits des bénéficiaires de l'aide sociale légale qui se voient appliquer localement un dispositif national créateur d'inégalité sans que le gardien de la Constitution n'intervienne en amont. Puis, en prenant le contrepied de l'égalité, nous démontrons par la suite que la recherche d'une inégalité de traitement peut constituer une revendication légitime. Le concept d'équité est parfois mobilisé pour faire prospérer ce type de demande.

TITRE II

Aide sociale décentralisée : une égalité de façade

On peut dire que le droit entretient avec le territoire un lien filial dont les racines remontent, au minimum, à l'époque révolutionnaire. Le droit de l'aide sociale traduit ce rapport particulier au travers des concepts de domicile de secours et de domiciliation (chapitre 1). La référence à ces concepts produit des effets juridiques précis dont certains concernent directement les droits des personnes bénéficiaires de l'aide sociale. Même si la France est un état unitaire, il n'empêche que le droit peut connaitre des variabilités d'application directement liées à ce qu'il convient d'appeler la territorialisation du droit. Évidemment, cela interroge immédiatement les rapports qu'entretient ce concept avec celui de l'égalité en général, et de l'égalité de traitement en matière sociale en particulier (chapitre 2).

CHAPITRE 1

Domicile des secours et domiciliation : histoire d'un lien filial avec le territoire

Le droit de l'aide sociale entretient des rapports étroits avec la notion de territoire d'appartenance. Deux concepts viennent éclairer ce lien particulier. D'une part, celui de domicile de secours (section 1), d'autre part, celui de domiciliation (section 2).

SECTION 1. CONCEPT DE DOMICILE DE SECOURS

La naissance du concept de domicile de secours nous renvoie à la période révolutionnaire (§ 1). C'est un concept opératoire qui produit des effets juridiques importants d'où l'intérêt de sa juste détermination (§ 2).

§ 1. Naissance et évolution du concept

On peut dire, sans exagération, que la notion de domicile de secours est l'une des clefs de voûte du droit de l'aide sociale. Si l'on revient à l'origine de cette expression, il convient de se référer à la période révolutionnaire et particulièrement au décret du 24 vendémiaire an II qui le définit comme *« le lieu où l'homme nécessiteux a droit aux secours* publics »[241]. Initialement, il était conçu comme un droit aux secours incombant aux communes au titre d'un devoir d'assistance envers les indigents[242]. Dans l'idéal révolutionnaire de 1790 le domicile de secours acquis par la naissance se conserve jusqu'à la mort puisque l'individu est peu mobile. Cette conception individualiste du domicile de secours va être bousculée par le décret de 1793 qui intègre l'idée de mobilité des individus en prévoyant une conservation du domicile de

---

[241] BORGETTO M., et LAFORE R., *Droit de l'aide et de l'action sociale*, LGDJ, 2018, p. 222.
[242] RENARD D., « Une définition institutionnelle du lien social : la question du domicile de secours », *Revue française de science politique*, n° 3, 1988, pp. 370-386.

secours pendant les vingt ans qui suivent la majorité. La Troisième République optera pour la reconnaissance d'une dette de la Nation à l'égard des plus démunis, mais avec certains tempéraments. En effet, l'organisation nationale de l'assistance n'empêchera pas de faire peser l'obligation de secourir sur l'échelon communal.

Une autre évolution est à souligner. Alors que sous l'égide du décret de 1793, il ne pouvait y avoir non-rattachement à un domicile de secours cela devient possible à partir de 1893. En effet, une absence de plus d'un an de la commune de résidence entraine la perte du domicile de secours. Et cela même si, parallèlement, il n'y a pas eu acquisition d'un nouveau domicile de secours.

Ainsi, se crée alors une nouvelle catégorie d'individus, caractérisés par une absence de domicile de secours. Dans cette hypothèse, l'individu n'est pas sans attache. Il appartient à un cercle concentrique plus large, celui du département. Cercle qui s'élargira à l'État si aucun département n'est susceptible d'être débiteur de l'obligation. Puis un décret-loi du 30 octobre 1935 va départementaliser le domicile de secours en supprimant toute référence au domicile de secours communal. Dit autrement, c'est le fondement même de l'institution qui disparait. La question de son maintien se pose alors. L'institution va se réduire à une dimension purement fonctionnelle puisque la détermination du domicile de secours vise alors à déterminer la collectivité départementale débitrice de la dépense d'aide sociale. Il s'agit donc d'un critère purement financier. La logique administrative de l'institution supplante la logique communautaire. La réforme de l'assistance portée par le décret du 29 novembre 1953 ne va pas modifier fondamentalement le régime juridique du domicile de secours tel qu'il résultait du décret-loi de 1935. Toutefois, le domicile de secours ne s'acquiert plus par le mariage ou par la naissance. Par ailleurs, bien que le domicile de secours puisse s'acquérir par filiation, l'enfant ne sera plus automatiquement rattaché au domicile de secours paternel. La réforme de 1953 va également modifier le délai acquisitif ou extinctif du domicile de secours en le ramenant d'un an à trois mois. Le maintien d'une exigence de durée de résidence, même minime, se justifie par *« la crainte que, la condition de durée de résidence une fois supprimée, les patients relevant de l'aide sociale affluent vers les départements les mieux équipés sur le plan sanitaire »*. Ce qui semble établi aujourd'hui, c'est que le domicile de secours est une simple modalité d'imputation des dépenses d'aide sociale.

§ 2. Intérêt pour la collectivité départementale

Compte tenu des transferts de compétences sociales vers les départements, l'enjeu de cette détermination est loin d'être négligeable. En 1983, le département va acquérir la compétence de droit commun pour l'ensemble des prestations légales d'aide sociale suite à la loi de décentralisation du 22 juillet. L'article L. 121-1 du CASF dispose dans son alinéa 2 que *« les prestations légales d'aide sociale sont à la charge du département dans lequel les bénéficiaires ont leur domicile de secours, à l'exception des prestations énumérées à l'article L. 121-7* ». L'article L. 121-7 énumère limitativement les prestations d'aide sociale légale à la charge de l'État (aide médicale de l'État, aides sociales aux réfugiés et apatrides…). Pour les bénéficiaires de ces prestations, le domicile de secours est national et non départemental.

L'alinéa 2 *de* L'article L. 122-1 du même code ajoute qu'« *à défaut de domicile de secours, ces dépenses incombent au département où réside l'intéressé au moment de la demande d'admission à l'aide sociale* ». Eu égard aux enjeux financiers liés à la détermination de la collectivité qui devra prendre en charge l'aide sociale légale, un large contentieux s'est développé dans ce domaine. La commission centrale d'aide sociale (CCAS) rappelle que seule l'aide sociale légale est imputée au domicile de secours et non l'aide sociale facultative[243]. Toutefois, lorsque le président du conseil départemental estime que le domicile de secours du demandeur se situe dans un autre département, il dispose d'un mois à compter de la date du dépôt du dossier pour le transmettre au département qu'il estime débiteur de la dépense d'aide sociale. Ce dernier a également un délai d'un mois, soit pour accepter sa compétence, soit pour saisir la commission centrale d'aide sociale[244]. La jurisprudence nous indique que « *ce délai n'est pas prescrit à peine de forclusion et sa méconnaissance reste sans influence sur la détermination du domicile de secours* »[245]. Dans les situations d'urgence, le département de résidence prend ou fait prendre la décision d'admission à l'aide sociale. S'il estime ne pas être débiteur de la prestation, le président du conseil départemental dispose d'un délai de deux mois pour le notifier au service social du département qu'il estime compétent. À défaut, les frais engagés restent à la charge du département où l'admission a été prononcée.

Dans certaines hypothèses, les personnes n'ont pas de domicile de secours. C'est notamment le cas de celles qui, du fait d'une absence prolongée de plus de trois mois dans un département, ont perdu leur domicile de secours sans pour autant en avoir acquis un nouveau. Dans ce cas de figure, la loi désigne le département de résidence comme débiteur de la dépense[246]. La jurisprudence applique strictement ce critère, notamment à une personne accueillie dans un centre ou une unité de long séjour[247].

D'autres situations sont parfois plus problématiques que la seule absence de domicile de secours. C'est particulièrement le cas des personnes qui n'ont ni domicile de secours, ni résidence en France. Le Conseil d'État a été saisi du cas d'une personne admise au foyer d'accueil médicalisé (FAM) de

---

243 CCAS, 23 juillet 2001, CJAS n° 2001/12, p. 15.

244 À compter du 1er janvier 2019, le contentieux social sera transféré au pôle social du tribunal de grande instance.

245 CCAS, 19 février 2004, CJAS n° 2004/03, p. 9.

246 CE, 12 octobre 2016, n° 392023.

247 CCAS, 18 février 2002, CJAS n° 2002/03, p. 29.

Bizidéki à Larceveau (Pyrénées-Atlantiques) en janvier 2003. Or, cette personne résidait depuis plusieurs années aux États-Unis au moment de sa demande d'admission.

Dans une affaire soumise au Conseil d'État, le 6 avril 2016, l'Association nationale pour l'intégration des personnes handicapées moteurs (ANIPHM) demande au Conseil d'État de saisir le Conseil constitutionnel d'une question prioritaire de constitutionnalité (QPC). En effet, pour cette association les règles posées par l'article L. 121-7 du CASF précitées (domicile de secours) combinées à celles autorisant un département à décider de conditions et de montants plus favorables que ceux prévus par les lois et règlements portent atteinte au principe d'égalité de traitement des bénéficiaires de l'aide sociale. Aussi, et pour cette raison, l'ANIPHM demande au Conseil d'État de transmettre sa QPC avant de trancher le litige déféré.

Nous savons, en effet, qu'en droit de l'aide sociale, c'est le département du domicile de secours du bénéficiaire qui assume la charge financière de l'aide sociale. Ce domicile s'acquiert par une résidence habituelle de trois mois postérieurement à la majorité ou à l'émancipation. Cette règle comporte, toutefois, quelques exceptions. D'une part, ne perdent pas leur domicile de secours les adultes accueillis dans un établissement sanitaire ou social, ni, d'autre part, ceux qui sont accueillis dans une famille d'accueil agréée. Autrement dit, dans ces deux hypothèses les départements du domicile de secours des bénéficiaires ont l'obligation légale de supporter la dépense d'aide sociale. Et cela, quand bien même les bénéficiaires sont accueillis hors de leur département.

L'intérêt de cette jurisprudence est de rappeler que lorsque le département de résidence ne coïncide pas avec celui du domicile de secours et qu'il y a une différence tarifaire entre les deux départements, la différence doit être supportée par le département de résidence dès lors que son RDAS est plus favorable que celui du département du domicile de secours. *De facto*, l'égalité de traitement est rétablie. Ce qui justifie le refus du Conseil d'État de renvoyer la QPC au Conseil constitutionnel. S'il est vrai qu'au titre de l'égalité de traitement cette décision est satisfaisante, elle l'est moins si l'on considère la perception que peuvent en avoir les conseils départementaux qui peuvent être réticents à prévoir des dispositions plus favorables dans leurs RDAS, par crainte d'attirer des bénéficiaires provenant de départements extérieurs. Mais il faut relativiser la portée réelle de cette décision qui reste pour l'heure isolée : nous ne pensons pas qu'elle puisse constituer un signal qui pourrait se traduire, notamment, par le développement d'une forme de nomadisme social.

SECTION 2. CONCEPT DE DOMICILIATION

Nous allons, dans un premier temps, nous intéresser au régime juridique de la domiciliation (§ 1). Puis, dans un second temps, mettre en avant les apports de jurisprudences qui portent sur des questions référées à la domiciliation (§ 2).

§ 1. Régime juridique de la domiciliation

En France, nul ne peut prétendre à une aide sociale sans justifier d'une attache territoriale. Tous les formulaires administratifs exigent la mention de l'adresse. C'est la loi n° 2007-290 du 5 mars 2007 relative au droit opposable au logement, dite « loi DALO », qui institue un droit à la domiciliation. Les centres communaux et intercommunaux d'action sociale (CCAS/CISA) sont de droit habilités à fournir des élections de domicile. Tout autre organisme doit être agréé par le représentant de l'État dans le département. La domiciliation se traduit par la remise à l'intéressé d'une attestation valable un an. Elle est renouvelable de droit et ne peut prendre fin que dans les cas définis par la loi, à savoir sur demande de l'intéressé en cas d'acquisition d'un domicile stable, ou si l'intéressé ne se manifeste plus depuis plus de trois mois consécutifs, sauf raisons de santé ou privation de liberté. Dans tous les cas, le refus, par le CCAS ou CIAS ou par tout organisme agréé, d'enregistrer une élection de domicile doit être motivé. De plus, l'intéressé doit être orienté vers un organisme en mesure d'assurer sa domiciliation.

Par conséquent les « hors sol », c'est-à-dire ceux qui ne peuvent justifier d'une adresse, échappent, *de facto*, aux différents dispositifs d'aides sociales. Ainsi, l'élection de domicile emportera rattachement au territoire choisi et permettra de procéder à l'ouverture des droits de l'intéressé, ce dernier disposant toujours du droit de ne pas élire domicile malgré les conséquences personnelles qui en découlent. Il est clair que l'intéressé ne peut élire domicile qu'auprès d'un CCAS ou CIAS se situant dans une commune, ou un groupement de communes, avec lequel il peut justifier d'un lien suffisant[248]. L'article L. 264-3 attribue à la domiciliation tous ses effets juridiques puisqu'il dispose que *« l'absence d'une adresse stable ne peut être opposée à une personne pour lui refuser l'exercice d'un droit, d'une prestation sociale ou l'accès à un service essentiel garanti par la loi, notamment en matière bancaire ou postale, dès lors qu'elle dispose d'une attestation en cours de validité »*.

Désormais, le concept de domiciliation semble correctement circonscrit par les textes législatifs et règlementaires, mais également par les apports de la jurisprudence du Conseil constitutionnel. On peut, dès lors, parler d'un véritable droit à domiciliation depuis, notamment, la loi du 5 mars 2007 relative au droit au logement opposable, qui est à l'origine de l'établissement du régime juridique de la domiciliation[249].

---

[248] CASF, art. L. 264-4 et R. 264-4 (définition du lien suffisant).
[249] CASF, art. D. 264-1 à R. 265-11.

§ 2. Régime jurisprudentiel de la domiciliation

Le Conseil constitutionnel a été saisi d'une question prioritaire de constitutionnalité posée par le Conseil d'État le 17 juillet 2013. Le requérant invoquait l'inconstitutionnalité de l'article L. 264-2 du CASF. En effet, selon ce texte, seuls les étrangers en situation régulière peuvent élire domicile conformément aux dispositions légales et règlementaires applicables. Or, l'exigence de régularité de séjour exclut, *de facto*, du dispositif d'aide juridictionnelle les étrangers en situation irrégulière. Cette exclusion, toujours selon le requérant, porte atteinte au droit au recours effectif garanti par l'article 16 de la Déclaration des droits de l'homme et du citoyen de 1789. Pour le Conseil constitutionnel, la loi n° 91-647 du 10 juillet 1991 sur l'aide juridique prévoit, notamment que *« l'aide juridictionnelle peut être accordée à titre exceptionnel aux personnes [qui ne remplissent pas les conditions de régularité], lorsque leur situation apparait particulièrement digne d'intérêt au regard de l'objet du litige ou des charges prévisibles du procès »*. Le 6ème considérant balayera l'argument tiré d'une incompatibilité entre l'article litigieux et la Déclaration de 1789 dans les termes suivants : *« Considérant qu'il résulte de ce qui précède que l'article L. 264-2 du code de l'action sociale et des familles n'a ni pour objet ni pour effet de déroger aux dispositions de l'article 3 de la loi du 10 juillet 1991 ; que, par suite, le grief tiré de ce que le troisième alinéa de l'article L. 264-2 du code de l'action sociale et des familles priverait certains étrangers en situation irrégulière du droit de déposer une demande tendant à obtenir l'aide juridictionnelle doit être écarté »*.

La jurisprudence de la Commission centrale d'aide sociale a précisé, dans une décision du 27 août 2010[250], que l'élection de domicile auprès d'un CCAS ne remet pas en cause les règles relatives au domicile de secours. En l'espèce, le fait que l'intéressé a élu domicile au CCAS demeure sans incidence sur l'imputation financière de ses frais d'hébergement. Aussi, les frais d'accueil en EHPAD restent à la charge du département du domicile de secours qui, dans tous les cas ne se perd pas lorsqu'il y a séjour dans un établissement sanitaire ou social, ou domicile d'un particulier agréé, ou dans un placement familial.

Enfin, le cas particulier des bénéficiaires du RSA de nationalité étrangère en situation régulière doit être signalé dans la mesure où il s'agit d'une neutralisation du concept de domiciliation comme critère d'ouverture des droits sociaux. D'aucuns y ont décelé une différence de traitement entre Français et étrangers, mais aussi entre étrangers, contraire au 11ème alinéa du Préambule de Constitution de 1946 et aux articles 1 et 6 de la Déclaration des droits de l'homme et du citoyen. D'où une QPC déposée le 17 juin 2011 par le Conseil d'État déjà étudiée dans le cadre de ce travail[251]. Bien que cette

---

[250] CCAS, 27 août 2010, n° 091694.

[251] Cons. constit., 17 juin 2011, n° 2011-137 QPC, op.*cit.*, note 331.

QPC n'ait pas prospéré favorablement, nous relevons que le Conseil constitutionnel y voit une différence de traitement en adéquation avec l'objet de la loi sur le RSA et que cette différence n'est pas disproportionnée eu égard au but poursuivi par le législateur. Nous critiquons vivement ce positionnement du Conseil constitutionnel qui manque manifestement de pertinence. Outre le fait que le RSA est également un revenu de subsistance, comment peut-on soutenir que la finalité de la loi, à savoir l'insertion professionnelle des bénéficiaires, puisse être conditionnée à une exigence de séjour de cinq ans pour les étrangers ? Pourquoi un étranger présent régulièrement en France et titulaire d'une carte de séjour temporaire d'un an l'autorisant à travailler ne serait pas éligible à cette allocation ? La seule mention portée sur son titre temporaire manifeste sa volonté de s'insérer professionnellement. En exiger davantage nous semble excessif, d'autant plus que la lecture de la décision susvisée ne nous apporte aucune explication plausible. Enfin, la nationalité semble être un critère d'attribution contraire au principe d'égalité[252]. Ainsi, par exemple, un expatrié français de retour en France devra justifier de trois mois de résidence alors qu'un étranger arrivant en France, dans la même situation sociale, sera soumis à la période probatoire de cinq ans. La seule différence entre ces deux bénéficiaires étant leur nationalité. Paradoxalement, le Conseil constitutionnel avait déclaré inconstitutionnel l'article L. 815-5 du Code de la Sécurité sociale, par décision du 22 janvier 1990, au motif *« que l'exclusion des étrangers résidant régulièrement en France du bénéfice de l'allocation supplémentaire, dès lors qu'ils ne peuvent se prévaloir d'engagements internationaux ou de règlements pris sur leur fondement, méconnait le principe constitutionnel d'égalité »*[253]. Comment peut-on expliquer que ce qui vaut en matière de Sécurité sociale ne vaut pas en matière d'aide sociale légale ? Ce positionnement du Conseil constitutionnel nous semble donc fragile, en particulier au regard des exigences du droit européen. A l'instar de Virginie Donier[254], nous pensons qu'un recours devant la Cour européenne des droits de l'homme pourrait aboutir favorablement sur le fondement de l'article 14 de la Convention européenne des droits de l'homme et de l'article 1er du protocole n° 1.

---

252 Lola ISIDRO démontre dans sa thèse que le critère de nationalité a été remplacé par celui de résidence pour l'attribution de prestations sociales à des étrangers. C'est davantage le lien de l'étranger avec la société qu'avec l'État qui semble être le critère déterminant à l'ouverture de ses droits sociaux. Cela semble confirmer l'analyse ici développée à savoir l'inconstitutionnalité d'une référence à un temps de résidence de cinq ans. Inconstitutionnalité doublée d'une incompréhension de cette condition dans le cas d'espèce qui nous intéresse. Voir : ISIDRO L., *L'étranger et la protection sociale*, thèse, Paris X (Nanterre), 2015.

253 Cons. constit., 22 janv. 1990, 89-269 DC, Loi portant diverses dispositions relatives à la Sécurité sociale et à la santé, cons. 35.

254 Donier V., « Les ambivalence du critère de la résidence dans le cadre du Revenu de solidarité active », RDSS 2012, p. 63.

CHAPITRE 2

Territorialisation du droit : la prise en compte du territoire dans la détermination du contenu de la règle de droit

L'étude du concept de territorialisation du droit (section 1) est un préalable nécessaire pour aborder la question des inégalités de traitement référées au territoire de vie des bénéficiaires de l'aide sociale (section 2). En effet, il semble que les droits d'aide sociale légale varient selon les territoires où ils doivent s'appliquer. Nous analyserons ce point à la lumière du principe d'égalité afin de vérifier dans quelle mesure la territorialisation du droit peut être compatible avec l'exigence d'égalité. Nous poserons également la question de la métropolisation du droit. Peut-on considérer que la création des métropoles contribue à accentuer les inégalités entre les populations d'un même territoire ? Enfin, une place sera réservée au droit de l'aide sociale qui s'applique dans les Outre-mer. Nous verrons au travers d'exemples précis qu'il se distingue du droit en vigueur dans l'Hexagone.

SECTION 1. CONCEPT DE TERRITORIALISATION DU DROIT

Après avoir expliqué la signification des concepts de territoire, de territoires du droit et de territorialisation (§ 1), nous nous arrêterons sur les liens qui existent entre territorialisation et principes républicains (§ 2). En effet, la territorialisation du droit vient télescoper et donc réinterroger les rapports qu'elle entretient avec, d'une part, le principe d'indivisibilité de la République et d'autre part, celui d'égalité. En matière d'aide sociale légale, l'indivisibilité de la République implique-t-elle l'unité normative - c'est-à-dire l'identité parfaite des droits sociaux quelle que soit la partie du territoire concerné ? Par ailleurs, la territorialisation qui implique un pouvoir normatif local est-elle compatible avec l'égalité républicaine qui semble postuler l'inverse ?

§ 1. Territoire, territoires du droit et territorialisation

« Le territoire se définit comme un élément constitutif de l'État dont il forme l'assise géographique et dont il détermine le champ d'exercice des compétences »[255].

Le territoire se compose de collectivités territoriales dotées de la personnalité morale. Chaque collectivité est chargée de gérer ses propres affaires par le biais d'organes élus au suffrage universel direct. Ainsi, se distinguent-elles des circonscriptions, qui ne sont en réalité que des divisons administratives constituant des « espaces d'action »[256] sans personnalité morale, et des établissements publics territoriaux qui répondent au principe de spécialité qui les caractérise et qui, à la différence des circonscriptions, jouissent de la personnalité morale.

On ne peut que constater que la référence au territoire est absente de la déclaration des droits de l'Homme et du citoyen du 26 août 1789, comme du Préambule de la Constitution du 27 octobre 1946, ce qui tend à démontrer que sa place dans le droit est relative. En réalité, dans ces deux textes, le lien au territoire transite par la question de son appropriation, c'est-à-dire de sa propriété. Pour le professeur Madiot, *« les facteurs déterminants du droit sont de nature personnelle et patrimoniale. En d'autres termes, l'approche traditionnelle du droit s'effectue par les personnes et les biens, personnes privées ou publiques, biens privés ou publics. C'est une vision du droit en deux dimensions, une vision dont le territoire est exclu »*[257]. En revanche, la prise en compte du territoire dans la Constitution de 1958 s'analyse différemment. Le territoire constitue le support, l'assise de la puissance étatique. Voilà pourquoi il parait indispensable d'assurer sa maîtrise pour garantir à la population qui y réside cohésion et protection. Que ce soit sur le plan intérieur par le maintien de l'ordre public, qu'extérieur par la lutte contre les agressions étrangères.

Le titre XII de la Constitution de 1958 est dédié aux collectivités territoriales. Il contient deux dispositions qui plaident explicitement pour la reconnaissance d'une territorialisation du droit. Tout d'abord, l'article 73 indique que dans les départements et les régions d'outre-mer, les lois et règlements sont applicables de plein droit, mais peuvent faire l'objet d'adaptation[258]. Par ailleurs, les collectivités d'outre-mer ont un statut qui tient compte des intérêts propres à chacune d'elles au sein de la République[259]. Ces différentes dispositions participent d'une certaine manière au processus de constitutionnalisation de la territorialisation. On peut y ajouter l'apport de la

---

255 CORNU G., *Vocabulaire juridique*, Association Henri Capitan, PUF, 2012.

256 FOURNIÉ F., *Recherches sur la décentralisation dans l'œuvre de Maurice Hauriou, LGDJ, collection Bibliothèque de droit public, 2005*, p. 136.

257 MADIOT Y., « Vers une « territorialisation du droit », *RFDA* 1995, pp. 947-960

258 *Ibid.*, article 73 alinéa 1er.

259 *Ibid.*, article 74 alinéa 1er.

réforme constitutionnelle du 28 mars 2003[260], qui s'inscrit dans la continuité de ce processus. Reconnaitre que la France est une République décentralisée fait entrer la logique de territorialisation dans la loi fondamentale et lui donne, par conséquent, une assise sérieuse et peu contestable.

Remarquons également que le Titre XV de la Constitution de 1958 consacré à l'Union européenne marque quant à lui un glissement d'un territoire conçu comme un espace fermé à un espace ouvert vers l'extérieur puisque *« La République participe à l'Union européenne constituée d'États qui ont choisi librement d'exercer en commun certaines de leurs compétences en vertu du traité de l'Union européenne et du traité sur le fonctionnement de l'Union européenne, tels qu'ils résultent du traité signé à Lisbonne le 13 décembre 2007 »*[261].

Même si le territoire n'est pas en soi un élément déterminant du droit, sa prise en compte intervient pour définir le champ d'application d'une règle ou pour déclencher l'application d'une législation spécifique. Le Code de l'urbanisme en constitue une parfaite illustration. Tout d'abord, il rappelle que « le territoire français est le patrimoine commun de la nation »[262]. Puis, après avoir énoncé les règles applicables sur l'ensemble du territoire (Titre 1) le code décline les règles spécifiques à certaines parties du territoire (Titre 2) : aménagement et protection du littoral (Chapitre 1er)[263], de la montagne (Chapitre 2)[264], ou dispositions particulières relatives à l'Ile-de-France (Chapitre 3). Selon le professeur Madiot, *« la recherche d'une territorialisation du droit, c'est-à-dire d'une prise en compte du territoire dans l'étendue et le contenu des règles de droit, doit permettre de le saisir en trois dimensions : personnelle, patrimoniale et territoriale »*.

Dit autrement, la territorialisation du droit ne se réduit pas à la question de la territorialité de la règle de droit mais la dépasse puisqu'elle impacte le contenu même de cette dernière. Le territoire acquiert alors une juridicité que l'on pourrait qualifier de pleine.

Puis interviendra la loi du 4 février 1995 d'orientation pour l'aménagement et le développement du territoire, dans laquelle le législateur va, pour la première fois, faire du territoire un élément déterminant du droit. Pour les députés auteurs de la saisine du Conseil constitutionnel les directives territoriales d'aménagement prévues par la loi de 1995 méconnaissent les principes d'égalité et d'indivisibilité de la République en ce qu'elles

---

260 Loi constitutionnelle n° 2003-276 du 28 mars 2003 relative à l'organisation décentralisée de la République.

261 *Ibid.*, article 88-1 alinéa 1er.

262 C. urbanisme, art. L 101-1.

263 Loi n° 86-2 du 3 janvier 1986 relative à l'aménagement, la protection et la mise en valeur du littoral dite loi Littoral, *JORF* du 4 janvier 1986, p. 200.

264 Loi n° 85-30 du 9 janvier 1985 relative au développement et à la protection de la montagne dite loi Montagne, *JORF* du 10 janvier 1985, p. 320.

conduisent à faire exister des régimes juridiques différents sur le territoire selon que ce dernier se trouve ou non couvert par un régime législatif spécial.

En réponse à cet argument le Conseil précise *«que les directives territoriales d'aménagement doivent prendre en compte, ainsi que l'a précisé le législateur, les orientations générales du schéma national (...) ; que la circonstance que leur champ d'application soit limité à certaines parties du territoire national répond à la prise en compte de situations différentes et ne saurait par suite méconnaitre le principe d'égalité non plus que porter atteinte au principe d'indivisibilité de la République »*[265]. C'est d'ailleurs à partir de cette loi que naîtra, sous la plume du professeur Madiot, le concept de *« territorialisation du droit »*. Afin d'en saisir toute la portée, on peut également se référer à la *« loi d'Archimède de l'action publique locale »* développée par Jean-Bernard Auby »[266]. Selon ce dernier, *« toute règle unique, tout principe d'action unique plongé dans des contextes territoriaux différents reçoit de la part de ces contextes des réactions qui en orientent l'application, qui en infléchissent même le contenu »*. Nous pouvons soutenir par conséquent que la règle de droit est soumise à une variabilité de son contenu en fonction de son territoire d'application.

Il convient pour autant de ne pas confondre les territoires du droit et la territorialisation du droit. Les premiers correspondent à l'appréhension par le droit national de la diversité des espaces (les politiques publiques d'aménagement du territoire par exemple). C'est donc la loi nationale qui crée les territoires du droit sous des formes diverses comme les circonscriptions, les zonages (zones urbaines sensibles, zones franches...). D'une certaine manière le territoire porte l'empreinte du droit, ce qui englobe également le territoire national dans sa globalité lorsqu'il est saisi par le droit de l'environnement par exemple. La territorialisation attribue aux autorités chargées d'administrer les territoires du droit le pouvoir de créer des règles adaptées à leurs réalités propres tout en respectant le caractère unitaire de l'État. On aboutit alors nécessairement à « une rupture de l'égalité normative à raison du territoire ».[267] Selon Carole Gallo, *« la « territorialisation » est un processus dynamique, un mouvement, qui affecte le droit dans l'espace et le détermine en fonction d'un facteur nouveau qui serait le territoire. Il laisse ainsi supposer que le territoire apporterait une valeur ajoutée au droit dans sa mise en œuvre et dans le contenu de ses règles »*[268].

Le concept de territorialisation du droit laisse subsister la question principale de sa compatibilité avec le principe d'égalité. Comment peut-on, en effet, soutenir qu'une règle de droit qui connait une application différenciée

---

[265] Cons. constit, 26 janvier 1985, n° 94-358 DC, cons. 5.

[266] AUBY J-B., « Réflexions sur la territorialisation du droit », in *Mélanges en l'honneur de Jean-Claude Douence, La profondeur du droit local*, 2006, pp. 1-15.

[267] MOREAU J., « Esquisse d'une théorie juridique de la territorialisation », *RDSS* 2009, p. 16.

[268] GALLO C., « Recherche sur la territorialisation du droit », *Jurisdoctoria* n° 10, 2013.

selon le territoire concerné, ne contredit pas le principe d'égalité qui induit une application identique sur l'ensemble du territoire national ?

§ 2. Territorialisation et principes républicains

L'étude du rapport entre territorialisation et indivisibilité de la République permet de démontrer que l'indivisibilité républicaine n'implique pas l'unité territoriale (A). Par ailleurs, l'égalité ne signifie pas nécessairement l'unité normative (B). Par conséquent, les droits d'aide sociale peuvent connaitre des régimes juridiques différents en fonction du territoire considéré. Pour autant, ce constat doit être très largement nuancé et nous nous efforcerons, à chaque fois que possible, d'apporter des éléments de contradiction à ce qui peut sembler être une évidence.

A. Territorialisation et indivisibilité de la République

L'indivisibilité au sens premier s'entend de ce qui ne peut être divisé. Ce qui, dit autrement, nous conduit au concept d'unité. Lorsque l'on parle d'indivisibilité de la République, c'est son unité qui est au cœur du débat. À chaque fois que cette unité est explicitement ou implicitement menacée, le Conseil constitutionnel sanctionne les dispositions susceptibles d'y porter atteinte conformément à l'article 1er de la Constitution[269]. « *Le peuple corse* »[270] n'a pas trouvé grâce auprès du Conseil constitutionnel dans la mesure où il n'existe que le « peuple français » dont il est l'une des composantes. La censure de l'article 1er de la loi portant statut de la collectivité territoriale de Corse se fera sous le visa de l'article 1er de la Constitution. Il n'y a pas davantage de peuple mahorais[271].

Pour autant, il nous semble que le Conseil devrait tendre vers un assouplissement de son interprétation du concept d'indivisibilité pour l'adapter à la société du XXIème siècle qui, incontestablement, est multiculturelle. À l'analyse, il ne semble pas y avoir d'incompatibilité entre la diversité culturelle et le principe d'indivisibilité de la République. D'ailleurs, certaines législations européennes permettent, sans difficultés particulières, de concilier les principes d'unité de la République et de diversités culturelles. Il est en effet *« instructif de noter que l'unité de la nation espagnole ou italienne n'est pas remise en cause par la reconnaissance*

---

[269] Article 1er de la Constitution du 4 octobre 1958 : « *La France est une république indivisible, laïque, démocratique et sociale* ».

[270] Cons. constit., 9 mai 1981, n° 91-290 DC, cons. 12 et 13.

[271] Loi constitutionnelle n° 2003-276 du 28 mars 2003 relative à l'organisation décentralisée de la République, *JORF* n° 75 du 29 mars 2003, p. 5568.

politique et juridique de cultures, de nations ou de peuples infra-nationaux »[272].

Le triptyque un seul peuple, une seule langue, une seule culture qui correspond à la définition actuelle du principe d'indivisibilité de la République selon le Conseil constitutionnel n'implique pas pour autant l'unité de territoire ni l'unité normative. L'absence d'unité territoriale de la France est une réalité géographique. Ce qui conduit aussi à penser le droit des personnes différemment - c'est-à-dire en l'adaptant aux réalités de vie qui sont les leurs. Pour autant, penser la différence de traitement doit toujours se faire, selon nous, dans l'intérêt des populations concernées et non pas dans l'idée de restreindre leurs droits. Dit autrement, l'indivisibilité telle qu'elle est définie et conçue par le Conseil constitutionnel est totalement compatible avec le concept de territorialisation du droit.

La Constitution, dans son article 1er, précise que « *La France est une République indivisible, laïque, démocratique et sociale* ». En réalité, ce qui est consacré ici, c'est le principe d'indivisibilité de la République qui doit être distingué du principe d'unité du territoire. À l'instar de certains auteurs[273] et contrairement à d'autres[274], nous pensons que le principe d'unité du territoire n'a pas, *stricto sensu*, de véritable valeur en droit positif. Une analyse du régime juridique des territoires ultra-marins nous permet de conclure à l'existence d'un « droit à sécession »[275] qui découle nécessairement de la situation géographique desdits territoires et de l'histoire qui les lie à la métropole. On ne peut, nous semble-t-il, écarter cette analyse sur le fondement d'un principe, celui de l'unité territoriale, qui n'aurait qu'une résonance purement théorique et par conséquent déconnectée de la réalité territoriale considérée dans sa singularité et sa complexité.

Il nous semble qu'il existe un lien direct entre la question du droit à sécession et celle des territoires et des populations qui y vivent. Si l'on reconnait ce droit particulier c'est justement parce que l'on admet explicitement qu'il y a avec la métropole des différences de natures diverses, notamment culturelles, qui légitiment le souhait d'indépendance, ou l'application d'un régime juridique différent, tout en se maintenant dans la République.

Le Conseil constitutionnel confirme l'existence d'un droit à sécession qui découle d'une part de l'article 53[276] de la Constitution, et d'autre part du

---

[272] FLAMAND-LEVY B., « Nouvelle décentralisation et forme unitaire de l'État », *RFDA*, 2004, pp. 59-68.

[273] SAID MOHAMED SAID H. « Le principe de l'indivisibilité de la République et le droit de certains territoires à faire sécession », VII Congrès français de droit constitutionnel, Paris les 25-27 septembre 2008.

[274] DEBBASCH R., ROUX A., « L'indivisibilité de la République », Économica, 1996, p.71.

[275] SAID MOHAMED SAID H, *op. cit.*, note 244.

[276] Article 53 alinéa 3 : « Nulle cession, nul échange, adjonction de territoire n'est valable sans le consentement des populations intéressées ».

« retour » du principe de détermination supprimé suite à la réforme constitutionnelle de 1995[277].

La combinaison du principe de détermination visé par l'alinéa 2 du Préambule de la Constitution et du dernier alinéa de l'article 53 du même texte constitue, par conséquent, les bases juridiques du droit à sécession. Par ailleurs, la reconnaissance d'un droit à sécession induit l'existence d'un titulaire de ce droit qui, en cette qualité, bénéficie *de facto* d'un droit opposable.

Comment concilier l'unicité du peuple français avec l'idée d'un droit à sécession dans les termes que nous venons de définir ?

Pour sortir de cette impasse, le Conseil constitutionnel a expressément reconnu le droit à sécession aux territoires d'outre-mer. Dès lors, les populations d'outre-mer bénéficient d'une reconnaissance constitutionnelle qui ne profite pas au *« peuple corse »* qui, pour le Conseil constitutionnel n'est qu'une composante d'un seul et même peuple : le peuple français. Pour autant, depuis le 1er janvier 2018, la Corse a acquis le statut de collectivité territoriale unique. Ce qui lui vaudra une reconnaissance dans le projet d'article constitutionnel 72-5 qui dispose dans son alinéa 1er que « *la Corse est une collectivité à statut particulier au sens du premier alinéa de l'article 72* ». Malgré tout, cela ne vaut pas reconnaissance du peuple corse qui reste une composante du peuple français[278].

Pour le juge constitutionnel la référence du législateur au « peuple corse » est contraire à la Constitution qui ne reconnait que le peuple français *« composé de tous les citoyens français sans distinction d'origine, de race ou de religion »*[279]. Les territoires d'outre-mer comme indiqué précédemment jouissent du droit à détermination et le peuple d'outre-mer fait l'objet d'une reconnaissance puisqu'il doit être distingué du peuple français. Par conséquent, le droit à détermination s'exerce par la voix de son peuple. Nous ne pouvons concevoir qu'il en soit autrement[280]. L'article 53 de la Constitution crée le lien entre territoire et population en visant explicitement les *« populations intéressées »* puisqu'aucune cession, échange ou adjonction de territoire ne peut valablement se faire sans qu'elles soient consultées. Reste posée la question de déterminer les populations qu'il convient de consulter.

Dans tous les cas, une consultation des populations intéressées est obligatoire comme le précise l'article 53 alinéa 3 de la Constitution qui bien

---

[277] Loi constitutionnelle n° 95-880 du 4 août 1995 modifie las articles 1er, 2, 11,12,26,28,48,49,51,70,88 et abroge les dispositions relatives à la Communauté et les dispositions transitoires.

[278] Cons. constit., 9 mai 1991, n° 91-290 DC, Loi portant statut de la collectivité territoriale de Corse, considérant n° 12.

[279] *Ibid.*, considérant 13.

[280] Nous adhérons sur ce point, en particulier, à la doctrine développée par le Professeur René CAPITANT.

que ne visant pas le concept de sécession[281], *stricto sensu,* s'y applique puisqu'elle entraine une modification de l'assiette territoriale.

Dès lors, et pour toutes ces raisons, on peut affirmer que le droit à sécession est implicitement compris dans les hypothèses visées par l'article 53 de la Constitution, par l'alinéa 2 du Préambule de la Constitution de 1946, mais aussi explicitement par la décision rendue par le Conseil constitutionnel le 30 décembre 1975. La formule utilisée par le Conseil constitutionnel, à savoir, *« mais aussi dans l'hypothèse où un territoire cesserait d'appartenir à la République pour constituer un État indépendant ou y être rattaché »* correspond à la définition de la sécession telle que donnée par Gérard Cornu dans son dictionnaire de *« Vocabulaire juridique »* citée précédemment. On retrouve une définition similaire chez Alain Rey dans son *Dictionnaire culturel* : *« Action par laquelle une partie de la population d'un État se sépare, de façon pacifique ou violente, de l'ensemble de la collectivité, en vue de former un État distinct ou de se réunir à un autre »*[282]. Certains auteurs, dont Alain Boyer, soutiennent également l'existence d'un droit à sécession. Ils affirment qu'il n'y pas d'incompatibilité entre le principe d'indivisibilité de la République et le droit dont il s'agit[283]. La seule limite à ce droit réside dans la Nation. A l'instar de Roland Debbasch, nous pensons, en effet, que *« le principe d'unité et d'indivisibilité implique (...) qu'aucun territoire ne puisse lui-même remettre en question le pacte qui le lie au reste de la nation »*[284].

B. Territorialisation et égalité républicaine

La territorialisation du droit induit l'existence d'un pouvoir normatif local qui interroge aussi l'égalité des citoyens devant la loi. Dans un système de centralisation absolue, la règle de droit s'applique de façon uniforme quel que soit le territoire considéré. En revanche, dans un État unitaire décentralisé comme la France, les autorités locales disposent d'un pouvoir normatif qui implique une variabilité d'application de la règle de droit qui s'explique, voire se justifie, par la prise en compte des réalités propres à chaque territoire. On en revient alors à la *« loi d'Archimède de l'action publique locale »* développée par le Professeur Auby[285]. Il semble aller de soi que la

---

281 CORNU G., *Vocabulaire juridique,* Association Henri Capitant, 2012, PUF : sécession : *« Action pacifique ou violente par laquelle une partie de la population d'un État se détache volontairement de celui-ci pour s'intégrer à une autre État ou former un État nouveau ».*

282 REY A., *Dictionnaire culturel en langue française*, Le Robert, 2005.

283 BOYER., A., *Le statut constitutionnel des territoires d'outre-mer et l'État unitaire. Contribution à l'étude des articles 74,75,76 de la Constitution du 4 octobre 1958*, Presse universitaire d'Aix-Marseille, Économica, pp. 137-149.

284 DEBBASCH R., Le principe révolutionnaire d'unité et d'indivisibilité de la République, PUAM, 1988, p. 81.

285 AUBY J-B., « Réflexions sur la territorialisation du droit », in *Mélanges en l'honneur de Jean-Claude Douence La profondeur du droit local*, 2006, pp. 1-15 : *« Toute règle unique, tout*

décentralisation ne peut que se traduire par une territorialisation du droit même si l'on peut concevoir une territorialisation du droit en l'absence de décentralisation. En réalité l'acteur local dispose toujours d'une certaine marge de manœuvre qui lui permet d'appliquer la règle de manière différenciée. Autrement dit, l'absence d'un pouvoir législatif de l'acteur local ne remet pas en cause le principe de territorialisation du droit. Aussi peut-on dire que même si la règle est nationale son application est généralement locale. Sans compter le fait que le législateur a toujours la faculté de laisser aux acteurs locaux un pouvoir discrétionnaire qui plaide également en faveur d'un phénomène de territorialisation du droit. Par conséquent la territorialisation du droit découle, entre autres, de la marge de manœuvre des acteurs ou du pouvoir discrétionnaire que le législateur leur octroie.

S'il est vrai que la décentralisation produit nécessairement une application différenciée du droit, la déconcentration peut également être à l'origine de certaines différences de traitement. Il est évident que dans cette dernière hypothèse, l'autorité déconcentrée dispose d'un pouvoir de décision attribué aux fins de tenir compte des réalités territoriales. C'est la justification même de la déconcentration. Par conséquent, décentralisation et déconcentration *« sont la source de nouveaux espaces juridiques locaux. Cette juridicisation des territoires administratifs correspond à la capacité des institutions locales "coulées dans le moule juridique, [à créer] naturellement du droit autour d'elles" »*[286].

Bien que la France soit très attachée au principe d'égalité, de nombreuses entorses sont admises par le législateur ou par les juges du Conseil constitutionnel ou du Conseil d'État dès lors qu'il s'agit de rétablir une égalité réelle sur la base du constat d'une inégalité de fait. Les territoires sont donc l'objet de discriminations positives visant à effacer totalement ou partiellement le handicap dont ils sont supposés souffrir. Nous verrons que l'outre-mer se différencie de la métropole au sein de laquelle des différences existent aussi. À tel point d'ailleurs que l'on admet par la force des choses des *« asymétries institutionnelles »*[287]. Ces dernières sont la matérialisation de la territorialisation du droit à un double titre. D'une part, parce qu'elles induisent une organisation administrative différente. D'autre part, parce qu'elles dotent les autorités locales de pouvoirs qui leur sont propres.

Au-delà du constat de l'existence d'une territorialisation du droit, la question de sa conciliation avec le système juridique français, dans son ensemble, et de ses rapports avec le pouvoir législatif national, en particulier, reste entièrement posée.

---

principe d'action unique, plongé dans des contextes territoriaux différents, reçoit de la part de ces contextes des réactions qui en orientent l'application, qui en infléchissent même le contenu ».

[286] GALLO C., « Recherches sur la territorialisation du droit », *Jurisdoctoriat,* n° 10, 2013, p. 34.

[287] *Ibid.*

C'est la Constitution qui reconnait explicitement dans son article 72-3 la différenciation territoriale pour les Outre-mer. Pour ce qui a trait aux rapports entre les normes nationales et les normes territoriales les réponses varient en fonction de systèmes juridiques étudiés. De façon générale, dans les États unitaires classiques, le pouvoir normatif appartient à l'État central. Les collectivités territoriales n'ont que des compétences d'attribution ce qui a pour effet de désigner l'État central comme seul compétent dans les hypothèses d'indétermination d'une compétence. En revanche, dans les États fédéraux on rencontre des situations plus diversifiées. Il arrive que l'État fédéral fonctionne selon les mêmes critères qu'un État unitaire lorsqu'il y a indétermination d'une compétence. Par conséquent, les États fédérés n'ont que des compétences d'attribution (Belgique par exemple). Mais à l'inverse, l'État central peut être évincé dans cette même hypothèse au profit de l'État fédéré (États-Unis ou Italie par exemple). L'Allemagne appartient à la deuxième catégorie mais la Fédération dispose de compétences très larges. Outre celles qui lui appartiennent exclusivement, certaines ne sont dévolues aux Länder que si la Fédération n'est pas intervenue, et d'autres que dans la limite d'une loi-cadre émanant de la Fédération. Aussi, c'est la raison pour laquelle certains auteurs considèrent que l'autonomie législative des Länder est relative[288]. En France, le pouvoir normatif local est de nature règlementaire. Autrement dit, seul le pouvoir normatif national l'institue dans des limites qu'il détermine. Par ailleurs, les collectivités territoriales qui relèvent du droit commun n'ont pas de domaines réservés qui interdiraient l'intervention du pouvoir normatif national, contrairement à celles régies par l'article 74 de la Constitution[289]. Il peut arriver que des normes locales et nationales soient en opposition. Notamment, lorsque les autorités normatives ont une compétence commune. Dans ce cas, on applique la hiérarchie des normes qui impose que les normes nationales l'emportent sur les normes locales. En revanche, lorsqu'il y a concours entre pouvoir règlementaire local et national procédant de législations différentes la solution ne réside pas dans l'application des principes issus de la hiérarchie des normes. Par exemple, en matière de police, l'autorité locale peut renchérir sur les mesures prises au niveau national si elle justifie d'un problème local d'ordre public. Par exception aux règles que nous venons de présenter, lorsqu'il s'agit d'un domaine réservé aux territoires outre-marins de l'article 74 soumis au principe de spécialité législative, le pouvoir normatif national ne peut intervenir.

---

[288] AUTEXIER C., Introduction au droit public allemand, PUF, 1997, p. 98.

[289] Saint-Barthélemy, Saint-Martin, Saint Pierre et Miquelon, Wallis-et-Futuna, Polynésie française et la Nouvelle-Calédonie

SECTION 2. DES TERRITOIRES DE VIE, SOURCE D'INÉGALITÉ EN MATIÈRE D'AIDE SOCIALE

L'idée selon laquelle la prise en compte du territoire induit une certaine *« identité territoriale de la règle de droit »*[290] semble ne plus véritablement faire débat en doctrine. On observe un phénomène de territorialisation du droit dont les métropoles sont, d'une certaine manière, une traduction. Se pose alors la question de l'égalité des bénéficiaires de l'aide sociale selon qu'ils se trouvent dans la zone d'influence de la métropole ou de sa périphérie (§ 1). Par ailleurs, nous nous intéresserons au droit de l'aide sociale dans les Outre-mer afin de démontrer, d'une part, qu'il existe des différences d'application des droits d'aide sociale en la matière et, d'autre part, que ces différences peuvent paraitre parfois discutables (§ 2).

§ 1. Métropole et égalité de traitement des bénéficiaires de l'aide sociale

La création des métropoles pose la question de la frontière entre les compétences sociales du département et celles de ce nouvel établissement public de coopération intercommunale (EPCI) qu'est la métropole - à l'exception de la métropole de Lyon qui est une collectivité territoriale à statut particulier (A). Par ailleurs, on sait que les métropoles sont les poumons économiques des territoires. Cela pose inéluctablement la question de savoir si finalement elles ne participent pas à l'accentuation des inégalités avec les territoires périphériques qui ne profitent pas de son influence (B).

A. La question des compétences sociales des métropoles

Désormais, il existe des métropoles que l'on qualifiera de métropoles de droit commun (1). En dehors de cette hypothèse, il existe aussi des métropoles à statut particulier sachant qu'il convient de réserver la métropole de Lyon qui est une collectivité territoriale (2).

1. Métropoles de droit commun

La loi du 16 décembre 2010 de réforme des collectivités territoriales (RCT)[291] crée un nouveau modèle d'établissement public à fiscalité propre dénommé « métropole ». Il s'agit d'un établissement public de coopération intercommunale (EPCI) regroupant plusieurs communes d'un seul tenant et sans enclave. La métropole constitue un *« espace de solidarité pour élaborer et conduire un projet d'aménagement et de développement économique,*

[290] *Ibid.*

[291] Loi n° 2010-1563 du 16 décembre 2010 de réforme des collectivités territoriales, *JORF* n° 0292 du 17 décembre 2010, p. 22146.

écologique, éducatif, culturel et social [dans le but] d'améliorer la cohésion et la compétitivité et de concourir à un développement durable et solidaire du territoire régional »[292]. Constituée sur la base du volontariat et sans limitation de durée, la métropole créée par la loi de 2010 s'applique aux périmètres qui forment un ensemble de 500 000 habitants à la date de leur création, mais aussi aux communautés urbaines créées par la loi du 31 décembre 1966[293]. Sa création entraîne, *de facto*, la disparition des EPCI inclus intégralement ou partiellement dans son périmètre. La métropole exerce de plein droit, dans le cadre de son périmètre, des compétences communales, départementales et régionales. Par ailleurs, par convention avec le département ou la région, elle peut se voir attribuer des compétences en matière d'aide sociale, de collèges et de lycées ou encore de développement économique. La première métropole créée suite à la loi de 2010 est celle de la ville de Nice dite « Métropole Nice-Côte d'Azur »[294]. La loi du 27 janvier 2014 de modernisation de l'action publique et d'affirmation des métropoles (loi MAPTAM) a réformé le statut de la métropole[295].

Le département se spécialise davantage dans le champ social du fait de la « métropolisation de l'action sociale ».[296] La création des métropoles inquiète une partie de la doctrine mais également les départements qui y voient un pré-acte de décès[297] même si cette inquiétude est à relativiser depuis les lois MAPTAM et NOTRe qui confirment la position de chef de file du social du département. L'explication trouve sa source dans les transferts ou délégations de compétences vers ce nouvel acteur qui bénéficie d'un statut d'établissement public de coopération intercommunal (EPCI)[298] à fiscalité propre. Excepté la métropole de Lyon, qui acquiert le rang de collectivité territoriale à statut particulier, et qui échappe, par conséquent, au droit commun des métropoles. Neuf domaines de compétences ou groupes de compétences transférables ou pouvant être déléguées sont définis par le législateur[299]. Le transfert ou la délégation de compétences ou groupes de compétences doit porter sur trois d'entre elles au minimum. Nous constatons que les deux tiers des neuf compétences ou groupes de compétences concernent l'action et l'aide sociale.

---

[292] CGCT, art. L 5217-1.

[293] Loi n° 66-1069 du 31 décembre 1966 relative aux communautés urbaines, *JORF* du 4 janvier 1967, p. 99.

[294] Décret du 17 octobre 2011 portant création de la métropole « Métropole Nice Côte d'Azur », *JORF* n° 0242 du 18 octobre 2011, p. 17548.

[295] Loi n° 2014-58 du 27 janvier 2014 de modernisation de l'action publique territoriale et d'affirmation des métropoles, *JORF* n° 0023 du 28 janvier 2014, p. 1562.

[296] LAFORE R., « La métropolisation de l'action sociale », *RDSS* 2015, 525.

[297] LONG M., « Le département après la loi NOTRe : un acte de décès non transformé », *AJDA* 2015, 1912.

[298] La métropole du Grand Paris est un EPCI à fiscalité propre à statut particulier (CGCT, art. L. 5219-1 et s.) et la métropole d'Aix-Marseille-Provence un EPCI à fiscalité propre à statut partiellement dérogatoire (CGCT, art. L. 51218-1 et suivants).

[299] CGCT, L. 5217-2.

Pour autant, la prise en charge des prestations d'aide sociale, *stricto sensu*, n'appartient à aucune de ces compétences ou groupes de compétences excepté l'attribution des aides au titre du fonds de solidarité pour le logement (FSL) et du fonds d'aide aux jeunes (FAJ). Relevons également que le champ des personnes handicapées et des personnes en risque d'exclusion ne figure pas dans cette liste. Ce qui laisse à penser que les prestations d'aide sociale légales afférentes à ces publics restent dans le giron départemental. Pour le champ de l'aide sociale à l'enfance (ASE), seule la prévention spécialisée est susceptible de relever de la compétence métropolitaine. Par ailleurs, le législateur exclut expressément la prise en charge des prestations légales d'aide sociale concernant les personnes âgées des compétences transférables à la métropole de droit commun[300]. De plus, un tiers des compétences ou groupes de compétences se situe hors du champ social (tourisme, gestion des routes, construction de collèges…). Aussi est-il permis de penser que la convention entre le département et la métropole peut exclusivement porter sur les compétences ou groupes de compétences définis par la loi. Ce qui réserve, *de facto*, la compétence sociale quasi-exclusivement au département. D'ailleurs, certains auteurs ne sont pas inquiets du sort réservé par la loi de 2015 aux départements. C'est le cas notamment de Robert Lafore qui développe dans un article de la revue de droit sanitaire et social, « *La métropolisation de l'action sociale* »[301] le point de vue suivant : « *En ce qui concerne l'action sociale, le noyau dur des politiques d'assistance traditionnelles, impliquant la gestion d'allocations et l'organisation/financement d'une offre de services en direction de publics cibles (enfance, handicap, personnes âgées, RSA et insertion) reste départemental. (...) Pour l'action sociale, le statu quo domine : pas de changement dans la répartition globale des attributions entre État et département, maintien de la prégnance de la collectivité départementale dans des politiques assistancielles segmentées de type catégoriel, simple inflexion dans le domaine de l'insertion pour ce qui concerne l'accès au logement et la politique de la ville pour mieux doter les nouvelles métropoles dans ces domaines et leur permettre ainsi de maîtriser plus complètement leurs politiques urbaines* »[302]. Finalement, le département demeure la référence en matière de compétences sociales. Pour ce qui est des prestations légales d'aide sociale, nous partageons le point de vue de Michel Borgetto qui soutient, en effet, que les métropoles pourront se voir déléguer, par le truchement de conventions avec le département, « *la mise en œuvre d'attributions dont, en ce qui concerne l'action sociale, le service social départemental, l'aide aux jeunes en difficulté, le programme départemental d'insertion, les actions de prévention spécialisée, ou encore les personnes âgées à l'exception des prestations légales d'aide sociale. En tout état de*

---

300 CGCT, L. 5217-2, IV, 6°.

301 LAFORE R., *« La métropolisation de l'action sociale », RDSS 2015, pp. 525-535.*

302 *Ibidem.*

cause il ne s'agit pas de prestations entrant dans le régime juridique de l'aide sociale »[303].

Pour autant, et nous le savons, le département n'a pas l'exclusivité de la compétence du social qu'il continue de partager avec d'autres acteurs puisque la région peut également promouvoir le développement social et sanitaire. La loi de 2014, tranchant avec la situation antérieure, oblige la collectivité départementale à conclure une convention avec les métropoles. Rappelons simplement que cette obligation concerne les EPCI à fiscalité propre qui forment, à la date de la création de la métropole, un ensemble de plus de 400 000 habitants regroupant plusieurs communes d'un seul tenant et sans enclave dans une aire urbaine de plus de 650 000 habitants. La loi du 28 février 2017 relative au statut de Paris et à l'aménagement métropolitain[304] a élargi les possibilités de transformation en métropole. Pourront désormais devenir métropole, sur leur demande et par décret :

- Les EPCI à fiscalité propre, centres d'une zone d'emplois[305] de plus de 400 000 habitants, au sens de l'Institut national de la statistique et des études économiques (INSEE), comprenant dans leur périmètre le chef-lieu de région ;
- Les EPCI à fiscalité propre de plus de 250 000 habitants ou comprenant dans leur périmètre, au 31 décembre 2015, le chef-lieu de région, centre d'une zone d'emploi[306] de plus de 500 000 habitants, au sens de l'INSEE.

Jusque-là, seuls pouvaient prétendre au statut de métropole[307] :

- Les EPCI à fiscalité propre qui forment, à la date de la création de la métropole un ensemble de plus de 400 000 habitants, au sens de l'INSEE, et dans le périmètre duquel se trouve le chef-lieu de région ;
- Les EPCI à fiscalité propre, centres d'une zone d'emplois de plus de 400 000 habitants, au sens de l'INSEE, et qui exercent en lieu et place des communes les compétences visées au I de l'article L. 5217-2.

Outre les EPCI transformés automatiquement en métropole au 1er janvier 2015[308], la loi autorise, sous certaines conditions, d'autres EPCI à fiscalité

---

303 BORGETTO M., LAFORE R., *Droit de l'aide et de l'action sociale*, LGDJ, 2018, p. 221.

304 Loi n° 2017-257 du 28 février 2017 relative au statut de Paris et à l'aménagement métropolitain, *JORF* n° 0051 du 1er mars 2017.

305 Selon l'INSEE une « zone d'emploi est un espace géographique à l'intérieur duquel la plupart des actif résident et travaillent ; et dans lequel les établissements peuvent trouver l'essentiel de la main d'œuvre nécessaire pour occuper les emplois offerts », consultable sur : https://www.insee.fr/fr/metadonnees/definition/c1361

306 *Ibid.*

307 CGCT, art. L. 5217-1.

308 Bordeaux Métropole, Métropole européenne de Lille, Grenoble-Alpes Métropole, Nantes, L'eurométropole de Strasbourg, Toulouse, Rennes Métropole, Métropole Rouen Normandie et Nice.

propre à obtenir par décret à leur demande le statut de métropole. En définitive, le département conserve une marge de manœuvre importante sur le contenu de cet accord conventionnel puisqu'il peut en exclure l'ensemble du domaine social. Sans renforcer nécessairement ses compétences en la matière, nous en déduisons une confirmation de sa place dans ce champ précis. Voilà pourquoi, nous parlons alors de pérennisation de la compétence sociale du département. Pour autant, il n'est pas question de refuser les évolutions qui se profilent et le lot d'inquiétudes, souvent légitimes, qui en découlent. D'aucuns soutiennent, par exemple, que la loi MAPTAM « *aboutira à faire du département une « coquille vide » dépossédée de l'ensemble de ses missions ...* »[309]. A l'inverse, et pour répondre à cette « conclusion » pour le moins pessimiste, Virginie Donier prétend que « *la suppression pure et simple du département apparait alors comme une idée simpliste, déconnectée des besoins et des réalités de certains territoires, mais aussi des besoins des populations en situation de vulnérabilité dont le département a la charge au titre de l'action sociale* »[310]. Le risque de créer une France « métropolisée », urbaine, moderne et dynamique contre une France « départementalisée » rurale, appartenant à une époque révolue et poussive nous semble écarté en l'état des réformes adoptées.

Avec Bertrand Faure, on peut désormais évoquer l'existence d'un problème lié à la multiplication des métropoles. L'auteur explique, en effet, que « *le développement sans limite des métropoles porte le danger d'un profond craquement de l'organisation territoriale à tous les niveaux* »[311]. D'une part, l'intérêt du statut métropolitain est inversement proportionnel à son développement. On enregistre actuellement 22 métropoles accueillies par 25 départements. Outre le fait que le statut perd de son originalité, un risque sérieux de concurrence entre des mastodontes métropolitains semble fort probable. D'autre part, l'apparition des métropoles dans le paysage institutionnel menace la collectivité départementale dont elle est susceptible d'absorber les compétences dans le cadre de son périmètre d'action. La résistance opposée par certains départements (voir supra) constitue un rempart qui pourrait dans l'absolu perdre en efficacité en fonction du contexte européen où l'échelon régional constitue la référence commune.

Enfin, la cohabitation entre la métropole et la région pose également de nombreuses questions, notamment en termes d'enchevêtrement des compétences (économiques, touristiques…). *In fine*, « *tout l'équilibre du corps territorial est l'enjeu du débat sur le développement des métropoles* »[312].

---

309 FERREIRA N., « Les métropoles de droit commun », *AJCT* 2014, p. 249.

310 DONIER V., « Les départements et les compétences sociales », *RFDA* 2016, p. 474.

311 FAURE B., « Droit des Collectivités territoriales », Dalloz, 2018, p. 450.

312 Ibid., p. 451.

Après avoir vu le régime juridique des métropoles de droit commun, intéressons-nous aux métropoles et collectivités à statut particulier.

2. Métropoles et collectivités à statut particulier

Nous allons dans un premier temps nous intéresser aux compétences sociales des métropoles à statut particulier (a) et, dans un second temps, présenter la métropole de Lyon qui est une collectivité territoriale à statut particulier. Nous analyserons les effets liés à la coexistence du département du Rhône et de la métropole de Lyon, en particulier dans le domaine social (b).

a. Les compétences sociales des métropoles à statut particulier

La métropole du Grand Paris constitue la première métropole à statut particulier créée par la loi MAPTAM du 27 janvier 2014.

L'unité urbaine de Paris centrée sur la ville de Paris est composée de 412 communes qui représentent un peu plus de 10 millions d'habitants. Paris a été longtemps une capitale avant de devenir une grande métropole française au même titre que Marseille et Lyon.

C'est la loi MAPTAM précitée, et non un décret comme vu précédemment pour les autres métropoles, qui institue la « métropole du Grand Paris » et la « métropole d'Aix Marseille Provence » à compter du 1er janvier 2016. Il s'agit de deux EPCI à statut particulier régis par des dispositions figurant dans le Code général des collectivités territoriales.

Il est clairement précisé, dans la loi, que la métropole du Grand Paris (MGP) est constituée en vue de la définition et de la mise en œuvre d'actions métropolitaines visant à :

- améliorer le cadre de vie de ses habitants ;
- réduire les inégalités entre les territoires qui la composent ;
- développer un modèle urbain, social et économique durable, moyen d'une meilleure attractivité et compétitivité au bénéfice de l'ensemble du territoire national.

Dans son périmètre, la métropole du Grand Paris regroupe la commune de Paris, l'ensemble des communes des départements des Hauts-de-Seine, de la Seine-Saint-Denis et du Val-de-Marne (petite couronne)[313], les communes des autres départements de la région Île-de-France appartenant à un EPCI comprenant au moins une commune de la petite couronne sous réserve d'une

[313] Ce qui représente 123 communes : Hauts-de-Seine (36), Seine-Saint-Denis (40) et Val-de-Marne (47).

délibération favorable du conseil municipal antérieure au 30 septembre 2014[314].

La métropole du Grand Paris comprend donc, au 1er janvier 2016, 131 communes soit 7 millions d'habitants sur une superficie d'environ 800 kilomètres carrés.

La gouvernance de la métropole du Grand Paris est assurée par un conseil de métropole qui constitue l'instance décisionnelle. Il se compose de représentants des communes situées dans le périmètre de la métropole. Chaque commune dispose d'au moins un siège ; les autres sièges faisant l'objet d'une répartition proportionnelle à la plus forte moyenne selon le nombre d'habitants. Une assemblée des maires des communes situées dans le périmètre de la métropole se réunit au moins une fois par an pour débattre du programme d'actions et du rapport d'activité de la métropole. Elle formule des avis et des recommandations qui sont transmis au conseil de la métropole.

La MGP élabore un projet métropolitain associant les habitants selon des formes qu'ils déterminent sur proposition du conseil du développement. Ce projet définit les orientations générales conduites par la métropole du Grand Paris. Il participe à la mise en œuvre du schéma directeur de la région d'Île-de-France. Il comporte un diagnostic général, social, économique et environnemental du territoire métropolitain. On y trouve également des orientations stratégiques pour le développement de la métropole ainsi que des domaines d'interventions prioritaires.

La métropole du Grand Paris est soumise au régime de droit commun des métropoles[315], sous réserve des dispositions particulières principalement référées à son organisation et ses compétences[316]. Notons, particulièrement, que la métropole du Grand Paris ne peut demander à exercer des compétences régionales ou départementales contrairement aux métropoles de droit commun. Aussi, il semble clair que la MGP ne vient pas concurrencer la compétence sociale du département de Paris.

Malgré cette impossibilité elle a compétence, en lieu et place des communes, en matière d'aménagement de l'espace métropolitain, de politique locale de l'habitat, de développement et d'aménagement économique, social et culturel, de protection et de mise en valeur de l'environnement et de politique de cadre de vie.

En revanche, les compétences de la « métropole du Grand Paris » se distinguent de celles accordées aux métropoles de droit commun, tout particulièrement en matière de politique locale de l'habitat. Par ailleurs, une autre particularité tient à la création d'établissements publics territoriaux

314 Ce qui correspond aux communes de la grande couronne, à savoir : Seine-et-Marne, Yvelines, Essonne et Val d'Oise. Sept communes situées dans le Val d'Oise et l'Essonne ont choisi d'intégrer la Métropole du Grand Paris.

315 CGCT, L. 5217-1 et s.

316 CGCT, L. 5219-1 et s.

(EPT), échelon intermédiaire entre la métropole du Grand Paris et les communes de son périmètre.

Pour ce qui est de la première particularité, le législateur enferme, d'une certaine manière, la métropole du Grand Paris entre le président du conseil régional d'Île-de-France et l'État. La métropole doit élaborer un plan métropolitain de l'habitat et de l'hébergement (PMHH) qui doit être compatible avec le schéma directeur de la région d'Île-de-France (SDIF) et le schéma régional de l'habitat et de l'hébergement (SRHH).

Quant à la seconde particularité, la loi NOTRe est incontestablement venue corriger une « bizarrerie » de la loi MAPTAM. Cette dernière avait créé un échelon intermédiaire entre la métropole et les communes. Échelon dénommé « territoires » sans autre indication. Sans doute s'agissait-il d'aller dans le sens de plus de proximité. Façon de reconnaitre implicitement que les métropoles, ces mastodontes, certes économiquement puissants, n'ont pas vocation à créer, *de facto*, de la chaleur humaine. Dans la loi MAPTAM, les territoires, qui ont la particularité de ne pas être dotés de la personnalité juridique, se situent dans le périmètre de la métropole du Grand Paris, et constituent un espace d'un seul tenant et sans enclave d'au moins 300 000 habitants. L'idée étant qu'ils supplantent les EPCI existants. Comme le souligne très justement Olivier Renaudie[317], trois raisons président aux modifications apportées par la loi NOTRe à leur sujet. D'une part, l'utilisation du concept de « territoire » peut laisser quelque peu perplexe. D'autre part, l'indéfinition du périmètre desdits territoires ne va pas dans le sens de plus de clarté. Enfin, des territoires sans personnalité juridique sont un peu l'équivalent d'une maison sans fondations. Aussi, pour qu'ils puissent « fonctionner » *a minima*, un système de délégations et de mises à disposition est prévu par le législateur en vue de combler cette absence préjudiciable de pouvoirs propres. Ce qui, incontestablement, conduit à une complexité que l'on pourrait volontiers qualifier d'inutile.

Aussi, la loi NOTRe constitue un progrès dans le sens où elle met un terme aux incohérences de la loi MAPTAM sur cet aspect particulier. Ainsi, les « territoires » deviennent « établissements publics territoriaux » (EPT) dotés de la personnalité juridique et soumis partiellement aux dispositions applicables aux syndicats de communes[318]. D'un seul tenant et sans enclave, d'au moins 300 000 habitants, les EPT regroupent l'ensemble des communes qui sont membres de la métropole du Grand Paris à l'exception de la commune de Paris. Onze EPT ont donc été créés par autant de décrets du 11 décembre 2015 qui fixent, pour chacun d'eux, le périmètre et le siège[319]. Dans chaque

---

[317] RENAUDIE O., « Le Grand Paris », *RFDA*, 2016, p. 490.

[318] CGCT, art. L 5212-1 et s.

[319] Décret n° 2015-1655 à 1665 du 11 décembre 2015 relatif à la Métropole du Grand Paris et fixant le périmètre et le siège de l'établissement public territorial, *JORF* n° 0228 du 2 octobre 2015, p. 17879. Les onze EPT sont les suivants : Vitry-sur-Seine, Créteil, Champigny-sur-

EPT est créé un conseil de territoire composé des délégués des communes incluses dans le périmètre de l'établissement. Ces délégués sont désignés au conseil de la métropole du Grand Paris. Le président est élu en son sein ainsi qu'un ou plusieurs vice-présidents dans la limite de 20 % de l'effectif global du conseil de territoire.

La métropole d'Aix-Marseille-Provence constitue la deuxième métropole à statut particulier. Créée par le législateur à compter du 1er janvier 2016, la métropole d'Aix-Marseille-Provence (AMP) regroupe l'ensemble des communes membres de la communauté urbaine Marseille Provence métropole, de la communauté d'agglomération du Pays d'Aix en Provence, de la communauté d'agglomération Salon Étang de Berre Durance, de la communauté d'agglomération du Pays d'Aubagne et de l'Etoile, du syndicat d'agglomération nouvelle (SAN) Ouest Provence et de la communauté d'agglomération du Pays de Martigues[320]. Le siège de la métropole est fixé à Marseille.

La métropole d'Aix-Marseille-Provence est d'abord une métropole de droit commun en termes de compétences. À ce titre, elle se différencie de la métropole de Lyon et de la métropole du Grand Paris qui connaissent une organisation spécifique.

L'un des objectifs assignés à la métropole d'Aix-Marseille-Provence est, notamment, de réduire les disparités de richesse entre les anciennes intercommunalités. Ainsi, par exemple, il existe entre les intercommunalités de l'aire urbaine de Marseille Provence Métropole et le SAN Ouest Provence, un écart de potentiel fiscal (mesure de la richesse fiscale d'un territoire en €/habitant) variant de 1 à 5[321].

La métropole d'Aix-Marseille-Provence exerce automatiquement les compétences qui, à la date de sa création, étaient celles des anciens EPCI et syndicat d'agglomération nouvelle. Contrairement à la métropole de Lyon ou de Paris, les compétences de la métropole d'Aix-Marseille-Provence relèvent très largement du droit commun. En plus des six blocs de compétences visés au I de l'article L. 5217-2 du CGCT, la métropole d'Aix-Marseille-Provence exerce des compétences, en lieu et place du département, en matière de transports scolaires, de gestion des routes classées dans le domaine public routier départemental et de celles relatives aux zones d'activité, et de la promotion à l'étranger du territoire et de ses activités économiques. Elle peut également, par voie de convention avec le département et la région exercer diverses autres compétences. Enfin, l'État peut lui transférer la propriété,

---

Marne, Noisy-Le Grand, Romainville, Aulnay-sous-Bois, Saint-Denis, Gennevilliers, Nanterre, Meudon et Antony.

320 Décret n° 2015-1085 du 28 août 2015 relatif à la création de la métropole d'Aix-Marseille-Provence, *JORF* n° 0199 du 29 août 2015, p. 15354.

321 *La Tribune*, « Métropole Aix-Marseille-Provence : Comment cela va marcher ? », 22 octobre 2013 : consultable sur : http://marseille.latribune.fr/Actualites/-Metropole-Aix-Marseille-Provence-Comment-cela-va-marcher-_1467.html

l'aménagement, l'entretien et la gestion de grands équipements et infrastructures.

La métropole d'Aix-Marseille-Provence dispose d'une organisation qui déroge au droit commun des métropoles. En effet, elle est divisée en territoires, dotés de conseils de territoire, composés de conseillers de la métropole, qui bénéficient de délégations de compétences définies par le conseil de territoire. Ce dernier est présidé par le président du conseil de territoire élu en son sein.

La loi MAPTAM attribue des compétences aux conseils de territoire. En effet, il doit être saisi par le conseil de la métropole pour avis, et avant examen des rapports de présentation et des projets de délibération remplissant les deux conditions suivantes :

- leur exécution est spécifiquement prévue, en tout ou partie, dans les limites du territoire ;
- ils concernent les affaires portant sur le développement économique, social et culturel, l'aménagement et l'espace métropolitain et la politique locale de l'habitat.

Deux autres instances sont à signaler. D'abord, la conférence métropolitaine des maires qui peut être consultée pour avis lors de l'élaboration et la mise en œuvre de politique de la métropole d'Aix-Marseille-Provence. Ensuite, un conseil de développement qui réunit les représentants des milieux économiques, sociaux, culturels et associatifs de la métropole d'Aix-Marseille-Provence. Ce conseil est consulté sur les principales orientations de la métropole d'Aix-Marseille-Provence, sur les documents de prospective et de planification, sur la conception et l'évaluation des politiques locales de promotion du développement durable du territoire. Enfin, il peut donner son avis ou être consulté sur toute autre question relative à la métropole.

b. Lyon, une collectivité territoriale à statut particulier

Contrairement à la métropole du Grand Paris ou d'Aix-Marseille-Provence, la métropole de Lyon n'est pas une métropole, mais une collectivité territoriale à statut particulier.

Selon les termes de l'article L. 3611-1 du Code général des collectivités territoriales : *« Il est créé une collectivité à statut particulier, au sens de l'article 72 de la Constitution, dénommée « métropole de Lyon », en lieu et place de la commune urbaine de Lyon et, dans les limites territoriales précédemment reconnues à celle-ci, du département du Rhône »*. La Loi MAPTAM crée donc une nouvelle collectivité territoriale, à compter du 1er janvier 2015, qui se distingue, par conséquent, du statut d'EPCI à fiscalité propre qu'elle attribue à la métropole du Grand Paris et à la métropole d'Aix-Marseille-Provence. Outre cette particularité, la loi susvisée fusionne un EPCI et, partiellement, une collectivité territoriale, ce qui, de toute évidence, frappe d'originalité ce nouvel objet dénommé « métropole de Lyon ». Objet que d'aucuns qualifient de collectivité territoriale *sui generis*[322] c'est-à-dire constituant un exemplaire unique dans son genre. Pour autant, on peut y voir la préfiguration d' *« un nouveau mode d'organisation des collectivités territoriales dans les zones métropolitaines, reposant sur un jour nouveau la question du maintien ou de l'aménagement de l'existence du département en zone urbaine »*[323].

Situation inédite dans la mesure où la métropole de Lyon, nouvelle collectivité territoriale, regroupe 59 communes qui comptent 1,3 million d'habitants répartis sur 538 kilomètres carrés et qui constitue le Grand Lyon. Les 228 autres communes continuent de dépendre du conseil départemental du Rhône qui survit à cette évolution et que l'on désigne parfois sous l'appellation « Nouveau Rhône ». La métropole de Lyon concentre les trois quarts de la population du Rhône. Le département du Rhône compte près de 440 000 habitants sur un territoire de 2 715 kilomètres carrés. Cette césure entre le département et la métropole de Lyon se traduit également au niveau de la politique d'insertion des bénéficiaires du RSA. Ainsi, par exemple, la métropole de Lyon s'est dotée d'un programme métropolitain d'insertion pour l'emploi 2016-2020 (PMI'e) et le département du Rhône d'un programme départemental d'insertion stratégique 2017-2020[324]. Clairement, la métropole de Lyon exerce, depuis le 1er janvier 2015, les compétences dévolues, auparavant, à la communauté urbaine de Lyon et au département du Rhône. À ce titre, elle est responsable de la mise en œuvre du dispositif légal du RSA ainsi que du développement d'une politique d'insertion en direction de ce public. Quatre actions majeures en découlent alors : administration et paiement du RSA, prise en charge et accompagnement des bénéficiaires du RSA, élaboration d'un programme métropolitain d'insertion et coordination de l'ensemble des partenaires.

On peut raisonnablement imaginer que les bénéficiaires du RSA de la métropole de Lyon et ceux du Nouveau Rhône feront l'objet d'un traitement différent en termes d'accompagnement social. Ne serait-ce que parce que les atouts économiques des deux territoires qui coexistent n'ont pas la même attractivité, l'un étant urbain et l'autre rural.

La création à compter du 1er juin 2021 d'un « Revenu de Solidarité Jeunes » pour les 18-24 ans qui résident dans la Métropole de Lyon depuis au moins six mois confirme notre crainte d'un traitement différencié selon le lieu de résidence. 2000 jeunes sortis du système scolaire sans soutien et en situation de précarité devraient y être éligibles ; ils percevront, selon leur

---

322 LE CHATELIER G., « La métropole de Lyon », *AJCT* 2014, p. 241.
323 *Ibid.*
324 Programme Métropolitain d'insertion pour l'emploi (PMI'e) 2016-2020 : consultable sur : https://www.grandlyon.com/metropole/insertion-et-emploi.html

situation, 400 ou 300 euros mensuels pendant trois mois. Même si le dispositif est actuellement expérimental, il n'empêche que pour l'heure il ne concerne pas les jeunes relevant du conseil départemental du Rhône ou du Nouveau Rhône.

Les articles L. 3641-1 et suivants du Code général des collectivités territoriales sont relatifs aux compétences de la métropole de Lyon. D'une part, elle est investie de plein droit des compétences que la loi attribue au département[325]. D'autre part, elle exerce l'ensemble des compétences que la loi confie aux métropoles de droit commun en lieu et place des communes[326]. Enfin, la région ainsi que l'État peuvent lui déléguer par convention certaines de leurs compétences[327].

Pour le législateur de 2014 « la métropole de Lyon » forme un espace de solidarité pour élaborer et conduire un projet d'aménagement et de développement économique, écologique, éducatif, sportif, culturel et social de son territoire, afin d'en améliorer la compétitivité et la cohésion »[328].

Sa gouvernance est assurée par trois instances : le conseil de la métropole, la conférence métropolitaine des maires et la conférence territoriale des maires[329].

Signalons également que le maire de Bordeaux, président de Bordeaux-Métropole, remplace le projet de fusion entre métropole et département par des assises territoriales qui, pour l'heure, restent à inventer. Initialement favorables au projet de transferts des compétences départementales (collèges, aides sociales…) à la métropole sur le modèle lyonnais, les négociations ont achoppé entre Bordeaux-Métropole et le conseil départemental. D'une part, à cause des réticences du président du conseil départemental qui souligne le risque de fracture territoriale qui pourrait découler de cette nouvelle configuration. D'autre part, à cause des réserves émises par le maire de Bordeaux qui pose la question du reste à charge (environ 250 millions d'euros en Gironde dont 150 millions pour la métropole) concernant les prestations sociales versées par les départements (RSA, APA, PCH).

Une actualité qui reste à suivre car, outre Bordeaux, des projets de fusions sont également évoqués pour les Alpes-Maritimes (Nice), la Haute-Garonne (Toulouse), les Bouches-du Rhône (Marseille), la Loire Atlantique (Nantes) et le Nord (Lille).

Après avoir étudié le régime juridique des métropoles de droit commun et des métropoles et collectivités à statut particulier, nous allons nous intéresser à la question de savoir si la métropolisation accentue les inégalités territoriales.

---

[325] CGCT, art. L. 3641-2.

[326] CGCT, art. L. 3641-1 qui reprend à l'identique l'article L. 5217-2 du même Code).

[327] CGCT, art. L. 3641-4 (Région); CGCT, art. L 3641-5 (État).

[328] CGCT, art. L. 3611-2.

[329] CGCT, livre VI : Métropole de Lyon, art. L. 3611-1 à L. 3665-2.

B. La métropolisation, facteur d'accentuation des inégalités

Outre les différents aspects développés ci-dessus, se pose en second plan la question de l'égalité des citoyens face à leur territoire de vie. Question qui, en soi, n'est pas nouvelle puisque l'opposition entre le « milieu urbain » et le « milieu rural » est ancienne tout en restant totalement d'actualité. Selon Georges Perec, pour une majorité de Français, *« la campagne est un espace d'agrément qui entoure leur résidence secondaire, qui borde une portion des autoroutes qu'ils empruntent le vendredi soir quand ils s'y rendent, et dont, le dimanche après-midi, s'ils ont quelque courage, ils parcourront quelques mètres avant de regagner la ville où, pendant les reste de la semaine, ils se feront les chantres du retour à la nature »*[330]. Cela est sûrement vrai pour les Français de la classe moyenne supérieure. La réalité de la fracture territoriale est loin de cette représentation caustique de la campagne.

La vraie question est davantage de savoir si l'on va assister, du fait de la métropolisation, à une accentuation des inégalités déjà constatées. Bien qu'il soit difficile de répondre avec certitude à cette question, on peut d'ores et déjà poser un certain nombre de constats. *« La métropolisation déjà forte et toujours croissante de nos sociétés est une donnée géographique et sociale. Les géographes et les économistes nous disent aussi que depuis la crise de 2008, la fracture territoriale devient réelle. Jusqu'à cette date, les territoires les plus pauvres sont les plus dépendants de la dépense publique mais la période de basses eaux budgétaires remet en cause les amortisseurs financiers des politiques publiques. Les métropoles concentrent la richesse en même temps qu'elles la créent ».*[331] Cette fracture territoriale ne doit pas être analysée sans référence aux populations qui vivent sur ces territoires. Plus particulièrement, aux problématiques de mobilité résidentielle. Comme le dit très justement Laurent Davézies, *« en France on ne quitte pas les zones sinistrées pour les territoires dynamiques »*[332] contrairement à une idée largement répandue. Toujours selon cet auteur on pourrait penser que *« les populations disposant des meilleurs atouts, donc susceptibles de surmonter la tentation de l'immobilité, quittent les territoires qui ne "marchent plus" pour aller s'établir dans ceux qui "marchent bien". Malheureusement, dans les faits, cette bonne idée ne se réalise pas »*[333]. De multiples raisons expliquent cet immobilisme résidentiel, notamment celles liées aux problématiques de relogement, comme le prix des loyers. Des raisons plus personnelles sont également à signaler comme l' *« ancrage territorial dans un espace maillé*

---

330 PEREC G., *Espèces d'espaces*, Galilée, L'espace critique, 2000, p. 135.

331 TAILLEFAIT A., « Les pôles métropolitains et les pôles d'équilibre territoriaux et ruraux », *AJDA* 2014, p. 625.

332 DAVEZIES L., *La crise qui vient. La nouvelle fracture territoriale*, Seuil, La République des idées, p. 99.

333 *Ibid.*

par un réseau de parenté dense »[334]. Laurent Davézies ajoute que lorsque l' *« on quitte Bar-le-Duc, Longwy, la vallée de la Meuse, Montbéliard ou le Calaisis, ce n'est pas pour aller à Toulouse ou à Nantes. On fait plutôt un saut de puce vers la région de Nancy (...) vers Reims (...), vers Besançon ou Lille »*[335].

Aussi, affirmer sans nuances que la métropolisation accentue les inégalités nous semble être, par conséquent, un propos excessif.

Malgré tout, au niveau national, une récente étude de l'INSEE intitulée : *« En matière d'emploi, les métropoles ont davantage résisté à la crise »*[336] de 2008 montre que la crise a accentué les écarts entre les métropoles et les autres territoires. On constate notamment qu'entre 2006 et 2011, les très grandes aires urbaines ont connu une évolution favorable en termes de démographie et d'emploi. À l'inverse, les autres territoires, davantage tournés vers l'industrie, ont ressenti plus intensément les effets de la crise qui a touché au premier chef ce secteur de l'économie. Au contraire, la part du secteur « administration publique, enseignement, santé, action sociale »[337] a été plus mobilisée et a permis d'atténuer quelque peu les aléas conjoncturels.

Pour autant, le fait est que le phénomène métropolitain doit être pris en compte dans le cadre de ce travail. En particulier en vue de savoir si la collectivité départementale est menacée dans ses compétences sociales par le développement des métropoles.

Selon les dernières données chiffrées disponibles, au 1er janvier 2018[338], on compte 1263 établissements publics de coopération intercommunale (EPIC) à fiscalité propre en France métropolitaine et dans les DOM, soit trois de moins qu'en 2017.

Au 1er janvier 2017, une forte baisse de ces structures était enregistrée, passant de 2062 au 1er janvier 2016 à 1266 au 1er janvier 2017, soit moins 39 %. Baisse importante entre 2016 et 2017 liée à un vaste mouvement de fusion impulsé par la loi NOTRe du 7 août 2015 au travers des nouveaux schémas de coopération intercommunale, arrêtés par les préfets après consultation des commissions départementales de coopération intercommunale (CDCI) pour une application au 1er janvier 2017. L'ampleur de ces fusions constatées est supérieure à celle réalisée entre 2012 et 2014.

Dans le détail, la France comptabilise au 1er janvier 2018 1009 communautés de communes, 222 communautés d'agglomérations, 11 communautés urbaines auxquelles s'ajoutent 21 métropoles (hors métropole

---

[334] VIGNAL C., « Les espaces familiaux à l'épreuve de la délocalisation de l'emploi : ancrage et mobilité des salariés de l'industrie in La famille dans tous ses espaces, *Espaces et Sociétés*, janvier 2005, n° 120-121, pp. 179-197.

[335] DAVEZIES, *op. cit*, note 303.

[336] INSEE PREMIERE, n° 1503, juin 2014

[337] *ibid.*

[338] Direction générale des collectivités territoriales, Bulletin *d'information statistique*, n° 122, mars 2018.

de Lyon) créées par décret dont les deux dernières[339] sont « Metz Métropole »[340] et « Saint-Etienne Métropole ».[341]. Ces dernières ont profité, pourrait-on dire, de l'opportunité offerte par la loi du 28 février 2017 relative au statut de Paris et à l'aménagement métropolitain qui modifie l'article L. 5217-1, 4° et crée deux nouvelles possibilités d'acquérir le statut de métropole.

Cette même loi prévoit également la fusion de la commune et du département de Paris pour donner naissance à une collectivité territoriale à statut particulier « Ville de Paris » au 1er janvier 2019. Enfin, il était également prévu la fusion du département des Bouches-du-Rhône avec la Métropole Aix-Marseille-Provence. Ce qui se serait traduit par la disparition pure et simple du département concerné. En principe, un rapport consacré aux conséquences de la fusion institutionnelle entre ces deux entités devait être remis avant le 1er septembre 2017 au gouvernement. Pour l'instant, ce projet de fusion n'est plus, semble-t-il, à l'ordre du jour.

L'analyse des vingt-et-un décrets portant création des métropoles fait ressortir qu'elles exercent de droit les compétences que leur attribue la loi et plus précisément celles visées par l'article L. 5217-2 du code général des collectivités territoriales.

Puis, le décret pris pour chaque métropole précise les compétences que chacune d'entre elles entend exercer en complément de celles attribuées de droit par le législateur. À l'exception de la « Métropole Nice Côte d'Azur »[342], toutes les métropoles exercent des compétences complémentaires précisées dans le décret.

Pour ce qui relève, plus spécialement, de l'action et de l'aide sociale, on peut dire que globalement les métropoles ne s'octroient aucune compétence particulière. Encore moins, bien entendu, dans le domaine de l'aide sociale légale qui reste dans le giron des compétences naturelles du département. Pour autant, nous avons relevé des interventions dans le champ social, au sens large, dans un peu moins de 20 % des cas puisque cela concerne seulement quatre métropoles sur les vingt-et-unes créées par décret. Seules les métropoles de « Brest Métropole », « Orléans Métropole », « Métropole Rouen Normandie » et « Eurométropole Strasbourg » se sont octroyé des compétences sociales.

[339] Le 30 juin 2017, le conseil communautaire de « Clermont Auvergne Métropole » approuve à la quasi-unanimité la transformation de la communauté urbaine en métropole à compter du 1er janvier 2018. À ce jour, le décret permettant cette évolution statutaire n'est pas encore publié.

[340] Décret n° 2017-1412 du 27 septembre 2017 portant création de la métropole dénommée « Metz Métropole, *JORF* n° 0228 du 29 septembre 2017.

[341] Décret n° 2017-352 du 20 mars 2017, portant création de la métropole dénommée « Saint-Etienne Métropole », *JORF* du 21 mars 2017.

[342] Décret du 17 octobre 2011 portant création de la métropole dénommée « Métropole Nice Côte d'Azur », *JORF* n° 0242 du 18 octobre 2011, p. 17548.

Ainsi, « Brest Métropole » participe aux *« actions et aux dispositifs d'insertion économique et, en particulier, soutien à la maison de l'emploi et de la formation professionnelle, créée à l'échelle du pôle métropolitain du pays de Brest, à la mission locale et au plan local pour l'insertion et l'emploi »*[343]. Très modestement, « Orléans Métropole » propose, en tout et pour tout, un *« soutien à la mission locale de l'Orléanais et aux organismes d'insertion pour l'emploi »*[344]. Dans la même veine, « Métropole Rouen Normandie » met en place des *« activités ou actions culturelles ou sportives ou sociales d'intérêt communautaire »*[345] ainsi que des *« actions en faveur du logement des personnes âgées et des personnes à mobilité réduite »*[346]. Enfin, « Eurométropole Strasbourg » s'implique davantage dans le domaine social par des *« actions en matière de politique sociale tarifaire »*[347] dans un premier temps. Puis, dans un second temps, par une *« participation par tous moyens juridiques et financiers appropriés au plan départemental d'hébergement d'urgence mis en place par l'État à l'intention des personnes sans abri. Cette participation inclut : la contribution par les moyens adéquats au fonctionnement du dispositif de veille sociale 115, la réalisation et la gestion de structures pérennes d'hébergement d'urgence et temporaire (dans le cadre du plan d'hébergement temporaire) ainsi que le soutien aux initiatives d'autres partenaires publics ou privés dans ce domaine, la prise en charge de nuitées dans le parc hôtelier, lorsqu'une autre solution ne peut être mise en œuvre »*[348].

On peut dire, à partir de l'analyse de l'ensemble des décrets précités, que les interventions métropolitaines dans le domaine social n'empiètent à aucun moment sur les attributions légales des départements. Il ne s'agit, ni plus ni moins, que d'actions complémentaires. Nous avons également montré dans cette étude que les métropoles à statut particulier (métropole du Grand Paris et métropole d'Aix-Marseille-Provence) ne bouleversent pas les compétences sociales du département. Ce dernier conserve sa place de chef de file du social.

En revanche, pour ce qui est de Lyon qui accède au rang de collectivité territoriale à statut particulier, la situation est totalement différente puisque la métropole de Lyon coexiste avec le Nouveau Rhône. La métropole de Lyon a voté, le 6 novembre 2017, son premier projet Métropolitain des Solidarités (PMS) 2017-2022. À ce titre, elle a en charge l'insertion qu'elle décline dans

---

[343] Décret n° 2014-1079 du 22 septembre 2014 portant création de la métropole dénommée « Brest Métropole », *JORF* n° 0222 du 25 septembre 2014, p. 15604.

[344] Décret n° 2017-686 du 28 avril 2017 portant création de la métropole dénommée « Orléans Métropole ». *JORF* n° 0102 du 30 avril 2017.

[345] Décret n° 2014-1604 du 23 décembre 2014 portant création de la métropole dénommée « Métropole Rouen Normandie », *JORF* n° 0298 du 26 décembre 2014, p. 22351.

[346] *Ibid.*

[347] Décret n° 2014-1603 du 23 décembre 2014 portant création de la métropole dénommée « Eurométropole Strasbourg », *JORF* 0298 du 26 décembre 2014, p. 22350.

[348] *Ibid.*

son Programme métropolitain d'insertion pour l'emploi (PMI'e) 2016-2020, et des actions en faveur des personnes âgées, des personnes en situation de handicap, de la protection maternelle et infantile, de la prévention et de la protection de l'enfance et de la santé publique.

Malgré tout, de façon générale le métropolisation de l'action sociale conduit à une accentuation des inégalités. En effet, les métropoles attirent davantage et offrent plus de possibilités que les zones périphériques. Cet argument a été l'un de ceux invoqués par le président du conseil départemental de Gironde qui s'opposait vivement à la fusion entre Bordeaux-Métropole et le département de Gironde au motif d'un risque de fracture territoriale. En réaction à ces allégations, le président de la métropole bordelaise, dénonçait « des affirmations erronées et dangereuses, selon lesquelles il y aurait une métropole riche et de l'autre côté des territoires avoisinants pauvres et asphyxiés par son développement »[349].

Nous pensons cependant que la métropole a vocation à dynamiser le territoire. Que par conséquent, le tissu économique est plus dynamique. Aussi, le risque de fractures infra départementales semble plus probable. À défaut d'y prêter une réelle attention, les bénéficiaires de l'aide sociale du territoire le moins bien doté risquent également de se retrouver avec de moindres chances, en matière d'emploi notamment. Pour notre part, si tel était le cas, il s'agirait bien d'inégalités de traitement liées au département de résidence.

§ 2. Des inégalités de traitement spécifiques à certaines parties du territoire

Le principe d'égalité connait certains aménagements qu'il convient d'étudier, dans le cadre de ce travail de recherche, pour mieux saisir les raisons qui peuvent amener à mettre en place un système dérogatoire à l'égalité constitutionnellement reconnue. Afin de rendre compte de cette réalité, nous allons nous intéresser au territoire métropolitain, dans un premier temps, pour démontrer qu'à l'intérieur d'un seul et même territoire, la France métropolitaine, tout n'est pas identique en matière d'aide sociale légale (A). Par ailleurs, nous allons nous transporter outre-mer pour mettre en exergue des différences de régime, tant de l'aide sociale que de la Sécurité sociale, qui peuvent trouver des justifications notamment liées à l'insularité (B).

A. À l'intérieur du territoire métropolitain

Le droit métropolitain contient des dispositions particulières pour certaines parties du territoire. Ainsi, existe-t-il des spécificités du droit alsacien-mosellan (1) ainsi qu'une hypothèse quasi ultramarine : la Corse (2).

---

349 VIDEAU J-P., « Bordeaux : pourquoi Juppé a été forcé d'enterrer la fusion métropole-département en Gironde », 25 janvier 2019, Challenges.

1. Spécificités du droit alsacien-mosellan

Signalons d'abord que le titre 1 du livre V du CASF est consacré aux départements du Bas-Rhin, du Haut-Rhin et de la Moselle. Ce qui tend à démontrer que ces parties du territoire présentent des particularités qu'il y a lieu d'analyser dans le cadre de cette étude. Nous allons tout d'abord nous intéresser au statut juridique du droit local (a) et ensuite aux dispositions référées à l'aide sociale communale (b) qui constituent une sorte de dérogation au droit général de l'aide sociale.

a. Statut juridique du droit local alsacien-mosellan

Il est vrai qu'il existe en Alsace-Lorraine une législation locale qui s'applique dans les départements du Haut-Rhin, du Bas-Rhin et de la Moselle. Pour autant, il n'existe pas de Constitution locale. Par conséquent, lesdits départements sont régis par la Constitution du 4 octobre 1958 à l'instar de tous les autres départements de France. Cette cohabitation entre un droit local et la Constitution soulève de nombreuses questions, notamment celle de leur compatibilité. En effet, que doit-on décider lorsqu'une loi antérieure à la Constitution du 4 octobre 1958 est incompatible avec celle-ci ? En réalité, dans cette hypothèse, la règle de l'abrogation implicite s'applique, mais encore faut-il que l'incompatibilité dont il s'agit soit incontestable. Bien que le moyen ait déjà été soulevé devant le Conseil d'État, à ce jour, aucune décision accueillant ledit moyen n'a été rendue.

Par une décision du 22 janvier 1988, le Conseil d'État, en assemblée, a confirmé la décision du tribunal administratif de Strasbourg rendue le 17 juin 1986 reconnaissant la régularité de la décision du commissaire de la République du Bas-Rhin du 1er mars 1985 qui s'opposait, en application des dispositions de l'article 61 du code civil local, à l'inscription de l'association « Les Cigognes » au registre des associations[350].

Dans le droit associatif « ordinaire »[351], aucun contrôle préalable de type administratif ou judiciaire ne peut empêcher la déclaration d'une association.

---

[350] Cette association avait pour objet, entre autres, de favoriser le développement et de permettre la réalisation de pratiques selon lesquelles une femme accepte de concevoir un enfant par insémination artificielle en vue de céder, dès sa naissance, l'enfant qu'elle aura ainsi conçu, porté et mis au monde à une autre femme ou à un couple. De telles pratiques sont prohibées par le code pénal (article 227-12, anciennement 353-1, 2°). Par conséquent, elles sont contraires à l'ordre public.

[351] Loi du 1er juillet 1901 relative au contrat d'association et son décret d'application du 16 août 1901 portant règlement d'administration publique pour l'exécution de la loi du 1er juillet 1901, *JORF* du 2 juillet 1901, p. 4025. Ces textes sont applicables en France métropolitaine, dans les départements d'outre-mer (article 73 de la Constitution), dans les collectivités d'outre-mer (article 74 de la Constitution) et en Nouvelle Calédonie sous réserve de certaines adaptations tenant compte des spécificités locales (article L 21 bis de la loi de 1901). La loi s'applique également aux associations dont le siège est à l'étranger mais dont les actes se déroulent en France (principe de territorialité des lois, article L 5, alinéa 4 de la loi de 1901).

Seule une action postérieure en nullité devant le juge permet de mettre fin à une activité associative jugée illicite. Dans l'arrêt Cigogne, l'association litigieuse avait pour objet de promouvoir la gestation pour autrui alors que de telles pratiques sont pénalement répréhensibles.

Le droit alsacien-mosellan, autorise le préfet à s'opposer, *ex ante*, à la création d'une telle association. Le tribunal administratif de Strasbourg a validé la décision préfectorale et le Conseil d'État a confirmé le jugement. Il s'agit bien dans cette affaire d'un exemple de conciliation du droit local avec la liberté d'association qui est érigée en principe fondamental reconnu par les lois de la République par une décision du Conseil constitutionnel du 16 juillet 1971[352].

Notons également que, par décision du 5 août 2011, le Conseil constitutionnel a, pour la première fois, eu l'occasion de se prononcer sur le statut constitutionnel du droit local. Pour le Conseil constitutionnel *« la législation républicaine antérieure à l'entrée en vigueur de la Constitution de 1946 a consacré le principe selon lequel, tant qu'elles n'ont pas été remplacées par les dispositions de droit commun ou harmonisées avec elles, des dispositions législatives et règlementaires particulières aux départements du Bas-Rhin, du Haut-Rhin et de la Moselle peuvent demeurer en vigueur ; qu'à défaut de leur abrogation ou de leur harmonisation avec le droit commun, ces dispositions particulières ne peuvent être aménagées que dans la mesure où les différences de traitement qui en résultent ne sont pas accrues et que leur champ d'application n'est pas élargi ; que telle est la portée du principe fondamental reconnu par les lois de la République en matière de dispositions particulières applicables dans les trois départements dont il s'agit ; que ce principe doit aussi être concilié avec les autres exigences constitutionnelles »*[353].

Ce considérant classe le droit local alsacien-mosellan parmi les principes fondamentaux reconnus par les lois de la République (PFRLR) puisqu'il est constitué à partir d'un certain nombre de lois antérieures. Aussi, le Parlement ou le pouvoir règlementaire peut à tout moment modifier ou abroger les dispositions du droit local pour les remplacer par des dispositions de droit commun ou les harmoniser avec celles-ci.

À l'instar de certains auteurs, nous pensons que le droit local alsacien-mosellan connaitra des adaptations qui conduiront sans doute à un grand toilettage[354]. Pour autant, nous considérons que sa situation actuelle est fragile. D'une part parce qu'il ne bénéficie d'aucune protection constitutionnelle comme c'est le cas des Outre-mer, d'autre part parce que les spécificités qui

---

352 *Ibid.*

353 Cons. constit., 5 août 2011, n° 2011-157 QPC, Société Somadia [interdiction du travail le dimanche en Alsace-Moselle], JORF du 6 août 2011, p. 13476, cons. 4.

354 WOEHRLING J-M., Droit alsacien-mosellan, principes généraux, Fasc. 100, 17 juillet 2003, n° 46.

justifient son existence et son maintien apparaissent moins évidentes et, par conséquent, moins défendables depuis la loi du 17 mars 2003 permettant les expérimentations législatives. Pour autant, et malgré ces quelques réserves, ce droit local qui bénéficie d'un large soutien des populations concernées, mais également de la classe politique dans son ensemble *« n'est pas prêt de disparaitre »*[355] puisqu'il n'est plus considéré comme *« une anomalie à liquider »*[356] depuis que le gouvernement *« a pris conscience de la dimension culturelle de ce droit »*[357].

b. L'aide sociale communale, une particularité du droit alsacien-mosellan

Contrairement au droit métropolitain, le droit alsacien-mosellan contient des dispositions spécifiques en matière d'aide sociale communale. Il s'agit d'un dispositif qui relève de l'aide sociale légale communale et non pas départementale. Cela a pour conséquence immédiate d'imposer aux communes d'Alsace-Moselle des dépenses supplémentaires que ne connaissent pas les autres communes de France. Il est constant que le défaut d'inscription de la dépense dont il s'agit au budget de la commune peut provoquer l'inscription d'office.

À titre d'exemple, la ville de Strasbourg a consacré en 2007 des aides pour un montant de « *798 406 € ce qui représente une moyenne de 136 €* »[358] par dossier.

Pour autant, à titre illustratif, il nous semble intéressant de nous y arrêter afin de mettre en exergue une spécificité qui peut, dans l'absolu, interroger le principe d'égalité de traitement.

Selon l'article L. 511-2 du CASF « *toute personne dénuée de ressources et âgée de plus de seize ans doit recevoir de la commune dans laquelle elle se trouve un abri, l'entretien indispensable, les soins et prescriptions nécessaires en cas de maladie ainsi que des funérailles décentes. L'aide est accordée sans préjudice du droit de réclamer le remboursement des frais à la commune dans laquelle la personne dénuée de ressources a son domicile de secours communal* ». Cet article est entré en collision directe avec la législation sur le RMI d'abord (1988) et le RSA ensuite (2008). En effet, l'instauration du RMI a été vécu comme une menace sur le droit local alsacien-mosellan. Les parlementaires locaux ont obtenu que l'aide sociale communale soit maintenue en faisant inscrire dans la loi du 1er décembre 1988 que le versement de l'allocation RMI était « *subordonné à la condition que l'intéressé fasse valoir ses droits aux prestations sociales, légales,*

[355] WOEHRLING J-M., *JurisClasseur Alsace-Moselle*, 11 avril 2012, n° 150.
[356] *Ibid.*
[357] *Ibid.*
[358] DAGORNE D-M., « Aide sociale communale de droit local », JurisClasseutr Alsace Moselle, fasc. 670, 16 mars 2015 (l'ensemble des chiffres et exemples cités dans ce petit « b » provient de cette étude].

règlementaires et conventionnelles, à l'exception (...) des prestations servies en application des lois du 30 mai 1908 et 8 novembre 1909 dans les départements du Haut-Rhin, du Bas-Rhin et de la Moselle »[359]. La coexistence du droit général et du droit local alsacien-mosellan de l'aide sociale fait ressortir une inégalité de traitement entre les Alsaciens-Mosellans et les citoyens du reste de la France. D'une part, la population éligible à l'aide sociale communale est plus large que celle qui l'est au RMI et aujourd'hui au RSA. En effet, toute personne dénuée de ressources âgée de plus de seize ans peut prétendre à l'aide sociale communale alors que le RMI était réservé aux majeurs d'au moins vingt-cinq ans, et le RSA jeune possible dès dix-huit ans mais sous des conditions très restrictives (deux ans d'expérience professionnelle à temps plein sur une période de trois ans). Très clairement, les Alsaciens-Mosellans de 16-25 ans bénéficient d'un dispositif d'aide sociale plus favorable que dans le reste de la France. D'autre part, originellement la détermination de l'état d'indigence était laissée à l'appréciation des communes. La nouvelle rédaction de l'article L. 511-2 du CASF abandonne cette référence pour la remplacer par l'expression « personne dénuée de ressources ». Aucune disposition règlementaire indique ce qu'il convient de prendre en compte au titre des ressources contrairement aux dispositions concernant le RMI/RSA. Pour autant, la plupart des communes d'Alsace-Moselle se réfèrent au droit commun - c'est-à-dire à l'article L. 132-1 alinéa 1er du CASF qui précise qu'il « *est tenu compte, pour l'appréciation des ressources des postulants à l'aide sociale, des revenus professionnels et autres et de la valeur en capital des biens non productifs de revenu, qui est évaluée dans les conditions fixées par voie règlementaire* ». En revanche, et à la différence du RMI/RSA, les formes de l'aide sociale communale ne se réduisent pas à une allocation financière. Peuvent, notamment, être accordés des secours en nature (bon alimentaire, bon d'achat ou encore bon de transport) ou en espèces, un placement dans un établissement d'accueil, la fourniture d'un travail ou encore un accompagnement socio-éducatif. Précisons que dans les lois de 1908 et 1909, le travail pouvait être imposé au demandeur d'aide. Ce qui, de toute évidence, n'est plus le cas puisque l'article L. 511-3 qui décline les formes d'aide de manière non exhaustive utilise le verbe pouvoir et vise par ailleurs la fourniture d'un travail adapté aux capacités du demandeur.

On peut également souligner que le domicile de secours communal qui constitue une originalité du droit local alsacien-mosellan se trouve régi par le droit commun du domicile de secours[360]. Même si originellement il s'acquérait par une résidence ininterrompue d'un an dans la commune, désormais il

---

[359] Loi n° 88-1088 du 1er décembre 1988 relative au revenu minimum d'insertion, art. 23, JORF du 3 décembre 1988, p. 15119.

[360] L'article L. 511-5 du CASF renvoie aux règles prévues au chapitre II du titre II du livre 1er pour la détermination du domicile de secours départemental.

s'acquiert par une résidence habituelle de trois mois dans l'une des communes des trois départements concernés (Haut-Rhin, Bas-Rhin et Moselle). La seule différence étant que c'est la commune du domicile de secours et non pas le département qui supporte la dépense d'aide sociale. Soulignons que l'absence de domicile de secours ne décharge pas la commune où se trouve effectivement le bénéficiaire de son obligation d'intervention dès lors que les conditions légales d'attribution sont réunies.

Il faut insister sur le fait que l'aide sociale communale est « concurrencée » par l'ensemble des dispositifs de droit commun qui se sont développés au fur et à mesure de la progression des problématiques sociales en matière de logement, de santé ou encore de lutte contre les exclusions. S'il est exact que l'article L. 511-2 prévoit des interventions communales dans des domaines extrêmement divers (soins, logement, aides en nature, en espèces…), dans les faits l'aide communale s'applique dans les situations d'urgence en attendant la mise en place d'une aide de droit commun qui, par conséquent, prendra le relais. Selon Dominique-Marie Dagorgne « *le Guide de l'aide sociale de la Ville de Strasbourg* » approuvé par le conseil municipal du 22 septembre 2003 [remanié en 2011], avait décidé que les secours et aides sociales s'adressaient au "public dénué de ressources" pour lequel elle prenait plus particulièrement en compte les besoins d'"entretien indispensables" et de "funérailles décentes" (…). Pour les besoins portant sur "un abri" ou des "soins et prescriptions nécessaires" (…) le Guide renvoie à l'action du Centre Communal d'Action Sociale (CCAS) en matière d'hébergement ou, pour les soins et prescriptions nécessaires en cas de maladie, au dispositif de Couverture Maladie Universelle (…) »[361]. Pour les funérailles, il appartient à la commune du lieu du décès de garantir au défunt des funérailles décentes dès lors que le *de cujus* est dénué de ressources. Par exemple, la ville de Colmar a passé une convention avec les pompes funèbres afin que soient assurées des obsèques convenables aux indigents. Dans le même domaine, la ville de Strasbourg préfère une aide participation obsèques limitée à 500 €.

On peut donc dire que l'aide sociale communale qui a vocation à être déclenchée dans les situations d'urgence donc immédiatement est conçue comme complémentaire aux autres dispositifs de droit commun. Selon Dominique-Marie Dagorne, « les aides accordées par les communes dans le cadre des dispositions de droit local pour venir au secours des personnes dénuées de ressources représentent souvent un budget important [la ville de Strasbourg a vu le montant global des aides allouées augmenter de 38 % entre 2006 et 2009] et mobilisent de façon constante les services sociaux compétents, en particulier dans les grandes villes où les phénomènes d'exclusion et de pauvreté sont plus flagrants »[362].

---

[361] DAGORNE D-M., « Aide sociale communale de droit local », JurisClasseur Alsace Moselle, fasc. 670, 16 mars 2015.
[362] *Ibid.*

Précisons enfin que le 29 octobre 2018, le Premier ministre a annoncé officiellement qu'un accord avait été trouvé pour que l'Alsace redevienne une collectivité tout en restant au sein de la région Grand Est. En effet, le Gouvernement a signé avec le président du conseil régional du Grand Est et les présidents des conseils régionaux du Bas-Rhin et du Haut-Rhin l'acte de naissance de la collectivité européenne d'Alsace (CEA) qui entrera en vigueur le 1er janvier 2021. La nouvelle collectivité disposera de compétences particulières en matière transfrontalière (coopération avec l'Allemagne et la Suisse), de bilinguisme (français, allemand et alsacien), de développement touristique et économique ainsi que la gestion des routes nationales et de l'autoroute A 35 qui traverse l'Alsace du Nord au Sud. Pour l'heure, il est peu aisé de se prononcer sur les conséquences de cette fusion en matière d'aides sociales. Nous pouvons simplement souligner que la politique sociale actuelle des départements du Bas-Rhin et du Haut-Rhin à l'égard des bénéficiaires du RSA devra être unifiée puisque la CEA remplacera les deux départements actuels. Par conséquent, les bénéficiaires du RSA de ces deux départements devront impérativement être soumis aux mêmes obligations pour éviter une rupture caractérisée d'égalité de traitement[363].

2. Hypothèse quasi-ultramarine : La Corse

Depuis le 1er janvier 2018, la Corse est une collectivité territoriale unique en vertu de l'article 30 de la loi NOTRe du 7 août 2015[364]. Cet article dispose en effet que *« La collectivité de Corse constitue une collectivité à statut particulier au sens de l'article 72 de la Constitution, en lieu et place de la collectivité territoriale de Corse et des départements de Corse-du-Sud et de Haute-Corse... ».* Le projet de révision constitutionnel devrait permettre d'intégrer à la Constitution un article spécifique à la Corse. Pour autant, il ne s'agit pas de lui garantir un régime particulier. En revanche, la modification projetée de l'article 72 de la Constitution introduira la possibilité, sous certaines conditions, d'adapter les lois et règlements aux caractéristiques et contraintes du territoire comme c'est actuellement le cas pour la Guadeloupe, la Guyane, la Martinique, la Réunion et Mayotte (article 73 alinéa 1er de la Constitution). Le projet d'article constitutionnel dispose, en effet, que « La Corse est une collectivité à statut particulier. Les lois et règlements peuvent comporter des règles adaptées aux spécificités liées à son insularité ainsi qu'à ses caractéristiques géographiques, économiques et sociales. Sauf lorsque sont en cause des conditions essentielles d'exercice d'une liberté publique ou d'un droit constitutionnellement garanti, ces adaptations peuvent être décidées par la collectivité de Corse dans les matières où s'exercent ses compétences et si

---

363 L'accompagnement social des bénéficiaires du RSA est abordé en détail dans un petit 2 intitulé « L'accompagnement social des bénéficiaires : une variable d'ajustement » [voir supra].
364 Loi n° 2015-991 du 7 août 2015 portant nouvelle organisation du territoire de la République dite « loi Notre », *JORF* n° 0182 du 8 août 2015, p. 13705.

elle y a été habilitée, selon les cas, par la loi ou le règlement. Ces adaptations sont décidées dans des conditions prévues par la loi organique ».

La création de cette nouvelle collectivité, réclamée particulièrement par les nationalistes[365], n'a pas nécessité de révision constitutionnelle. Il a suffi, en réalité, d'intégrer un amendement à la loi NOTRe du 7 août 2015. D'un point de vue institutionnel, la création de la CTU est une première en France métropolitaine.

Suite aux élections des 3 et 10 décembre 2017, ont été élus les 63 membres de l'assemblée de la CTU[366]. Cette dernière exerce les compétences habituellement dévolues à la région et au département.

En matière sociale, et selon une étude de l'INSEE de décembre 2017[367], la Corse est la région métropolitaine la plus touchée par la pauvreté monétaire. En effet, la moitié des personnes vivent dans un ménage dont les revenus annuels sont inférieurs à 18 927 €, contre 20 369 € pour le reste de la France. Par ailleurs, 20 % des ménages vivent en dessous du seuil de pauvreté, les familles monoparentales, les jeunes de moins de 30 ans et les personnes âgées de plus de 75 ans étant les plus touchés par ce phénomène. Étonnamment, moins de ménages vivant en Corse perçoivent des prestations sociales. Ainsi, pour 1000 ménages, la part des 25-64 ans percevant le RSA s'élève à 5,4 % contre 7,1 % pour le reste de la France. On constate également la même problématique en matière de prestations de Sécurité sociale (allocations familiales, prestation d'accueil du jeune enfant et allocation logement). Ce non-recours aux droits s'explique, en partie, par l'existence d'un tabou autour de la précarité, mais aussi par la peur du jugement des autres, particulièrement de la famille, si l'on sollicite des aides sociales. Une particularité insulaire que l'État tente de compenser en renforçant la communication sur certaines aides. Ainsi, par exemple, le chèque énergie profite à 23 000 foyers grâce aux campagnes d'informations déployées sur l'ensemble de l'île[368].

Toujours selon l'étude de l'INSEE précitée, la région Corse est sous-équipée pour l'accueil de personnes âgées. L'offre d'accueil pour personnes âgées (75 ans ou plus) y est deux fois plus faible que pour le reste de la France. Ce qui constitue évidemment une inégalité flagrante. Le fait insulaire peut également aggraver la situation de la personne âgée sans solution d'accueil qui ne peut, pour des raisons financières, notamment, être accueillie en dehors de l'île.

---

[365] À titre indicatif le parti nationaliste « Un paesa da fa » de G. Simeoni a obtenu, au 1er tour, 45.36 % des voix.

[366] Coalition nationaliste (41 sièges), Droite régionaliste (10 sièges), droite soutenue par Les Républicains (6 sièges) et La République en marche (6 sièges).

[367] INSEE, « La Corse en bref », n° 8, décembre 2017, p. 25.

[368] Corse Viastella, « Les aides sociales sont peu demandées en Corse », 9 janvier 2019, consultable sur : reportage France 3 Viastella, consultable sur : https://www.youtube.com/watch?v=XEQe5kaeFlE (témoignages d'usagers, de bénévoles et de professionnels).

B. Dans les territoires outre-marins

Le livre V du code de l'action sociale et des familles est entièrement consacré aux « *Dispositions particulières applicables à certaines parties du territoire* ». Le titre II concerne la « *Guadeloupe, Guyane, Martinique et la Réunion* », le titre III « *Saint-Pierre-et-Miquelon* », le titre IV le « *Département de Mayotte* », le titre V les « *Territoires des Îles Wallis-et-Futuna* », le titre VI la « *Polynésie Française* », le Titre VII la « *Nouvelle-Calédonie* », le titre VIII « *Saint-Barthélemy et Saint-Martin* » et le titre IX les « *Terres Australes et Antarctiques Françaises* ». Quant à la Constitution, son titre XII consacré aux collectivités territoriales distingue celles qui relèvent de l'article 73 - départements et régions d'outre-mer (DROM) - de celles qui relèvent de l'article 74 - collectivités d'outre-mer (COM) - Nous allons dans cette partie de l'étude rendre compte de l'application du droit de l'aide sociale mais également du droit de la Sécurité sociale à titre illustratif, d'abord dans les DROM et les COM d'Amérique (1), ensuite dans les autres Outre-mer (Nouvelle-Calédonie, Polynésie française et Wallis-et-Futuna) (2). L'objectif étant de montrer les écarts d'application qui existent entre nos territoires outre-marins et la métropole. Cette démonstration sera tirée pour l'essentiel d'une étude de terrain réalisée par le « *groupe d'Information et de soutien des immigré-e-s.* »[369]. Les écarts constatés constituent parfois des inégalités de traitement souvent au désavantage des populations concernées.

1. Départements et régions d'outre-mer (DROM) et communautés d'outre-mer d'Amérique

Tout d'abord, l'article 73 de la Constitution prévoit que dans les départements et les régions d'outre-mer (DROM), les lois et les règlements sont applicables de plein droit. Ce qui signifie qu'il n'y pas, par principe, de différentiation quant aux lois et règlements applicables à ces parties du territoire national. Cinq collectivités outre-marines sont actuellement visées par cette disposition : la Guadeloupe, la Guyane, la Martinique, la Réunion et, depuis le 31 mars 2011, Mayotte.

Quant aux normes d'origine externe, le principe constitutionnel d'assimilation entraîne, *de facto*, leur application aux Outre-mer sauf dispositions expresses contraires. Les départements français d'outre-mer appartiennent à l'Union européenne. Par conséquent, l'ensemble du droit communautaire s'y applique comme le précise la Cour de justice des communautés européennes (CJCE)[370]. Le principe d'assimilation posé par l'article 73 connait, toutefois, une exception notable prévue par le même texte.

---

369 GISTI, « Singularité du droit des personnes étrangères dans les Outre-mer, Les cahiers juridiques, 2018 [ce passage a été largement inspiré du chapitre 9 dédié à la protection sociale dans les outre-mer].

370 La CJCE est devenue la Cour de justice de l'Union européenne (CJUE) depuis l'entrée en vigueur du Traité de Lisbonne le 1er décembre 1989.

En effet, les lois et règlements *« peuvent faire l'objet d'adaptations tenant aux caractéristiques et contraintes particulières de ces collectivités ».*

Cette possibilité d'adaptation résulte, à l'évidence, de l'éloignement par rapport à la métropole, de l'insularité (excepté pour la Guyane française) et des spécificités culturelles.

À ce titre, l'introduction du RSA à Mayotte[371], le 1er janvier 2012, par l'ordonnance n° 2011-1641 du 24 novembre 2011 portant extension et adaptation du revenu de solidarité active au département de Mayotte constitue un exemple d'application de l'article 73 susvisé. Dès le départ, des disparités importantes d'avec la métropole et les autres départements d'outre-mer étaient prévues par le pacte pour la départementalisation du 8 janvier 2009[372]. Tout d'abord, le montant du RSA a été fixé à 25 % du montant pratiqué en métropole et dans les autres départements d'outre-mer. Puis, ledit montant a été porté, par deux décrets successifs[373], à 37,5 % au 1er janvier 2013, et à 50 % au 1er janvier 2014, du barème de droit commun. Ensuite, les conditions d'éligibilité pour certaines catégories de bénéficiaires sont différentes à Mayotte. Ainsi, un étranger extra-communautaire doit justifier de quinze ans de résidence régulière au lieu de cinq ans partout ailleurs (métropole et autres DOM) et disposer d'un titre de séjour l'autorisant à travailler. Au sujet de la condition de résidence, la Conseil d'État, par avis du 20 mai 2010, a considéré que fixer une durée aussi longue méconnaissait le principe d'identité législative[374]. Par conséquent, il y a bien atteinte au principe d'égalité de traitement. Pour autant, cet avis est resté vain. Le formulaire Cerfa de demande de RSA adapté à Mayotte indique qu'à défaut de produire les titres de séjour couvrant la période de 15 ans, le demandeur peut joindre une attestation de la préfecture indiquant que la personne est autorisée à travailler depuis 15 ans. En réalité, nul ne peut produire un tel document dans la mesure où la délivrance normale des titres de séjour à Mayotte remonte seulement au début des années 2000. Cette exigence est donc contestable et constitue à nouveau une différence de traitement. Enfin, le RSA majoré et le RSA jeune ne s'appliquent pas à Mayotte. Le premier, parce qu'il serait difficile de vérifier la situation d'isolement de la personne notamment pour les épouses de second

---

371 CASF, arts. L. 540-1 à L. 545-3 (département de Mayotte). L'article L.541-1 dispose : *« Pour leur application à Mayotte les dispositions des livres 1er à IV du présent code sont modifiées conformément aux dispositions du présent titre ».*

372 Le pacte pour la départementalisation de Mayotte a été remis officiellement par le président de la République aux élus mahorais le 16 décembre 2008. Il s'agit d'un document d'une cinquantaine de pages qui décrit le processus de départementalisation de manière détaillée. Par ailleurs, c'est la loi N) 2010-1487 du 7 décembre 2010 relative au département de Mayotte qui en fera un département français à compter du 31 mars 2011.

373 Décrets n° 2013-141 du 15 février 2013 et décret n° 2013-1262 du 27 décembre 2013 portant revalorisation du montant forfaitaire du revenu de solidarité active à Mayotte, *JORF* n° 0242 du 18 octobre 2011, p. 17548.

374 CONSEIL D'ÉTAT, Rapport annuel présentant l'*activité juridictionnelle et consultative des juridictions administratives en 2016*, 2017, p. 202.

rang d'époux polygames. Pour le second, parce qu'il n'y a que très peu d'élus du fait des conditions restrictives en métropole et dans les autres DOM ce qui rend encore moins pertinent ce dispositif pour les Mahorais.

Toujours dans le champ du RSA, la loi de finances pour 2019 qui prévoit la recentralisation du RSA en Guyane et à Mayotte durcit les conditions d'accès des étrangers non communautaires à cette prestation. Comme pour Mayotte, les étrangers de Guyane devront justifier de quinze ans (cinq ans antérieurement) de résidence régulière en France et d'un titre de séjour autorisant à travailler, pour le RSA majoré de cinq ans de résidence en France alors qu'ils étaient non soumis à une durée de résidence minimale jusque-là. Par ailleurs, le projet de loi de finances pour 2021 prévoit également une recentralisation du RSA à La Réunion. Cette réforme revient de fait à exclure du RSA les personnes étrangères, même celles résidant avec un titre de séjour depuis très longtemps. En raison des pratiques des préfectures, en effet, il est impossible de pouvoir justifier d'une continuité complète durant une durée aussi exorbitante, car lors du renouvellement des titres de séjour, interviennent des ruptures, de quelques semaines à quelques mois, faisant « repartir les compteurs zéro » pour l'acquisition de la durée exigée.

Pour ce qui est de l'aide sociale à l'enfance, le département de Mayotte ne s'est jamais véritablement emparé de cette compétence. En effet, la très grande majorité des mineurs qui relèvent du champ de l'enfance en danger sont des mineurs étrangers en situation irrégulière. Or, le département de Mayotte considère qu'il ne peut supporter seul les conséquences financières d'une telle situation pour laquelle aucune compensation financière n'a été octroyée. Outre cette problématique, de nombreux dysfonctionnements du dispositif de protection de l'enfance ont été relevés dans un rapport de la Cour des comptes de janvier 2016[375]. Ainsi, le département ne dispose d'aucun projet de service d'aide sociale à l'enfance malgré son caractère obligatoire. Ce à quoi il faut ajouter l'obsolescence et l'imprécision du règlement départemental d'aide sociale : bien que doté d'un schéma directeur de l'enfance et de la famille, force est de constater qu'aucune des actions majeures ou innovantes prévues n'a été mise en œuvre, hormis une amélioration du fonctionnement de la CRIP. Toujours selon le rapport susvisé, *« il n'existe toujours pas de structures d'hébergement collectif, aucune démarche de conventionnement avec le secteur associatif n'a été entreprise, aucune prise en charge spécialisée en direction des publics présentant des troubles psychiatriques ou moteurs n'a été initiée ; les enfants ne bénéficient toujours pas d'un projet éducatif individuel ; le dispositif des tiers de confiance n'a pas été expérimenté »*.

Il est constant que le département mahorais ne consacre que 22 € par an et par habitant à la protection de l'enfance, contre 102 € au niveau national. En termes de placement-hébergement, la seule possibilité est l'accueil familial

---

375 Cour des comptes, « La départementalisation de Mayotte », janvier 2016, p. 107-122.

puisque le département s'oppose à la création de structures d'accueil collectif. Or, le département compte soixante-seize familles d'accueil représentant trois cent quatre places. Le taux de saturation est vite atteint et des enfants se retrouvent sans solution, tout comme les professionnels, et malgré l'urgence de certaines situations. Sans compter les manquements avérés à la règlementation, au sein même de ces familles d'accueil. Ainsi, certaines familles accueillent six, voire sept enfants, alors que la maximum est fixé à trois par le CASF sauf dérogation du président du conseil départemental[376]. Pour certaines familles il est relevé une absence de maîtrise du français oral contrairement aux dispositions de l'article L. 421-3 alinéa 4 du CASF qui précise que *« la procédure d'instruction doit permettre de s'assurer de la maîtrise du français oral par le candidat »*. En moyenne un éducateur a en charge cinquante mesures alors qu'en métropole la moyenne est de trente. D'ailleurs, le faible nombre d'éducateurs spécialisés empêche la mise en œuvre de mesures d'AEMO. Les juges prononcent alors des placements en famille d'accueil pour garantir à l'enfant un minimum de suivi ce qui contribue à saturer les accueillants familiaux.

Toujours dans le domaine de la protection de l'enfance, le département de Mayotte a été condamné à verser sous astreinte l'allocation due au tiers digne de confiance désigné pour accueillir l'enfant alors même que l'arrêté devant fixer le montant de l'allocation n'était toujours pas publié[377]. Une autre décision condamne également sous astreinte le département afin qu'il trouve sous 48 heures un hébergement à un enfant ayant fait l'objet d'un placement[378]. Ces deux décisions montrent évidemment que certaines pratiques départementales sont contraires à la loi. En même temps et eu égard à ce que nous avons développé précédemment, il semble évident que les chances pour un enfant de Mayotte de bénéficier d'une prestation d'aide sociale à l'enfance à la hauteur de ses besoins ne sont pas identiques à celles d'un enfant de métropole.

Signalons également que plusieurs aides sociales n'existent toujours pas à Mayotte. C'est le cas de l'aide médicale de l'État (AME), de l'allocation de solidarité pour personnes âgées (ASPA) ou encore de l'aide sociale à l'hébergement (ASH) pour personnes âgées ou handicapées en établissement.

Enfin, la Cour de cassation a, le 21 juin 2018[379], sanctionné le refus par la caisse de Sécurité sociale de Mayotte d'affilier une personne au motif qu'elle ne possédait pas de relevé d'identité bancaire (RIB). Cette décision aura, sans aucun doute, des implications dans le champ de l'aide sociale, y compris en métropole où certains dossiers peuvent connaitre des blocages pour cette seule raison. Pour Mayotte, cet arrêt est important car le taux de bancarisation des

---

376 CASF, art. L. 421-5.

377 TA de Mayotte, 19 décembre 2016, n° 160084.

378 TA de Mayotte, 11 avril 20147, n° 1700368.

379 Cass. civ., 21 juin 2018, n° 17-13468.

Mahorais (63.7 %) est très largement inférieur à celui de la métropole (100 %)[380].

Quant aux collectivités d'outre-mer d'Amérique (Saint-Barthélemy, Saint-Martin et Saint-Pierre-et-Miquelon), les droits sociaux qui s'y appliquent sont quasi-assimilables à ceux des quatre anciens DOM (Guadeloupe, Guyane, Martinique et La Réunion). À titre illustratif nous pouvons signaler que le Code de la Sécurité sociale (CSS) s'applique tant à Saint-Barthélemy qu'à Saint-Martin, moyennant les mêmes adaptations qu'en Guadeloupe. À Saint-Pierre-et-Miquelon, seule l'allocation aux adultes handicapés figurant dans le CSS s'applique. En effet, sur ce territoire en particulier, est en vigueur un système de Sécurité sociale juridiquement distinct fixé par ordonnance et géré par une caisse de prévoyance sociale locale. Pour autant, les dispositions en matière de vieillesse, maladie, maternité, invalidité, décès, accident du travail, maladie professionnelle et prestations familiales sont alignées sur celles de la métropole. Dans ces trois COM, le Code du travail, notamment pour ce qui concerne les prestations chômage, ainsi que le CASF pour les dispositions relatives au RSA, trouvent application moyennant parfois quelques adaptations mineures. Enfin, les conditions spécifiques pour les personnes étrangères (régularité du séjour, ancienneté de présence ou résidence…) y sont les mêmes qu'en métropole.

2. Les autres outre-mer : Nouvelle-Calédonie, Polynésie française et Wallis-et-Futuna

Dans ces territoires ultra-marins, la Sécurité sociale relève de la compétence de la collectivité, c'est-à-dire que le Code de la Sécurité sociale métropolitain ne s'y applique pas. Il en est de même pour le CASF à l'exception de quelques dispositions. Quant au Code du travail, il est spécifique aux territoires concernés.

En Nouvelle-Calédonie, une caisse de compensation des prestations familiales, des accidents du travail et de prévoyance des travailleurs gère le régime de Sécurité sociale des salariés et non-salariés pour la quasi-totalité des risques (maladie, maternité, décès…). 90 % de la population calédonienne est couverte par ce régime. Il existe par ailleurs un dispositif d'aide médicale pour toute personne malade dont les ressources sont insuffisantes et qui réside en Nouvelle-Calédonie depuis au moins six mois ; cette aide sociale s'appliquant à titre subsidiaire, c'est-à-dire en l'absence d'une assurance obligatoire.

En Polynésie française, il existe trois régimes distincts selon que la personne est salariée, non-salariée ou relevant de la solidarité du fait de ressources insuffisantes. Tous les régimes sont gérés par la Caisse de

---

380 Chiffres donnés par l'agence presse de l'Océan Indien, consultable sur: https://www.agencepresse-oi.com/36625-2/

prévoyance sociale (CPS) qui assure la couverture des différents risques (maladie, maternité, décès, prestations familiales…). Dans le cadre de la solidarité, une prise en charge des frais de soins est prévue. De la même manière, une allocation de solidarité pour personnes âgées est en vigueur. Outre le fait que, pour y prétendre, il faut être âgé d'au moins 60 ans (50 ans en cas d'inaptitude au travail), elle est réservée aux seuls Français qui résident en Polynésie française depuis plus de 15 ans. Ce qui manifestement est illégal puisque contraire au principe d'égalité. La même condition de nationalité existe pour ce qui relève de l'allocation aux adultes handicapés (AAH). Enfin, la Polynésie française ne connait pas de système d'assurance maladie, mais un système de soins organisé par une agence de santé. Les soins pris en charge par l'État sont délivrés gratuitement par les hôpitaux ou les dispensaires. Peuvent en bénéficier toutes les personnes françaises ou non, résidentes ou de passage. Une convention signée le 23 février 2017 entre l'agence de santé de Wallis-et-Futuna et la Caisse nationale de l'assurance maladie des travailleurs prévoit une amélioration de l'évacuation sanitaire vers la métropole et de la prise en charge. Il est également prévu que, même en l'absence de couverture sociale, les frais seront totalement pris en charge dans la limite des tarifs opposables. En outre, une caisse de compensation des prestations gère la collecte des cotisations et le versement des prestations familiales pour tout salarié ayant au minimum travaillé 120 heures dans le mois. Une caisse locale de retraite gère la collecte des cotisations et verse les pensions de retraite aux personnes salariées ayant au moins 60 ans et 15 annuités de cotisations et, en cas de décès, une pension de réversion au conjoint survivant (50 % de la retraite).

CONCLUSION DU TITRE II DE LA PREMIÈRE PARTIE

Les liens qu'entretient le droit avec le territoire remontent à la Révolution. Le domicile de secours en est l'expression la plus aboutie - dans sa définition originelle tout au moins, l'indigent relevant alors des aides de la commune qui l'accueille. Puis, on passera d'un domicile de secours communal à un domicile de secours départemental. En revanche, la référence à ce concept se réduira à désigner la collectivité départementale qui devra supporter la dépense d'aide sociale - d'où un contentieux nourri. À la fin des années 1990 et dans le but de rattacher les personnes connaissant des difficultés à un territoire, la loi de lutte contre les exclusions (1998) va leur reconnaitre un véritable droit à domiciliation. Droit qui constitue une avancée considérable en termes d'accès aux droits sociaux, mais également à la citoyenneté.

La territorialisation du droit s'inscrit dans une réalité qui trouve un prolongement dans les nouvelles orientations du projet de révision constitutionnelle visant à reconnaitre la différenciation territoriale. Nous analysons, dans ce titre, la manière dont cette réalité saisit le territoire d'une République indivisible sans pour autant que ce phénomène induise obligatoirement une unité territoriale et législative. Lois et règlements doivent, en effet, permettre, dans un cadre précis, des adaptations aux territoires de vie des populations. En même temps, ces évolutions peuvent être perçues comme des remises en cause du principe d'égalité de traitement. La question de savoir comment concilier des principes apparemment contradictoires devient alors une préoccupation légitime.

D'autres évolutions vont venir télescoper le principe constitutionnel d'égalité. Ainsi, le développement des métropoles interroge à nouveau la capacité de notre société à garantir à tout un chacun une égalité d'accès aux droits sociaux et à l'emploi sur l'ensemble du territoire de la République. Des inquiétudes au sujet de l'avenir de la collectivité départementale concurrencée par ce nouvel établissement public de coopération intercommunale qu'est la métropole vont alors émerger. Inquiétudes exacerbées par la naissance de la métropole de Lyon qui devient une collectivité territoriale à statut particulier sise sur le même territoire que le département du Rhône. Nous analysons dans cette étude ces différents aspects de la problématique sous le prisme de l'égalité de traitement et tentons d'établir, à chaque fois que nécessaire, si ces inquiétudes sont fondées ou non.

Rappelons que la France a un territoire éclaté au travers des océans Atlantique, Pacifique et Indien. Même en son sein, le territoire connait des « frontières » puisque le droit alsacien-mosellan se distingue, en partie, de celui de la France de « l'intérieur ». Une analyse fine de ce droit local permet de montrer dans quelles mesures certaines de ces dispositions d'aide sociale légale sont plus favorables aux Alsaciens-Mosellans. Cette situation est-elle tenable eu égard au principe d'égalité qui devrait, en théorie tout au moins, conduire à une unité d'application du droit dont il s'agit ? L'évolution du statut de la Corse qui devient une collectivité territoire unique (CTU) est également analysée aux fins de savoir si on y applique un droit d'aide sociale légale différent de celui en vigueur dans le reste de la France. Pour le Conseil constitutionnel, l'unité de la République se résume à une unité de peuple, de langue et de culture.

Enfin, nous abordons le droit outre-marin qui connait des adaptations de la législation d'aide sociale légale qui s'applique dans le reste de l'Hexagone. Nous démontrons finalement que les milliers de kilomètres qui nous séparent de nos territoires d'outre-mer se traduisent parfois par des applications discutables du droit en question.

DEUXIÈME PARTIE

Territorialisation de l'aide sociale légale : une source avérée d'inégalité de traitement

Il est logique que dans un État centralisé le concept de territoire ne joue qu'un rôle subsidiaire. En revanche, c'est exactement l'inverse qui se produit dans un État décentralisé. Dans le premier cas, l'État est d'une certaine manière le seul maître à bord. Ses décisions s'appliquent uniformément sur l'ensemble du territoire national. Fort logiquement, à l'unité territoriale s'applique l'unité normative. Dans le second cas, le territoire devient une composante du droit. Traitée comme un problème de répartition des compétences, la décentralisation doit également être considérée comme un « problème de nature territoriale »[381]. Cela conduit nécessairement à faire varier le contenu de la norme juridique en fonction du territoire où elle s'applique. C'est le sens même de la territorialisation du droit qui finalement se traduit par une territorialisation des politiques sociales. A l'instar de Jean-Bernard Auby, nous dirons que « la territorialisation du droit est par essence un défi à l'unité du système juridique »[382]. Aussi, cette reconnaissance de la diversité des territoires conduit-elle à une remise en cause du principe d'égalité. Comment peut-on vouloir une prise en compte de la différence territoriale en imposant une norme unique ? C'est tout le sens de la différenciation territoriale que prône le gouvernement actuel dans son « projet de loi constitutionnelle pour une démocratie plus représentative, responsable et efficace »[383] qui a été présenté en Conseil des ministres le 9 mai 2018[384]. Toute la première partie de cet ouvrage vise à faire état des relations complexes entre droit et territoire et, au-delà, entre décentralisation et égalité.

---

381 MADIOT Y., « Vers une « territorialisation du droit », *RFDA* 1995, pp. 946-960.

382 AUBY J-B., « Réflexions sur la territorialisation du droit », in *Mélanges en l'honneur de Jean-Claude Douence La profondeur du droit local*, 2006, pp. 1-15

383 Assemblée Nationale, « projet de loi constitutionnelle pour une démocratie plus représentative, responsable et efficace, n° 911, 9 mai 2018, consultable sur : http://www.assemblee-nationale.fr/15/pdf/projets/pl0911.pdf.

384 Nous ne reviendrons pas sur ce projet déjà étudié *supra*.

Nous en avons déduit, d'ailleurs, que par nature la décentralisation produit inéluctablement de l'inégalité sans nous prononcer sur le fait de savoir s'il s'agit d'une bonne ou d'une mauvaise chose.

Nous proposons d'aller encore plus loin dans la seconde partie. En effet, nous soutenons que la décentralisation de l'aide sociale légale devenue, à titre principal, une compétence départementale, connait une mise en œuvre différenciée sur les territoires concernés en dehors de tout contrôle effectif et efficace de l'État. En effet, l'analyse de l'ensemble des champs relevant de l'aide sociale légale permet d'établir que les autorités locales (présidents des conseils départementaux particulièrement) ont une maîtrise quasi totale de leurs politiques sociales qui échappent pour l'essentiel au contrôle étatique et juridictionnel. Il s'agit, selon nous, d'une violation grave du principe d'égalité auquel chaque citoyen doit pouvoir prétendre. En effet, les aides sociales sont distribuées différemment selon les territoires où résident les bénéficiaires, au mépris, parfois, de leurs droits les plus stricts. Cette situation perdure dans la mesure où les principaux intéressés ne sont pas en mesure de réagir du fait, d'une part, de la fragilité de leur situation et, d'autre part, d'un déséquilibre majeur des forces entre l'administration et le citoyen qui s'y oppose. En réalité, même si le droit de l'aide sociale légale est défini par un corpus national de règles, cela ne suffit pas à garantir une application uniforme des droits en question. C'est justement cet aspect qui est particulièrement détaillé dans le cadre de cette seconde partie et qui constitue, à notre sens, une forme de territorialisation de la mise en œuvre des droits nationalement définis. Ce qui, *in fine*, aboutit à une inégalité de traitement directement liée au territoire d'appartenance du bénéficiaire. Dès lors, quel rôle doit jouer l'État pour rétablir une égalité de traitement conformément à la devise qui fonde notre République ? Est-il envisageable de seulement redresser la barre ou faut-il envisager d'autres solutions ou modes de fonctionnement ? Nous proposons dans cette seconde partie des pistes qui, selon nous, pourraient idéalement aboutir à une société plus juste où chacune et chacun trouveraient sa place.

Aussi proposons-nous de traiter, dans un titre 1, de la question de l'inégalité comme dénominateur commun de tous les champs de l'aide sociale légale. Face à une telle situation, il semble nécessaire, voire indispensable, d'aller vers une correction des inégalités afin de rétablir un peu plus de justice (titre 2).

TITRE I

L'inégalité comme dénominateur commun de tous les champs de l'aide sociale légale

Nous proposons d'analyser la question de l'inégalité de traitement des bénéficiaires de l'aide sociale selon leur département de résidence en balayant les différents champs de l'aide sociale. Tout d'abord, nous traiterons du champ de l'autonomie des personnes (chapitre 1) et, ensuite, du champ de la lutte contre les exclusions et de la protection de l'enfance (chapitre 2).

CHAPITRE 1

Dans le champ de l'autonomie des personnes

Les aides sociales visant à rétablir, préserver ou accroitre l'autonomie des personnes peuvent être regroupées en deux catégorics. D'une part, les prestations communes aux personnes âgées et handicapées (section1). D'autre part, les prestations spécifiques aux personnes âgées et handicapées (section 2).

SECTION 1. PRESTATIONS COMMUNES AUX PERSONNES ÂGÉES ET HANDICAPÉES

Nous allons, dans un premier temps, analyser les inégalités de traitement dans la mise en œuvre de l'aide à domicile aux personnes âgées et handicapées (§ 1). Puis, dans un second temps, et pour ces mêmes publics, nous analyserons les inégalités en matière d'accueil familial (§ 2).

§ 1. Inégalités de traitement en matière d'aide à domicile aux personnes âgées et handicapées

L'étude de la prestation d'aide à domicile fait ressortir des disparités dans son attribution que ce soit sous forme d'une aide en nature (A) ou en espèces (B).

A. Inégalité dans l'attribution de l'aide-ménagère en nature

L'aide en nature prend la forme de services ménagers, autrement dit l'intervention d'une aide-ménagère à domicile, comme l'indique clairement l'article L. 231-1 du CASF. C'est la commune qui en assure la mise en œuvre. En revanche, le financement relève de la compétence du conseil départemental depuis 1983.

La demande de prestation doit être déposée par l'intéressé auprès du centre communal d'action sociale (CCAS) ou du centre intercommunal d'action sociale (CIAS), à défaut auprès de sa mairie de résidence. Un dossier est alors établi par le CCAS/CIAS qui, si nécessaire, pourra recourir à des visiteurs enquêteurs. Ensuite, la demande sera transmise par le CCAS/CIAS dans le mois suivant son dépôt au président du conseil départemental qui l'instruira. L'avis du CCAS/CIAS ou celui du maire, le cas échéant, y sera joint. Enfin, l'avis du conseil municipal peut également être sollicité sur demande du maire ou du CCA/CIAS. La décision d'admission appartient au président du conseil départemental.

L'article L. 131-3 du CASF prévoit l'admission d'urgence à l'aide sociale des personnes handicapées et des personnes âgées, notamment lorsqu'il s'agit d'attribuer une aide en nature d'aide-ménagère. L'urgence est avérée lorsque la personne âgée est brusquement privée de l'assistance de la personne dont l'aide était nécessaire à son maintien à domicile. C'est le maire qui prononce alors l'admission. La décision d'admission est alors notifiée dans les trois jours, par courrier avec demande d'accusé de réception, au représentant de l'État ou au président du conseil départemental. Le maire transmet également le dossier de l'intéressé constitué par le CCAS/CIAS aux autorités décisionnaires. Ces dernières ont deux mois pour statuer.

En cas de placement de l'intéressé, le directeur de l'établissement d'accueil doit notifier, sous quarante-huit heures, aux autorités administratives citées précédemment, *« l'entrée de toute personne ayant fait l'objet d'une décision d'admission d'urgence ou sollicitant une telle admission »*[385].

L'inobservation des délais d'information des autorités administratives visées à l'article L. 131-3 (3 jours et 48 heures) entraîne la mise à la charge exclusive de la commune de la dépense.

Le représentant de l'État dans le département ou le président du conseil départemental dispose alors d'un délai de deux mois pour statuer sur l'admission d'urgence. Le rejet de l'admission entraîne la mise à la charge de l'intéressé des frais exposés.

Selon la législation en vigueur, le nombre d'heures attribuées à ce titre est fixé à trente heures pour une personne seule. Lorsque deux ou plusieurs bénéficiaires vivent en commun, le nombre maximum d'heures est réduit d'un cinquième pour chacun des bénéficiaires, ce qui ramène à quarante-huit heures le maximum attribuable pour deux personnes[386]. Ces limites d'heures figurent clairement à l'article R. 231-2 du CASF.

Pourtant on peut relever cet extrait du RDAS du Cantal qui dispose : *« Le Président du conseil général fixe le nombre d'heures accordées dans la limite mensuelle de 15 heures pour une personne seule et de 24 heures pour un couple. Lorsque deux ou plusieurs bénéficiaires vivent en commun, le nombre*

---

385 CASF, art. L. 131-3.

386 CASF, art. R 231-2.

maximum d'heures est réduit d'un cinquième pour chacun des bénéficiaires »[387]. Parfois, la formule est plus ambiguë comme celle relevée dans le RDAS de Meurthe-et-Moselle qui indique que *« la prise en charge de l'aide-ménagère couvre habituellement 10 heures par mois »*[388]. Or, un RDAS ne peut contenir de dispositions moins favorables que la loi[389]. Ce qui de toute évidence semble être le cas dans ces deux exemples.

A l'inverse, on trouve des RDAS plus favorables. C'est notamment le cas de celui des Hauts-de-Seine qui précise que *« le nombre maximum d'heures accordées pour une personne seule est de 50 heures par mois. Quand deux ou plusieurs bénéficiaires vivent en commun, ce maximum est réduit d'un cinquième pour chacun des bénéficiaires »*[390]. De manière générale, les RDAS se contentent de reprendre les limites horaires légales[391].

Nous considérons qu'un RDAS qui contient des dispositions moins favorables que la loi place, *de facto,* l'usager dans une situation d'inégalité de traitement comparativement à ceux qui sont soumis à un RDAS respectant les dispositions légales minimales. De plus et surtout, les dispositions litigieuses sont contraires à la loi.

On trouve également de nombreuses disparités quant à la durée de l'attribution de l'aide qui varie de un[392] à cinq ans[393] selon les départements de résidence. Précisons, tout de même, qu'aucune disposition légale ou règlementaire ne précise une durée minimale. Par conséquent, il s'agit d'une attribution réservée au président du conseil départemental.

Indiquons également qu'un arrêté du président du conseil départemental fixe la participation horaire susceptible d'être demandée aux bénéficiaires des services ménagers accordés au titre de l'aide en nature. Un arrêté interministériel fixe le taux horaire maximum pour la prise en charge par la collectivité publique, en tenant compte du coût des services proprement dits et d'une indemnité représentative des dépenses administratives de secrétariat et de coordination. Il fixe également le montant de la participation horaire demandée aux bénéficiaires qui varie en fonction des départements. À ce titre, les politiques départementales peuvent connaitre des variations. Dans tous les cas, la participation demandée *« s'élève en moyenne à 6 % du coût de la*

---

[387] RDAS du Cantal, décembre 2014, p. 240.

[388] RDAS de Meurthe-et-Moselle, mars 2011, p. 22.

[389] CASF, art. L. 121-4 du CASF : *« Le conseil départemental peut décider de conditions et de montants plus favorables que ceux prévus par les lois et règlements applicables aux prestations mentionnées à l'article L 121-1. Le département assure la charge financière de ces décisions ».*

[390] RDAS des Hauts-de-Seine, juin 1998, p. 3 ; on peut également citer le RDAS du Loiret, octobre 2009, p. 9.

[391] RDAS de la Somme, 2009, p. 33 ; RDAS de la Manche, décembre 2013, p. 49 ; RDAS de la Mayenne, janvier 2012 p. 59.

[392] RDAS du Cantal, décembre 2014, p. 240.

[393] RDAS du Calvados, juin 2015, p. 14 ou celui des Yvelines, janvier2012, p. 38.

prestation »[394]. On trouve des formulations variables pour exprimer cette obligation. On peut relever des « clauses types » qui précisent que la décision d'admission fixe « *la participation horaire demandée aux bénéficiaires, sans que celle-ci puisse être supérieure à celle arrêtée par le Président du conseil général. Le cas échéant, le bénéficiaire peut être exonéré de toute participation »*[395]. D'autres ajoutent que *« les organismes d'aide-ménagère procèdent aux récupérations de la participation auprès du bénéficiaire et ne facturent au conseil général que le solde ».*[396]

Outre le cadre légal de l'aide à domicile que nous venons d'étudier, pour pouvoir prétendre utilement à cette aide sociale légale, il convient de réunir certaines conditions tenant à l'âge ou au taux d'incapacité, à la résidence, à l'état de besoin et aux ressources du demandeur. N'oublions pas également de rappeler que l'aide sociale est toujours soumise au principe de subsidiarité.

Les conditions d'âge ou de taux d'incapacité qui permettent l'éligibilité à cette prestation d'aide à domicile sont prévues par l'article L. 113-1 du CASF qui dispose, rappelons-le, que *« toute personne âgée de soixante-cinq ans privée de ressources suffisantes peut bénéficier, soit d'une aide à domicile, soit d'un accueil chez des particuliers ou dans un établissement. Les personnes âgées de plus de soixante ans peuvent obtenir les mêmes avantages lorsqu'elles sont reconnues inaptes au travail ».* Les personnes handicapées sont éligibles à la même prestation à condition de justifier d'un taux d'incapacité d'au moins 80 %[397].

Quant à la condition de résidence, elle est posée par l'article L. 111-2 qui prévoit que les personnes de nationalité étrangère bénéficient des prestations d'aide sociale conformément aux conditions propres à chacune d'elles. En ce qui concerne les allocations aux personnes âgées comme aux personnes handicapées (aide à domicile comprise) le texte indique qu'elles doivent justifier de quinze ans de présence continue en France métropolitaine avant l'âge de soixante-dix ans[398]. On doit logiquement en déduire que les départements d'outre-mer (DOM) ne sont pas soumis à cette condition spécifique de résidence puisqu'ils ne sont pas, par définition, métropolitains.

Par ailleurs, la personne étrangère doit justifier d'une résidence régulière sur le territoire national, c'est-à-dire d'être en possession d'un titre de séjour. Seul le ministre chargé de l'action sociale[399] peut apporter, dans des situations

---

394 BORGETTO M., LAFORE R., *Droit de l'aide et de l'action sociale*, Montchrestien, 2012, p. 414.

395 RDAS du Maine et Loire, juin 2009, p. 30.

396 RDAS de la Nièvre, octobre 2011, p. 20.

397 CASF, art. L. 241-1.

398 CASF, L.111-2, 4°.

399 CE, 28 juillet 1999, *Département du Gard*, n° 191506. En l'espèce, la demande de dérogation avait été portée devant la juridiction administrative ce qui, de toute évidence, était contraire aux dispositions de l'article L 111-2 attribuant la compétence au ministre de l'action sociale exclusivement.

exceptionnelles, une dérogation à cet impératif de régularité. Enfin, selon l'article L. 111-3 du CASF, les personnes dont la présence en France métropolitaine résulte de circonstances exceptionnelles (réfugiés et apatrides) et qui n'ont pu choisir librement leur lieu de résidence, ainsi que celles n'ayant pas de domicile fixe (SDF) sont éligibles aux prestations d'aide sociale dans les conditions propres à chacune d'elles. La charge des prestations incombe alors à l'État du fait de l'absence d'un domicile de secours départemental.

La jurisprudence de la commission centrale d'aide sociale (CCAS) a eu l'occasion de préciser qu'un ressortissant de nationalité belge qui ne remplit pas la condition de résidence ininterrompue en France métropolitaine depuis au moins quinze ans avant soixante-dix ans doit voir sa demande examinée dans les mêmes conditions que pour un Français dans la mesure où son pays a ratifié la Convention européenne d'assistance sociale et médicale[400].

Par ailleurs, et conformément aux principes régissant l'aide sociale, l'état de besoin de l'intéressé devra être établi au même titre que le caractère subsidiaire de l'intervention de la collectivité.

L'étude de la jurisprudence de la commission centrale d'aide sociale (CCAS) apporte de nombreuses et utiles précisions à propos des conditions d'éligibilité requises pour obtenir l'aide dont il s'agit. Tout d'abord, *« l'octroi de l'aide n'est pas lié exclusivement ni même nécessairement à l'état de santé du demandeur (nulle condition relative à la santé n'est requise) mais dépend d'un besoin global d'aide matérielle de nature à permettre le maintien à domicile de l'intéressé »*[401].

Or, certains règlements départementaux d'aide sociale (RDAS) contiennent des formulations qui semblent contestables ou tout au moins discutables eu égard à ce qui vient d'être dit.

Les formules utilisées sont très variables et leur interprétation plus ou moins lâche. Par exemple, le RDAS du département de Seine-Saint-Denis précise que le *« besoin est attesté par un certificat médical »*[402], celui de la Manche exige parmi les pièces à fournir « *un certificat médical précisant le besoin* »[403] ou encore *« l'attestation d'un médecin indiquant le nombre d'heures nécessaires »* selon le RDAS de l'Yonne[404]. Toutes ces formulations nous semblent être en contradiction partielle avec les textes en vigueur[405] et la position affirmée par la CCAS à plusieurs reprises. Tout dépendra de la

---

400 CCAS, 16 mars 2001, CJAS n° 2001/109, p. 41. La Belgique a ratifié la Convention européenne d'assistance sociale au même titre que la France. À ce titre, les ressortissants des pays signataires disposent des mêmes droits d'aide sociale dès lors qu'ils se trouvent sur le territoire d'un des pays signataires.

401 CCAS, 28 février 2000, CJAS, 2000/02-03, p. 127 ; dans le même sens : CCAS, 14 février 2002, CJAS, 2002/03, p. 153.

402 RDAS de Seine-Saint-Denis, juin 2012, p. 68.

403 RDAS de la Manche, décembre 2013, p. 48.

404 RDAS de L'Yonne, juin 2011, p. 19.

405 CASF, R. 231-2.

motivation d'un éventuel refus opposé par le président du conseil départemental. En effet, la décision de refus du président du conseil départemental, fondée sur le seul certificat médical, serait susceptible d'être frappée de nullité eu égard à ce qui vient d'être dit. Dans tous les cas, le médecin, dans la plupart des RDAS étudiés, prend une place importante dans la procédure d'instruction de la demande d'aide sociale alors que la loi ne lui attribue aucun rôle particulier. Le fait d'attribuer au certificat médical, et donc au médecin, le pouvoir de légitimer une intervention à domicile, sans prendre en compte d'autres éléments susceptibles d'éclairer la prise de décision, nous parait excessif. Aussi, nous en déduisons que les bénéficiaires subissent une différence de traitement liée, encore une fois, à leur département de résidence.

La CCAS précise que *« si le besoin auquel l'aide répond est exclusivement matériel, l'origine n'en est pas nécessairement exclusivement physique mais peut être également psychique, notamment en cas de difficultés psychiques venant affecter une personne par ailleurs atteinte d'un handicap physique, psychologique et relationnel ; par suite, l'aide des services ménagers peut ne pas être exclusivement ménagère mais comporter en outre l'accomplissement de tâches ménagères et des tâches de facilitation de la vie à domicile »*[406]. Outre les tâches ménagères classiques, l'assistance pour la préparation régulière et équilibrée de repas est incluse dans la notion de tâche de facilitation de la vie à domicile. *A contrario*, le simple fait de souffrir d'une infirmité ne saurait à lui seul justifier le besoin d'une aide-ménagère[407].

C'est l'article L. 113-1 du CASF qui fait référence à la condition d'insuffisance de ressources du demandeur pour pouvoir prétendre à cette aide sociale. Selon les termes de l'article L. 231-1 du même code *« l'ensemble des ressources de toute nature, compte non tenu des prestations familiales, de l'aide à l'enfance et de l'aide à la famille et y compris l'allocation ainsi que les créances alimentaires auxquelles peuvent prétendre les intéressés, ne peut dépasser un plafond qui est fixé par décret »*. Le plafond à ne pas dépasser correspond à celui de l'allocation de solidarité aux personnes âgées (ASPA).

Certaines ressources sont exclues du mode de calcul contrairement à d'autres. Il a été jugé en effet que le complément de l'allocation adulte handicapé (AAH)[408] ainsi que les pensions de veuve de guerre[409] devaient être intégrés dans les ressources à prendre en considération. En revanche, la loi exclut d'office la retraite du combattant et les pensions attachées aux distinctions honorifiques[410].

Enfin, on trouve parfois, dans les règlements départementaux d'aide sociale, la référence au principe de subsidiarité qui s'applique pleinement en

---

406 CCAS, 30 novembre 2006, CJAS, 2007/02, n° 051465 bis.

407 CCAS, 25 janvier 1986, *Département des Bouches-du-Rhône*, EJCCAS n° 25-5, p. 2.

408 CCAS, 14 mai 1996, *Département du Var,* EJCCAS, n° 25-1, p.7.

409 CCAS, 5 octobre 1995, Département des Pyrénées-Atlantiques, EJCCAS n° 25-1, p. 6.

410 Article L. 132-2 du CASF.

matière d'aide sociale à domicile, qu'elle prenne la forme d'une aide en nature ou en espèces. Le RDAS du Rhône par exemple indique qu'il faut *« vivre seul ou avec une personne qui ne peut apporter cette aide. Cette condition est appréciée sur la base d'une enquête sociale »* (RDAS du Rhône, p. 11). Parfois le principe est formulé différemment. Le RDAS de Haute-Marne précise, quant à lui, qu'il *« est nécessaire que tous les membres de la famille (toutes les personnes habitant ensemble) remplissent les conditions d'attribution »* (RDAS de Haute-Marne, p.57.). Il faut alors en déduire qu'à défaut d'être dans la même situation que le demandeur, elles seront considérées comme ayant la capacité de lui apporter aide et assistance. Le critère de subsidiarité justifie un refus de l'aide lorsque *« le demandeur vit à proximité immédiate d'un membre de sa famille, lequel est ainsi en mesure de lui apporter une aide matérielle »*[411]. Il a même été jugé que le fait, pour un fils résidant à proximité du demandeur, de poursuivre des études ne permettait pas d'en déduire son impossibilité d'apporter l'aide nécessaire[412].

Conformément au droit commun, le bénéficiaire dispose de l'ensemble des voies de recours prévues par le CASF aux articles L. 134-1 à L. 134-10 pour contester une décision du président du conseil départemental lui faisant grief. Par ailleurs, les prestations d'aide à domicile sont susceptibles de récupération, étant précisé que le régime juridique qui leur est applicable en la matière est particulièrement favorable. Tout d'abord, il n'y a pas d'inscription d'hypothèque légale sur les biens du bénéficiaire[413]. Ensuite, le recours sur la succession ne porte que sur l'actif net successoral supérieur à 46 000 € et ne s'applique que si la dépense d'aide sociale engagée est supérieure à 760 €[414].

Ajoutons, pour être complet, que l'aide-ménagère aux personnes âgées et handicapées ne peut se cumuler avec l'allocation personnalisée d'autonomie, l'allocation représentative des services ménagers ou tout autre avantage de même nature versé par un organisme de protection sociale.

B. Inégalité dans l'attribution de l'aide-ménagère en espèces

Lorsqu'elle est attribuée en espèces, l'aide à domicile prend la forme d'une allocation représentative de services ménagers (ARSM). Les conditions d'attribution sont les mêmes que pour l'aide-ménagère en nature vue précédemment (âge, résidence, état de besoin, ressources et subsidiarité).

L'allocation représentative de services ménagers est versée dans trois hypothèses :

- lorsqu'il y n'existe pas de service d'aide-ménagère dans la commune ;
- lorsque ce service s'avère insuffisant ;

---

411 CCAS, 14 septembre 1995, *Département du Gers,* EJCCAS, n° 25-7, p. 1.

412 CCAS, 13 octobre 1983, *Département du Pas-de-Calais*, EJCCAS n° 25-5, p. 1.

413 CASF, art. L. 132-9.

414 CASF, art. R. 132-12.

– lorsque le bénéficiaire opte pour l'allocation représentative de services ménagers. Dans cette hypothèse l'intéressé doit manifester sa préférence de manière explicite[415].

Soulignons que le régime juridique de cette allocation était fixé par un décret qui a été abrogé[416] mais qui survit par le fait que les départements continuent à en appliquer certaines dispositions malgré tout.

Pour autant, l'allocation représentative de services ménagers trouve un fondement juridique certain dans l'article L. 231-1 du CASF qui précise que l'aide à domicile peut être accordée soit en espèces sous la forme d'une allocation représentative des services ménagers, soit en nature. On retrouve dans un certain nombre de RDAS des dispositions du décret abrogé qui précisait que le montant de l'allocation ne peut dépasser 60 % du coût des services ménagers susceptibles d'être accordés à l'intéressé[417]. Certains RDAS vont même jusqu'à citer explicitement le *« décret n° 54-1128 du 15 novembre 1954 »*[418] malgré l'abrogation de ce dernier. Lorsque l'attribution de l'allocation découle d'une incapacité pour le service organisé par la commune de répondre aux besoins de l'intéressé, l'allocation représentative de services ménagers pourra se cumuler avec l'aide en nature. Dans cette hypothèse, une allocation égale à 60 % du coût des services ménagers reconnus nécessaires, mais non satisfaits, est versée au bénéficiaire[419].

À partir du moment où l'article 7 du décret référé à l'allocation représentative de services ménagers a été effectivement abrogé, les départements sont libres de définir le régime juridique de l'allocation dont il s'agit. En revanche, tout département doit prévoir cette allocation qui constitue bien une aide sociale légale. Ajoutons également qu'à partir du moment où le règlement départemental d'aide sociale définit les conditions d'attribution de l'allocation représentative de services ménagers, il devient opposable aux départements quand bien même il reprendrait à son compte les conditions définies par le décret abrogé.

La jurisprudence de la commission centrale d'aide sociale (CCAS) confirme que l'allocation doit être effectivement utilisée aux fins qui lui sont dévolues. Par conséquent, ne peut prétendre *« à son bénéfice la personne qui n'établit ni même n'allègue que l'allocation a été effectivement utilisée conformément à sa destination »*[420]. Ce qui, par ailleurs, légitime

---

[415] CCAS, 21 octobre 1969, RDSS 1970, 164, obs. GEORGEL.

[416] Décret n° 54-128 du 15 novembre 1954 abrogé par le décret n° 85-1354 du 17 décembre 1985.

[417] RDAS des Hautes-Alpes, juin 2013, p. 365 ; dans le même sens, RDAS de la Marne, janvier 2017, p. 31

[418] RDAS des Pyrénées-Atlantiques, mai 2014, p. 16.

[419] BORGETTO M., LAFORE R., *Droit de l'aide et de l'action sociale*, Montchrestien, 2000, p. 404.

[420] CCAS, 21 décembre 2000, CJAS, 2001/08, p. 231.

complètement les contrôles d'effectivité exercés par les services des conseils départementaux. Certains RDAS ont adopté la jurisprudence de la CCAS en précisant que si *« les intéressés préfèrent le versement de l'allocation en espèces à des services ménagers en nature, ils doivent cependant manifester leur préférence de manière explicite. Cela implique qu'à l'appui de toute demande, un courrier doit être produit »*[421]. Toujours à propos du contrôle d'effectivité, il a été jugé que *« la personne qui se borne à soutenir que ses revenus et les prestations dont elle bénéficiait l'ont contrainte à embaucher une employée "au noir" pour ne pas avoir à s'acquitter des charges afférentes ne justifie pas, comme elle est tenue de le faire, de ce qu'une telle assistance lui a été effectivement dispensée ; par suite, et quels que puissent être les arguments avancés relatifs à la faiblesse de ses ressources, sa requête tendant à annuler la décision de radiation de cette allocation ne peut être que rejetée »*[422].

L'appréciation des besoins d'aide de services ménagers doit être évaluée par une équipe médico-sociale. Il s'agit d'un impératif que rappelle la CCAS dans une décision du 9 juin 2008 dans des termes dénués de toute ambiguïté. En effet, selon cette dernière, *« doit être réformée la décision ayant fixé à 15 heures par mois les besoins d'aide-ménagère sur la base d'indications qui n'ont été fournies que par des médecins et en l'absence de toute enquête sociale »*[423].

S'il est vrai que le besoin auquel l'aide est supposée répondre est exclusivement matériel, son origine peut tout à la fois être de nature physique et/ou psychologique comme en témoigne la décision de la CCAS du 30 novembre 2006. En l'espèce, il a été jugé que *« le fait qu'une personne soit atteinte d'une surcharge pondérale sérieuse qui génère des difficultés respiratoires (dyspnée à l'effort) et de mobilité (locomotion difficile) entraîne, alors même que les causes de ses difficultés et leurs manifestations sont à la fois physiques et psychiques, des besoins de nature de ceux qu'il appartient aux services ménagers de prendre en compte (tâches ménagères, assistance pour la préparation régulière et équilibrée des repas) ; par suite, et nonobstant l'origine et les manifestations de nature à la fois physique et psychique étroitement intriquées des troubles constitutifs d'un handicap de la requérante, cette situation justifie l'octroi de services ménagers »*[424].

Par ailleurs, comme toute aide sociale légale, le principe de subsidiarité s'applique. Il a été jugé que *« ne peut prétendre au bénéfice de l'allocation une personne bénéficiaire d'une clause d'entretien consécutive à une donation consentie à sa fille unique dès lors que cette clause précise qu'en*

---

[421] RDAS du Gard, janvier 2013, p. 25.
[422] CCAS, 6 novembre 2007, CJAS, 2008/6, n° 0703410.
[423] CCAS, 9 juin 2008, CJAS, 2008/4, n° 061597.
[424] CCAS, 30 novembre 2006, CJAS, 2007/02, n° 051465 bis.

cas de décès de celle-ci, ses héritiers et représentants doivent remplir l'obligation d'assurer au donateur les soins tant en santé qu'en maladie »[425].

Enfin, l'allocation représentative de services ménagers constitue pour la collectivité départementale une obligation juridique. Autrement dit, le bénéficiaire est titulaire d'une créance à son égard comme en témoigne cette décision unique rendue par la CCAS le 3 juin 2005. En l'espèce, le demandeur vit sur l'île du Frioul sur laquelle aucun service d'aide-ménagère n'existe. Pour cette raison, il a sollicité auprès du conseil général [départemental] l'octroi d'une allocation représentative de services ménagers pour pouvoir financer l'intervention d'un service ménager venant du continent. Sa demande a été rejetée au motif qu'il habite sur une île dénuée de ce type de service, *« considérant que les énonciations précitées ne sauraient être de nature à exonérer le département de son obligation de financer le droit qui est reconnu à M. René L... sous forme d'une allocation représentatrice (sic) des services ménagers permettant le paiement des services ménagers et les frais de transport y afférents.»*. Dans le même ordre d'idées, dans une décision du 29 novembre 1979[426], le CCAS a annulé une décision de la commission départementale d'aide sociale imposant que le service serait fourni en nature, ce qui venait à remettre en cause le droit d'option du bénéficiaire.

Malgré toutes ces précisions jurisprudentielles, on relève que certains RDAS ne respectent pas le droit d'option du bénéficiaire, en imposant de manière directe ou indirecte une aide en nature assurée par l'un des services agréés ou autorisés. Le RDAS de l'Yonne par exemple indique que *« cette aide peut être versée sous forme d'allocation représentative de services ménagers. La couverture géographique étant complète dans le département, sauf exception il n'y aura pas lieu de l'octroyer »*[427]. L'exception ainsi prévue contredit le droit d'option du bénéficiaire qui est opposable à la collectivité.

Pour notre part, le droit d'option, du fait de l'abrogation du décret de 1954, semble ne plus exister aujourd'hui. Pour autant, rien n'empêche un conseil départemental de le prévoir dans son règlement départemental d'aide sociale. A l'inverse, s'il ne l'a pas prévu, on ne peut lui opposer un décret abrogé.

Suite à ces différents développements, on peut retenir que l'aide à domicile, en nature ou sous forme d'une allocation représentative de services ménagers, peut parfois connaitre des applications locales. Ce qui, du point de vue du prisme sous lequel nous analysons ces différentes questions, nous parait constituer autant d'hypothèses de différence de traitement en lien avec le département de résidence.

---

[425] CCAS, 14 avril 1994, Département de Dordogne, EJCCAS n° 25-3, p. 1.

[426] CCAS, 29 novembre 1979, *Département du Cantal*, EJCCAS n° 25-7, p. 2.

[427] RDAS de L'Yonne, janvier 2011, p. 18.

§ 2. Inégalités de traitement en matière d'accueil des personnes âgées et handicapées

L'article L. 231-4 du code de l'action sociale et des familles prévoit que *« toute personne âgée qui ne peut être utilement aidée à domicile peut être accueillie, si elle y consent, dans des conditions précisées par décret, soit chez des particuliers, soit dans un établissement de santé ou une maison de retraite publics, soit dans un établissement privé »*.

Il résulte clairement de ce premier alinéa que l'aide à domicile constitue une priorité des politiques publiques. Par conséquent, un placement en institution ou chez un particulier ne devra être envisagé qu'à titre secondaire. Remarquons aussi l'ordonnancement proposé par le législateur à l'intérieur de ce texte. Tout d'abord, une priorité au placement chez des particuliers. Cette formule dite de l'accueil familial fait l'objet des dispositions des articles L. 441-1 à L. 441-12 du CASF. Puis viennent ensuite les établissements de santé et les maisons de retraite publique. Enfin, et en dernier recours, sont visés les établissements privés. Par ailleurs, le législateur rappelle que dans tous les cas le consentement de l'intéressé est une condition *sine qua non* de son accueil en dehors de son domicile.

Outre le fait que les départements n'investissent pas la formule de l'accueil familial avec la même intensité, l'application des dispositions légales et règlementaires connait des variations d'un département à l'autre (A). Il en est de même des dispositions référées à l'hébergement des personnes âgées et handicapées (B).

A. Applications locales de la législation sur l'accueil familial par les départements

En 2013, on comptabilise 9 742 accueillants familiaux agréés recevant 14 549 personnes, dont près de 6 500 personnes âgées. En 2021, l'effectif est de 8 789 accueillants recevant 13 109 personnes, dont 4 600 personnes âgées.[428] L'effectif continue de baisser en 2022 avec 8 428 accueillants pour 13 109 personnes[429]. A titre de comparaison, au 31/12/2023, 10 400 structures médico-sociales d'hébergement pour personnes âgées proposent 756 000 places d'accueil[430]. Au 31/12/2022, les structures médico-sociales qui

---

[428] ROSSO-DEBORD V., *« Vers un nouvel accueil familial des personnes âgées et handicapées »,* Rapport au ministre du travail, des relations sociales, de la famille et de la solidarité, 2008, p. 7. Ces chiffres sont confirmés par l'enquête de l'IFREP (institut de formation de recherche et d'évaluation des pratiques médico-sociales). L'IFREP fait état de 9 742 accueillants recevant 7 850 personnes handicapées (54 %) et 6700 personnes âgées (46%) au 31/12/2013. Voir : IFREP, *Enquête sur l'accueil familial des personnes âgées ou handicapées adultes*, avril 2015. Les chiffres 2021 et 2022 sont issus des mêmes sources.

[429] La répartition est de 2/3 de personnes handicapées pour 1/3 de personnes âgées.

[430] DREES, L'aide sociale aux personnes âgées ou handicapées, Edition 2025.

accompagnent des personnes handicapées proposent 531 000 places. L'accueil familial est, par conséquent, très minoritaire.

L'article L 441-1 du CASF indique que pour accueillir habituellement à son domicile, à titre onéreux, des personnes âgées ou handicapées, la personne ou le couple doit avoir obtenu préalablement un agrément, renouvelable, délivré par le président du conseil départemental de son département de résidence qui instruit la demande[431].

Selon les textes applicables, la personne accueillie ne doit pas appartenir à la famille de l'accueillant jusqu'au quatrième degré inclus. Une exception qui vise à éviter des rapports pécuniaires au sein de la solidarité familiale. Notons simplement que cette logique ne s'applique pas dans le cadre de l'allocation personnalisée d'autonomie (APA) puisqu'il est possible de rémunérer un membre de sa famille. Une autre exception concerne les personnes relevant d'une prise en charge en maison d'accueil spécialisée (MAS). En effet, elles ne peuvent faire l'objet d'un accueil familial « classique » eu égard à la prise en charge qu'elles nécessitent en termes de surveillance médicale et de soins constants. Toutefois, l'article L 441-3 du même code prévoit qu'elles peuvent faire l'objet d'un placement familial, à titre permanent, séquentiel ou temporaire, organisé sous la responsabilité d'un établissement ou d'un service médico-social ou d'une association agréée à cet effet conjointement par le président du conseil départemental et le représentant de l'État dans le département.

Selon les termes de l'article R. 441-1 du CASF, l'obtention de l'agrément est soumise aux cinq conditions suivantes :

- justifier de conditions d'accueil permettant d'assurer la santé, la sécurité, le bien-être physique et moral des personnes accueillies ;
- s'engager à ce que l'accueil soit assuré de façon continue en proposant notamment, dans le contrat d'accueil, des solutions de remplacement satisfaisantes durant les périodes d'absence ;
- disposer d'un logement dont l'état, les dimensions et l'environnement soient compatibles avec les contraintes liées à l'âge ou au handicap des personnes accueillies ;
- s'engager à suivre une formation initiale et continue et une initiation aux gestes de secourisme ;
- accepter qu'un suivi social et médico-social des personnes accueillies puisse être assuré, notamment au moyen de visites sur place.

Par ailleurs, conformément à l'article R. 441-2 du code de l'action sociale et des familles et à l'arrêté du 8 juillet 2024 fixant le modèle de formulaire en

---

[431] L'exercice de cette profession sans agrément fait encourir à son auteur une peine d'emprisonnement de 3 mois ainsi que 3750 € d'amende (art. L. 443-9 du CASF). Pour une application, voir : Cour de cassation, 30/9/2025, pourvoi n° 24-85.132.

vue de l'agrément d'accueillant familial, un formulaire homologué Cerfa a été mis à disposition au 1er novembre 2024 sur le site internet « service-public.fr », permettant ainsi d'harmoniser le dossier de demande d'agrément sur l'ensemble du territoire[432].

Après avoir rappelé le cadre règlementaire de l'accueil familial et la jurisprudence qui s'y réfère, notre question est de savoir comment s'inscrit l'accueil familial au sein des différents départements. De façon plus précise, les bénéficiaires de ce type d'accueil sont-ils traités de manière identique selon le département dans lequel ils résident ?

Tout d'abord, il y a de très fortes disparités entre départements en termes d'accueillants familiaux agréés. Par exemple, on dénombre 507 accueillants familiaux agréés dans le département du Nord pour 702 personnes accueillies et 387 dans celui de la Charente-Maritime pour 704 personnes accueillies. Le département des Landes en compte 12 pour 20 personnes accueillies et la Lozère 4 pour 4 personnes accueillies. Les taux d'encadrement varient de 1 encadrant pour 1 personne accueillie (Lozère) à 1 encadrant pour 1,81 personne accueillie (Charente-Maritime). On dénombre 6 départements présentant une surreprésentation des personnes âgées et handicapées (Mayenne, Sarthe, Maine-et-Loire, Aube, Vienne et Indre). Les taux d'encadrement dans ces 6 départements varient de 1 accueillant pour 1,18 personne accueillie (Aube) à 1 accueillant pour 1,67 personne accueillie (Vienne). En réalité 10 départements totalisent, à eux seuls, 33 % des accueillant familiaux Ce qui tend à démontrer qu'il existe, par ailleurs, une tradition départementale de l'accueil familial. Les chances de pouvoir alors y recourir sont fortement corrélées au choix historique et politique des départements de résidence du bénéficiaire.

Il apparait, dès lors, que les possibilités de choix entre les différentes formules d'accueil de personnes âgées et handicapées se trouvent considérablement réduites selon le département de résidence. Il ne faut pas oublier, en effet, que l'accueil familial est limité à trois personnes, quatre à titre dérogatoire. Les départements comptant un nombre important de personnes âgées et handicapées peuvent donc se retrouver en déficit d'accueillants familiaux. Certaines personnes se retrouvent dans l'obligation de changer de département pour accéder à cette formule. Outre les désagréments subis par cette situation imposée, pour le département d'accueil le bénéfice est double. D'une part, en termes de dynamique d'emploi et, d'autre part, parce que la dépense d'aide sociale est toujours à la charge du département d'origine de la personne accueillie. En effet, le domicile de secours de cette dernière n'est pas impacté par ce déplacement physique. L'exemple du département des Hauts-de-Seine est particulièrement

---

[432] Assemblée Nationale, question écrite n° 4946 « Renforcer l'accueil familial : quelle réforme pour garantir son avenir », JOAN, 8/4/2025, p. 2472.

caractéristique dans la mesure où, à ce jour, il ne compte aucun accueillant familial[433]. Il nous semble hasardeux de tenter de donner une explication satisfaisante sur l'absence d'accueillants familiaux dans ce département en particulier, si ce n'est que cela semble marquer un choix en termes de politique départementale. Cela dit, on peut poser l'hypothèse que les personnes âgées ou handicapées qui ne souhaitent pas être accueillies en établissement sont obligées de quitter leur département d'origine pour accéder à une forme d'accueil familial même si, à ce jour, aucune donnée chiffrée permet de l'affirmer. Il nous semble que cela constitue bien une différence de traitement directement liée au département de résidence.

Pourtant, différentes raisons objectives peuvent expliquer les variations de développement de l'accueil familial selon les départements. On constate, par exemple, que l'information des bénéficiaires potentiels, mais également des professionnels, peut connaitre de grandes disparités. Certains départements affichent leur volonté de développer l'accueil familial par la mise en place d'outils d'informations à destination du grand public. On trouve ainsi des dénominations diverses pour qualifier les plaquettes informatives : « *Dépliant accueil familial* » (Gironde), « *Vivre en accueil familial* » (Ille-et-Vilaine), « *Livret d'accueil familial* » (Essonne)... Sans compter la mobilisation de relais comme les centres locaux d'information et de coordination (CLIC) par exemple.

Or il nous semble qu'à la lumière de la loi du 28 décembre 2015 d'adaptation de la société au vieillissement (loi ASV), les départements qui ne communiquent pas sur l'accueil familial se retrouvent, de fait, en contradiction avec la loi. En effet, l'article L. 113-1-2 du CASF dispose que *« les personnes âgées et leurs familles bénéficient d'un droit à une information sur les formes d'accompagnement et de prise en charge adaptées »*. Cette obligation pèse sur la Caisse nationale de solidarité pour l'autonomie (CNSA), les départements et les centres locaux d'information (CLIC). Les personnes handicapées bénéficient des mêmes droits que les personnes âgées par renvoi de l'article L. 241-1 du même code, à l'article L. 113-1-2 notamment. Aussi, l'inapplication de la loi est source d'inégalité de traitement des bénéficiaires potentiels. Nous sommes, là encore, sur une problématique référée à l'accès aux droits.

Outre ce droit à l'information désormais proclamé, les personnes en perte d'autonomie ont également le droit à des aides adaptées à leurs besoins et ressources, dans le respect de leur projet de vie afin de répondre aux conséquences de leur perte d'autonomie quelle que soit la nature de leurs déficiences et leur mode de vie[434]. Il s'agit d'un nouveau droit qui fait naître de nouvelles obligations envers les conseils départementaux. Notamment celle

[433] Carte de France des accueillants familiaux, consultable sur : https://www.famidac.fr/?-Annuaire-de-l-accueil-familial-social-par-departements-
[434] CASF, L. 113-1-1.

de proposer les différentes formules d'accueil, ce qui implique qu'elles existent effectivement. Ne pas donner ce choix aux bénéficiaires potentiels constitue une illégalité qui place les personnes concernées dans des situations différentes selon le département dont elles relèvent.

Certaines pratiques départementales[435] démontrent qu'il existe des résistances au développement de ces formules. Par exemple, la non-communication de la liste des accueillants familiaux agréés (Maine- et-Loire, Marne, Drôme). Or à plusieurs reprises la commission d'accès aux documents administratifs (CADA) s'est prononcée en faveur de la communication de cette liste suite à des demandes d'avis formulées par des conseils départementaux. Les termes employés ne laissent planer aucun doute : *« Ce document administratif [la liste] est en effet communicable de plein droit, en application de l'article 2 de la loi du 17 juillet 1978 modifiée par celle du 12 avril 2000, sous réserve de l'occultation préalable des mentions susceptibles de porter atteinte au secret de la vie privée des personnes qui y sont mentionnées (adresse et numéro de téléphone) »*[436]. Les refus de communication s'analysent aussi comme un frein à l'accès aux droits. Chacun doit pouvoir, sur simple demande, obtenir la liste nominative des accueillants familiaux agréés du département.

D'autres pratiques remettent en cause la liberté de choisir son accueillant familial[437]. Par exemple, certains départements demandent à être saisis de tout projet d'accueil en vue d'émettre un avis social et médical sur l'accueil (Aisne, Calvados, Orne, Eure-et-Loir, Cher, Loiret). Par ailleurs, des conseils départementaux exigent d'être présents lors de la signature du contrat d'accueil bien que n'étant pas une partie contractante[438]. Certaines pratiques conduisent également à restreindre l'accès à la profession d'accueillant familial en posant des exigences hors cadre règlementaire. Cela conduit, *de facto*, à une réduction de l'offre proposée aux bénéficiaires potentiels. On trouve des exemples dans les exigences comme limiter l'agrément initial à une seule place (la Réunion, Nièvre), refuser de délivrer des agréments mixtes (Seine-et-Marne, Alpes-de-Haute-Provence), remettre en cause des agréments au 65ème anniversaire de l'accueillant (Lot-et- Garonne), interdire d'exercer toute autre activité salariée (Loiret), exiger une situation financière stable de l'accueillant (Haute-Garonne), demander le détail des ressources, y compris les dettes personnelles et les emprunts (Guadeloupe, Vienne, Tarn, Yvelines, Charente, Bouches-du-Rhône), limiter la durée de l'agrément à douze mois au

---

435 Les exemples proviennent de données issues du site de Famidac, rubrique « Mise en relation, Départements » : consultable sur : https://www.famidac.fr/?-Annuaire-de-l-accueil-familial-social-par-departements-

436 CADA, séance du 12 juillet 2001, Président du conseil général de la Dordogne, avis n° 20012582.

437 *Ibid.*

438 CASF, annexe 3-8-1 « Accueillant familiaux de gré à gré. Contrat type d'accueil de personnes âgées ou handicapées adultes ».

lieu des cinq ans prévus par la législation (Loire), décourager les personnes voulant exercer ce métier par une politique de restriction forte des agréments (Hautes-Alpes, qui comptent 18 accueillants familiaux pour 10 personnes accueillies).

Toutes les pratiques et exigences ainsi décrites ne trouvent aucun fondement juridique et viennent limiter la liberté de choix de la personne âgée ou handicapée. Nous les retenons également comme des indicateurs de différences de traitement. Ajoutons que même si les conséquences personnelles pour la personne âgée ou handicapée de ce qui vient d'être mis en lumière sont difficilement évaluables, nous pouvons supputer que les bénéficiaires qui subissent de telles irrégularités ne sont pas à même de réagir, et encore moins d'agir. Il y a de fait tout le poids de la collectivité départementale qui s'abat sur l'individu et son entourage et paralyse toute velléité d'agir, d'autant plus qu'il s'agit de personnes en perte d'autonomie, particulièrement vulnérables.

Signalons également le cas particulier du département de la Réunion qui connait sur son territoire une problématique spécifique référée à l'accueil des personnes âgées au sein de *« structures illégales ou structures marrons »*[439]. Manifestement, il s'agit de structures qui ne répondent ni aux conditions légales de l'accueil familial, ni à celles d'établissements sociaux habilités à recevoir des personnes âgées. Il est vrai que l'île connait un vieillissement de sa population assez rapide *« puisque les Réunionnais âgés d'au moins 65 ans sont 62 000 aujourd'hui. Ils sont trois fois plus nombreux qu'au début des années 80. Sur la même période la population des seniors a augmenté trois fois plus vite que la population totale »*[440]. Même si *« l'accueil familial connait une évolution favorable (...) de fortes disparités concernant la répartition des familles sur le territoire »*[441] existent. Ainsi, le nord de l'île compte 48 familles d'accueil pour 92 places alors que le sud enregistre 275 familles d'accueil pour 502 places. Indiquons également que le département priorise le développement de l'accueil familial qui, culturellement, correspond davantage aux pratiques locales, même si cette tendance s'amenuise. D'ailleurs, le schéma départemental d'organisation sociale et médico-sociale (SDOSMS) indique clairement qu'il *« ne poursuit pas l'objectif d'un rattrapage du taux d'équipement métropolitain »*[442]. Ces structures, dites marrons et non déclarées, se sont développées comme une réponse possible au manque d'équipements et même de places dans les familles d'accueil. Il

---

[439] Schéma départemental d'organisation sociale et médico-sociale (SDOSMS) 2013-2017, département de la Réunion, p. 46-47. Marron vient de l'espagnol cimarrón qui signifie « s'échapper, fuir ». En français ce mot a fini par désigner les esclaves fugitifs de l'ile de la Réunion. Par ailleurs, ce mot désigne aussi les « camps » organisés par ces esclaves dans les montagnes reculées où ils s'installaient avec femmes, enfants et bétail.

[440] Ibid., p. 15.

[441] *Ibid.*, p. 31.

[442] *Ibid.*, p. 39.

s'agit, en effet, d'une pratique locale connue et reconnue, y compris par les autorités publiques. Pour autant, le SDOSMS 2013-2017 marque très clairement l'intention d'y mettre un terme. En effet, il y est indiqué que *« l'harmonisation des procédures de contrôle départementales et la régularisation des structures d'accueil évoluant hors du cadre légal relèvent des missions confiées »* à une cellule départementale dédiée à cet effet. De la même manière, le département réfléchit à la création d'un *« cahier des charges en direction des petites unités de vie de moins de 25 lits »*. Toutes ces indications confirment que cette pratique « illégale » mérite une régularisation avec l'appui des autorités publiques qui les invitent à se transformer en maison d'accueil familiale (MAF) ou à solliciter un agrément pour être famille d'accueil[443]. Bien sûr, la réalité est un peu plus complexe dans la mesure où ces pensions illégales, estimées à une centaine sur toute l'île[444], peuvent avoir des pratiques contestables en termes d'hygiène et de sécurité, notamment. Quelques affaires judiciaires s'en sont fait l'écho. En même temps, les familles sans moyens suffisants ne peuvent accéder à des hébergements en structures. On voit même des associations tutélaires confier leur majeur protégé à ce type de structures car aucune autre solution n'est envisageable, notamment dans l'urgence.

Un autre aspect de la question des inégalités de traitement en matière d'accueil des personnes âgées ou handicapées est relatif au dispositif d'aide sociale à l'hébergement (ASH).

B. Des politiques départementales d'aide sociale à l'hébergement sources d'inégalité de traitement

Étudions, d'abord, le régime juridique de l'aide sociale à l'hébergement pour personnes âgées et handicapées (1). Puis, nous mettrons en lumière la gestion départementale de l'aide sociale à l'hébergement (2) qui conduit, nécessairement, à des disparités de traitement des bénéficiaires.

1. Cadre règlementaire de l'aide sociale à l'hébergement pour personnes âgées et handicapées

Bien que la finalité soit la même, il y a lieu de distinguer le régime juridique de l'aide sociale à l'hébergement aux personnes âgées et de l'aide sociale à l'hébergement aux personnes handicapées. Aussi, traiterons-nous de manière alternative ces deux régimes.

---

443 *Clinacloo*, « L'appel du département aux pensions marrons » : consultable sur : https://www.clicanoo.re/Societe/Article/2018/03/27/Lappel-du-Departement-aux-pensions-marrons_521898.

444 KLEIN A ET SANDRON F., « Une nouvelle famille ? L'accueil familial des personnes âgées à la Réunion », institut de démographie, université de Strasbourg, 21-24 juin 2016, p. 8.

L'aide sociale à l'hébergement est destinée à acquitter le tarif hébergement des établissements d'accueil pour personne âgées[445] habilités ou non[446] à recevoir des bénéficiaires de l'aide sociale. Ces dispositions s'appliquent également dans le cadre de l'accueil familial.

Certaines conditions doivent être remplies simultanément pour y être éligible. Tout d'abord, être âgé d'au moins 65 ans, ou de 60 ans en cas d'inaptitude au travail. Ensuite, résider en France de manière stable et durable, c'est-à-dire depuis plus de trois mois. Les personnes étrangères doivent être munies d'un titre de séjour en cours de validité. Il faut aussi résider dans un établissement pour personnes âgées dépendantes (EHPAD) ou une unité de soin de longue durée (USLD) ou une résidence autonomie (ex-foyer logement), habilités à recevoir des bénéficiaires de l'aide sociale.

Outre ces conditions, la personne doit disposer de ressources inférieures au montant des frais d'hébergement. Il est tenu compte, pour l'appréciation des ressources, non seulement des revenus professionnels et autres, mais aussi de la valeur en capital des biens non-productifs de revenus. Les biens non-productifs de revenus, à l'exclusion de ceux constituant l'habitation principale du demandeur, sont considérés comme procurant un revenu annuel égal à 50 % de leur valeur locative, s'il s'agit d'immeubles bâtis, de 80 % de cette valeur, s'ils ne sont pas bâtis, et de 3 % du montant des capitaux[447]. En revanche, ne sont pas pris en compte la retraite du combattant et les pensions honorifiques.

L'ASH est susceptible d'être récupérée auprès du bénéficiaire revenu à meilleure fortune, de ses héritiers, du légataire ou donataire du bénéficiaire ou du bénéficiaire d'un contrat d'assurance vie[448]. Enfin, elle n'intervient que pour la partie complémentaire du prix de journée, c'est-à-dire après déduction de la participation de la personne, calculée en fonction de ses ressources, de celles de son partenaire quel que soit leur statut matrimonial et des obligés alimentaires s'il y en a (ticket modérateur) et de celles de ses obligés alimentaires[449]. Dans tous les cas, les ressources seront amputées pour couvrir les frais d'hébergement jusqu'à concurrence d'un minimum légal mensuel incompressible laissé à la disposition de l'intéressé (reste à vivre). Le

---

445 Établissement d'hébergement pour personnes âgées (EHPA) et établissements pour personnes âgées dépendantes (EHPAD).

446 CASF, L. 231-5 (possibilité, pour le département, de participer aux frais de séjour d'établissements non habilités à l'aide sociale. La condition étant que la personne accueillie y ait résidé à titre payant, pendant au moins cinq ans, et se retrouve en difficulté pour continuer à assurer son entretien.

447 CASF, L. 132-3 et art. R.132-1.

448 CASF, art. L.132-8.

449 CASF, art. R.132-9 (les obligés alimentaires désignés nominativement par le demandeur au moment du dépôt du dossier sont invités à fixer leur participation éventuelle aux dépenses susceptibles d'être engagées en faveur du postulant).

département paye directement à l'établissement la partie non couverte par les ressources de la personne.

Pour les personnes âgées, 90 % des ressources de toute nature sont fléchées pour le paiement du tarif hébergement et entretien, à l'exception des prestations familiales. Les 10 % restants correspondent au reste à vivre mensuel qui ne peut, en aucun cas, être inférieur au minimum légal incompressible fixé à 1 % du montant de l'allocation de solidarité aux personnes âgées (ASPA). S'ajoutent à ce minimum la retraite du combattant et les pensions attachées à une distinction honorifique.

Pour les personnes handicapées accueillies dans des centres pour adultes handicapés[450], le minimum mensuel garanti varie en fonction de leur situation professionnelle.

Si la personne ne travaille pas, le minimum garanti est égal à 10 % de ses ressources sans pouvoir être inférieur à 30 % du montant de l'allocation aux adultes handicapés (AAH).

Si elle travaille ou bénéficie d'une aide aux travailleurs privés d'emploi ou effectue un stage de formation professionnelle ou de rééducation professionnelle, le montant garanti est égal au tiers des ressources résultant de sa situation ainsi que de 10 % de ses autres ressources, sans que ce minimum puisse être inférieur à 50 % de l'allocation aux adultes handicapés (AAH).

À la différence de l'ASH versée aux personnes âgées, le calcul de la participation due par la personne n'inclut pas les obligés alimentaires. En outre, aucune action en récupération contre le bénéficiaire revenu à meilleure fortune, ou sa succession, ou un légataire ou donataire, ou contre le bénéficiaire d'un contrat d'assurance vie n'est recevable[451].

Ajoutons, pour être complet, que l'ASH ne s'applique pas aux maisons d'accueil spécialisées ainsi qu'aux établissements hébergeant des enfants et adolescents handicapés puisqu'ils relèvent de l'assurance maladie. Toutefois, pour ces derniers, les départements sont parfois amenés à allouer l'aide sociale soit dans le cadre de l'amendement Creton, soit dans le cadre d'un établissement pour personnes âgées dépendantes (EHPAD), dans le cas où aucune offre d'accueil ne serait disponible.

2. Gestion départementale différenciée de l'aide sociale à l'hébergement

Nous avons rappelé le cadre légal d'application de l'aide sociale à l'hébergement (ASH) : intéressons-nous aux disparités qui peuvent résulter,

---

450 CASF, R. 344-29 (établissements de rééducation professionnelle avec internat, résidences autonomie (ex-foyers logements) ou tout autre établissement d'hébergement pour personne handicapée (foyer de vie, foyer d'hébergement et foyer d'accueil médicalisé).

451 CASF, L. 344-5 (aucune action en récupération n'est possible contre le conjoint, ses enfants, ses parents, la personne qui a assumé de façon effective et constante la charge de la personne handicapée).

notamment, du mode de gestion de cette aide sociale mis en œuvre par le département.
L'organisation du versement de l'ASH n'est pas identique dans l'ensemble des départements. Elle varie aussi selon les établissements ou les situations.
Une première distinction concerne le versement de l'ASH à l'établissement d'accueil de la personne. En 2018, 30 % des collectivités versent toujours à l'établissement l'ensemble des frais d'hébergement, incluant l'ASH, la participation du bénéficiaire et celle des obligés alimentaires, lorsqu'il y en a. Ils peuvent ensuite récupérer ces deux dernières auprès des intéressés. Finalement, le département avance la totalité de l'ASH et se charge de la récupération *a postériori.*
Dans 24 % des cas, les départements ne s'acquittent que des frais d'hébergement résiduels, une fois déduite la participation des bénéficiaires et des obligés alimentaires. On peut également relever quelques variantes. Ainsi, par exemple, 17 % des départements versent toujours à l'établissement l'ASH et la participation éventuelle des obligés alimentaires, mais pas celle du bénéficiaire. Enfin, 28 % des départements déclarent que cela dépend des cas. Pour 25 % d'entre eux, la règle prend en compte d'autres variables pour déterminer le versement total ou partiel de l'aide sociale à l'hébergement. Ainsi, les modalités de paiement varient légèrement selon le statut de l'établissement et selon qu'il est ou non situé dans le département concerné. Ainsi, il est plus fréquent que les départements n'aient pas de pratique systématique lorsqu'il s'agit d'établissements privés à but lucratif ou d'établissements situés en dehors du département, quel que soit leur statut.
Au total, en 2018, 31 % des collectivités versent toujours à l'établissement la participation du bénéficiaire (qu'elles récupèrent ensuite), 28 % le font parfois et 41 % jamais. Là encore, ces proportions varient légèrement selon le statut de l'établissement, mais surtout si l'établissement est en dehors du département financeur de l'ASH. La participation des obligés alimentaires est globalement beaucoup plus souvent versée par les conseils départementaux aux établissements (toujours dans 54 % des cas, parfois dans 19 % des cas), particulièrement dans les établissements publics. En 2018, les montants récupérés s'élèvent à 888 millions d'euros. Deux tiers des sommes récupérées le sont auprès des bénéficiaires, 21 % sur les successions et 13 % auprès des obligés alimentaires[452].

D'autre part, le calcul du reste à vivre varie d'un département à l'autre[453]. Nous avons précédemment vu que ce dernier ne peut être inférieur à un

---

[452] L'aide et l'action sociales en France, Édition 2022, pp. : 102-109.

[453] On constate toujours l'existence de ces pratiques départementales différenciées dans les mêmes proportions en 2018. Voir : DRESS, *L'aide et l'action sociale en France*, 2020, p. 105. Selon les données fournies par la DRESS dans l'édition 2022 précitée sur ces mêmes

minimum fixé règlementairement. Pour autant, certains départements vont y ajouter le montant de certaines dépenses, ce qui équivaut à les prendre en charge. Il peut s'agir des frais de tutelle, des frais de mutuelle, des frais d'assurances, des prélèvements fiscaux, voire d'autres frais : par exemple, 80 % des départements prennent systématiquement en charge les frais de tutelle, 72 % les frais de mutuelle, 46 % les frais d'assurances, 49 % les prélèvements fiscaux. A l'inverse, 19 % des départements ne prennent jamais en charge les frais d'assurance et 35 % parfois. Pour les autres frais, seulement 7 % des départements les prennent en charge. Pour autant, 81 % le font parfois et seulement 10 % jamais.

Relevons aussi que 85 % de départements prennent en compte, systématiquement, des frais relatifs à la dépendance en GIR 5 et 6, c'est-à-dire pour des personnes qui ne relèvent pas de l'allocation personnalisée d'autonomie.

Quant aux obligés alimentaires, les enfants sont systématiquement sollicités dans 98 % des cas, les gendres et belles-filles dans 74 % des cas, les petits enfants dans 23 % des cas. Il appartient au président du conseil départemental de fixer le montant de la contribution des obligés alimentaires. Généralement, les départements établissent des barèmes aux fins de fixer le montant de la contribution due par les obligés alimentaires. On constate, tout d'abord, une variabilité du statut du barème. Selon le rapport de l'IGAS de mai 2011[454], certains départements en font un document public intégré dans le règlement départemental d'aide sociale (Morbihan, Loire-Atlantique), ou annexé à ce dernier (Seine-Maritime). Pour d'autres, une délibération du conseil départemental suffit (Vaucluse). Enfin, d'aucuns déterminent la participation en fonction de situations individuelles : il n'y a pas de barème (Vienne). Ceci étant précisé, dans la majorité des cas, le barème permet un calcul mécanique de la participation des obligés. Le rapport précité relève que certains départements fixent cette participation dans une fourchette pouvant se situer entre 5 et 10 % des revenus des obligés (Charente-Maritime).

Des poches d'inégalités apparaissent également dans la technique de définition des ressources à prendre en compte pour calculer la participation des obligés. Certains départements (Cantal, Vaucluse) déduisent certaines charges pour leurs montants réels (loyers, remboursement d'emprunts…), pour d'autres les charges sont forfaitisées (Creuse, Seine-Maritime, Hauts-de-Seine). D'autres paramètres sont également pris en compte dans le calcul, comme la composition du ménage. Il y a donc une certaine progressivité de la participation liée aux abattements ou déductions opérés au titre des charges et à la composition du ménage. Certains départements pratiquent des abattements faibles et des taux de participation faibles (Creuse), ce qui

thématiques (reste à vivre, charges prises en compte et obligés alimentaires) nous relevons une quasi-invariabilité des règles et des proportions signalées dans ces paragraphes.

454 IGAS, Modalités de mise en œuvre de l'aide sociale à l'hébergement, mai 2011, p. 33.

équivaut à un barème peu progressif. D'autres, au contraire, ont des abattements élevés et des taux de participation élevés, ce qui correspond à une forte progressivité du barème (Vaucluse, Hauts-de-Seine). Il est intéressant de souligner également que les départements pauvres (Creuse, Cantal, Haute-Saône) déclenchent l'obligation alimentaire plus tôt que les départements riches (Hauts-de-Seine, Yvelines, Seine-Maritime). Ainsi par exemple, et toujours selon le rapport précité, pour la Creuse, le seuil de ressources déclencheur en 2011 était de 742 € alors que pour les Yvelines, il était de 2282 €. Le cas de la Creuse est à remarquer dans la mesure où il y existe un double barème fixé à 742 € pour les retraités et 1365 € pour les actifs. Cette différence tient au fait que la Creuse est un département vieillissant qui compte beaucoup de personnes âgées. Ainsi, les retraités sont plus menacés que les actifs au titre de la récupération.

Par ailleurs, cette contribution, une fois fixée, participe au calcul du montant de l'ASH. Or, le président du conseil départemental n'a pas juridiquement compétence pour décider d'une participation des obligés alimentaires, d'une répartition de l'obligation entre eux et encore moins d'émettre un titre exécutoire à leur égard. En effet, seule l'autorité judiciaire, le juge aux affaires familiales plus précisément, a compétence en la matière. Pour autant, le président du conseil départemental ne peut pas, dans un premier temps, demander au juge de fixer la contribution des obligés alimentaires et, dans un second temps, de rendre la décision sur l'ASH. Cette impossibilité s'explique par le principe du privilège du préalable qui signifie, notamment, que l'administration n'a pas à demander d'autorisation à l'autorité judiciaire pour prendre un acte. Or, la décision sur l'ASH implique, le cas échéant, une décision sur la contribution des obligés alimentaires, ce qui, de toute évidence, donne un certain pouvoir aux obligés alimentaires récalcitrants. Il faut, mais il suffit, qu'ils soient peu collaboratifs pour reporter le moment de l'entrée en vigueur de leurs obligations alimentaires. En effet, ils peuvent volontairement ne pas répondre aux demandes de renseignements formulées par le conseil départemental sur leurs ressources, ou encore refuser de payer la contribution définie par le conseil départemental.

Leur attitude retardera d'autant la saisine du juge. Or, l'obligation alimentaire ne court qu'à compter de cette saisine. Il n'y a donc pas d'effet rétroactif de la prise en charge en vertu du principe selon lequel *« aliments ne s'arréragent pas »*. Cela contredit, d'une certaine manière, la règle applicable à l'ouverture des droits à l'aide sociale et à l'hébergement. En effet, ils sont ouverts à compter de la date d'entrée dans l'établissement lorsque la demande est formulée dans les deux mois suivant cette entrée[455].

Le lien connexe qui lie les deux décisions peut être à l'origine de certaines difficultés pratiques. En effet, il est clair que le « régime de l'obligation alimentaire est source d'une insécurité juridique structurelle des décisions

[455] CASF, L. 131-4 et art. R.1 31-2.

d'ASH »[456] puisque le président du conseil départemental, comme nous l'avons vu, n'a pas de compétence en la matière.

Pour se prononcer sur cette contribution, les conseils départementaux « glanent » des informations sur la situation des obligés alimentaires, dont l'accord est requis pour que la décision sur l'ASH soit davantage sécurisée. Signalons, toutefois, que la décision administrative peut être révisée si le bénéficiaire de l'aide sociale fournit une décision judiciaire rejetant la demande d'aliments ou limitant l'obligation alimentaire à un montant inférieur à celle arrêtée par le président du conseil départemental. Idem, si les débiteurs d'aliments ont été condamnés aux versements d'arrérages supérieurs à ceux qu'elle avait prévus.

Enfin, dans 97 % des départements le recours sur succession est mis en œuvre systématiquement en matière d'ASH pour personnes âgées[457].

Le régime juridique de l'ASH, couplé aux pratiques départementales dont nous venons de faire état explique grandement le non-recours à cette aide sociale légale. Le spectre de la récupération produit un effet dissuasif[458]. Action en récupération qui peut s'exercer, selon le droit commun, contre le bénéficiaire revenu à meilleure fortune, contre le donataire ou contre le légataire et subsidiairement contre le bénéficiaire d'un contrat d'assurance vie[459]. D'ailleurs, et pour donner davantage de relief à l'action sus-décrite, le bénéficiaire de l'aide sociale départementale doit désigner nominativement ses obligés alimentaires[460]. Cela participe évidemment de la prise de conscience du risque qu'il fait encourir, notamment à sa succession.

Rappelons que l'ASH est récupérable dès le premier euro. Le risque de récupération peut pousser certaines personnes âgées, par exemple, à refuser un accueil en EHPAD alors que leur situation le justifierait[461].

Outre l'action en récupération, le CASF prévoit un système d'inscription d'une hypothèque légale prise automatiquement dès que le bénéficiaire possède un bien immobilier d'une valeur supérieure ou égale à 1 500 €[462]. Le risque représenté par l'hypothèque d'un bien qui, dans certains cas et au-delà de sa seule valeur financière, représente un souvenir de famille, peut dissuader de faire une demande d'ASH. Dans ce domaine, particulièrement, on constate des disparités entre les départements. Certains départements prévoient

---

456 IGAS, « Modalités de mise en œuvre de l'aide sociale à l'hébergement », mai 2011, *op. cit.*.

457 DRESS, « L'aide et l'action sociale en France », *op. cit.* Aucune donnée sur la récupération de l'ASH pour personne handicapée ne figure dans l'étude sus-indiquée.

458 Un peu moins de 888 millions d'euros ont été récupérés par les départements en 2018, soit 41 % de la dépense brute qui s'élève à 2 149 700 euros. La récupération s'exerce soit sur les bénéficiaires (66%), les obligés alimentaires (13 %) ou les successions (21 %).

459 CASF, L. 132-8.

460 CASF, R. 132-9.

461 IGAS, « Modalités de mise en œuvre de l'aide sociale à l'hébergement », mai 2011, *op. cit.*

462 CASF, R. 132-13 et s.

l'inscription de l'hypothèque légale à partir de seuils minimums variant entre 2 500 € à 38 000 €.

Au-delà de ces aspects techniques se surajoutent d'autres difficultés pouvant être à l'origine de refus d'admission de bénéficiaires potentiels de l'ASH par les établissements. En effet, eu égard à la longueur de l'instruction des demandes d'ASH (de quelques mois à plus d'un an), certains établissements préfèrent ne pas prendre le risque d'admettre un résident. En effet, un refus de l'ASH les placerait, *de facto*, dans une situation délicate. Étant précisé, par ailleurs, que pour les établissements cela correspond toujours à une avance de trésorerie durant toute la phase d'instruction, phase d'instruction qui implique nécessairement les CCAS en vertu de la loi[463], puis la recherche des obligés alimentaires, ces deux opérations ayant pour effet d'allonger les délais d'instruction avec les conséquences qui y sont rattachées, et entraînant des conséquences importantes pour les bénéficiaires potentiels qui peuvent, en raison de problématiques qui découlent directement de la rigueur des textes enserrant l'ASH, se retrouver sans solution d'hébergement.

Des différences de traitement des demandes d'ASH se font jour lorsque l'on analyse la procédure d'instruction mise en place par les départements. On peut relever, dans le rapport de l'IGAS de mai 2011, certains extraits assez significatifs des conséquences liées aux différences de traitement des dossiers.

Ainsi, dans la Creuse, *« selon les interlocuteurs de la mission, les délais d'instruction d'une demande d'aide sociale à l'hébergement (...) sont au minimum de 6 mois, mais dépassent très souvent cette durée, pour atteindre régulièrement des durées proches de 9 à 12 mois »*. Pour le département de Seine-Maritime, *« le délai entre l'entrée en établissement et la décision d'admission à l'ASH [est] compris entre 0 et 1346 jours, avec une moyenne de 201 jours et une médiane de 170 jours. Si 30 % des dossiers connaissent une issue dans les quatre mois suivant l'entrée, près de la moitié dépassent 6 mois de traitement, et la proportion de ceux qui attendent plus d'un an est proche de 10 % »*. Dans le Cantal, *« le délai moyen est de 169 jours et le délai médian de 129 jours. Pour les dossiers sans OA [obligés alimentaires] payants, la moyenne est de 156 jours et la médiane de 119 jours. Pour les décisions avec OA payants, la moyenne est de 222 jours et la médiane de 182 jours. L'effet de l'obligation alimentaire est donc au minimum de deux mois. 1,2 % des dossiers sans OA payants sont réglés en moins de 90 jours, contre seulement 12 % des dossiers avec OA payants »*. Même si, en effet, des comparaisons pertinentes des procédures d'instruction des demandes d'ASH entre départements impliquent que des critères communs soient préalablement établis, on peut malgré tout soutenir que les délais sont impactés par les procédures d'instruction. Que manifestement, ces dernières répondent à des pratiques strictement locales. Par conséquent, les délais d'instruction sont tributaires de ces pratiques et cela produit des conséquences sur le demandeur

463 CASF, L. 131-1.

mais aussi sur les établissements. Sur le demandeur, car la longueur de l'attente le place dans une situation d'incertitude qui peut se traduire sur sa santé au sens large. Sur les établissements, puisqu'en cas de refus de l'ASH il leur faudra recouvrer les sommes dues auprès des obligés alimentaires, tâche souvent complexe. Sans compter le fait que, dans l'attente de la décision finale, tous les établissements ne sont pas en mesure de faire une avance de trésorerie aussi lourde de conséquences. Comme nous l'avons déjà signalé, un certain nombre d'entre eux sont contraints d'opposer des refus d'admission. Au final le bénéficiaire potentiel en subit les plus lourdes conséquences. Non seulement les procédures d'instruction des dossiers d'ASH varient dans leurs modalités pratiques et leur durée, mais le bénéficiaire potentiel peut de plus subir un refus d'admission des établissements. La conjugaison de tous ces paramètres produit des inégalités de traitement en lien avec le département de résidence du demandeur.

On sait, par ailleurs, que pour des raisons financières les départements se refusent à faire une pré-instruction des dossiers, qui mobilise beaucoup de moyens. Quant aux bénéficiaires potentiels, très souvent, leur admission se fait en urgence car les familles repoussent ce moment souvent redouté le plus loin possible. Il y a donc une impréparation à différents niveaux.

Le rapport met l'accent sur le non-recours à l'ASH qui semble être la problématique essentielle. Les causes sont multiples. Parfois les familles, par méconnaissance du régime juridique de l'ASH, surestiment la charge qui leur reviendrait effectivement et préfèrent alors prendre en charge personnellement les frais d'hébergement, certaines personnes pensant même que la récupération sur succession pourrait se faire sur leur propre patrimoine.

Des réticences à fournir des informations, considérées comme indiscrètes, sur les revenus et le patrimoine constituent également un frein aux demandes d'ASH. On relève même des comportements oblatifs des personnes âgées notamment, qui préfèrent se dépouiller de leurs biens par licitation plutôt que de demander une aide à leurs proches. Pour d'autres, devenir un assisté est inconcevable. À l'inverse, des tensions familiales fortes peuvent être à l'origine du non-recours à cette aide sociale.

En définitive, l'ASH est victime de son régime juridique qui maintient le système de l'obligation alimentaire, au titre de la subsidiarité, considéré comme un véritable frein au recours à cette aide sociale. Or, et nous l'avons suffisamment expliqué, il n'existe pas de barème national de fixation de la participation des obligés alimentaires puisque chaque département définit la règle applicable en la matière. Cette indéfinition d'un mode de calcul unique conduit à des inégalités de traitement, et au-delà, exclut de l'ASH des personnes qui potentiellement pourraient en bénéficier.

SECTION 2. PRESTATIONS SPÉCIFIQUES AUX PERSONNES ÂGÉES ET AUX PERSONNES HANDICAPÉES

On retrouve également des inégalités de traitement dans la mise en œuvre de l'allocation personnalisée d'autonomie (§ 1) mais aussi de la prestation de compensation du handicap (§ 2).

§ 1. Inégalités dans la mise en œuvre de l'allocation personnalisée d'autonomie

On ne peut aborder la question de l'allocation personnalisée d'autonomie (APA) sans revenir à la prestation spécifique dépendance (PSD) considérée majoritairement comme un modèle d'inégalité de traitement (A). Ensuite, nous analyserons le dispositif de l'APA, certes plus juste mais pas totalement égalitaire (B).

A. La prestation spécifique dépendance : un modèle d'inégalité de traitement

Rappelons que la PSD a été conçue comme une étape d'un projet plus global visant à instituer, *in fine,* une prestation spécifique dépendance comme en témoigne d'ailleurs le titre même donné à la loi[464]. On se souvient que la PSD a d'abord été expérimentée dans certains départements comme le prévoyait explicitement la loi n° 94-637 du 25 juillet 1994 relative à la Sécurité sociale.

Après cette phase expérimentale d'environ deux ans, la PED a été généralisée à l'ensemble du territoire par la loi instituant la prestation sociale dépendance, communément appelée PSD. Très rapidement, le projet de loi a été soumis au contrôle de constitutionnalité. Les arguments soulevés par les auteurs à l'origine de la saisine du Conseil constitutionnel sont intéressants dans la mesure où ils portent principalement sur la question de l'égalité. En effet, les auteurs reprochent au législateur d'avoir instauré *« un dispositif incompatible tant avec l'exigence de solidarité nationale qu'impose le Préambule de la Constitution du 27 octobre 1946 en son onzième alinéa, qu'avec le principe constitutionnel d'égalité devant la loi qui impose que les différences de protection des personnes âgées contre les risques induits par la dépendance selon le département où elles résident ne soient pas disproportionnées avec les différences de situations qui les séparent au regard*

[464] Loi n° 97-60 du 24 janvier 1997 tendant, dans l'attente du vote de la loi instituant une prestation pour les personnes âgées dépendantes, à mieux répondre aux besoins des personnes âgées par l'institution d'une prestation spécifique dépendance, *JORF* n° 21 du 25 janvier 1997, p. 1280.

des critères nationaux clairs et précis »[465]. Par ailleurs, ils font valoir que *« l'octroi de la prestation spécifique dépendance ne dépendra que des orientations d'une « majorité départementale » sans répondre aux exigences de la solidarité nationale ; que la règlementation de l'accès à la prestation étant renvoyée au niveau du département, il en résulterait nécessairement des discriminations territoriales au détriment des personnes âgées dépendantes ; que les variations susceptibles d'apparaitre d'un département à un autre ne seraient pas justifiées au regard de l'objet de la loi »*[466].

Pour autant, le Conseil constitutionnel a déclaré la loi déférée conforme à la Constitution. Tout d'abord, en considérant qu'il n'y pas de contradiction entre le concept de solidarité nationale envers les plus fragiles tel qu'il résulte de l'article 11 du Préambule de la Constitution de 1946 et une mise en œuvre départementale de ladite solidarité. Ensuite, qu'à partir du moment où les conditions d'attribution de la prestation sont fixées nationalement (âge, degré de dépendance, ressources) il y a lieu de considérer que le législateur a satisfait à son obligation de garantir qu'il n'y aura pas de ruptures caractérisées d'égalité devant la loi entre les citoyens quel que soit l'endroit où ils résident.

Dans la mise en œuvre de la PSD, et malgré les conclusions tirées par le Conseil constitutionnel, la réalité va contredire sévèrement l'appréciation restreinte qu'il a donnée du principe d'égalité. A l'appui de ce constat, nous pouvons citer l'enquête menée par l'observatoire de l'action sociale décentralisée (ODAS) intitulée *« La PSD un an après : première tendance »*[467]. Les conditions nécessaires pour prétendre à la PSD sont fixées par le législateur mais laissent aux départements une marge d'appréciation pouvant conduire à des disparités dans les montants octroyés pouvant aller de 1 à 4, voire parfois beaucoup plus[468]. L'ODAS relève que *« le mode de calcul intégrant la valorisation du patrimoine est variable selon les départements ce qui entraîne des problèmes de cohérence et d'égalité dans la mise en œuvre de la prestation sociale dépendance »*[469]. Toujours selon le même institut, *« les départements s'interrogent toutefois sur la portée très inégale, voire excessive, du caractère dissuasif du recours en récupération sur succession et donation. L'écart important entre le nombre de dossiers retirés et celui des demandes effectives est en effet attribué à cette dissuasion, et plus particulièrement dans les départements ruraux où le niveau de patrimoine est moyen ou élevé »*. D'autres remarques sont faites en termes d'inégalité de

465 Cons. const., 21 janvier 1997, n° 96-1387 DC, Loi tendant, dans l'attente du vote de la loi instituant une prestation d'autonomie pour les personnes âgées dépendantes, à mieux répondre aux besoins des personnes âgées par l'institution d'une prestation spécifique dépendance, cons. 7.

466 *Ibid.*

467 Les cahiers de l'ODAS, « La PSD un an après : première tendance », Étude réalisée à la demande de la Commission des affaires sociales du Sénat, janvier 1998

468 BORGETTO M., LAFORE R., *Droit de l'aide et de l'action sociale*, LGDJ, 2018, p. 405.

469 *Ibidem,* p. 14.

traitement des bénéficiaires. Il y a des divergences d'appréciation de la date d'ouverture des droits d'un département à l'autre. D'aucuns considèrent que les droits sont ouverts dès que le dossier est complet alors que d'autres prennent en compte la date de la première visite d'un membre de l'équipe médico-sociale[470].

Il est constant, selon de nombreux observateurs, que la mise en place de la PSD a mis en exergue la nécessité de réfléchir politiquement la question de la dépendance qui frappe particulièrement les pays occidentaux du fait, notamment, du vieillissement de la population. Par ailleurs, des correctifs doivent être apportés au système antérieur afin de lever les freins inhérents à la PSD qui, au bout du compte, reste un échec patent de cette politique publique.

Comme le dit très justement Claude Martin, « *on connaissait déjà ce risque de disparité territoriale, qui avait d'ailleurs constitué l'argument du recours auprès du Conseil constitutionnel* »[471]. Aussi posons-nous la question de savoir pourquoi cette Haute juridiction valide un texte alors qu'il était simple, *a priori*, de se rendre compte de ses insuffisances.

Pour toutes les raisons invoquées précédemment à propos de la PSD, une nouvelle loi instituant l'allocation personnalisée d'autonomie (APA) va voir le jour en juillet 2001. Un rapport éclairant de Jean-Pierre Sueur intitulé *« L'allocation personnalisée d'autonomie : un nouveau droit fondé sur le principe d'égalité »*[472] permet de confirmer que l'inégalité de traitement constituait l'un des reproches essentiels destinés à la PSD.

B. L'allocation personnalisée d'autonomie : plus juste mais pas totalement égalitaire

Il convient, dans un premier temps, de rappeler l'économie et le régime juridique de l'APA (1). Dans un second temps, nous aborderons la problématique de la gestion départementale de l'APA qui est à l'origine d'inégalités de traitement (2).

Dans un premier temps et à titre liminaire, nous allons analyser le poids que représente l'APA dans les budgets départementaux.

L'allocation personnalisée d'autonomie (APA) a été créée par la loi n° 2001-647 du 20 juillet 2001 en lieu et place de la prestation spécifique dépendance (PSD) instaurée par la loi n° 97- 60 du 24 janvier 1997. L'APA est entrée en vigueur le 1er janvier 2002.

---

[470] *Ibid.*, p. 17.

[471] CLAUDE M., « L'expérimentation territoriale de la prestation dépendance : fenêtre d'opportunité ou rendez-vous manqué ? », In HASSENTEFEL P., (dir.) *Politique et management public*, n° 3, 1998, numéro spécial *Politiques sociales et territoires*, p. 69-91.

[472] SUEUR J-P, *L'aide personnalisée à l'autonomie : un nouveau droit fondé sur le principe d'égalité*, Rapport remis au ministre de l'Emploi et de la Solidarité, La Documentation française, mai 2000.

Selon la DRESS[473], en 2015, le nombre de personnes d'au moins 60 ans (âge d'éligibilité) qui perçoivent l'allocation personnalisée d'autonomie s'élève à un peu plus de 1,2 million (près d'1,4 million en 2023)[474]. Cela représente une dépense totale de 5,6 milliards d'euros (7,1 milliards d'euros en 2023). L'APA en établissement concerne 41 % des bénéficiaires en 2015 comme en 2023 soit, respectivement, 517 000 et 549 000 bénéficiaires. Quant à l'APA à domicile, elle concerne 748 000 personnes en 2015 et 816 000 en 2023. Généralement, l'APA en établissement s'adresse à des bénéficiaires très dépendants contrairement à l'APA à domicile.

La dépense mensuelle moyenne par bénéficiaire se situe aux alentours de 379 € en établissement et 365 € à domicile en 2015, contre respectivement 409 € et 439 € en 2023.

L'état de dépendance est apprécié au regard d'une grille nationale « Autonomie Gérontologie et Groupes Iso-Ressources »[475] dite grille AGGIR qui classe les demandeurs[476] du GIR 1 (très dépendant) au GIR 6 (autonome). Seuls les GIR 1 à 4 sont éligibles à l'APA.

Par ailleurs, l'étude de la DRESS souligne certaines variabilités selon les départements concernés. En effet, « *parmi l'ensemble des bénéficiaires de l'APA, la part de ceux résidant en établissement varie de 8 % à 67 % selon les départements. Cette part est plus élevée dans les départements du nord-ouest de la France et plus faible dans ceux du sud, de la Corse ainsi que dans les départements d'outre-mer* »[477]. Quant à l'APA à domicile, au niveau national près de 20 % des bénéficiaires sont classés en GIR 1 ou 2, mais cette proportion varie de 9 à 36 % selon les départements. En outre, il existe un problème de non-recours à l'APA qui interroge également le principe d'égalité d'accès à une prestation d'aide sociale légale, non-recours qui concerne 20 à 28 % des personnes éligibles[478]. En revanche, seules 5 % de celles accueillies en établissement rencontrent ce type de difficultés grâce à un environnement de professionnels maîtrisant les droits susceptibles d'être déclenchés.

Dans le panorama de la DRESS 2020, les tendances relevées en 2015 se confirment très largement[479]. La « *Lettre de l'ODAS* » de décembre 2020 indique que la dépense d'APA à domicile augmente de 2,6 % en raison d'une

---

473 DRESS, « L'aide et l'action sociale en France », *op. cit.*.

474 DRESS, « L'aide et l'action sociale en France », Édition 2022, pp. : 92-101.

475 CASF, annexe 2-1.

476 APA en établissement : 59 % des bénéficiaires sont classés en GIR 1 et 2, 18 % en GIR 3 et 23 % en GIR 4 ; APA à domicile : 59 % des bénéficiaires sont classés en GIR 4, 22 % en GIR 3 et 16 % en GIR 1.

477 DRESS, « L'aide et l'action sociale en France », *op. cit.,* note 445*, p. 49.*

478 RAMOS-GORAND M, « Le non-recours à l'APA à domicile vu par les professionnels de terrain », *Les dossiers DRESS*, n° 10, décembre 2010, p. 9.

479 Fin 2018, 1.3 million de personnes de 60 ans ou plus perçoivent l'APA ce qui représente une dépense totale de 6 milliards d'euros. On relève la même proportion d'APA en établissement et à domicile. Toutefois, l'APA en établissement varie d'un département à l'autre dans une fourchette de 7 % à 71 %.

hausse du nombre de bénéficiaires (+16 900) tandis que l'APA en établissement se stabilise (+5 500). Les évolutions des dépenses d'APA à domicile dépassent 10 % dans un petit nombre de départements. Pour les autres, les évolutions sont régulièrement échelonnées de –4 % à + 7 %.
Il est à noter que le profil des bénéficiaires de l'APA varie en fonction du département de résidence. Fin 2023, 57 % des bénéficiaires de l'APA en établissement sont en perte d'autonomie sévère (GIR 1 ou 2) contre 20 % des bénéficiaires de l'APA à domicile. Les personnes évaluées en GIR 3 représentent 19 % des bénéficiaires de l'APA en établissement, contre 22 % de ceux à domicile. Enfin, la part de bénéficiaires de l'APA en perte d'autonomie modérée (GIR 4) est de 24 % en établissement et de 58 % à domicile. Depuis la création de l'APA en 2001, ces répartitions sont relativement stables. Plus de 60 % des départements ont une part de bénéficiaires de l'APA à domicile classés en GIR 1 ou 2 (perte d'autonomie très sévère) comprise entre 15 % et 25 %, soit assez proche de la moyenne nationale égale à 20 %. À l'inverse, un tiers des départements se distinguent très nettement aux extrémités. En effet, dans 18 d'entre eux, plus de 25 % des bénéficiaires de l'APA à domicile sont en GIR 1 ou 2, tandis que dans 20 collectivités, ils sont moins de 15 %. Près de six collectivités sur dix ont une part de bénéficiaires de l'APA en établissement en perte d'autonomie sévère comprise entre 50 % et 60 %. À l'inverse, dans 34 départements, plus de 60 % des bénéficiaires de l'APA en établissement sont en perte d'autonomie sévère, tandis qu'ils sont moins de 50 % dans 13 départements[480].

1. Économie et régime juridique de l'allocation personnalisée d'autonomie

C'est finalement sur la base du rapport Sueur précité que la loi de 2001 relative à l'APA va être proposée. L'idée principale étant que la prise en charge « *des situations de dépendance doit (...) être un droit pour chaque personne concernée, droit qui doit être mis en œuvre dans les mêmes conditions sur l'ensemble du territoire* »[481]. L'entrée en vigueur du nouveau dispositif offre la possibilité aux bénéficiaires de la PSD de basculer dans le dispositif APA. C'est d'ailleurs ce choix laissé aux personnes qui explique que le Conseil constitutionnel n'a pas censuré la loi suite à sa saisine.

Or, s'il est exact que le régime juridique des deux prestations diffère, les bénéficiaires disposent d'un droit d'option. Par conséquent, l'argument tiré d'une rupture caractérisée d'égalité entre les bénéficiaires de la PSD ou de l'APA n'est pas recevable.

---

[480] Tous les chiffres sont issus de : DRESS, L'aide sociale aux personnes âgées ou handicapées, Édition 2025, p. 43.
[481] *Ibidem,* p.8.

La PSD présente la particularité de concentrer un ensemble de points négatifs (soumise à conditions de ressources avec des plafonds très bas, récupérable sur les successions et donations, exclusion des GIR 4, variabilité de son montant selon les départements…) qui expliquent l'absolue nécessité de réformer le système.

Dans le rapport Sueur, l'idée d'égalité des droits est fortement rappelée sans pour autant conduire à l'uniformisation des droits. Il convient en effet, au travers d'un plan personnalisé, d'individualiser les prises en charge. L'objectif annoncé est de prendre en compte la dépendance, sous toutes ses formes.

Le rapport Sueur s'inscrit donc dans l'idée que la prise en charge des situations de dépendance doit en effet être un droit pour chaque personne concernée. Droit qui doit être mis en œuvre dans les mêmes conditions sur l'ensemble du territoire dès lors que les personnes se trouvent être dans des situations de dépendance et de ressources strictement identiques.

Ainsi, l'APA prend la forme d'une aide en nature réservée aux personnes vivant à domicile ou en établissement dès lors qu'elles en remplissent les conditions d'attribution. Pour pouvoir bénéficier de cette prestation, trois conditions sont requises. Tout d'abord, être âgé d'au moins soixante ans[482], ensuite justifier d'une résidence stable et régulière en France et enfin, d'un certain degré de perte d'autonomie. Ajoutons que les personnes qui relevaient de la prestation de compensation du handicap (PCH) avant soixante ans peuvent opter pour l'APA, si elles remplissent les autres conditions, dès qu'elles ont atteint cet âge et à chaque renouvellement[483]. L'absence de choix quant à l'option s'entend d'une volonté implicite de ne pas opter pour l'APA[484].

Les personnes qui bénéficiaient de l'allocation compensatrice tierce personne (ACTP) avant le 1er janvier 2006, date d'entrée en vigueur de la loi du 11 février 2005 remplaçant cette dernière par la PCH, peuvent également, et sous les mêmes conditions que précédemment, opter pour l'APA.

Pour ce qui est de la condition de résidence, il faut mais il suffit qu'elle soit stable et régulière. Ce qui, *de facto,* n'exclut que les étrangers en situation irrégulière. Pour les autres, le droit s'ouvre, sous les mêmes conditions que les nationaux, dès lors qu'ils possèdent une carte de résident ou un titre de séjour en cours de validité[485]. Quant aux personnes sans domicile fixe, elles doivent élire domicile conformément au droit commun auprès d'un CCAS/CIAS ou d'un organisme agréé à cet effet[486].

Reste la condition de la perte d'autonomie qui fait l'objet d'une évaluation par une équipe médico-sociale sur la base d'une grille nationale, définie par

---

482 CASF, art. R. 232-1.
483 CASF, art. L. 245-9.
484 *Ibid., in fine.*
485 CASF, art. R. 232-2.
486 CASF, art. L. 264-1 et s.

voie règlementaire, dite grille Autonomie, Gérontologie, Groupe Iso-Ressources ou grille AGGIR[487]. Il s'agit d'évaluer le plus précisément possible *« le degré de perte d'autonomie des demandeurs de l'allocation personnalisée d'autonomie dans l'accomplissement des actes de la vie quotidienne »*[488] en situation, c'est-à-dire sur son lieu de vie, afin d'inclure dans l'évaluation l'ensemble des paramètres médico-sociaux.

A partir de cette évaluation, les personnes sont classées dans l'un des six groupes iso-ressources en fonction des aides directes et techniques nécessitées par leur état. Le modèle AGGIR comporte dix variables d'activité corporelle et mentale, dites discriminantes (cohérence, orientation, toilette, habillage…) et des variables d'activité domestique et sociale, dites illustratives (gestion, cuisine, ménage…). Pour chacune des variables et sous-variables (toilette du haut/toilette du bas par exemple), il convient d'évaluer adverbe par adverbe (spontanément, totalement, habituellement et correctement) dans un premier temps, puis, dans un second temps, en fonction des réponses données, de coder la variable par A, B ou C[489]. Enfin, les données recueillies à l'aide de la grille AGGIR sont traitées selon le mode opératoire de calcul unique (algorithme de la grille AGGIR)[490] qui aboutit au classement des demandeurs dans l'un des six groupes iso-ressources visés précédemment.

L'APA est construite comme une prestation sociale légale universelle dont le montant varie en fonction des ressources du demandeur. Autrement dit, l'objectif d'universalité permet à toute personne, quel que soit son état de fortune, remplissant les conditions légales d'attribution, de pouvoir y prétendre sur sa demande. Ce n'est donc que dans un second temps que les ressources sont prises en compte pour définir le montant attribué en fonction du GIR et, par conséquent, le reste à charge.

S'il est vrai que le corpus législatif et règlementaire fait l'objet d'un encadrement national, il n'en n'est pas moins vrai que la mise en œuvre reste départementale conformément, d'ailleurs, aux lois de décentralisation qui attribuent aux départements le rôle de chefs de file de la politique sociale à destination des personnes âgées[491].

2. La gestion départementale de l'APA : source d'inégalité

Le processus d'attribution de l'APA se divise en quatre étapes faisant apparaitre au niveau de chacune d'entre elles des disparités plus ou moins fortes, dont il faut tenter de comprendre d'abord l'origine, et ensuite les conséquences produites sur le demandeur. Aussi, nous traiterons des inégalités

487 CASF, annexes 2-1.
488 CASF, art. R. 232-3.
489 A : fait seul, C : ne fait pas seul. Tout le reste est codé B (fait seul mais non spontanément par exemple).
490 CASF, annexe 2-2.
491 CASF, L. 113-2.

dans l'accueil, l'information et l'instruction administrative du dossier d'APA (a) et, dans un second temps, dans l'évaluation du degré d'autonomie, la formalisation du plan d'aide et la notification de la décision par le président du conseil départemental (b).

a. Inégalités dans l'accueil, l'information et l'instruction administrative du dossier d'APA

Un rapport de la Caisse Nationale de Solidarité pour l'autonomie (CNSA), de décembre 2014, intitulé *« Rapport APA, Compréhension de la disparité »*[492] suffit, par son titre même, à prendre conscience qu'il existe des pratiques locales qui réinterrogent, d'une manière ou d'une autre, le principe d'égalité de traitement des demandeurs de l'APA.

Cette étude a été menée auprès de 100 départements qui ont, notamment, répondu à hauteur de 85 % à un questionnaire qui s'est avéré exploitable dans 93 % des cas. Ce qui attribue, *de facto*, aux résultats obtenus une forte crédibilité.

Les auteurs du rapport ont également procédé à des visites de terrain et rencontré des usagers. Précisons, toutefois, que le champ d'étude ne concerne que l'APA à domicile ce qui exclut, par conséquent, l'APA en établissement. Malgré cette restriction du champ étudié, ce rapport nous apporte de précieuses informations qu'il convient d'exploiter largement.

Il y est indiqué, dans un propos introductif, le passage suivant qui reflète parfaitement la problématique qui nous préoccupe : *« Près de douze ans après la mise en place de l'allocation personnalisée d'autonomie, les pratiques départementales sont désormais matures, mais non moins variées d'un territoire à l'autre. Il semble en outre que les acteurs locaux aient investi des marges de manœuvre non négligeables dans l'application des textes. Or, si ces interprétations permettent une adaptation indispensable du cadre national aux spécificités territoriales, elles viennent questionner l'exigence d'équité prévue par l'article L. 116-2 du CASF. Il s'agit dès lors de s'interroger sur la conciliation, tout au long du processus d'attribution de l'APA, entre personnalisation de la prestation, adaptation au contexte local et respect des principes d'égalité et d'équité de traitement des demandeurs devant la loi »*[493].

Le rapport de la CNSA constate qu'au niveau de cette première étape *« d'importantes marges de manœuvre sont donc laissées à la discrétion des conseils départementaux s'agissant du choix et de la coordination entre les partenaires intervenant lors de cette phase, de la définition des modalités*

---

492 CNSA, « Rapport APA, Compréhension de la disparité », Décembre 2014, version actualisée en mars 2015.
493 *Ibid.*, p.3.

d'accueil, du niveau de territorialisation de cette fonction, ou encore des actions et supports de communication déployés »[494].

L'accueil et l'information du demandeur (étape 1) sont laissés, dans une très large mesure, à la discrétion des conseils départementaux[495].

On comprend alors que le département endosse, dans ce domaine particulièrement, le rôle de chef de file. Pour autant, la mise en œuvre de cette politique sociale départementale n'est pas forcément assurée directement par le conseil départemental dans le cadre d'une régie directe. C'est ce qu'il convient de déduire de l'article L. 232-13 du même code qui prévoit deux niveaux de conventionnement. Le premier concerne la convention passée entre le département et les organismes de Sécurité sociale aux fins d'organiser les modalités de leur coopération pour la mise en œuvre de l'APA. Ensuite, le département a la possibilité de conclure des conventions avec des institutions et organismes publics sociaux et médico-sociaux. Il peut s'agir notamment des CCAS/CIAS, des centres locaux d'information et de coordination (CLIC) mais également de services d'aide à domicile (SAD).

Notons, toutefois, que les CLIC voient leurs missions précisées par une circulaire du 18 mai 2001 fixant les modalités de la campagne de labellisation des CLIC pour 2001[496]. En effet, trois labels sont définis par ce texte et chacun d'eux déterminent les missions attribuées au CLIC qui en bénéficie. Le label de niveau 1 implique des missions d'accueil, d'écoute, d'information, de conseil et de soutien aux familles. Le label de niveau 2 prolonge le niveau 1 par des missions d'évaluation des besoins et d'élaboration du plan d'aide personnalisée. Enfin, le label de niveau 3 prolonge le niveau 2 par des missions de mise en œuvre, de suivi et d'adaptation du plan d'aide personnalisée.

Depuis la loi du 13 août 2004 relative aux libertés et responsabilités locales, la compétence d'autorisation et de fonctionnement des CLIC a été transférée au département. Même si les départements n'ont pas d'obligation de création de CLIC, il n'empêche que dans la réalité, les CLIC constituent des *« relais d'information naturels auprès des personnes âgées et de leur entourage »*[497].

Par ailleurs, tous les départements ne créent pas de CLIC puisqu'il ne s'agit pas d'une obligation juridique. Bien sûr, les CLIC restent un moyen d'information parmi les autres. En outre, des missions équivalentes sont assurées par les départements ou ses antennes territoriales, les CCAS/CIAS ou d'autres acteurs comme les maisons de la solidarité par exemple. Les destinataires de cette information sont autant les personnes et leur famille que les professionnels du territoire.

---

[494] *Ibid.*, p.8.

[495] CASF, art. L. 113-2.

[496] Circulaire DGAS/AVIE/2 C n° 2001-224 du 18 mai 2001 relative aux centres locaux d'information et de coordination (CLIC) – modalité de la campagne de labellisation pour 2001.

[497] CNSA, « Rapport APA, Compréhension de la disparité », *op. cit*, note 485, p. 9.

Ce qui résulte clairement du rapport de la CNSA c'est que les supports utilisés aux fins de communiquer auprès des publics cibles sont très variables d'un département à l'autre. Cette variabilité se retrouve aussi au niveau des supports de communication utilisés (site internet, publications écrites, courriers, réunions d'information, bornes interactives). Le rapport met en lumière que le moyen de communiquer diffère en fonction du public visé.

Ce que nous pouvons souligner, tant au niveau de l'accueil que de l'information du public, c'est l'absence de textes règlementant cette mission. En définitive, seul l'article R.232-23 du CASF précise que « Le dossier de demande d'allocation personnalisée d'autonomie (…) est délivré par les services du département ou, lorsque les conventions (…) le prévoient, par les organismes signataires de ces conventions ».

Aussi, est-il aisé de comprendre que selon le lieu de résidence de la personne concernée l'accès à l'information, y compris de base, dépend exclusivement des choix départementaux. L'information sur les droits constitue le premier acte de l'accès aux droits. Dès lors, les départements ont toute latitude pour mettre en place des campagnes de communication, comme ce fut le cas au cours des 3 dernières années dans 49 % des départements interrogés. Les publics cibles (personnes âgées et leur entourage, associations représentatives, partenaires institutionnels, professionnels) tout comme les supports utilisés (site internet, publications écrites, courriers, réunions d'information, bornes interactives) sont très variables d'un territoire à l'autre ».

Ces constats sont également corroborés par ceux issus d'une étude de la DRESS de décembre 2016, intitulée *« Le non-recours à l'APA à domicile vu par les professionnels de terrain »*[498]. D'après cette dernière étude, 20 à 28 % des personnes âgées dépendantes ne bénéficient pas de l'APA à domicile. Il est par ailleurs soulevé dans cette étude de la DRESS que certains professionnels ont une méconnaissance du dispositif APA. Par conséquent cela pose aussi la question de la formation de certains professionnels qui, rappelons-le à toutes fins utiles, ont également des fonctions de conseil et d'orientation des usagers. Il s'agit à nouveau d'une poche d'inégalité qui, cette fois-ci, est en lien avec les « compétences » de l'interlocuteur que l'on rencontre à un moment donné. Toujours selon cette étude, il existe des différences d'appréciation entre les évaluateurs médico-sociaux et les CLIC quant à l'éligibilité à l'APA à domicile puisque *« cela fait l'objet de discussions entre les agents des deux services »*[499]. Pour éviter de trop grands écarts d'interprétation, certains départements assurent des formations communes sur la grille AGGIR entre leurs agents et les coordinateurs de CLIC. Il ne faut pas perdre de vue que, d'une part, les CLIC sont financés

---

498 RAMOS-GORAND M., « Le non-recours à l'APA à domicile vu par les professionnels de terrain », *op. cit.*

499 *Ibid.*, p. 17.

intégralement par les départements et que, d'autre part, une mauvaise orientation par le CLIC équivaut à augmenter la charge de travail de l'équipe médico-sociale du département. Outre les CLIC, les médecins orientent leurs patients vers le dispositif APA. Par la force des choses, d'une certaine manière, ils vont devoir acquérir des compétences particulières en gérontologie du fait même de l'évolution de leur patientèle liée au vieillissement de la population. Rappelons à nouveau que le département définit et met en œuvre l'action sociale en faveur des personnes âgées. Qu'à ce titre, *« Il détermine les modalités d'information, de conseil et d'orientation du public sur les aides et les services relevant de sa compétence »*[500].
Les CLIC peuvent être intégrés dans les dispositifs d'appui à la coordination (DAC)[501]. Ils assurent alors une mission d'information, d'orientation et de coordination de toutes les solutions nécessaires à la préservation de l'autonomie. Il peut s'agir d'orchestrer les services à domicile, d'organiser les soins, mais également de penser l'adaptation du logement, voire de rechercher une solution d'hébergement. En outre, les DAC viennent en appui aux professionnels de santé, sociaux et médico-sociaux faisant face à des personnes cumulant diverses difficultés et aux besoins de santé complexes. Ajoutons enfin que chacun peut s'adresser aux DAC qui constituent alors une source importante d'information, y compris aux aidants.
En même temps, même s'il existe des velléités de mieux informer, des courants contraires peuvent faire obstacle à cette volonté. En effet, la fermeture des guichets d'accueil et le développement des démarches par internet excluent, *de facto*, une partie du public âgé, en particulier isolé.

Il semble que nous pouvons lier l'impact des politiques départementales d'information des citoyens sur leurs droits, notamment à l'APA, et le fait qu'au niveau national 20 % de la population rencontre des difficultés d'accès au droit[502]. Par ailleurs, la méconnaissance des démarches à accomplir concerne 26 % des 18-24 ans et 17 % des 65-79 ans. On peut raisonnablement supputer qu'une personne âgée sera encore plus « hors du droit » si elle réside dans un département peu actif en termes de politique d'accès aux droits. La situation s'aggrave encore si l'on considère, comme le montre l'enquête *« Accès aux droits »*[503] menée par le Défenseur des droits, que 27 % des personnes interrogées n'ont pas accès à internet ou éprouvent des difficultés à accomplir des démarches administratives sur internet.

L'accès au droit est une composante de l'accès au service public et se trouve régi, par voie de conséquence, par le principe d'égalité. Il y a manifestement une violation de ce principe dès lors que les citoyens n'ont pas

[500] CASF, L. 113-2.
[501] Décret n° 2021-195 du 18/03/2021 relatif aux dispositifs d'appui à la coordination des parcours de santé complexes et aux dispositifs spécifiques régionaux.
[502] DÉFENSEUR DES DROITS, « Rapport d'activité annuel », 2016, p 21-22.
[503] *Ibidem., p.* 21.

le même accès à une prestation d'aide sociale et ceci quelle qu'en soit la cause. Comme le montre le rapport de 2016 précité du Défenseur des droits, l'accès au droit connait un net recul en France. Ce qui fait dire au Défenseur des droits que *« le droit est un combat »*. Selon ce rapport une enquête inédite menée en partenariat avec l'Institut National de la Consommation (INC) auprès de trois grandes administrations (CPAM, CNAF et Pôle emploi) aboutit à des conclusions parfois surprenantes. En effet, les plateformes téléphoniques de ces administrations renvoient fréquemment les usagers vers internet ce qui présuppose non seulement qu'ils soient équipés d'un ordinateur ou d'un autre moyen d'accès, mais aussi qu'ils en aient une maîtrise suffisante. Par ailleurs, lorsqu'on leur conseille de se rendre physiquement à une permanence, aucune information ne leur est donnée sur les lieux et horaires d'ouverture. On leur précise généralement que toutes ces informations pratiques sont disponibles sur internet. Cela correspond très précisément au sujet du film de Ken Loach *« Moi Daniel Blake »*, Palme d'or au Festival de Cannes 2016, qui dénonce la violence du système social anglais et du tout numérique à l'égard des populations les plus vulnérables.

La deuxième étape concerne l'instruction administrative du dossier d'APA (étape 2). Le CASF contient des dispositions précises concernant les éléments constitutifs du dossier et les pièces justificatives qui doivent y être jointes. Quatre types de justificatifs peuvent être requis. Ceux concernant l'identité du demandeur, ceux relatifs à son imposition ou non-imposition sur le revenu, ceux référés aux biens et capitaux relevant du patrimoine dormant (taxe foncière sur les propriétés bâties et non-bâties, contrat d'assurance vie…) et enfin un relevé d'identité bancaire ou postal.

À partir du moment où le législateur définit précisément les éléments justificatifs qui doivent être joints au dossier de demande d'APA, le département ne peut, en principe, avoir d'autres exigences que celle fixées règlementairement au niveau national. On peut donc en déduire que le critère de complétude du dossier est satisfait dès lors que le demandeur se conforme strictement aux exigences règlementaires.

Tout ce qui concerne la définition et l'organisation des circuits d'instruction administrative est laissé à la discrétion des conseils départementaux qui ont donc, en la matière, toute latitude[504].

Si l'on compare les exigences légales relatives à la complétude du dossier et certaines pratiques départementales, il est aisé de constater un écart. Selon l'étude menée par la CNSA[505] un certain nombre de départements exigent d'autres pièces : *« Une copie du jugement de tutelle (73 %), un certificat médical rempli par le médecin traitant (31 %) ou encore les justificatifs des ressources perçues (24 %) »*. Aussi peut-on en déduire qu'un demandeur qui

---

504 Conformément à l'article du L. 232-13 du CASF, les conseils départementaux peuvent conventionner avec certains partenaires pour assurer l'instruction administrative des dossiers.
505 CNSA, « Rapport APA, Compréhension de la diversité, *op. cit.*

refuse de fournir des pièces justificatives au-delà de celles requises par la loi verrait son dossier rejeté de manière totalement illégale. Il existe donc une différence de traitement entre ceux qui résident dans un département qui respecte scrupuleusement la loi et les autres.

Par ailleurs, si la loi attribue un délai de dix jours au conseil départemental pour accuser réception du dossier et demander, le cas échéant, les pièces justificatives manquantes, le législateur ne précise rien quant au délai dont dispose le demandeur pour fournir les documents demandés. Cette imprécision se traduit par des pratiques variables selon les départements quant à la situation administrative du dossier en attente d'être complété. En effet, dans l'attente du retour des pièces, certains départements initient l'instruction, y compris médicale, du dossier pour éviter que les délais soient rallongés. D'autres vont, au contraire, geler la procédure jusqu'à réception des pièces. Ce qui, inévitablement, se traduit par une ouverture de droit à des dates différentes selon la politique départementale qui s'applique.

À partir de l'accusé de réception du dossier complet d'une demande d'APA à domicile, le président du conseil départemental dispose d'un délai de deux mois pour notifier sa décision qui marque la date d'ouverture des droits. À défaut, une prestation forfaitaire est accordée au demandeur jusqu'à ce que la décision expresse le concernant lui soit notifiée[506]. Il semble selon les travaux menés par la DRESS qu'« *en fonction des départements, le délai de deux mois est ou non tenu. Les délais sont variables en fonction des territoires infra-départementaux. Afin de limiter les disparités territoriales, des évaluateurs « volants » sont mis en place pour faire face à un afflux de demandes ou des difficultés liées au personnel (arrêt maladie, congés…)* »[507].

Quant à l'APA d'urgence, qui doit être mise en place dans tous les départements, l'étude de la CNSA indique que seulement 54 % des départements se conforment à la loi. Pour autant, cela ne signifie pas qu'il n'y a pas de prise en compte de l'urgence selon une procédure propre à chaque département. Par exemple, certains utilisent la technique de l'instruction accélérée avec une dimension rétroactive (14 %), d'autres attribuent l'APA sur dossier à titre provisoire (17 %) ou encore, toujours à titre provisoire, mais à partir de l'évaluation des partenaires (7 %). Il s'avère en pratique que l'APA d'urgence, ou son équivalent, concerne un nombre limité de personnes. Elle est prononcée principalement pour des motifs médicaux (fin de vie, retour d'hospitalisation…) ou sociaux (très faibles ressources). Généralement ces situations appellent une réponse plus rapide que le délai qu'impose le droit commun, à savoir deux mois.

---

506 CASF, art. R. 232-23 al.2 et art. L. 232-14 al.5.

507 RAMOS-GORAND M., « Le non-recours à l'APA à domicile vu par les professionnels de terrain » *op. cit.*

Une autre source de disparités émane de ce qu'il convient de nommer la *« maturité numérique des départements »*[508]. On trouve, en effet, de fortes disparités dont le rapport de la CNSA fait état [509] :

- 6 % des départements ont mis en place une plateforme permettant au demandeur de suivre en ligne l'état d'avancement de sa demande ;
- 17 % des départements ont développé un module permettant la saisie à distance des informations collectées lors de la visite à domicile ;
- 17 % des départements disposent d'un système d'information générant automatiquement la prise de rendez-vous pour une visite à domicile ;
- 65 % des départements disposent d'un système d'information générant automatiquement une proposition de plan d'aide suite à l'évaluation par un membre de l'équipe médico-sociale et 84 % de l'inscription du dossier à l'ordre du jour de la commission APA ;
- enfin, 14 % des départements ont numérisé leurs dossiers et 35 % projettent de le faire.

Ces quelques chiffres permettent de constater que tous les départements ne sont pas au même niveau de développement de l'informatisation du processus d'instruction des dossiers APA. Si l'on considère le fait que tous les territoires, notamment ruraux, ne bénéficient pas d'un même accès à internet et, *a fortiori,* au haut-débit (fibre optique notamment) alors les habitants de ces territoires se retrouvent, *de facto*, éloignés du progrès. Inégalité accentuée, sans aucun doute, par le fait que les publics éligibles à l'APA sont en grande majorité âgés d'au moins 75 ans (âge du début de la dépendance) alors que légalement l'éligibilité se fait dès 60 ans. Par conséquent, l'utilisation du numérique, au sens large, est moins aisée que pour les jeunes par exemple. Sous cet angle, le numérique *« a un effet multiplicateur des inégalités »*[510]. Des données chiffrées qui sont loin d'être simplement anecdotiques et qui traduisent partiellement les inégalités territoriales au cœur de notre société, que Christophe Guilly analyse finement au travers de la construction des « *indicateurs de fragilité* » qu'il propose dans son livre *La France périphérique.*[511].

Pour compléter, voire confirmer, les constats d'inégalité ainsi posés, nous proposons de reprendre à notre compte les analyses produites par l'INSEE dans une étude intitulée *« Les bénéficiaires de l'allocation personnalisée*

---

508 CNSA, « Rapport APA, Compréhension de la disparité », *op. cit.*

509 Les données fournies par la CNSA reproduites ici datent de 2012. Certaines expérimentations ont pu être généralisées depuis, mais la CNSA ne dispose d'aucun chiffre plus récent.

510 BELLIARD D., BERTRAND M., « La nouvelle fracture numérique », *Alternatives économiques*, hors-série, n° 100, pp. 54-55.

511 GUILLUY C, *La France périphérique, Comment on a sacrifié les classes populaires*, Flammarion, Champ actuel, 2014, p. 28.

d'autonomie dans les départements »[512]. Tout d'abord, 90 % des bénéficiaires de l'APA ont 75 ans et plus et 59 % d'entre eux vivent à domicile. Ceux qui vivent en établissement sont plus âgés puisque les deux tiers d'entre eux ont au moins 85 ans. Fin 2013, le taux de bénéficiaires de l'APA est de 21 % en moyenne en France (hors Mayotte). Toujours selon cette étude, il existe des variabilités importantes de ce taux en fonction des départements. En effet, dans le nord du pays le taux est de 25 % dans le Pas-de-Calais, l'Aisne, la Somme (Hauts-de-France) et dans les Ardennes (Grand-Est). On retrouve des taux équivalents, voire supérieurs, dans le sud du pays (Haute-Corse, Aveyron, Lozère, Hérault).

Le taux est très élevé dans le département de la Réunion où il atteint 40 %, et 25 et 26 % respectivement en Martinique et en Guadeloupe.

Ces territoires ultra-marins connaissent non seulement un taux de bénéficiaires APA jusqu'à deux fois supérieur à celui de la France hexagonale (cas de l'île de la Réunion) mais aussi des problématiques liées à l'absence de structures adaptées, de type EHPAD, pour accueillir ces populations vulnérables. On peut dès lors soutenir que les populations outre marines bénéficiant de l'APA connaissent un sort moins favorable que celles du reste de la France. De plus, leurs besoins de prise en charge se déclenchent plus tôt ce qui tend à aggraver la situation. On voit bien alors que le lieu de résidence est déterminant quant au sort réservé à cette catégorie de la population française. Enfin, nous posons l'hypothèse que les expatriés qui vivent en outre-mer ont davantage de moyens que les locaux et donc plus de chances de pouvoir traverser l'Océan Indien ou Atlantique, par exemple, le moment venu.

Enfin, certaines personnes renoncent à solliciter l'APA au motif que la procédure administrative est jugée trop intrusive et génère des craintes vis-à-vis de l'administration[513]. Le point noir concerne particulièrement les questions relatives aux revenus. Cela est d'autant plus vrai dans les départements qui posent des questions ou sollicitent des pièces justificatives au-delà de ce qu'exige la loi. Du point de vue du demandeur, c'est le spectre du recours sur succession qui vient hanter les esprits. Cela confirme les constats déjà soulevés sur la méconnaissance du statut juridique de l'APA qui, contrairement à la PSD, ne peut faire l'objet d'aucun recours en récupération. Nous pouvons également émettre l'hypothèse que certaines personnes âgées sont réticentes à demander l'APA du fait d'une mauvaise expérience de la PSD vécue par un proche, par exemple, entre 1997 et 2001. Aussi, peuvent-elles rester convaincues, à tort d'ailleurs, comme vu précédemment[514], qu'une action en récupération contre leurs héritiers est toujours possible. Sentiment exacerbé par un questionnaire sur la composition de leurs ressources et de leur

---

[512] MINNE M-D., ROUX I., « Les bénéficiaires de l'allocation personnalisée d'autonomie dans les départements », *INSEE FOCUS*, n° 71, 9 décembre 2016.
[513] RAMOS-GORAND M., *op. cit.*
[514] CASF, L. 232-19.

patrimoine. Il s'agit là d'une cause de non-recours liée à une mauvaise connaissance de la prestation considérée qui interroge également les raisons de cette méprise. On peut aussi constater un amalgame entre APA et certaines autres aides sociales qui sont effectivement récupérables comme l'aide sociale à l'hébergement (ASH) ou encore l'allocation de solidarité aux personnes âgées (ASPA).

Pour des personnes âgées connaissant une situation de dépendance dans une situation financière plus confortable, l'hypothèse d'un non-recours est principalement liée au fait qu'elles sont persuadées de leur non-éligibilité. L'idée reçue étant que l'aide sociale s'adresse essentiellement aux pauvres.

Selon le rapport RAMOS-GORAND déjà cité, d'autres raisons expliquent le non-recours à l'APA. Notamment, le fait qu'il s'agit d'une prestation en nature. L'aide humaine est parfois vécue comme intrusive. Il n'est pas aisé d'accepter la présence d'un tiers chez soi d'autant plus que les prestataires ne peuvent pas systématiquement garantir que ce soit toujours le même intervenant. Sans compter le fait que des contraintes nouvelles, notamment horaires, viennent se greffer à l'intervention à des moments qui ne sont pas toujours calés sur le rythme de vie des personnes concernées. Pour couronner le tout, s'ajoute une certaine rigidité dans le fonctionnement des structures prestataires. En effet, pour des raisons d'organisation, légitimes malgré tout, il est difficile, voire impossible, de changer les horaires ou les jours d'intervention planifiés. Une étude menée par l'observatoire des non-recours aux droits et services (ODENORE)[515] nous enseigne que les contraintes qu'imposent les changements d'intervenants insécurisent les personnes âgées parce que cela bouscule les habitudes et rompt la stabilité qu'elles croyaient acquise. Globalement, cela nuit à la représentation qu'elles se font de la qualité de la prestation délivrée. L'un des effets induits par cette problématique est la sous-consommation des heures prescrites qui constitue également une forme de non-recours. Le non-recours se justifie aussi par le montant de la participation (ou ticket modérateur) demandée au bénéficiaire.

Au-delà de ces quelques précisions, l'étude de la DRESS relève que le *« ticket modérateur serait donc source de non-recours partiel (...). Ainsi pour les personnes qui ont des revenus modestes, le ticket modérateur pousse à demander une aide inférieure à celle à laquelle ils pourraient prétendre »*[516]. Cela aboutit à une inversion des logiques en cause. En principe, il appartient à l'équipe médico-sociale (EMS) de définir un plan d'aide en fonction des besoins de la personne âgée. Dans les faits, les personnes concernées indiquent à l'EMS le niveau du ticket modérateur qu'elles pourront supporter et le plan

---

[515] CHAUVEAUD C., VIAL B., WARIN P., « L'APA : utilisation des plans d'aide, adhésion aux services rendus », ODENORE, document de travail, novembre 2011.

[516] RAMOS-GORAND M., « Le non-recours à l'APA à domicile vu par les professionnels de terrain » *op. cit.*

d'aide est défini en fonction de cette indication. En fait, ce qui peut paraitre modeste dans l'absolu ne l'est pas pour le budget de certaines personnes.

La question du ticket modérateur n'est qu'un aspect du problème. En effet, les tarifs pratiqués par les services prestataires comme mandataires, voire dans le cadre d'un emploi direct, peuvent se situer au-delà des plafonds fixés par le département. L'étude de la DRESS menée auprès de quatre départements représentatifs fixe cette réalité. Une exception est toutefois à relever : en effet, les CCAS s'alignent généralement sur les tarifs départementaux mais en même temps, ils bénéficient d'une subvention d'équilibre versée par la mairie. Cela crée, par conséquent, une double inégalité. D'une part, on peut dire que les règles du jeu de la concurrence entre services sont mises à mal, d'autre part, que les personnes ayant la chance de bénéficier des services d'un CCAS seront mieux servies.

Par ailleurs, des irrégularités concernant la tarification départementale ont été relevées dans trois départements sur quatre. Si l'on reprend l'article R. 314-130 du CASF, les tarifs doivent être différenciés selon l'établissement ou le service qui intervient. Or, les départements arrêtent un tarif unique de référence qui contrevient donc aux dispositions précitées. Il est à noter, par ailleurs, que le différentiel entre le coût facturé et l'évolution des prises en charge départementales augmente, ce qui accroit donc le surcoût que doit supporter la personne.

Depuis la loi du 13 août 2004, le département a en charge l'action sociale. À ce titre, il doit organiser et réguler le secteur de l'aide à domicile. Entrent particulièrement dans sa compétence les délivrances d'autorisations des services d'aide et d'accompagnement à domicile (SAAD). Ce qui traduit le rôle de régulation joué par le conseil départemental puisque les SAAD tarifés doivent pratiquer les prix proposés et se conformer à un cahier des charges qualité. Pour autant, cela n'empêche pas de fortes disparités territoriales d'un département à l'autre. Le tarif de l'heure varie de 17,1 € à 30,29 € pour une tâche semblable. Différences qui peuvent s'expliquer au regard de certaines caractéristiques tenant tant aux structures qu'aux territoires (interventions dans des endroits difficiles d'accès notamment). L'explication réside ensuite dans le mode de calcul qu'utilise chaque conseil départemental pour déterminer le coût de l'heure d'aide puisque la loi ne le précise pas. De plus les tarifs varient plus ou moins au niveau infra-départemental[517]. Certains départements pratiquent une tarification simple, c'est-à-dire un tarif horaire unique qui varie de 17,1 €/H à 23 €/H. D'autres départements ont des systèmes de tarification plus complexes dits à tarification double. Ces derniers sont fonction des jours d'intervention (ouvrables, dimanches et jours fériés), du type de tâches (aide-ménagère/aide au corps) ou de la qualification du personnel. Tous ces choix départementaux vont influer sur le ticket

---

[517] Pour les chiffres cités dans ce paragraphe, *Ibid.*

modérateur qui correspond au taux de participation (en %) multiplié par le coût de l'heure.

Il apparait donc clairement que le département de résidence est un élément déterminant pour le bénéficiaire de l'APA. L'inégalité se situe à l'échelon départemental mais aussi personnel, car tout dépend des moyens dont dispose le bénéficiaire. Or, pour ce dernier aspect, l'interrogation reste entière. Si l'APA a pour prétention de répondre à la problématique de la dépendance, la faire dépendre du niveau de ressources lui enlève partiellement son caractère universel. Tout le monde y a droit, mais certains ne peuvent y prétendre. C'est là tout le paradoxe.

Les enveloppes consacrées par les départements à la prise en charge de la dépendance sont plafonnées en fonction des GIR. Il est constant que la politique départementale en la matière varie ce qui conduit nécessairement à un traitement différencié des personnes selon leur département de résidence. La loi du 8 avril 2024 portant mesures pour bâtir la société du bien vieillir s'inscrit dans la continuité de la réforme du secteur des services à domicile. Cette réforme prévoit, à terme, le regroupement des acteurs existants (SAAD, SSIAD et SPASAD)[518] en une catégorie unique (SAD)[519]. Cette injonction devient plus pressante pour les SSIAD qui ont jusqu'au 31 décembre 2025 pour trouver un partenaire dans le domaine de l'aide à domicile. La réforme des services à domicile est entrée en vigueur le 30 juin 2023. À terme, tous les SAD offriront deux possibilités indiquées à l'article L. 311-1-3 du code de l'action sociale et des familles (CASF) :

- SAD aide et soins (1° article L.313-1-3 CASF),
- SAD aide (2° article L.313-1-3 CASF).

Selon l'Agence Régionale de Santé du Grand-Est « 90 % des Français souhaitent vivre le plus longtemps possible à leur domicile. La réforme des services autonomie à domicile (SAD) vise à simplifier les démarches, à mieux coordonner l'offre d'aide et de soins et ainsi à améliorer l'accompagnement à domicile des personnes âgées et des personnes en situation de handicap »[520]. Ce à quoi on peut ajouter le souhait d'harmoniser le fonctionnement de ce secteur en lui imposant le respect d'un cahier des charges national unique fixé par décret.

Cette réforme est portée par trois textes essentiels. D'abord, la loi n° 2022-1754 du 23 décembre 2021 de financement de la sécurité sociale pour 2022 et son article 44 en particulier. Ensuite, le décret n° 2023-608 du 13 juillet 2023 relatif aux services autonomie à domicile. Enfin, la loi n° 2024-317 du 8 avril

---

518 Service d'aide et d'accompagnement à domicile (SAAD), service de soins infirmiers à domicile (SSIAD) et services polyvalents d'aide et de soins à domicile (SPASAD).

519 Service autonomie à domicile.

520 https://www.grand-est.ars.sante.fr/recherche-globale?search_ars=sad.

2024 portant mesures pour bâtir la société du bien vieillir et son article 22, notamment. Il est désormais possible de fixer le calendrier des transformations attendues. Ainsi, nous pouvons préciser les points suivants ;
D'une part, les SPASAD et les SAAD sont réputés autorisés comme SPASAD ou SAAD aide pour la durée de leur autorisation en cours.
D'autre part, les SSIAD ont, par principe, jusqu'au 31 décembre 2025 pour s'adjoindre une activité d'aide. Ils peuvent fusionner ou se regrouper avec un ou plusieurs SAAD au profit d'une entité juridique unique, puis demander une autorisation SAD aide et soins au profit de ladite entité. Par exception, les SSIAD peuvent être autorisés à perdurer au-delà du 31 décembre 2025 sous la triple condition de :

- conclure une convention ou constituer un GCSMS[521] avec un SAAD dans la perspective d'ériger, au plus tard à compter du 31 décembre 2030, un SAD relevant d'une entité juridique unique ;
- Respecter le cahier des charges du décret n° 2023-608 précité[522] ;
- relever d'une zone d'intervention identique pour les activités aide et soins.

Ainsi, les SPASAD et SAAD disposent de la durée restante de leur autorisation pour mettre en œuvre la réforme SAD. En fonction de cette échéance, le calendrier de mise en œuvre de la réforme est donc susceptible de courir sur plusieurs années pour ces acteurs.
En outre, l'impact de la réforme sera relatif puisque les SPASAD gèrent déjà des activités d'aide et de soins, et que les SAAD pourront faire le choix de devenir des SAD aide. Ce qui impliquera certes des changements, mais pas de modifications profondes de leur activité. Tout au plus ces services devront-ils veiller à se conformer au cahier des charges national précité, et ce au plus tard avant le 30 juin 2025. Les prochains mois sont donc particulièrement importants pour les services existants qui devront tenir compte, dans les choix qu'ils opéreront et les décisions qu'ils prendront, de la mise en œuvre imminente de la réforme du secteur de l'autonomie à domicile. Tel est, en

---

[521] Groupement de coopération sociale et médico-sociale.

[522] Le décret précise les publics, les missions, les objectifs et les principes d'organisation et de fonctionnement des services autonomie à domicile qui interviennent auprès des personnes âgées en perte d'autonomie ou malades, des personnes en situation de handicap ou des personnes adultes atteintes de pathologies chroniques ou présentant une affection de longue durée. Il précise également les missions et les conditions techniques minimales d'organisation des services d'aide et d'accompagnement à domicile au bénéfice des familles.

particulier, le cas pour les SSIAD qui se voient davantage contraints par l'échéance structurante du 31 décembre 2025.

b. Inégalités dans l'évaluation du degré d'autonomie, la formalisation du plan d'aide et la notification de la décision

Après l'accueil et l'information du public, et l'instruction administrative du dossier, s'ouvre une troisième étape d'évaluation du degré d'autonomie et de formalisation du plan d'aide. Nous avons précédemment expliqué sur quelles bases repose l'évaluation de la dépendance, à savoir le classement des personnes dans l'un des six groupes iso-ressources au regard d'une grille nationale dite « grille AGGIR »[523]. Il s'agit pour les évaluateurs de coter le degré de dépendance selon trois modalités détaillées dans un guide de remplissage diffusé au niveau national, puis de déterminer le GIR du demandeur selon un mode de calcul unique. Lorsque l'APA à domicile est accordée, elle est affectée à la couverture des dépenses de toute nature relevant du plan d'aide élaboré par l'équipe médico-sociale (EMS) au terme d'une évaluation multidimensionnelle[524]. Le code de l'action sociale et des familles définit les missions dévolues à l'EMS, à savoir :

- apprécier le degré de perte d'autonomie du demandeur sur la base de la grille AGGIR ;
- évaluer la situation et les besoins du demandeur et de ses proches aidants ;
- proposer un plan d'aide et informer les personnes de l'ensemble des modalités d'intervention qui existent sur le territoire en recommandant celles qui paraissent le plus en adéquation avec la situation ;
- identifier, le cas échéant, les autres aides utiles.

La loi prévoit que la demande d'APA soit instruite par l'EMS qui doit comprendre au moins un médecin et un travailleur social[525]. Lors de cette visite l'intéressé, son tuteur ou ses proches reçoivent tous les conseils et les informations en rapport avec le besoin d'aide évalué. Pour l'appréciation des besoins en matière d'aide technique et d'adaptation du logement, l'EMS peut faire appel à un ergothérapeute.

Dans un second temps et dans les trente jours qui suivent la date du dépôt du dossier complet, l'EMS fait parvenir à l'intéressé une proposition de plan d'aide. Ce plan indique, notamment, la nature des aides accordées, le volume d'heures d'aide à domicile, le montant du plan d'aide, le taux et le montant de

[523] CASF, Annexe 2-1.
[524] CASF, art. L. 232-3.
[525] CASF, art. L. 232-7.

la participation financière du demandeur ainsi que le montant de son allocation. Seuls les demandeurs classés en GIR 1 à 4 peuvent bénéficier d'un plan d'aide. Le postulant dispose à son tour d'un délai de dix jours à compter de la réception de la proposition du plan d'aide pour refuser la proposition ou présenter des observations et demander des modifications. Dans ce dernier cas, une proposition définitive lui est faite dans les huit jours à compter de la réception de la proposition de modifications. En cas de refus exprès ou d'absence de réponse du postulant dans les dix jours, la demande d'APA est réputée refusée.

Les autres personnes âgées, GIR 5 et 6, se verront remettre un « simple » compte-rendu, qui avec leur accord, sera transmis par l'EMS, si elle le juge opportun, à la caisse de retraite dont le postulant relève. Des éléments sur l'appréciation de son degré de dépendance, et le cas échéant l'évaluation de ses besoins sont inclus dans le compte-rendu ainsi transmis.

Le montant du plan d'aide varie d'un département à l'autre malgré l'existence d'un corpus législatif précis mais qui, pour autant, laisse aux départements une marge de manœuvre relativement forte.

D'après l'étude de la CNSA précitée, l'EMS est généralement composée, conformément aux prescriptions légales, d'au moins un médecin et un travailleur social. Pourtant dans neuf départements les exigences règlementaires ne sont pas respectées. Huit d'entre eux n'incluent aucun travailleur social dans l'équipe, un seul est dépourvu de médecin. Il s'agit bien d'un dysfonctionnement qui n'offre pas aux demandeurs un traitement équivalent à celui qu'ils recevraient dans un autre département. Cette composition médico-sociale doit permettre une évaluation qui ne centre pas tout sur le médical ou sur le social, ce qui est recherché est précisément une approche multidimension- nelle : s'éloigner de l'économie du texte peut être préjudiciable au postulant.

L'étude montre, par ailleurs, que 72 % des départements intègrent dans leur organisation un coordonnateur dont la mission consiste à apporter un conseil technique aux membres de l'équipe et à assurer l'homogénéité des pratiques d'évaluation de ses membres. En effet, et toujours selon cette étude, l'objectif d'homogénéisation *« fait directement écho à la territorialisation quasi généralisée (81 % des départements) des EMS, ce mode d'organisation pouvant favoriser le développement de procédures et modalités d'évaluation hétérogènes entre les différents lieux d'intervention »*[526].

À travers ces constats apparait clairement que des différences de traitement existent entre départements, mais également à des niveaux infra-départementaux puisqu'il peut y avoir plusieurs équipes d'évaluation sur un même territoire.

La quatrième et dernière étape du processus d'attribution de l'APA concerne la décision et sa notification par le président du conseil

[526] *Ibid.*

départemental. Le délai dans lequel cette décision doit être prise est de deux mois à compter de la date du dépôt du dossier complet par le demandeur[527]. À défaut, l'APA est versée pour un montant forfaitaire qui correspond à 50 % du maximum du plan d'aide pour un classement en GIR 1 à compter de la date d'ouverture des droits et jusqu'à notification d'une décision expresse. Le contenu de la décision est règlementé rigoureusement par le CASF.

D'après l'étude menée par la CNSA, on peut constater certaines disparités dans le contenu de la notification. En effet, le délai de révision périodique de l'APA et le montant du premier versement ne sont indiqués respectivement que dans 44 % et 40 % des cas. Or, la loi mentionne clairement le caractère obligatoire de ces informations. Relevons que le législateur exige d'indiquer une date de révision alors que, par ailleurs, aucune disposition légale ou règlementaire ne se rapporte à la durée d'attribution de l'APA qui, de fait, est présumée attribuée à vie. Pour autant, l'étude précitée indique que la durée des délais de révision se situe autour d'une médiane de trois ans quel que soit le GIR, avec un minimum de trois mois et un maximum de huit ans. Aussi des pratiques d'alerte des bénéficiaires sur l'imminence d'une révision existent dans 71 % des départements et selon des modalités globalement homogènes. En effet, 95 % des départements informent les bénéficiaires par voie postale ou courriels, généralement six mois avant la date prévue pour la visite.

Il est constaté également des disparités sur la date d'ouverture des droits. Certains départements les ouvrent à la date de réception des dossiers complets, d'autres à la date de démarrage de l'aide à domicile. Pourtant, le texte est clair, les droits s'ouvrent à compter de la notification de la décision prise par le président du conseil départemental. Aussi, certains bénéficiaires voient leur droit à l'allocation personnalisée d'autonomie ouvert plus tôt, d'autres plus tard. Un dernier point de disparité a été analysé lors de l'étude de la CNSA. Il s'agit du montant moyen versé mensuellement par le conseil départemental quel que soit le GIR. La médiane se situe à 385 €, mais il existe de grands écarts entre le minimum (249 €) et le maximum (618 €).

Revenons à l'étude de la CNSA, afin de déterminer les causes de ces écarts : trois indicateurs ont été pris en compte. D'une part, la nature des aides versées et leur volume. D'autre part, le tarif de référence appliqué par le conseil départemental. Enfin, le revenu du demandeur qui détermine sa participation. Manifestement il existe une corrélation forte entre la situation socio-économique du département (potentiel fiscal par habitant, part des classes favorisées dans la population…) et de faibles montants moyens.

Par ailleurs, les conseils départementaux développent des outils (référentiels) en vue d'évaluer plus précisément les besoins du demandeur. D'aucuns sont précis à la demi-heure, voire à la minute près. Une certaine harmonisation des pratiques s'en est suivie avec un effet déflationniste remarqué dans certains départements.

---

527 CASF, art. L. 132-14.

A l'inverse, il est constaté que dans les départements non dotés de référentiels, on assiste à une surestimation des plans d'aide et par conséquent à une réduction de leur montant moyen. L'un des verbatim cités dans le rapport précise que *« des personnes venant d'autres départements qui avaient l'APA s'étonnent de plus l'avoir ici »*[528]. Il ressort également de cette étude que *« les 12 années de montée en charge de l'APA ont permis aux services en charge de son attribution d'élaborer des jurisprudences locales, s'appuyant sur la règlementation nationale, mais prenant en compte la réalité locale »*[529].

§ 2. Gestion départementale de la prestation de compensation du handicap

Selon une étude menée par la DRESS[530], à la fin de l'année 2015, 342 000 personnes (451 000 fin 2023) bénéficient de la prestation de compensation du handicap (PCH) ou de l'allocation compensatrice pour tierce personne (ACTP) pour une dépense brute de 2,2 milliards d'euros (3,3 milliards d'euros fin 2023). Toujours selon cette étude, la PCH concerne 266 510 personnes (407 000 fin 2023), soit 79,5 % des deux prestations susvisées (90 % fin 2023) et l'ACTP « seulement » 68 570 personnes (44 000) soit 20,5 %[531] en 2015 contre 10 % en 2023.

La même étude établit pour la PCH et l'ACTP des différences départementales concernant les taux de bénéficiaires et de dépenses moyennes. Ainsi, en 2023, 6,6 personnes sur 1 000 sont bénéficiaires de l'une des deux prestations, dont 6,0 ‰ pour la PCH et 0,6 ‰ pour l'ACTP. Au niveau départemental, leur répartition est très inégale, de 3,7 ‰ à 14,3 ‰. S'il est vrai que plus d'un département sur deux a un taux de bénéficiaires de la PCH ou de l'ACTP compris entre 6,1 ‰ et moins de 8,9 ‰, les autres collectivités s'en éloignent davantage. Cette proportion est particulièrement élevée dans 18 collectivités où elle est supérieure à 8,9 ‰. À l'inverse, 7 collectivités se distinguent par des taux plus faibles, inférieurs à 4,8 ‰. Il s'agit notamment de départements franciliens et de la Guyane. Ces différences peuvent s'expliquer par :

• des différences territorialisées de prévalence du handicap ou de répartition par âge de la population ;

---

[528] CNSA, « Rapport APA, Compréhension de la disparité », *op.cit*, note 485, p. 67.

[529] *Ibid.*

[530] DRESS, « L'aide et l'action sociales en France », Édition 2017. Les données statistiques ont été actualisées à partir de DRESS, « L'aide sociale aux personnes âgées ou handicapées », Édition 2025, pp. 97-102.

[531] Fin 2018, 373 110 personnes sont bénéficiaires soit de la PCH soit de l'ACTP. Parmi elles, 58 250 bénéficient de l'ACTP soit 15,6 % environ. La dépense brute s'élève à 2,4 milliards d'euros. La montée en charge de la PCH se continue à un rythme de + 5 % annuels depuis 2017 alors que la population n'a augmenté que de 2 %. Cela se traduit par une augmentation de la dépense de 3,6 %. Parallèlement (et logiquement) le nombre de bénéficiaires de l'ACTP diminue de 5 %.

• des différences territorialisées de reconnaissance administrative du handicap ;
• la montée en charge de la PCH, qui n'est pas encore achevée et qui peut être plus avancée dans certains départements que dans d'autres. Même si la loi de 2005 ne comportait pas d'étude d'impact proprement dite, il ressort de la lecture de son dossier législatif que le gouvernement avait, à l'époque, estimé à 120 000 le nombre de personnes susceptibles de solliciter la PCH au terme de sa montée en charge. « Cette estimation, dont il n'a pas été possible de retrouver les sous-jacents, s'est avérée bien inférieure à la réalité, avec une population actuelle de bénéficiaires d'ores et déjà plus de quatre fois supérieure. La montée en charge reste inachevée, d'autant plus que les modifications législatives et réglementaires intervenues après 2020, en particulier la meilleure prise en compte des handicaps PCMT[532], ont élargi le champ des bénéficiaires »[533]. La Cour des comptes insiste sur la difficulté à appréhender la population susceptible de se voir attribuer une PCH, notamment à cause du non-recours. En effet, selon la Cour des comptes « si les 49 départements où le taux de recours à la PCH est aujourd'hui inférieur à 7,5 % rattrapaient la moyenne nationale, cela se traduirait par environ 67 000 bénéficiaires supplémentaires, soit une hausse de 18 % du nombre de bénéficiaires. Cette projection confirme l'impact potentiellement massif sur le nombre de bénéficiaires que pourrait avoir une amélioration de l'accès aux droits dans les territoires les moins bien dotés ».
• le fait que le remplacement de la PCH ou de l'ACTP par l'APA aux âges avancés peut être plus ou moins prononcé selon le territoire. Les dépenses annuelles moyennes de PCH et d'ACTP par bénéficiaire sont elles aussi hétérogènes d'un département à l'autre, allant de 3 900 à 13 500 euros en 2023. Dans trois départements sur dix, elles varient entre 6 120 et 7 480 euros (la médiane se situant à 6 800 euros). Près d'une quarantaine de collectivités ont des dépenses plus faibles, et dans 8 départements, elles sont même inférieures à 4 760 euros, soit 70 % de la valeur médiane. À l'opposé, 15 collectivités ont une dépense moyenne comprise entre 7 500 et 8 800 euros, et 15 collectivités dépensent, par an et par bénéficiaire, de 8 800 à 10 900 euros. Enfin, 6 départements se distinguent par des dépenses moyennes particulièrement élevées, supérieures à 10 000 euros par bénéficiaire et par an [534].

[532] PCMT : personnes atteintes de troubles mentaux, psychiques, cognitifs ou du neurodéveloppement. Le décret n° 2022-570 du 19/4/2022 les rend éligibles à la PCH, ce qui mécaniquement accroît le périmètre d'application de cette prestation. Sont également prises en compte les personnes sourdes et aveugles.
[533] Cour des comptes, La prestation de compensation du handicap, décembre 2025, p. 26.
[534] Les données statistiques sont issues, sauf indications contraires, du document DRESS, « L'aide sociale aux personnes âgées ou handicapées », Édition 2025, *prec.*

L'ACTP a été en partie remplacée par la PCH dès 2006, année d'entrée en vigueur de la loi du 11 février 2005 relative à l'égalité des droits et des chances, la participation et la citoyenneté des personnes handicapées. On assiste depuis à une montée en charge de la PCH qui ne concernait en 2006, à titre illustratif, que 5,2 % de la population éligible. L'explication réside, notamment, dans le fait que les conditions d'attribution de la PCH sont beaucoup plus souples que celles de l'ACTP ce qui, mécaniquement, augmente le nombre de personnes éligibles.

Depuis 2008, la PCH peut se substituer au complément de l'allocation d'éducation de l'enfant handicapé (AEEH) en compensation des frais liés à l'aménagement du logement, du véhicule ou pour les frais de transport, ce qui, *de facto*, la rend accessible aux personnes de moins de 20 ans. Précisons également que les adolescents de plus de 16 ans qui ne sont plus à la charge de leurs parents y sont éligibles.

Enfin, dès 60 ans, en principe, les personnes handicapées basculent dans le dispositif APA. Toutefois, les personnes dont le handicap répondait, avant 60 ans, aux critères définis par la loi de 2005 peuvent opter pour la PCH jusqu'à 75 ans. La loi prévoit également que les personnes de plus de 60 ans qui travaillent et qui remplissent les conditions légales liées au handicap peuvent continuer à bénéficier de la PCH.

Par ailleurs, un droit d'option existe également pour les anciens bénéficiaires de l'ACTP avant leurs 60 ans : s'ils optent pour la PCH, leur choix est définitif.

Pour avoir une vision globale des inégalités en matière d'attribution de la prestation de compensation du handicap (PCH), il faut analyser cette prestation de manière générale. En effet, il existe une PCH adulte que nous traiterons dans un premier temps (A). Nous verrons que des inégalités se font jour tout au long du processus qui mène à son attribution comme à son refus. Puis, nous nous pencherons sur les inégalités de traitement qui concernent spécifiquement la prestation de compensation du handicap enfant (B) : bien que relevant de la Sécurité sociale, ce point particulier trouve une place dans le cadre de cette étude.

A. Des inégalités en matière de PCH adultes

L'analyse du processus d'attribution de la PCH permet de mettre en lumière certaines disparités entre les départements. Il convient dès lors d'étudier les quatre étapes de ce processus en se référant largement à l'étude menée par la CNSA[535]. Un « focus » sur l'accompagnement à la vie sociale conclura cette partie.

La première étape consiste à informer et à accueillir le public.

---

535 CNSA, « Rapport PCH, compréhension de la disparité », décembre 2014.

On distingue généralement, lorsque l'on parle d'accueil physique, l'accueil de 1er niveau de l'accueil de 2ème niveau. Dans 87 % des cas, l'accueil de 1er niveau est assuré par un agent administratif. Pour autant, dans plus d'un cinquième des départements (23 %), un agent instructeur peut également assurer cette prestation. Les missions dévolues aux accueillants consistent à renseigner le public, à délivrer des formulaires ou plaquettes d'information, à réceptionner les demandes déposées, à informer l'usager sur le suivi de son dossier, à aider au remplissage du formulaire, à vérifier les droits ouverts de la personne ou encore à vérifier la complétude du dossier.

Quant à l'accueil de 2ème niveau, on peut constater des variations selon les départements. Dans 95 % d'entre eux, il prend la forme d'un entretien téléphonique ou physique avec ou sans rendez-vous.

En observant l'organisation des MDPH, on peut relever une diversité liée aux particularités géographiques et démographiques des territoires considérés. Pour assurer l'accueil et l'information du public, on trouve des antennes de la MDPH (46 %), des partenaires (45 %) ou encore des permanences délocalisées au sein des conseils départementaux, des CCAS, CIAS ou encore des CLIC (30 %).

On assiste, par conséquent, à une territorialisation de la fonction accueil et information. Cet élément n'est pas négligeable puisqu'il peut placer les usagers dans des situations d'inégalité profonde. Certains auront la possibilité d'accéder à l'information alors que d'autres pourront très bien être laissés pour compte.

Ce qui semble résulter de l'étude menée par la CNSA, c'est qu'il existe un lien direct entre un taux de demande de PCH faible et une organisation territorialisée de l'accueil au sens large (1er et 2ème niveau). Une problématique d'égalité d'accès aux droits se pose alors selon le lieu de résidence puisque les moins informés ne demanderont pas la PCH ou la demanderont avec retard.

De façon générale, les missions d'accueil et d'information sont assurées directement par les MDPH. Ceci étant, l'accueil de 1er niveau fait l'objet d'un conventionnement dans 40 % des cas avec des partenaires associatifs, des CCAS, CIAS, voire des établissements médico-sociaux. En revanche, pour l'accueil de 2ème niveau, seulement 20 % des MDPH mettent en place un conventionnement. Il est intéressant de relever que 72 % des départements communiquent sur la PCH auprès de leurs partenaires sous forme de rencontres, voire de formations thématiques. En général, et toujours selon l'étude de la CNSA, l'absence de conventionnement avec des partenaires augmente le taux de demande de PCH. On retrouve également, ici, une référence à la qualité de l'information et de l'orientation en amont de la demande.

Des disparités en termes de qualité de l'information apparaissent, même au sein d'une même MDPH.

Les faits semblent, *a minima*, établis et démontrent que selon l'agent auquel l'usager aura affaire, son orientation pourra être de plus ou moins bonne qualité. Or, à partir du moment où l'exactitude ou la précision de l'information peut varier d'une MDPH à une autre, mais aussi au sein d'une même MDPH, il nous semble que cette condition d'égalité n'est pas remplie.

Les pratiques d'enregistrement des demandes permettent d'influer, plus ou moins fortement, sur le taux de demande. Par exemple, certaines MDPH n'enregistrent pas les demandes qu'elles considèrent comme injustifiées. Des pratiques de renvoi systématique des dossiers considérés comme non-recevables ont pour effet de décourager les personnes qui finissent, par conséquent, par abandonner leurs requêtes. Même la durée d'attribution de la PCH joue un rôle pour expliquer un taux de demande faible. Il est évident, en effet, que plus l'attribution est faite pour une longue période, moins il y a de demandes de renouvellement. La durée d'attribution est fonction de l'élément attribué au titre de la PCH. Dix ans pour l'aide humaine, les aménagements de logement et les charges spécifiques, cinq ans pour l'aménagement de véhicule et les aides animalières et trois ans pour les aides techniques[536].

Par ailleurs, la communication sur la PCH à destination du public n'existe que dans 65 % des départements (réunions d'information, publications écrites, site web...). En principe, la loi prévoit l'obligation pour les MDPH de *« réaliser et de diffuser périodiquement un livret d'information sur les droits des personnes handicapées et sur la lutte contre la maltraitance »*[537]. Dans les faits, le concept de périodicité peut être annuel comme trimestriel. Ce qui est établi en revanche, c'est que la communication sur la PCH reste l'apanage des MDPH sauf dans 24 % des cas où elle est confiée à des partenaires.

La deuxième étape du processus d'attribution consiste à instruire le dossier déposé auprès de la MDPH. Les modèles de formulaires de demande et la liste des pièces justificatives à fournir sont fixés par arrêté du ministre chargé des personnes handicapées[538]. Pour ce qui relève de l'instruction administrative du dossier, le CASF prévoit que toute demande déposée auprès de la MDPH doit comporter un justificatif d'identité, de domicile, et un certificat médical[539] datant de moins de 6 mois[540]. Trois pièces qui sont considérées comme bloquantes : leur non-production entraine, *de facto*, rejet de la demande. Outre ces trois pièces, les MDPH peuvent solliciter toute autre pièce qu'elles jugent utiles à l'instruction du dossier[541]. Dès lors, et fort logiquement, elles disposent d'une latitude importante en la matière. Dans 99 % des cas, un dépôt physique

---

[536] CASF, art. D. 245-33.

[537] CASF., art. L. 146-7, *in fine*.

[538] Un nouveau Cerfa n° 15692*01 est en cours depuis le 1er septembre 2017 et sera généralisé à partir du 1er mai 2019.

[539] CASF, art. D. 245-25.

[540] CASF, art. R. 146-26.

[541] Sont généralement demandées les pièces complémentaires suivantes : permis de conduire (73%), attestation d'attribution d'une pension d'invalidité de 3ème catégorie (66%) et RIB (65%). Relevons aussi, que le nouveau Cerfa doit être accompagné, le cas échéant, d'une attestation de jugement en protection juridique.

du dossier ou par courrier postal est proposé aux demandeurs. D'autres modalités de dépôt sont possibles. En effet, 6 % des MDPH proposent un téléchargement sur une plate-forme dématérialisée. Plus de la moitié d'entre elles (51 %) acceptent même que le dossier soit complété par mail lorsqu'il manque une pièce bloquante. En revanche, pour les autres pièces complémentaires, le taux est de 80 %. Les dossiers complets font l'objet d'un enregistrement suivi, dans 86 % des cas, par l'envoi d'un accusé de réception même si la loi n'en fait pas une obligation légale. Dans les faits, les personnes concernées choisissent majoritairement un dépôt physique qui a vocation à les rassurer, de peur que le dossier ne soit perdu, ou des pièces égarées.

On relève également que 88 % des départements procèdent à un prétri qui est systématisé dans 66 % des cas. Divers intérêts sont rattachés à cette étape préalable. Cela permet notamment d'apprécier le niveau de complexité du dossier, de déterminer le mode d'évaluation le plus adapté, de juger de l'éligibilité à la PCH, mais également de repérer les urgences pour déclencher une PCH provisoire. Une meilleure orientation des dossiers découle de la mise en place d'un prétri. En dehors de l'urgence, certains dossiers sont soumis à une formation restreinte[542] de la CDAPH, c'est-à-dire que le dossier n'est pas soumis à la formation plénière : c'est le cas notamment pour les demandes de renouvellement ou de révision.

Dans les cas d'urgence avérée, le président du conseil départemental peut attribuer la PCH à titre provisoire[543]. Il bénéficie d'une option pour fixer son montant. En effet, soit il se réfère au décret qui détermine pour chaque élément de la prestation les montants maximums attribuables, soit il fixe lui-même des montants forfaitaires, sans pouvoir dépasser les plafonds fixés par décret, en fonction de ce qu'il considère comme adapté à la situation d'urgence. Dans tous les cas, sa décision définitive doit intervenir dans les deux mois qui suivent la décision d'attribution provisoire. Cette procédure d'urgence prévue par la loi est utilisée dans 45 % des départements. Une procédure locale d'urgence existe également dans 45 % des départements. Les 10 % qui restent ne prévoient aucune procédure d'urgence et se retrouvent, par voie de conséquence, hors du cadre légal.

Il existe en outre de fortes disparités quant à la maturité numérique des MDPH. S'il est exact que l'informatisation des dossiers est mise en place dans 89 % des départements, toutes les étapes de l'attribution ne sont pas systématiquement informatisées. Par exemple, seulement 53 % des départements informatisent la phase d'élaboration du plan personnalisé de compensation. À l'inverse, ils sont 90 % à informatiser la phase purement administrative. Quant à la numérisation des dossiers, seulement 56 % le font, entièrement ou partiellement. Il est à noter également que 11 % des départements ont développé un portail web permettant échanges et

542 CASF, R.241-28.

543 Dans 61 % des départements la PCH d'urgence concerne moins de 5 % des dossiers.

interactions avec les demandeurs qui peuvent ainsi suivre l'état d'avancement de leur dossier.

Il est prévu par la règlementation que c'est à compter de la présentation auprès de la MDPH d'une demande recevable que commence à courir le délai de quatre mois à l'issue duquel l'absence de réponse de la CDAPH est considérée comme une décision implicite de rejet[544].

Signalons aussi que 51 % des MDPH ne répondent pas dans le délai imparti selon des enquêtes de satisfaction menées par des associations d'usagers d'enfants souffrant d'autisme ou de troubles apparentés[545].

On peut soutenir, par conséquent, qu'il ne s'agit pas à proprement parler d'une irrégularité, puisque la loi offre indirectement l'option de non-réponse, même si cette situation d'attente place le demandeur dans une incertitude difficilement soutenable.

L'inégalité de traitement résulte du fait que selon les délais de réponse pratiqués par les MDPH, les usagers n'auront pas les mêmes chances d'anticipation de la prise en charge. Or, nous venons d'en faire la démonstration, les conséquences peuvent être particulièrement graves. Rappelons, à toutes fins utiles, que la règle applicable en droit commun est que le silence de l'administration vaut acceptation au bout de deux mois[546]. Cette règle connait des dérogations dont celle qui concerne les MDPH puisque l'on conserve la norme selon laquelle le silence gardé par l'administration pendant plus de quatre mois vaut décision implicite de rejet. L'une des pistes d'amélioration pourrait être de soumettre les MDPH au délai de deux mois.

Après le dépôt d'un dossier complet s'ouvre une troisième étape définie par l'article L.245-2 du CASF qui dispose que *« l'instruction de la demande de prestation comporte l'évaluation des besoins de compensation du demandeur et l'établissement d'un plan personnalisé de compensation réalisé par l'équipe pluridisciplinaire dans les conditions prévues à l'article L.146-8 »*.

L'évaluation des besoins relève donc d'une équipe pluridisciplinaire d'évaluation (EPE) qui doit, à son issue, proposer un plan personnalisé de compensation (PPC)[547]. Ce dernier doit contenir l'ensemble des réponses aux différents besoins d'aide humaine identifiés, y compris ceux qui ne relèvent pas du périmètre de la PCH afin de permettre à la MDPH de proposer aux organismes concernés une mutualisation de leurs interventions[548]. Enfin, l'article L 146-8 précise que L'EPE entend, soit sur sa propre initiative, soit lorsqu'ils en font la demande, la personne handicapée, ses parents si elle est

544 CASF, art. R. 241-33.

545 AUTISME FRANCE, EGALITED, TOUPI, DYS NOS DROITS, « Votre MDPH respecte-t-elle la loi ? », Synthèse de l'enquête menée du 12 décembre 2015 au 31 janvier 2016, mars 2016.

546 CRA, art. L. 231-1.

547 CASF, art. L. 146-8.

548 CASF, art. D. 245-27.

mineure, ou son représentant légal. Le mineur capable de discernement peut également être entendu. Par ailleurs, et selon les mêmes principes que pour l'audition, l'équipe d'évaluateurs se rend sur le lieu de vie de l'intéressé. Bien entendu, le législateur prévoit que les équipes pluridisciplinaires soient composées en fonction des problématiques de la personne. Cela autorise une certaine souplesse qui, nous semble-t-il, permet de réaliser des évaluations plus pertinentes.

Si l'on devait procéder à une typologie des procédures d'évaluation, on pourrait, à l'instar de la CNSA, classer les départements en trois grandes catégories. Ceux qui n'évaluent que sur visite à domicile, ceux qui n'évaluent que sur dossier et ceux qui se situent entre les deux extrémités, c'est-à-dire pour lesquels la visite à domicile n'est pas systématique mais possible. Une analyse plus fine permet de constater que la visite à domicile non systématique est particulièrement appliquée lorsqu'il s'agit de renouvellement (68 %), de révision (65 %) ou encore d'une nouvelle demande suite à un refus (65 %). Par ailleurs, les visites à domicile sont plus ou moins systématiques selon la nature des éléments de la PCH sollicitée. Notons aussi que les visites à domicile sont réalisées dans 91 % des cas par un travailleur social et dans 85 % des cas par un ergothérapeute ; dans une moindre mesure, par un infirmier (44 %) ou un médecin (22 %).

Quasiment les trois quarts des départements font appel pour l'évaluation à des partenaires, des prestataires ou des experts.

Pour être éligible au volet aide humaine de la PCH, il faut, au préalable, l'être à la PCH dans son ensemble. Aussi faut-il présenter une difficulté absolue ou grave pour la réalisation d'au moins une activité visée dans l'annexe 2-5 du CASF. L'accès à l'aide humaine implique une difficulté absolue pour la réalisation d'un des cinq actes essentiels (toilette, habillage, alimentation, élimination, déplacement dans et hors du logement) ou deux difficultés graves pour en réaliser deux.

Selon le baromètre de l'observatoire des aides humaines d'Handéo, *« les personnes qui déclarent des limites motrices, sensorielles ou intellectuelles bénéficient plus facilement d'une reconnaissance du handicap que celles qui souffrent de troubles du comportement, de troubles psychiques ou cognitifs »*[549]. Ces handicaps sont qualifiés « d'invisibles » c'est-à-dire que les équipes d'évaluation des MDPH ne les prennent pas en compte ou rarement. *« En fonction des départements, la reconnaissance d'un handicap dit « invisible » est plus ou moins facilitée »*[550].

Par ailleurs, dans le cadre d'une étude commune de l'ANCREAI et de l'Observatoire national des aides humaines sur le handicap d'origine

---

[549]Handéo'Scope,Le baromètre de l'Observatoire national des aides humaines, « Diversité des fonctionnements MDPH : un accès à l'aide humaine à géométrie variable », Baromètres thématique n°2, avril 2017, p. 10.
[550] *Ibid.*

psychique, il a été mis en évidence *« une grande difficulté d'accès à la PCH pour les personnes en situation de handicap avec un trouble psychique, qui se traduit de manière inégalitaire d'un département à l'autre »*[551]. Sans compter le fait que lorsqu'elles y accèdent, les volumes horaires des plans d'aide sont contrastés. La sensibilité des équipes d'évaluation aux problèmes du handicap psychique détermine les droits qui, *in fine*, seront octroyés à la personne. Certaines équipes ne prennent en compte, pour évaluer les besoins en aide humaine, que les capacités physiques de la personne. Or, les personnes qui souffrent de troubles psychiques ne présentent pas d'incapacité à faire, pour autant elles ne font pas, notamment parce qu'elles ne se rendent plus compte de ce qu'il faut faire.

Du point de vue de l'usager, cela confirme encore que le traitement de sa situation va dépendre de l'équipe d'évaluation à laquelle son cas sera soumis. Or, ces équipes interviennent bien dans le cadre des MDPH et donc des départements de résidence des personnes concernées.

La quatrième et dernière phase de la procédure concerne la notification de la décision par courrier postal ou mail généré automatiquement par le système informatique de la MDPH dans 72 % des cas. *In fine*, la décision revient à la CDAPH conformément aux dispositions de l'article L. 146-9 du CASF. En effet, il lui appartient, sur la base de l'évaluation des besoins effectuée par l'EPE, mais aussi des souhaits exprimés par la personne ou son représentant légal, de prendre une décision relative à l'ensemble des droits de la personne handicapée.

Conformément au droit commun, cette décision doit être motivée en droit et en fait[552]. Or, l'étude menée auprès des usagers de MDPH[553] indique que 71 % des répondants estiment que les décisions qui leur sont opposées ne sont pas motivées ou le sont insuffisamment. Le fait que certaines MDPH, dans leurs pratiques de non-motivation des notifications, placent les usagers dans l'incertitude constitue une forme de remise en cause du principe d'égalité au recours. Chacun doit pouvoir connaitre les raisons exactes de la motivation pour être en mesure de juger de l'opportunité d'un recours. Il y a, par conséquent, une inégalité de traitement selon la MDPH à laquelle la personne est rattachée.

Par ailleurs, l'analyse des critères des décisions nous instruit sur la question des raisons qui amènent à attribuer ou à refuser la PCH au demandeur. Selon le baromètre de l'observatoire national des aides humaines[554], les décisions

---

[551] *Ibid.*

[552] CASF, L.241-6, II.

[553] AUTISME FRANCE, EGALITED, TOUPI, DYS NOS DROITS, « Votre MDPH respecte-t-elle la loi ? », Synthèse de l'enquête menée du 12 décembre 2015 au 31 janvier 2016, mars 2016.

[554] HANDÉO'SCOPE, LE BAROMÈTRE DE L'OBSERVATOIRE NATIONAL DES AIDES HUMAINES, « Diversité des fonctionnements MDPH : un accès à l'aide humaine à géométrie variable », Baromètre thématique n° 2, avril 2017.

sont corrélées avec les représentations de leurs auteurs. Cinq systèmes de représentations ont été mis en lumière. Le premier système est fondé sur des critères juridiques. Autrement dit, l'objectivité des critères permet d'accorder la PCH. L'efficacité d'un tel système réside, par conséquent, sur une bonne connaissance de la loi. Or, des exemples d'interprétation erronée de la règlementation se font jour dans certaines MDPH. À titre illustratif, la PCH aide humaine est parfois refusée au motif qu'elle ne s'applique pas sur le lieu de travail. Or, aucune disposition légale ne prévoit une telle restriction. On peut même soutenir que la législation prévoit exactement l'inverse. Il suffit de se reporter à l'annexe 2-5 du CASF, qui constitue le référentiel pour l'accès à la prestation de compensation, et plus particulièrement à sa section III qui s'intitule « *Frais supplémentaires liés à l'exercice d'une activité professionnelle ou d'une fonction élective* ». Le deuxième système de représentations est basé sur des critères visant à exclure les demandes jugées abusives. Par exemple, certaines MDPH écartent les dossiers dans lesquels l'usager a coché toutes les cases, parce que tout demander est jugé comme abusif *a priori*. Or, le formulaire Cerfa n'est pas aisé à renseigner. De plus, il existe des situations où les besoins sont multiples. Un tel motif pour écarter une demande semble juridiquement contestable. Un troisième système est basé sur des aspects définitionnels. En effet, lorsque le handicap est défini sous l'angle médical, la chance d'obtenir une décision favorable est augmentée. Parfois, ce même aspect joue contre la personne que l'on va orienter vers le secteur sanitaire en invoquant que la demande n'entre pas dans le périmètre de la PCH. Quant au motif social, il connait un sort équivalent au motif médical. En effet, soit il est considéré comme « produisant » du handicap et ouvre droit à la PCH, soit au contraire comme relevant du champ du social, c'est-à-dire des services sociaux et non pas du périmètre de la PCH. Autrement dit, le demandeur est dépendant de l'angle d'analyse choisi par la MDPH pour étudier sa situation. Un autre système de représentations, le quatrième, est directement lié aux ressources du territoire. Autrement dit, ce n'est pas le besoin qui justifie l'attribution de la PCH mais les disponibilités des ressources territoriales : des orientations par défaut peuvent être constatées. On relève même des décisions qui sont basées sur un souci de gestion des ressources territoriales, par exemple ne pas octroyer d'aide humaine à l'hôpital au motif qu'il y a du personnel hospitalier, ou encore refuser d'attribuer, en même temps, une orientation SAVS et des heures d'aide humaine pour la participation à la vie sociale. Enfin, un cinquième système est basé sur des critères moraux. Ainsi, une PCH peut être refusée à une personne jeune au motif qu'il faut éviter d'enfermer une personne trop tôt dans la catégorie du handicap. On trouve également des références à des notions de besoins vitaux, ou non, pour fonder l'attribution de la PCH ou la refuser.

Les marges de manœuvre laissées ainsi aux MDPH, et plus particulièrement aux CDAPH, ne permettent pas de garantir une égalité de traitement dans l'attribution de la PCH aide humaine sur l'ensemble du territoire. Il est aisé d'imaginer alors qu'une même situation, eu égard à ce qui vient d'être dit, fera l'objet d'un traitement différent car énormément de paramètres non objectifs interviennent dans la prise de décision.

Une étude de la CNSA[555], déjà citée, relève que 32 % des départements n'ont pas mis en place un système d'alerte visant à prévenir les bénéficiaires de l'arrivée à échéance de leurs droits pour éviter des ruptures de prise en charge. Or, la loi impose un tel dispositif[556]. En revanche, dans les départements où il est mis en place, le rappel se fait automatiquement via le système informatique dans 50 % des cas. Seulement 4 % des MDPH vont jusqu'à appeler téléphoniquement l'intéressé. Enfin, l'alerte est déclenchée entre 3 et 6 mois avant l'échéance dans 67 % des cas.

Toujours selon cette étude, les taux d'accord PCH (quotient entre le nombre de décisions PCH et le nombre de décisions) se situent à 53 % environ dans une fourchette variant de 44 % à 62 % pour la moitié des départements. En revanche, les deux valeurs extrêmes sont respectivement de 31 % et 83 %. À titre illustratif, dans le Pas-de-Calais, le taux d'accord de la PCH adulte est de 51 % et celui de la PCH enfant de 38 %. Dans le Finistère, il est respectivement de 63 % et 98 %. Quant au département de l'île de la Réunion, il affiche 46 % et 16 %.

Plusieurs raisons peuvent être invoquées pour expliquer un taux d'accord faible. Tout d'abord, le conventionnement avec des partenaires pour assurer un accueil de 2ème niveau conduit à des dépôts de demandes injustifiées si les partenaires n'ont pas été correctement formés. Ce qui évidemment influe sur le taux d'accord. Il est également établi un taux d'accord faible lorsque la MDPH enregistre de nombreuses demandes. En effet, plus il y a de demandes, plus la proportion de demandes injustifiées est grande. Ce qui incontestablement va jouer sur le taux d'accord. Au-delà du seul effet volume, c'est la question de la qualité des demandes qui se pose. En général, les MDPH connaissant un nombre important de demandes mettent en place des procédures accélérées de passage en commission (hebdomadaire, voire pluri-hebdomadaire). Aussi, cela joue également sur le taux d'accord, car plus il y a de commissions, plus il y a de décisions rendues, ce qui forcément augmente la proportion de décisions de rejet.

Par ailleurs, il est constaté que lorsqu'il y a systématiquement organisation d'une visite à domicile de l'EPE le taux d'accord augmente. Ce qui semble logique puisqu'il y a une meilleure préparation du dossier. À défaut, il y a un risque de décalage entre la proposition de l'EPE et les besoins réels de la personne qui sera tentée de refuser le PPC, ce qui aboutira, *in fine*, à une décision de rejet par la CDAPH.

---

555 CNSA, « Rapport PCH, compréhension de la disparité », décembre 2014, p. 27.
556 CASF, art. R.146-29.

Des disparités existent également en matière de montant moyen mensuel de la PCH aide humaine. La valeur la plus basse se situe à 359 € et la plus haute à 1633 €, avec une médiane de 823 €.

Le rapport de la Cour des comptes d'octobre 2017[557] fait état de données confirmant l'existence de disparités entre les départements. En effet, celle-ci peut varier de 2812 € par an dans les Ardennes à 10 431 € en Haute-Corse, soit 3,7 fois plus, avec une moyenne qui se situe à 5 260 €[558].

Les départements dans lesquels le montant moyen de la PCH humaine est faible sont majoritairement des départements ayant des caractéristiques sociodémographiques peu avantageuses (taux de chômage élevé, potentiel fiscal par habitant faible, part des classes sociales les plus favorisées faible). À l'inverse, les départements qui présentent de meilleures caractéristiques socioéconomiques disposent de budgets plus importants qui se traduisent par des possibilités de rémunération plus généreuse des services d'aide à domicile. Ce qui tend à augmenter arithmétiquement le montant moyen des plans d'aide. En même temps, la population qui réside est « plus aisée » ce qui lui donne les moyens d'assumer le reste à charge contrairement à ce qui a été vu précédemment. Un lien est également établi entre des montants moyens faibles et la politique départementale d'autorisation de services prestataires. En effet, moins il y a de prestataires non autorisés dans un département, plus le montant moyen attribué au titre de la PCH aide humaine est faible. Cela découle logiquement de la maîtrise des tarifs qu'exerce le conseil départemental. Pour les services autorisés et conventionnés avec le conseil départemental, le tarif est imposé par la collectivité territoriale. Il n'y a donc aucune différence entre le prix du service et le montant accordé au titre de la PCH. Pour autant, le bénéficiaire, en fonction de son niveau de ressources, peut avoir à supporter un reste à charge de 20 % maximum. Ceci dit, même si les montants restant à charge peuvent paraitre modestes, dans l'absolu, pour ceux qui ont des revenus contraints cela peut devenir rapidement insurmontable. Aussi, la délimitation précise du nombre d'heures nécessaires contribue à réduire le montant moyen des plans d'aide. Des outils permettent d'affiner l'évaluation du temps. Enfin, un montant moyen faible s'explique aussi par le recours aux aidants familiaux qui présente l'avantage d'avoir un coût moins élevé, et connait, selon les départements, une pratique plus ou moins développée.

En définitive, la politique de tarification départementale et le mode d'intervention choisi par le demandeur expliquent grandement le montant moyen des plans d'aide, tant faibles que forts.

La loi d'adaptation de la société au vieillissement (ASV) du 28 décembre 2015 prévoit que l'ensemble de ces services soit soumis au régime unique de

---

[557] Cour des comptes, « Les finances publiques locales. Rapport sur la situation financière et la gestion des collectivités et de leurs établissements publics », octobre 2017, p.227.

[558] Cour des comptes, rapport public annuel, 2018, p. 116-133.

l'autorisation ce qui, *de facto*, met fin au régime de l'agrément. L'objectif étant de promouvoir l'autonomie des personnes, mais également de leur donner les moyens de mieux comprendre, et donc maîtriser, le système de tarification. Système maintes fois dénoncé pour sa complexité pour tous les acteurs concernés, y compris les conseils départementaux.

Désormais l'agrément qualité ne sera plus délivré par les services de l'État. Seul le département accordera l'autorisation d'exercer aux services souhaitant démarrer une activité prestataire. Le département acquiert une maîtrise des flux de demandes de création, ce qui permet, subséquemment, d'adapter l'offre aux besoins du territoire.

La nouvelle distinction qu'il convient de faire aujourd'hui consiste à séparer les services autorisés tarifés, qui correspondent aux ex-services autorisés, des services autorisés non tarifés, qui correspondent aux ex-services agréés. Pour les premiers, le tarif est fixé par arrêté du conseil départemental. Il s'agit d'un tarif unique. Aucuns frais supplémentaires ne peuvent être demandés à l'usager. Pour les seconds, leurs tarifs sont libres, dans la limite d'un plafond fixé par décret. Le conseil départemental finance la prestation sur la base d'un tarif départemental qu'il fixe. Au-delà de cette limite, le reste à charge incombe au bénéficiaire, en sus de son éventuelle participation fixée dans le plan d'aide.

Le nouveau régime, outre son inscription dans une logique de protection des plus fragiles, permet de soumettre tous les SAAD aux mêmes exigences et garanties de qualité dont le respect d'un cahier des charges national.

La question posée désormais est celle de savoir si la loi ASV impacte les tarifs pratiqués au titre des prestations PCH aide humaine[559]. Depuis le 1er janvier 2018, le tarif de référence départemental est fixé par décret à 17,77 € de l'heure. Si l'on considère la PCH, volet aide humaine, on constate des différences de tarifs pratiqués selon les départements. En effet, dix-neuf départements indiquent des tarifs supérieurs au tarif de référence fixé nationalement (Pas-de-Calais, Nord, Somme, Seine-Maritime, Loiret, Loir-et-Cher, Sarthe, Mayenne, Corrèze, Puy-de-Dôme, Loire, Ardèche, Isère, Hautes-Alpes, Vendée, Haute-Saône, Bas-Rhin, Lot-et-Garonne et Réunion). Ces tarifs départementaux varient de 18,30 € dans les Hautes-Alpes à 20,70 € dans le Bas-Rhin, voire 26 € pour Paris. Certains de ces SAAD pratiquent un tarif différencié selon les jours d'intervention.

Au-delà de ces questions tarifaires, on peut constater des différences de traitement marquées entre MDPH lorsqu'il s'agit de traiter, au titre de la PCH aide humaine, la problématique de l'accompagnement à la vie sociale. L'origine de ces différences réside notamment dans la règlementation, en

---

559 Handéo'Scope, Le baromètre de l'Observatoire national des aides humaines, « Prestation de Compensation du Handicap (PCH) « aide humaine » et Allocation Personnalisée d'Autonomie (APA), les impacts de la loi sur l'adaptation de la société au vieillissement », Baromètre thématique n° 1, février 2018, p. 3.

particulier l'annexe 2-5 du CASF, qui définit le concept de « participation à la vie sociale » de manière large, ce qui laisse subsister, *de facto*, une grande marge d'interprétation par les MDPH. Un guide publié par la CNSA[560], en mars 2017, apporte des précisons qui devraient conduire théoriquement à réduire les écarts d'interprétation. Pour autant, et nous l'avons précédemment souligné, les représentations des acteurs peuvent venir interférer sur la volonté d'homogénéisation des pratiques recherchée au travers du guide en question. Nous ferons référence également à un travail mené par l'Observatoire national des aides humaines[561] afin de démontrer que l'imprécision règlementaire produit inéluctablement de l'inégalité de traitement selon les départements de résidence. Qu'entend-on par « participation à la vie sociale » et quel volume horaire peut-on attribuer à ce titre ? Si l'on se réfère à l'annexe 2-5 du CASF *« La notion de participation à la vie sociale repose, fondamentalement, sur les besoins d'aide humaine pour se déplacer à l'extérieur et pour communiquer afin d'accéder notamment aux loisirs, à la culture, à la vie associative, etc. Le temps d'aide humaine pour la participation à la vie sociale peut atteindre 30 heures par mois. Il est attribué sous forme de crédit temps et peut être capitalisé sur une durée de 12 mois. Ce temps exclut les besoins d'aide humaine qui peuvent être pris en charge à un autre titre, notamment ceux liés à l'activité professionnelle, à des fonctions électives, à des activités ménagères, etc. »*. Des précisions intéressantes sont apportées par le guide de la CNSA de mars 2017. Guide qui, d'ailleurs, fait suite à une première version de décembre 2013[562] expérimentée auprès de certaines MDPH.

Une fois le cadre légal de l'accompagnement à la vie sociale posé, il convient de le confronter aux applications que peuvent en faire les MDPH, ce qui permet de mesurer l'écart entre la loi et sa mise en œuvre. Cet écart traduit, *de facto*, des inégalités de traitement selon les départements de résidence des demandeurs. On relève déjà des divergences d'appréciation sur ce qui relève ou non de la PCH au titre de la participation à la vie sociale. L'étude menée par l'Observatoire national des aides humaines de novembre 2016 ci-dessus citée[563], nous permet de faire apparaitre les différences d'interprétation. Il s'agit pour l'essentiel d'avis interprétatifs donnés par cinq MDPH questionnées à ce sujet, identifiées d'après les points cardinaux ou un code

---

560 CNSA, « Accès à l'aide humaine ; élément 1 de la prestation de compensation du handicap. Guide d'appui aux pratiques des maisons départementales des personnes handicapées », mars 2017.

561 Observatoire national des aides humaines, « Impact du label concernant la participation à la vie sociale des personnes en situation de handicap : les accompagnements hors du domicile réalisés par les services d'aide à domicile », rapport final, novembre 2016.

562 CNSA, « Appui aux pratiques des équipes pluridisciplinaires de MDPH. Guide PCH aide humaine », décembre 2013.

563 Observatoire national des aides humaines, « Impact du label concernant la participation à la vie sociale des personnes en situation de handicap : les accompagnements hors du domicile réalisés par les services d'aide à domicile », rapport final, novembre 2016, p 104-117 [tous les exemples cités sont extraits de cette étude].

couleur, pour préserver leur anonymat. Si l'on prend l'exemple des séjours à l'hôpital de la personne handicapée, qui posent la question de savoir si l'intervention d'une auxiliaire de vie durant ce séjour peut être valorisée au titre de la participation à la vie sociale, trois des cinq MDPH auditionnées considèrent que cela n'entre pas dans le cadre de cette participation. L'argument majoritairement avancé est celui du lieu d'intervention. En effet, pour ces MDPH, il appartient à l'hôpital de prendre en charge le patient via son propre personnel. Ainsi, d'après certaines personnes *« ce n'est pas à la PCH de compenser les problèmes de l'hôpital »*. À l'inverse, la MDPH du centre considère que le lieu d'intervention n'a pas à être pris en considération dès lors que le séjour est inférieur à quarante-cinq jours. L'une des professionnelles déclare même : « *le lieu on s'en fiche, c'est la loi* ». En effet, le droit à la PCH est maintenu, sous certaines conditions, durant une hospitalisation. Cela résulte clairement de la combinaison des articles L.245-11 et D.245-74 du CASF. Par conséquent, les MDPH qui invoquent systématiquement l'incompatibilité entre PCH et hospitalisation se placent hors du cadre légal. Pour la personne directement concernée, la qualité de l'accompagnement est impactée directement. Toujours selon la MDPH du centre « *Les infirmières n'ont pas le temps pour donner le repas à une personne lourdement handicapée, autant que les auxiliaires de vie le fassent* ». Cet exemple est illustratif d'une différence flagrante de traitement liée finalement à des raisons financières, peut-être légitimes, mais dont l'usager subit les conséquences. De plus et surtout, il y a aggravation de l'inégalité dans la mesure où elle découle d'une mauvaise interprétation de la règlementation en vigueur.

Entrent également dans le périmètre de la PCH les temps de participation à la vie sociale (activités sociales, culturelles ou autres), habituellement passés en famille, en couple ou entre amis. Selon le guide de la CNSA de mars 2017, ces temps « *ne doivent pas être systématiquement inclus ou exclus des besoins d'aide à la vie sociale. Le temps d'aide nécessaire doit être déterminé en fonction des besoins de la personne et pas en fonction du type d'intervenant* ». L'étude menée par l'Observatoire nationale des aides humaines nous renseigne utilement sur l'interprétation que font les MDPH de cette disposition du guide. Pour la MDPH de l'ouest, *« si la personne a une vie sociale très intense, qu'elle n'a pas d'aidant, on va pouvoir lui mettre 30 heures »*. En revanche, *« si la personne vit en famille on va considérer que c'est la vie sociale familiale et donc ce n'est pas valorisé au titre de la PCH. Vous sortez avec votre conjoint, c'est à lui de s'occuper de vous »*. À l'inverse, la MDPH de l'est s'intéresse davantage aux habitudes de vie des personnes handicapées. Aussi, par exemple, « *si le couple allait ensemble au cinéma avant la situation de handicap, alors les heures permettant à l'aidant de l'accompagner ne seront pas valorisées. Si la personne avait l'habitude de faire les choses seules et que maintenant elle a besoin du conjoint car elle est devenue dépendante, on va pouvoir la valoriser* ». Ainsi, la situation personnelle ne sera pas prise en compte identiquement selon les MDPH, ce qui conduit à des différences de traitement corrélées à des différences d'interprétation de textes, y compris non règlementaires, mais qui constituent, pour l'heure, l'unique référence.

Nous avons vu précédemment que l'annexe 2-5 prévoit que la participation à la vie sociale peut atteindre trente heures mensuelles : toutes les MDPH n'ont pas le même positionnement quant à l'octroi d'heures dédiées à la participation à la vie sociale. Par exemple, la MDPH de l'est semble poser comme règle que tous les plans d'aide doivent en contenir. À l'inverse, la MDPH du nord va jusqu'à remettre en cause leur légitimité. « *Aujourd'hui on demande beaucoup à la solidarité nationale. Et lorsque l'on parle de participation à la vie sociale pour les personnes handicapées on est un peu là-dedans ! On doit rester dans une zone équitable du citoyen. Bientôt on va devoir leur payer leur ticket de cinéma ! Ce n'est pas parce qu'elles sont en situation de handicap que tout leur est dû ! L'autre jour on a entendu dire qu'une personne était partie avec son auxiliaire de vie pour aller faire les soldes ! C'est scandaleux ! C'est quelque chose d'irréaliste ! On n'est pas dans les actes essentiels de la vie là ! Ce sont des actes de riches ça !* ». Il résulte de l'étude de l'Observatoire des aides humaines de novembre 2016 qu'une directive départementale de 2008 demande de n'octroyer des heures de déplacement à l'extérieur et de surveillance qu'à titre très subsidiaire. Par conséquent, encore une fois, la volonté départementale influe considérablement sur les droits des personnes même si des raisons démographiques, sociales ou économiques peuvent être avancées pour justifier de tels choix. Il n'en demeure pas moins que de telles pratiques ne sont pas conformes à la règlementation, et portent atteinte au principe d'égalité de traitement.

Selon la MDPH du centre « *Les différences entre les MDPH posent la question de l'équité. On n'est pas servi de la même façon de là où on habite et c'est bien dommage car à la base, la PCH est une prestation nationale* ». Conclusion qui tend à confirmer encore une fois notre hypothèse de départ.

B. Des inégalités « spécifiques » en matière de PCH enfants

Afin de compléter notre propos, nous proposons de traiter certains aspects de l'allocation d'éducation de l'enfant handicapé (AEEH) dans cette partie, bien qu'elle appartienne clairement aux allocations familiales et non aux prestations d'aide sociale légale, seul objet de ce travail.

Deux raisons président à ce choix. D'une part, l'attribution de l'AEEH de base[564] et de l'un de ses compléments[565] relève de la compétence des MDPH. D'autre part, cette allocation peut, sous certaines conditions, se cumuler avec la PCH. Selon la DRESS, la PCH des moins de 20 ans ou PCH « enfant » concerne 8,3 % des bénéficiaires de la PCH fin 2023. Ce qui équivaut à près de 34 000 bénéficiaires, soit près de 2 personnes pour 1 000 de moins de 20 ans en France. À titre de comparaison, les bénéficiaires de l'allocation d'éducation aux enfants handicapés (AEEH) représentent 33 personnes pour 1 000 de moins de 20 ans en France, soit 517 000 personnes fin juin 2023. La dépense annuelle associée à la PCH « enfant » s'élève à 378 millions d'euros en 2023, soit 13 % de la dépense totale de PCH des conseils départementaux. La dépense annuelle par bénéficiaire est en moyenne de 10 900 euros pour les moins de 20 ans, soit 68 % de plus que la dépense moyenne par bénéficiaire des 20 ans ou plus[566].

Rappelons que l'AEEH de base est attribuée aux parents d'enfants handicapés de moins de 20 ans, ou à la personne qui en assume la charge. Son objectif est de compenser les frais d'éducation et de soins nécessaires à l'enfant. Ni l'attribution de l'AEEH de base ou de l'un de ses compléments n'est soumise à condition de ressources. C'est la CDAPH qui détermine le taux d'incapacité de l'enfant à partir d'un guide-barème pour l'évaluation des déficiences et incapacités des personnes handicapées[567]. Ce taux détermine l'ouverture du droit à l'AEEH et d'éventuels droits subséquents. Deux fourchettes de taux sont prévues. La première va de 50 % à 79 % et la seconde de 80 % à 100 %. Autrement dit, le droit à l'AEEH n'est pas ouvert en deçà de 50 % d'incapacité. Les compléments attribués par la CDAPH à l'AEEH de base sont fonction des dépenses liées au handicap et/ou de la réduction ou cessation d'activité professionnelle d'un des parents ou encore de la nécessité d'embaucher un tiers. Les parents, ou les personnes ayant en charge un enfant ayant droit à un complément d'AEEH pourront opter, en lieu et place de ce complément, pour la PCH qualifiée alors de « PCH enfant ».

Dans un rapport produit par l'inspection générale des affaires sociales (IGAS), en juillet 2016, il est constaté qu'*« il existe des risques d'inégalité accrus liés à la diversité des modes de traitements des demandes d'AEEH (gestion, interprétation de la règlementation, contrôles, etc.) »*[568]. Un certain nombre de constats sont établis par ce rapport d'évaluation de l'AEEH. Ainsi est-il souligné une hétérogénéité dans l'évaluation des besoins des familles

---

[564] Montant de l'AEEH de base au 1er janvier 2018 : 130,51 €. Depuis le 1er janvier 2021, et jusqu'au 31 mars 2022, son montant est de 132,74 €.

[565] Il existe six catégories de compléments d'AEEH (C1 à C6) allant de 99,55 € (catégorie 1) à 1 126,40 € (catégorie 6) au 1er janvier 2021.

[566] Tous les chiffres de ce paragraphe sont tirés de : DRESS, « L'aide sociale aux personnes âgées ou handicapées », Édition 2025, p. 100.

[567] CASF, annexe 2-4.

[568] IGAS, « Évaluation de l'allocation de l'enfant handicapé (AEEH), rapport, juillet 2016, p.4.

qui trouve sa source, notamment, dans l'imprécision de la règlementation qui laisse aux équipes pluridisciplinaires de la MDPH une large marge d'appréciation. Outre certaines caractéristiques de fonctionnement des MDPH déjà soulignées (autonomie de composition de l'EPE notamment), on constate des niveaux variables d'échange avec les parents et les EPE des MDPH. Certaines MDPH proposent un système de « professionnels référents » pour assurer un lien avec les familles, contrairement à d'autres où l'EPE ne les rencontre qu'exceptionnellement. Soulignons également que la demande de documents complémentaires connait une variabilité forte selon les MDPH. Plus particulièrement, ceux relatifs au champ médical (bilans complémentaires, comptes-rendus de consultation par exemple) ce qui a pour effet d'allonger parfois considérablement les délais d'instruction. En effet, la rapidité de production desdites pièces est fortement corrélée à la qualité du *« maillage sanitaire et médico-social local et des partenariats construits avec les équipes médicales et de travailleurs sociaux par les MDPH »*[569]. Une autre différence de traitement réside dans l'obligation qu'imposent certaines MDPH de fournir systématiquement un diagnostic établi par un centre déterminé de ressources autisme (CRA) pour les personnes atteintes du syndrome autistique et des troubles qui lui sont apparentés, ou par un centre référent des troubles du langage et d'apprentissages (CRTLA déterminé en cas de diagnostic de type « dys »[570]). Or, une telle exigence est contraire à la loi en vigueur puisqu'en effet, l'article L. 1110-8 du code la santé publique reconnait un droit de choisir son praticien et son établissement de santé, qui constitue un principe fondamental de la législation sanitaire. En définitive, un diagnostic fonctionnel établi conformément à l'annexe 2-5 du CASF portant référentiel pour l'accès à la prestation de compensation[571] suffit. Ce point est fondamental lorsque l'on sait que les délais pour obtenir un bilan auprès d'un CRA ou CRTLA peuvent être très longs (1 à 2 ans). Ajoutons que la circulaire du 17 juillet 2014 relative au « *cadre national de repérage, de diagnostic et d'intervention précoce pour les enfants avec autisme ou autres troubles envahissants du développement* »[572] prévoit que le recours au CRA soit réservé aux « *situations de diagnostic et d'évaluation fonctionnelle complexes* ». Il existe de nombreuses possibilités d'obtenir, dans des délais raisonnables, un bilan auprès de professionnels libéraux, centre médico-psychologique (CMP), centre d'action médico-sociale précoce (CAMSP) ou encore centre médico-psycho-pédagogique (CMPP) sous réserve d'une

---

569 *Ibid., p. 37.*

570 Dysphasie, dysgraphie, dyslexie…

571 Voir également pour plus d'informations : CNSA, « le Guide pour l'éligibilité à la PCH. Appui à la cotation des capacités fonctionnelles », juin 2011.

572 Instruction n° DGCS/SD3B/DG05/SDR4/CNSA/2014/211 du 17 juillet 2014 relative au « cadre national de repérage, de diagnostic et d'intervention précoce pour les enfants avec autisme ou autres troubles envahissants du développement prévu par le plan autisme (2013-2017) ».

compétence attestée en la matière. Ajoutons qu'une enquête montre que 16 % des répondants se sont vu imposer de fournir un diagnostic CRA par leur MDPH et 14 % un bilan d'un centre référent (CRTLA). Il s'agit d'une nouvelle illustration d'un traitement différent des personnes concernées selon leur département de résidence. L'enquête pointe particulièrement la MDPH du Morbihan qui exige de tels bilans dans presque un cas sur deux selon les répondants[573].

De plus, certaines MDPH suspendent l'évaluation et la décision tant que le bilan CRA ou CRTLA n'est pas versé au dossier. Or, toujours selon la circulaire précitée, les MDPH sont invitées à commencer les interventions avant que les bilans ne soient fournis, car les prises en charge doivent être déclenchées le plus précocement possible.

D'autres sources d'inégalités sont relevées. Ainsi, *« il n'existe pas de cadrage national (matrice, table de correspondance) permettant aux MDPH d'harmoniser le niveau de dépenses à couvrir en fonction des besoins exprimés »*[574]. La conséquence logique est donc que chaque MDPH définit le niveau de dépense à couvrir en fonction de la connaissance qu'elle a des prix pratiqués sur le marché des produits et services du territoire, étant précisé qu'il s'agit de marchés non régulés dans des domaines variés allant du prix des couches aux honoraires de certains professionnels (ergothérapeutes, orthophonistes…). Il n'y a pas davantage de garantie d'homogénéité lorsqu'il s'agit d'apprécier la nécessité d'un recours à une tierce personne ou la réduction d'activité d'un ou des parents. Pas plus que précédemment, il n'existe d'arbre de décision précis et harmonisé au niveau national. Le rapport indique que *« faute d'une classification des dépenses compensées par l'AEEH, il est à ce jour impossible de savoir à quelles fins précises sont accordés les différents compléments, cette absence de connaissances entravant toute réflexion visant à améliorer l'architecture de l'allocation par rapport aux besoins »*[575]. De plus, chaque MDPH attribue l'AEEH et ses compléments pour des durées extrêmement variables. Rares sont celles qui, conformément à la loi, l'attribuent pour une durée maximale de cinq ans[576]. La moyenne se situant à un an, voire deux ans. Quant aux pratiques d'attribution des compléments, les durées ne sont pas systématiquement calquées sur celles de l'AEEH, certaines MDPH expliquant que le caractère évolutif de la situation ne permet pas de fixer initialement une durée identique. *« Pour autant, à situation identique, certaines MDPH feront le choix d'attribuer l'AEEH et ses compléments pour une durée de 1 ou 2 ans, d'autres pour 3 ans »*[577]. Le rapport précité relève que certaines décisions d'AEEH sont

---

573 AUTISME FRANCE, EGALITED, TOUPI, DYS NOS DROITS, « Votre MDPH respecte-t-elle la loi ? », *op. cit,* note 537, p. 19.

574 *Ibid., p. 37.*

575 *Ibid.*

576 CSS, art. R.541-4.

577 IGAS, *op. cit.*

prises pour trois ans mais que les compléments sont accordés par phases successives (complément 5 : deux mois, complément 4 : 2 mois et complément 3 : pour le reste du temps). Les conséquences pour les familles ne sont pas à négliger surtout lorsque les décisions d'attribution sont de courte durée (1 an), puisque cela implique de redéposer un dossier. Il est également souligné dans le rapport de l'IGAS que certaines MDPH n'analysent pas l'éventuel droit à la PCH enfant, option ouverte depuis le 1er avril 2008[578], dès lors que les parents n'ont pas formulé de demande PCH. Toujours selon ce rapport, certaines MDPH ne dispensent pas l'information sur le droit d'option et, *a fortiori*, sur les modalités précises de gestion de la PCH enfant, particulièrement en termes administratifs (modalités de justification des dépenses, déclaration fiscale des sommes perçues en tant qu'aidant-famille, contrairement au complément d'AEEH qui est non imposable, non-cumul PCH et allocation journalière de présence parentale…) alors qu'il s'agit d'une obligation légale[579].

L'intérêt d'opter pour la PCH réside, notamment, dans le fait que ce choix n'oblige pas l'un des parents à cesser totalement ou partiellement son activité professionnelle, contrairement au complément AEEH. De façon plus générale, la PCH est plus avantageuse dès lors qu'il y a des besoins pour réaliser les actes essentiels du quotidien. Dans le cas contraire, l'AEEH semble plus indiquée.

D'aucuns diront même que cette prestation a un côté élitiste puisqu'il faut en saisir toutes les subtilités. Tout cela explique sans doute le faible taux de PCH enfant, qui représente 9 % des PCH attribuées en 2015. Par ailleurs, selon les MDPH, le taux d'accord de cette prestation varie de 10 % à 60 % ce qui interroge les modalités d'évaluation de l'éligibilité à la prestation pratiquée par les EPE.

Selon le rapport de l'IGAS, le doute sur les modalités d'évaluation des EPE a été confirmé par une étude de la CNSA menée auprès de 489 enfants bénéficiant soit de l'AEEH (375 dossiers), soit de la PCH (114 dossiers). Les conclusions sont assez parlantes. En effet, selon le groupe d'experts chargés de réétudier l'ensemble des dossiers, trois fois plus d'enfants auraient pu bénéficier de la PCH *« notamment si leurs besoins avaient été évalués à partir de critères adaptés à leur âge »*[580]. L'étude CNSA établit aussi que 90 % des enfants avec déficience auditive ou visuelle et 83 % de ceux avec déficience motrice, langagière, psychique ou intellectuelle auraient trouvé un avantage à

---

578 CASF, art. L. 245-1, III. Ajoutons, que dès 2005 l'élément 3 (prestation de compensation liée à l'aménagement du logement et du véhicule de la personne handicapée, ainsi qu'à d'éventuels surcoûts résultant de son transport) de la PCH a été accessible à l'ensemble des enfants bénéficiant de l'AEEH de base. Depuis 2008, pour tous les autres éléments, dont l'aide humaine, uniquement pour les enfants ouvrant droit à un complément d'AEEH et sous forme d'un droit d'option entre ces éléments de PCH et le complément, aucun cumul n'étant possible.

579 CASF, art. D.245-26 (gestion de la prestation) et art. D.245-32-1 (droit d'option).

580 IGAS, *op. cit.*

opter pour la PCH. Par ailleurs, ceux accueillis en établissement dont les parents travaillent et ceux n'ayant pu trouver de solutions d'accueil auraient également pu utilement faire ce choix. Le rapport CNSA souligne que *« la dimension territoriale de la gestion de l'AEEH est génératrice d'inégalités de traitement »*. Parfois, ces dernières frappent une même famille au sein d'un même département. C'est particulièrement le cas lorsque les droits sont revus à la baisse alors que la situation, objectivement, n'a pas forcément évolué. *« D'après le témoignage d'associations, à situations de handicap comparables entre deux enfants, l'analyse de l'EPE et les décisions de la CDAPH n'aboutissent pas toujours aux mêmes décisions »*.[581] Les explications sont diverses. La première évaluation n'est pas forcément faite par la même équipe. Or, la subjectivité des évaluateurs n'est pas à exclure. On peut aussi y déceler une défaillance de l'équipe de direction de la MDPH, qui ne fait pas de la question de l'égalité de traitement une priorité. La politique de formation des évaluateurs reste un indicateur de cette préoccupation d'objectiver, au mieux, les évaluations réalisées afin d'éviter de trop grands écarts.

Ceci étant, le PPC doit selon les termes mêmes de la loi être *« transmis à la personne handicapée, ou, le cas échéant, à son représentant légal, qui dispose d'un délai de quinze jours pour faire connaitre ses observations. La commissions des droits et de l'autonomie des personnes handicapées est informée de ces observations »*[582]. Or, selon l'étude récente précitée menée auprès d'usagers de MDPH, dans 70 % des cas la transmission du PPC ne se fait pas[583]. On relève, par voie de conséquence, des manquements à la législation qui, du point de vue de l'égalité de traitement, constituent des atteintes pouvant se traduire par la délivrance d'une prestation différente pour deux personnes placées dans une situation identique. C'est le cas notamment, comme nous l'avons vu, dans les départements qui font fi de l'évaluation globale ou encore de la transmission du PPC. Le service délivré alors à la personne va donc dépendre étroitement de son département de résidence.

Dans cette section consacrée aux prestations spécifiques aux personnes âgées et aux personnes handicapées, nous avons mis en lumière les inégalités découlant de pratiques départementales différenciées. Le projet de réforme de l'État, présenté par le Premier ministre lors du 94ème congrès des Départements de France, et acté dans sa lettre du 24 novembre 2025[584], indique qu'il est envisagé de « confier aux départements la planification, l'organisation et la responsabilité du maintien à domicile des personnes en perte d'autonomie ». Il deviendrait ainsi le chef de file des réseaux de proximité avec, en outre, la mise en place d'une

---

581 *Ibid,* p.42.

582 CASF, art. L. 146-29.

583 AUTISME FRANCE, EGALITED, TOUPI, DYS NOS DROITS, « Votre MDPH respecte-t-elle la loi ? », *op. cit.*

584 Lettre du Premier ministre à Mesdames et Messieurs les présidents de conseil départemental, 24/11/2025.

allocation sociale unifiée (ASU) regroupant le RSA, les aides au logement et la prime d'activité. Nous pensons que les politiques publiques référées à l'autonomie des personnes doivent être régulées par l'État, seul en capacité de produire de l'égalité de traitement. Un risque sérieux d'aggravation des inégalités est intrinsèquement attaché à l'idée de transférer vers le département la totalité de cette politique publique.

CHAPITRE 2

Dans le champ de la lutte contre les exclusions et de la protection de l'enfance

Nous analysons dans cette section l'accompagnement des majeurs relevant des dispositifs de lutte contre les exclusions (section1). En effet, les personnes qui bénéficient de ces dispositifs sont-elles traitées de manière identique quel que soit leur territoire de résidence ? Nous procéderons également à une analyse et à un questionnement de même nature pour ce qui concerne l'accompagnement des jeunes (section 2). Dans tous les cas, la question de l'inégalité de traitement des bénéficiaires de l'un ou l'autre dispositif réinterroge le modèle républicain dans la mesure où, *in fine*, le territoire de vie hypothèque plus ou moins les chances d'insertion ou de réinsertion de l'individu. Il y aurait alors comme une forme de déterminisme territorial. Dans cette hypothèse, on peut légitimement penser que la garantie de l'égalité de traitement qui, selon nous, incombe à l'État, devient plus un principe théorique qu'une réalité sociale.

SECTION 1. L'ACCOMPAGNEMENT INÉGAL DES MAJEURS RELEVANT DES DISPOSITIFS DE LUTTE CONTRE L'EXCLUSION

Nous allons, dans un premier temps, nous intéresser à l'accompagnement des bénéficiaires du revenu de solidarité active (§ 1). Puis, dans un second temps, à celui mis en place dans le cadre du fonds de solidarité logement (FSL) et de la gestion des prestations sociales (§ 2). Notre propos consiste à démontrer que des inégalités d'accompagnement existent dans ces deux dispositifs. Que par conséquent, leurs bénéficiaires subissent une inégalité de traitement étroitement liée à leur lieu de résidence.

§ 1. L'accompagnement social des bénéficiaires du revenu de solidarité active

Il est nécessaire de rappeler les conditions d'éligibilité au RSA (A) avant d'étudier, plus spécifiquement, les disparités en termes d'accompagnement social (B).

A. Conditions d'éligibilité au RSA

Le revenu de solidarité active (RSA) est à la fois une allocation dont le but est de garantir un minimum de ressources aux bénéficiaires et un accompagnement social et professionnel. Il existe trois types de RSA : le RSA socle (ex RMI), le RSA majoré (ex API) et le RSA activité.

Signalons que depuis le 1er janvier 2016, le RSA activité et la prime pour l'emploi (PPE) ont fusionné pour donner naissance à la prime d'activité financée par l'État. En outre, les jeunes de dix-huit à vingt-cinq ans ayant travaillé au moins deux années au cours des trois dernières années peuvent prétendre au « RSA jeune » dont le financement repose entièrement sur l'État[585]. Par conséquent, la prime d'activité et le « RSA jeune » sont exclus de champ d'étude de cet ouvrage. En revanche, les RSA socle et majoré relèvent de la compétence du département qui en assume le financement intégral et seront donc analysés ici.

Selon les derniers chiffres disponibles[586], la France compte, fin 2023, 1,85 million de foyers qui bénéficient du RSA. Cela représente une baisse de 2 % par rapport à fin 2022. Cette diminution succède à un net reflux des effectifs en 2021 (- 6,2 %) après une forte augmentation en 2020 (+ 7,4 %) consécutive à la crise du Covid 19. Pour être plus précis, les foyers couverts par le RSA, y compris le conjoint et les enfants à charge, représentent 3,70 millions d'individus, soit 5,4 % de la population, et même 18,7 % de la population en Outre-mer. Plus de la moitié des foyers allocataires sont des personnes seules et sans enfant, et un tiers des familles monoparentales. Notons que fin 2024, une légère baisse (- 0,5 %) des bénéficiaires du RSA est enregistrée.

On constate, par ailleurs, de fortes disparités du nombre d'allocataires entre les départements. La corrélation avec le taux de chômage par département s'établit à 0,93 en France (hors Mayotte). Chez les 15-69 ans, le taux de bénéficiaires du RSA est supérieur à 5 % lorsque le taux de chômage dépasse les 9,5 %. En deçà, le taux se situe à 4,1 %. Ainsi, dans certains départements fortement touchés par le chômage, le taux d'allocataires se situant dans la tranche d'âge précitée atteint au moins les 5 %. C'est le cas, notamment, du Gard, des Pyrénées-Orientales, de l'Aude, de l'Hérault, de l'Aisne, des

[585] CASF, art. D.262-25-1 et s.

[586] Source des données chiffrées citées dans ces deux paragraphes : DRESS, « Minima sociaux et prestations de solidarité. Ménages aux revenus modestes et redistribution. », Édition 2025, pp. : 204-211.

Ardennes ou encore de la Seine-Saint-Denis. Dans les DROM, la proportion d'allocataires atteint 14,7 % chez les 15-69 ans. Au 31 décembre 2023, 197 100 foyers bénéficient du RSA en Outre-mer, (y compris Mayotte, Saint-Martin et Saint-Barthélemy) ce qui représente une baisse de 2,1 % par rapport à fin 2022. Si l'on prend en compte le conjoint et les enfants du bénéficiaire alors 419 500 personnes sont couvertes par le RSA, soit 18,7 % de la population Outre-mer. Dit autrement, quasiment trois fois plus que pour la France métropolitaine.

Le RSA s'adresse à toute personne résidant en France, de manière stable et effective, dont le foyer dispose de ressources inférieures à un montant forfaitaire, révisé annuellement, déterminé en fonction de la composition familiale. Selon les dispositions de l'article R.262-5 du CASF, *« est considérée comme résidant en France la personne qui y réside de façon permanente ou qui accomplit hors de France un ou plusieurs séjours dont la durée de date à date ou la durée totale par année civile n'excède pas trois mois »*.

Le Conseil d'État rappelle, dans sa jurisprudence du 30 avril 2014, que cette condition doit s'apprécier strictement. En l'espèce, le président du conseil général avait refusé l'attribution du RSA à la requérante au motif qu'elle ne pouvait pas justifier d'une résidence permanente en France. L'arrêt de la cour administrative d'appel avait annulé l'ordonnance du vice-président du tribunal administratif ainsi que la décision du président du conseil général, en considérant, au contraire, que la requérante remplissait la condition de résidence permanente sur le territoire national. Dans son pourvoi en cassation, le département demande l'annulation de l'arrêt contesté. Le Conseil d'État va faire droit à cette demande en rappelant les conditions exigées par la loi pour conclure à l'existence d'une résidence permanente qui implique, dans tous les cas, une présence hors de France inférieure à trois mois. Or, déduire que cette condition était remplie au seul motif que la requérante disposait d'un logement loué à l'année en France constituait une erreur de droit[587]. En effet, selon le Conseil d'État, *« il y a lieu de tenir compte de son logement, de ses activités, ainsi que de toutes les circonstances particulières relatives à sa situation, parmi lesquelles le nombre, les motifs et la durée d'éventuels séjours à l'étranger et ses liens personnels et familiaux »*. Il convient, par conséquent, de procéder à une analyse fine de la situation du bénéficiaire afin de déterminer si les absences hors de France, soit de date à date, soit au cours d'un même séjour, excèdent trois mois. Le cas échant, seuls les mois civils complets de présence en France sont effectivement versés conformément aux dispositions du dernier alinéa de l'article R.262-5 du CASF. Les personnes de nationalité étrangère peuvent également prétendre au bénéfice du RSA dès lors qu'elles justifient résider en France métropolitaine depuis au moins cinq ans et qu'elles sont titulaires d'un titre de séjour les autorisant à travailler.

---

[587] CE, 30 avril 2014, n° 357900.

Toutefois cette condition de durée n'est pas exigée, sous réserve de la régularité du séjour, aux réfugiés, aux bénéficiaires de la protection subsidiaire, aux apatrides et aux étrangers titulaires de la carte de résident ou d'un titre de séjour prévu par les traités et accords internationaux. Il en est de même, également sous condition de régularité du séjour, pour les personnes isolées assumant un ou plusieurs enfants ou pour les femmes isolées en état de grossesse ayant effectué la déclaration de grossesse et les examens prénataux[588].

À propos des conditions de ressources du foyer, l'ensemble de ces dernières, de quelque nature qu'elles soient, perçues au cours des trois mois précédant la demande, sont prises en compte, à l'exception d'une partie des aides au logement et de certaines prestations familiales (la prime de naissance ou d'adoption, l'allocation de rentrée scolaire, la prestation de compensation du handicap…)[589].

Seules les personnes âgées d'au moins vingt-cinq ans ou, sans condition d'âge, assumant la charge d'au moins un enfant né ou à naître, peuvent le percevoir sous les conditions susmentionnées.

B. Des différences d'accompagnement social, source d'inégalité

Le poids que représente la dépense de RSA dans le budget des départements connait de fortes variations (1). De ce fait, l'accompagnement social semble alors servir de variable d'ajustement (2).

1. Le poids du RSA dans les budgets départementaux

L'un des premiers points de disparité réside dans le poids que représente le RSA dans les budgets de fonctionnement départementaux. En 2022, la dépense nette d'action sociale des départements s'élève à 41,6 milliards d'euros. Le montant augmente de 1,4 % en euros courants par rapport à 2021, mais baisse de 3,6 % en euros constants, c'est-à-dire en tenant compte de l'inflation (+5,2 % en moyenne annuelle en 2022). La dépense d'action sociale représente 70 % de la dépense de fonctionnement des départements[590]. La dépense nette s'obtient, notamment, en défalquant les récupérations d'indus et les participations demandées aux usagers. Par ailleurs, cette dépense nette ne correspond pas à la charge financière supportée, *in fine*, par les départements. En effet, il convient de tenir compte de certaines recettes à affectation spéciale. Il s'agit, entre autres, de dotations de l'État, destinées explicitement au financement d'allocations individuelles de solidarité comme

---

588 CASF, art. L. 262-4 et L. 262-9 combinés.

589 CASF, art. R. 262-6 et s.

590 Les chiffres de ce paragraphe sont tirés de : Dress, L'aide et l'action sociales en France, édition 2022, pp. : 32-39.

l'APA ou encore la PCH, versées via la caisse nationale de solidarité pour l'autonomie (CNSA). Quant au RSA, son financement est assuré en partie par un transfert de la taxe intérieure sur la consommation des produits énergétiques (TICPE) et par le versement effectué par le fonds de mobilisation départementale pour l'insertion (FMDI). Après déduction des concours financiers de l'État au titre de la prévention de la perte d'autonomie, de l'APA, de la PCH et du RSA, la charge nette d'aide sociale des départements s'élève, en 2022, à 32,5 milliards d'euros.

Pourtant, et malgré tous ces mécanismes, certains départements se retrouvent en très grande difficulté pour honorer leur dette de RSA, non pas à l'égard des bénéficiaires, mais de la caisse d'allocation familiale (CAF). En effet, c'est bien cette dernière qui verse le RSA aux bénéficiaires, dans un premier temps, et obtient, dans un second temps, un remboursement des départements. Par conséquent, et fort logiquement, les difficultés des départements accroissent la dette à l'égard des CAF.

Face à leurs difficultés de financement, les départements adoptent des stratégies qui consistent, généralement, à intervenir sur le levier de la fiscalité locale, en particulier de la taxe foncière. Outre cette dernière, les premières victimes sont les budgets octroyés aux diverses activités comme les subventions aux associations, les aides au transport pour les personnes âgées modestes, ou encore l'entretien des routes.

Cela se répercute nécessairement sur les bénéficiaires en termes de qualité de l'accompagnement mais aussi de stratégies départementales visant à « réduire la facture ».

Ce qu'il convient de relever, avant tout, c'est que le transfert aux départements de la gestion de l'allocation RMI devenu RSA, opéré en 2004, s'est traduit par une augmentation considérable de la charge nette ou reste à charge pour les départements. Le reste à charge s'obtient en retranchant les dotations de l'État qui couvrent une part de la dépense de RSA (TICPE[591] et FMDI). En effet, la compensation financière de l'État, en principe ajustée à la dépense, ne s'est pas traduite par un taux de couverture intégrale de la dépense transférée. Pire encore, le taux de couverture ne fait, en réalité, que décroitre. Ce dernier est passé de 90,4 % en 2009 (année de création du RSA) à 61,3 % en 2015 (56,4 % en 2019, voir page 18 pour plus de détails). La charge d'allocation, sur la période 2009-2015, passe de 550 millions d'euros à 3,540 milliards d'euros soit 6,43 fois plus. Le ratio d'évolution de la dépense entre 2004 et 2014 a été multiplié par 1,6 et celui d'évolution de la charge par 3,4.

Il convient également de signaler, pour être complet, que les départements se sont vu transférer deux nouvelles recettes. D'une part, les frais de gestion de la taxe foncière sur les propriétés bâties (827 millions d'euros en 2014),

[591] Taxe intérieure sur la consommation des produits énergétiques (TICPE) et fonds de mobilisation départementale pour l'insertion (FMDI).

d'autre part, la possibilité de relever les taux de plafonds sur les DMTO[592] de 3,8 % à 4,5 %.

Pour autant, la conclusion parait claire. Le transfert, en 2004, d'une dépense nouvelle (RSA) aux départements sans qu'il y ait eu compensation intégrale de l'État est à l'origine des difficultés rencontrées par les départements. Par conséquent, et fort logiquement, ces derniers se retrouvent dans une situation inextricable. Le seul levier dont ils disposent est celui de la fiscalité locale d'une part, et, d'autre part, de la réduction parfois drastique des dépenses de fonctionnement. On sait que les départements les plus en difficulté, en 2015, par rapport au paiement du RSA sont le Nord, le Cher, la Seine-Saint-Denis, le Gard, le Val-d'Oise, la Guyane et la Réunion[593]. D'une certaine manière, l'État a reconnu officiellement l'existence de différences de situations, puisqu'en 2015 un fonds de soutien de 50 millions d'euros a été constitué en faveur des dix départements considérés en très grande difficulté, dont ceux cités précédemment. Pour 2016, ce n'est pas moins de 200 millions d'euros débloqués pour abonder le fonds en vue de secourir, cette fois-ci, une quarantaine de départements.

Nous pouvons ajouter aux constats établis que la hausse du nombre de bénéficiaires d'aide sociale par département, et donc de dépenses afférentes, varie également de façon assez importante. À titre d'exemple, la Haute-Garonne a vu son nombre de bénéficiaires passer, entre 2008 et 2012, de 427 312 à 618 928 soit une hausse de 44,84 %, suivie de la Haute-Corse (+40,83 %) et de la Guyane (+37,12 %). À l'inverse, ont connu une baisse de leurs dépenses d'aide sociale le Cher (–1,90 %), la Mayenne (-0,98 %) et la Nièvre (- 0,26 %).

Dans tous les cas, le poids des trois allocations individuelles de solidarité (APA, PCH, RSA), compensées partiellement par l'État, plonge de nombreux départements dans une zone de turbulence qui les oblige à assurer le financement de ces aides sociales obligatoires sur leurs propres deniers, au détriment bien sûr d'autres dépenses qui leur incombent aussi. Ce qui explique que la loi de finances pour 2019 a choisi de procéder à la recentralisation du RSA en Guyane et à Mayotte à compter du 1er janvier 2019[594] ; celle pour 2020, à la Réunion à compter du 1er janvier 2020[595].

Ainsi, le RSA est financé par l'État dans ces trois seuls territoires, et non plus par le département ou la collectivité comme le prévoit le droit commun en

---

592 Droit de mutation à titre onéreux communément appelés « frais de notaire ».

593 VIENNOT M., « RSA, l'arme atomique du département, Le Billet Économique, 19 septembre 2016, consultable sur : https://www.franceculture.fr/emissions/le-billet-economique/rsa-larme-atomique-des-departements

594 Décret n° 2018-1321 du 28 décembre 2018 relatif à la recentralisation du revenu de solidarité active en Guyane et à Mayotte

595 Décret n° 2019-1485 du 28 décembre 2019 relatif à la recentralisation du revenu de solidarité active à La Réunion et du revenu de solidarité à La Réunion et en Guyane.

métropole et en outre-mer. Une ordonnance du 12 juin 2024[596], applicable au 1er janvier 2025, porte adaptation des dispositions de la loi « plein emploi » à la Guyane, Mayotte et La Réunion, et ce afin de tenir compte de l'évolution des compétences qui en sont issues avec l'instauration de France Travail.
À titre expérimental, le RSA a également été recentralisé dans trois départements métropolitains, à savoir la Seine-Saint-Denis et les Pyrénées-Orientales en 2022, et l'Ariège en 2023.
Dans un rapport présenté à la commission des finances du Sénat le 24 septembre 2024, deux sénateurs missionnés pour la circonstance font le point sur cette expérimentation, qui prendra fin le 31 décembre 2026. Le bilan qu'ils en tirent, à mi-parcours, est *« globalement positif »*. Selon eux, *« les départements expérimentateurs sortent « gagnants » de la recentralisation »*. Ils estiment en effet que la renationalisation permet de les *« protéger efficacement [...] contre "l'effet ciseau" qu'impliquent à la fois les dépenses de RSA en continue augmentation et la volatilité des recettes de DMTO »*[597]. En effet, le produit des droits de mutation à titre onéreux (DMTO), qui constituent l'une des principales recettes des départements, a connu de fortes baisses en 2022 et 2023 (- 38,6 % en Ariège l'an dernier, - 27,4 % en Seine-Saint-Denis et - 2,2 % dans les Pyrénées-Orientales). À l'inverse, sur la même période, les dépenses de RSA ont augmenté, en raison notamment des revalorisations du montant forfaitaire de l'allocation face à l'inflation et de la hausse du nombre de bénéficiaires. Au total, la recentralisation a apporté un gain net de 43,8 millions d'euros (M€) au département de Seine-Saint-Denis en 2023, de 21,6 M€ aux Pyrénées-Orientales et de 2,8 M€ au département de l'Ariège, chiffrent les sénateurs[598].
Pour l'État, **le** coût de la recentralisation peut paraître important au regard des crédits inscrits en dépenses sur la mission « Solidarité, insertion et égalité des chances » : 690,2 millions d'euros en 2022 et 746,8 millions d'euros en 2023. Toutefois, en tenant compte des reprises de recettes réalisées en vertu du droit à compensation, le coût net pour l'État de la recentralisation apparaît très maîtrisé : 35 millions d'euros en 2022 et 68 millions d'euros en 2023[599]. En excluant du champ d'observation les collectivités dans lesquelles le financement du RSA et du RSO est désormais pris en charge par l'État, la hausse de la dépense est de 3,0 % en euros courants (-2,1 % en euros constants). En 2022, la dépense annuelle nette d'aide sociale est de 620 euros par habitant au niveau national, en excluant du calcul les collectivités de la

596 Ord. n° 2024-534, 12 juin 2024 : JO, 13 juin.

597 https://www.senat.fr/rap/r23-771/r23-7710.html.

598 *Ibidem.*

599 Recentralisation du revenu de solidarité active, rapport d'information n° 771 (2023-2024) déposé le 24 septembre 2024.

Guyane, de La Réunion, de la Seine-Saint-Denis et des Pyrénées-Orientales, où les dépenses liées aux allocations de RSA et RSO sont à la charge de l'État. Fin 2022, les départements ont attribué 4,3 millions de mesures ou prestations d'aide sociale[600], en France métropolitaine et dans les départements et régions d'outre-mer (DROM), hors Mayotte. Ce chiffre représente la somme des foyers allocataires du revenu de solidarité active (RSA) ou du revenu de solidarité (RSO) [43 % du total], des aides sociales destinées aux personnes âgées (34 %) ou handicapées (14 %) et, enfin, des mesures d'aide sociale à l'enfance (ASE) pour des mineurs ou de jeunes majeurs en danger ou en risque de l'être (9 %). Ces aides concernent 6,5 % de la population française, en n'incluant ni les conjoints ni les personnes à charge des allocataires du RSA.
La répartition des dépenses d'aide sociale sur le territoire est proche de celle des mesures d'aide sociale, mais un peu moins hétérogène. En effet, dans près de cinq collectivités sur dix, les dépenses par habitant restent comprises entre 550 et 680 euros des montants relativement proches de la médiane (620 euros). Malgré tout, cet indicateur départemental varie du simple au double, en excluant la Guadeloupe et la Martinique où il est supérieur à 1 200 euros par habitant. Les dépenses par habitant sont relativement faibles dans près de deux départements sur dix, où elles fluctuent entre 420 et 550 euros. Ces départements sont majoritairement situés en Île-de-France et alentour, en Bretagne et Pays de la Loire, dans le nord des Alpes ainsi que dans l'est de la France. À l'opposé, les dépenses par habitant sont relativement plus élevées dans près d'un quart des collectivités, où elles varient entre 680 à 790 euros. Il s'agit des départements les plus au nord, et le long d'une diagonale allant de la Meurthe-et-Moselle au Sud-Ouest, ainsi que sur une partie du pourtour méditerranéen. Enfin, il est bien plus haut dans six départements, dont quatre comptent des dépenses par habitant comprises entre 810 et 910 euros.
Quel que soit le champ d'aide sociale considéré, les proportions de bénéficiaires dans la population varient nettement d'un département à l'autre. Ces disparités sont le reflet du contexte démographique et socio-économique local (répartition par âge ou par niveau de revenu, situation du marché du travail local), mais également des politiques sociales mises en place par les départements et les autres acteurs.
Compte tenu de la part importante des allocataires du RSA et du RSO dans l'ensemble des mesures d'aide sociale (43 %), la répartition de ces derniers sur le territoire influe fortement sur la distribution géographique des aides sociales. Le RSA et le RSO sont aussi les prestations d'aide sociale départementale pour lesquelles le taux de bénéficiaires est le plus variable selon les collectivités. Les aides sociales aux personnes âgées représentent, quant à elles, 34 % du total des aides sociales et leur distribution géographique

[600] Revenu de solidarité active (RSA), revenu de solidarité Outre-mer (RSO), prestation de compensation du handicap (PCH), allocation compensatrice pour tierce personne (ACTP), aide sociale à l'hébergement (ASH), aide sociale à l'enfance (ASE) et actions éducatives.

est la plus hétérogène après celle des foyers allocataires du RSA et du RSO. Pour ces raisons, elles jouent également un rôle important dans la répartition territoriale de l'ensemble des aides sociales. Au total, le taux de mesures d'aide sociale en France métropolitaine et dans les départements et régions d'outre-mer (DROM), hors Mayotte, est de 64 pour 1000 habitants, fin 2022. Le taux départemental varie entre 37 et 92 pour 1000 habitants, exception faite des DROM où ce taux est supérieur à 150 à la Martinique, en Guadeloupe et à La Réunion. Ainsi, le ratio est relativement faible dans un quart des départements, où il varie de 46 à 59 aides pour 1000 habitants pour une médiane se situant à 65. Il est même particulièrement bas (inférieur à 46) dans six autres collectivités. C'est dans les départements d'Île-de-France (hors Seine-Saint-Denis) et leurs voisins, ainsi que dans le nord-ouest, et dans l'est de la France que ce taux est le plus faible. À l'opposé, dans deux départements sur dix, il est compris entre 72 et 85 pour 1000 habitants. Cet intervalle est même dépassé dans onze autres collectivités. Les taux de mesures départementaux les plus élevés s'observent dans les collectivités les plus au nord, en Seine-Saint-Denis par exemple, le long d'une diagonale allant des Ardennes au Sud-Ouest, sur une partie du pourtour méditerranéen et dans les DROM. Néanmoins, près de quatre collectivités sur dix se situent près de la médiane, avec des taux compris entre 59 et 72 aides pour 1000 habitants »[601].

Outre cette problématique clairement identifiée, toutes les analyses effectuées à ce jour démontrent les répercussions inquiétantes sur les politiques d'insertion menées à l'échelon départemental. Nous l'analysons comme une rupture d'égalité puisque les chances d'insertion ou de réinsertion des bénéficiaires sont étroitement liées aux choix politiques, certes contraints, de la collectivité dont ils dépendent, c'est-à-dire du lieu où ils demeurent.

2. L'accompagnement social des bénéficiaires : une variable d'ajustement

D'après les derniers chiffres disponibles à ce sujet, l'insertion des allocataires du RSA et RSO a chuté de 9,2 % entre 2009 et 2018, de 17 % en 2009 à 8 % en 2018[602]. Par ailleurs, le nombre d'allocataires, sur la même période, a augmenté de 4,9 % alors que parallèlement, la dépense d'insertion chutait de 4,8 %. On peut souligner une certaine corrélation entre ces deux mouvements. Les dépenses d'insertion comprennent le coût du personnel du département, des participations et subventions des départements dans le cadre, notamment, de la mission d'accompagnement social et socioprofessionnel des personnes

[601] DREES, Les dossiers de la DRESS, L'aide sociale départementale : bénéficiaires, dépenses, financement, personnel, Édition, 2024, pp. : 22-25.
[602] DREES, L'aide et l'action sociales en France, Édition 2020, p. : 206-209.

éloignées de l'emploi, ainsi que le financement partiel des contrats aidés et les subventions et participations à des structures d'insertion par l'activité économique (IAE) pour les bénéficiaires du RSA. En revanche, les dépenses d'insertion n'incluent pas le montant des allocations versées.

Outre la baisse des dépenses d'insertion, il existe des disparités départementales en dépense d'insertion par habitant. La répartition sur le territoire des dépenses totales liées au RSA et au RSO, rapportées à la population de chaque département, est hétérogène. En 2018, les dépenses brutes d'insertion et d'allocation du RSA et du RSO par habitant varient en effet de 1 à 5 selon les départements de France métropolitaine. De plus, les montants observés dans les départements et régions d'outre-mer (DROM), hors Mayotte, sont les quatre plus élevés, égaux ou supérieurs à 600 euros par an et par habitant. Près de la moitié des départements dépensent entre 120 et 180 euros par habitant. Toutefois, les dépenses sont très variables pour l'autre moitié des collectivités. Une sur cinq a une dépense par habitant inférieure à 120 euros et, à l'opposé, presqu'autant ont une dépense se situant entre 180 et 240 euros. Enfin, 9 départements ont une dépense comprise entre 240 et 330 euros.

Ces disparités sont essentiellement le reflet des écarts de nombre d'allocataires entre les départements. En effet, le taux d'allocataires du RSA ou RSO au sein des populations départementales des 15 à 69 ans varie de 1,5 % à 17,6 %, au 31 décembre 2018.

Les disparités des dépenses rapportées au nombre moyen d'allocataires sont en revanche moindres dans ce secteur de l'aide sociale, et ce en raison de l'existence de barèmes nationaux fixant à la fois les montants et les conditions d'attribution. Ainsi, le rapport interdécile (D1/D9) n'est que de 1,1 pour les dépenses moyennes par allocataire, contre 2,8 pour les dépenses moyennes par habitant.

On peut noter un effet positif de la recentralisation du RSA sur l'insertion socioprofessionnelle des bénéficiaires. En effet, les départements allégés de la charge du RSA doivent investir davantage dans l'accompagnement et l'insertion des bénéficiaires. Ainsi, les *« départements expérimentateurs ont porté une attention accrue à l'orientation des bénéficiaires du RSA »* [603], soulignent les rapporteurs. *« Les résultats sont encourageants, les délais d'orientation ont diminué, permettant une entrée plus fluide dans l'accompagnement, et les réorientations (qui démontrent un souci accru des parcours et de la pertinence de l'orientation), ont également connu une hausse »*[604]. Par exemple, dans les Pyrénées-Orientales, le délai d'orientation vers un organisme d'insertion pour débuter l'accompagnement a diminué de 35 jours entre 2018 et 2023, tandis que dans l'Ariège, 55 % des orientations ont lieu en moins d'un mois.

---

603 Recentralisation du revenu de solidarité active, *prec.*

604 *Ibidem.*

Les trois départements ont en outre pris des *« engagements ambitieux en matière de hausse des dépenses d'insertion »* (augmentation des effectifs de référents insertion en particulier), relèvent les rapporteurs. Il est à noter également un renforcement des partenariats territoriaux avec France Travail (anciennement Pôle emploi), lesquels favorisent *« la montée en puissance d'un "accompagnement global" conduit conjointement par le département et le service public de l'emploi »*[605].
L'expérimentation de la recentralisation du RSA présente, par ailleurs, un atout inattendu : les 15 heures d'activité hebdomadaire, obligation prévue par la loi pour le plein emploihttps://www.lemediasocial.fr/loi-plein-emploi-quels-changements-pour-les-beneficiaires-du-rsa-et-les-demandeurs-d-emploi_CXwArG, *« pourront peut-être plus facilement être mises en œuvre dans les départements expérimentateurs, où la recentralisation a créé de nouvelles marges de manœuvre, à condition d'être mises en œuvre progressivement et avec souplesse »*[606].
Selon la loi, toute personne bénéficiaire du RSA soumise aux droits et devoirs doit être orientée vers un organisme chargé de l'accompagner en vue d'une meilleure insertion sociale ou professionnelle. La décision d'orientation, qui prend en compte les caractéristiques individuelles, relève de la collectivité territoriale ayant la compétence de l'insertion des bénéficiaires du RSA sur son territoire. Il s'agit, dans la très grande majorité des cas, du conseil départemental. La loi n° 2023-1196 du 18 décembre 2023 pour le plein-emploi n'a pas remis en cause le fait que la compétence d'orientation des bénéficiaires du RSA relève des conseils départementaux. Toutefois, depuis le 1er janvier 2025, les conseils départementaux peuvent déléguer cette compétence à France Travail. Par ailleurs, en l'absence d'orientation du bénéficiaire du RSA par le conseil départemental dans un délai de six semaines à compter de la réception par ses services de l'information relative soit à l'ouverture du droit au RSA, soit au transfert du droit au RSA dans son département, France Travail procède à son orientation.

L'expérimentation de l'accompagnement renforcé des bénéficiaires du RSA

La loi Plein emploi prévoyait une réforme du RSA. Deux phases expérimentales portant sur un accompagnement renforcé des bénéficiaires du RSA ont été menées avant sa généralisation au 1er janvier 2025. Lors de la première phase d'expérimentation, débutée au printemps 2023, 18

605 *Ibidem.*
606 *Ibidem.*

départements volontaires ont été retenus[607]. Une deuxième phase d'expérimentation, débutée en mars 2024, a permis d'en retenir 31 autres[608]. Ces départements ont été choisis pour refléter le territoire français dans toute sa diversité (taille, population, âge, situation socio-économique, secteurs d'activité…). Au total, ce sont près de 170 000 allocataires qui ont été concernés par ces expérimentations. Un rapport final a été produit en novembre 2024[609].

L'année 2025 marque une nouvelle étape importante avec l'entrée en vigueur des nouvelles modalités d'accompagnement des allocataires du revenu de solidarité active (RSA), depuis le 1er janvier.

Désormais, tous les bénéficiaires du RSA seront inscrits à France Travail et bénéficient, par conséquent, d'un nouveau parcours d'accompagnement intensif et personnalisé pour les aider dans la construction d'un projet professionnel, avec notamment la signature d'un contrat d'engagement.

Effets pervers liés à l'unification des parcours des bénéficiaires du RSA et des demandeurs d'emploi

Le parcours des demandeurs d'emploi et des bénéficiaires du RSA a été réformé afin de faciliter leur suivi et leur accompagnement. Un nouveau régime de sanctions dit de "suspension remobilisation"[610] se met progressivement en place. La réforme généralise et rend obligatoires les 15 heures d'activité hebdomadaires imposées aux bénéficiaires du RSA. Le nouveau système de sanctions en cas de non-respect du contrat d'engagement[611] (et donc des 15 heures) a suscité de nombreuses réactions s'ajoutant à celles provoquées par le principe même de cette obligation. Le Conseil national des politiques de lutte contre la pauvreté et l'exclusion (CNLE) a pointé les risques « *d'exclusion sociale* », de stigmatisation ou de paupérisation contenus dans ces nouvelles modalités. Néanmoins, un comité

607 L' Aisne, l'Aveyron, les Bouches-du-Rhône, la Côte-d'Or, la Creuse, l'Eure, l'Ille-et-Vilaine, la Loire-Atlantique, le Loiret, la Mayenne, la métropole de Lyon, le Nord, les Pyrénées-Atlantiques, La Réunion, la Somme, les Vosges, l'Yonne et les Yvelines.

608 Pas-de-Calais, Seine-Maritime, Oise, Ardennes, Marne, Meuse, Alsace, Saône-et-Loire, Rhône, Allier, Cher, Loir-et-Cher, Sarthe, Eure-et-Loir, Essonne, Val-de-Marne, Hauts-de-Seine, Manche, Finistère, Charente-Maritime, Vienne, Cantal, Haute-Savoie, Territoire de Belfort, Haute-Saône, Vaucluse, Alpes-Maritimes, Hautes-Pyrénées, Guadeloupe, Corse et Drôme.

609 DGEFP, Évaluation de l'expérimentation de l'accompagnement rénové des bénéficiaires du revenu de solidarité active (RSA), rapport final, novembre 2024.

610 Décret n° 2025-478 du 30 mai 2025 relatif aux sanctions applicables aux demandeurs d'emploi en cas de manquement à leurs obligations.

611 Le contrat d'engagement se substitue au contrat d'engagements réciproques (CER) des bénéficiaires du RSA et au projet personnalisé d'accès à l'emploi (PPAE) des demandeurs d'emploi.

scientifique[612] chargé d'évaluer les effets de la loi plein emploi salue l'efficacité de l'accompagnement intensif tout en alertant sur les risques liés au nouveau système de sanctions. Ce système pourrait « *contraindre les demandeurs d'emploi à accepter des salaires moins élevés, des emplois plus précaires ou du temps partiel non désiré* ». En revanche, bien que coûteux, l'accompagnement renforcé semble faire ses preuves même si l'on peut émettre quelques légitimes réserves. On peut lire dans le rapport intermédiaire précité que « les territoires pilotes présentent une grande hétérogénéité, tant en termes de taille que d'intensité des changements mis en œuvre : chaque territoire a disposé d'une grande marge de manœuvre dans la manière d'implémenter les dispositions associées à l'expérimentation, notamment la forme et le contenu de l'accompagnement, afin de les adapter à leurs besoins spécifiques »[613]. Ce qui sous-entend que chaque conseil départemental peut avoir sa propre conception de l'accompagnement social et professionnel, ce qui peut conduire à de grandes disparités territoriales d'application[614].
Pour évaluer les effets réels de la réforme, la Dares[615] a lancé en juin 2024, en collaboration avec le comité scientifique, un appel à projets de recherche intitulé « évaluation préfigurative de la réforme France Travail ». Cet appel à projets a pour objectif de documenter scientifiquement les potentiels impacts de la loi pour le plein emploi sur le contenu du contrat d'engagement, le nouveau dispositif de sanctions pour les allocataires du RSA, et l'accompagnement des demandeurs d'emploi et des entreprises.

Pour autant, et pour rendre justice aux départements, deux remarques s'imposent. Tout d'abord, ils n'ont la responsabilité que des actions d'insertion sociale à destination des publics les plus éloignés de l'emploi et non de celles relevant de l'insertion professionnelle qui appartiennent au champ de la politique de l'emploi et de la formation professionnelle, c'est-à-dire de l'État. D'autre part, il ne faut pas négliger l'action départementale visant à financer partiellement les contrats aidés et à subventionner le secteur de l'insertion par l'activité économique.

Au-delà de tout ce qui vient d'être développé se pose la question de savoir s'il existe effectivement un droit à l'accompagnement social dans le cadre du dispositif RSA.

---

612 Rapport intermédiaire du comité scientifique d'évaluation de la loi pour le plein emploi sous la présidence de François Fontaine, décembre 2025.
613 Rapport intermédiaire du comité scientifique d'évaluation de la loi pour le plein emploi, *préc.*, p. 46.
614GUILLER A., RSA : une politique qui fait des vagues dans le Finistère, le Media Social, 11/12/2025.
615 Direction de l'animation, de la recherche, des études et des statistiques (DARES).

Ce qui, si cette hypothèse se vérifie, rend davantage problématiques les différences de traitement entre bénéficiaires ainsi constatées. Par ailleurs, et surtout, qu'en est-il de l'opposabilité dudit droit ?

Si l'on en croit le libellé de l'article L. 262-27 du CASF le bénéficiaire du RSA *« a droit à un accompagnement social et professionnel adapté à ses besoins et organisé par un référent unique »*. Ce droit concerne également le conjoint, le concubin ou le partenaire du pacte civil de solidarité. Quant à l'article L. 115-2 du même code, il précise que *« le bénéficiaire du revenu de solidarité active a droit à un accompagnement social et professionnel destiné à faciliter son insertion durable dans l'emploi »*.

L'utilisation du présent de l'indicatif, dans ces deux textes, indique qu'il s'agit d'une obligation, qui pèse par conséquent sur le département. Le fait que le législateur y fasse référence à deux reprises, d'abord, dans un article général situé dans un chapitre consacré à la lutte contre la pauvreté et les exclusions (L. 115-2), ensuite, dans une section intitulée : *« Droits et devoirs du bénéficiaire du revenu de solidarité active »* (L. 262-27), nous amène à penser qu'il s'agit là d'un droit essentiel à défaut d'être fondamental. Certains auteurs parlent même de *« l'émergence d'un droit à l'accompagnement »*[616]. Si l'on compare la situation du Rmiste (1988) à celle du bénéficiaire du RSA (2008) à l'égard du conseil départemental, on peut dire que la collectivité départementale ne se trouvait pas tenue d'une obligation d'insertion envers le Rmiste alors qu'elle semble l'être davantage pour les bénéficiaires du RSA. Autrement dit ce qui était non pas facultatif, mais pas davantage obligatoire, devient une obligation qui pose inéluctablement la question de l'opposabilité en cas de défaillance totale ou partielle du débiteur de l'obligation. Nous rejoignons dans l'analyse Michel Borgetto, qui soutient que si l'on plaide malgré tout que l'accompagnement social est facultatif, alors *« on brouille les pistes »*[617] entre l'aide sociale obligatoire par nature dont relève le RSA, et l'action sociale caractérisée par son caractère facultatif. Puisque le RSA se compose, *in fine*, de la prestation monétaire et de l'insertion, ces deux composantes doivent revêtir un caractère obligatoire, car elles ne sont pas divisibles. Elles sont liées par un but énoncé dans l'article L. 115-2 précité, à savoir, faciliter l'insertion durable dans l'emploi du bénéficiaire en mettant en place un *« accompagnement social et professionnel »* considéré comme un moyen au service de cet objectif. Si l'on pousse le raisonnement, on peut considérer que la contrepartie de cette obligation d'accompagnement social et professionnel figure dans l'article L. 262-28 du CASF. En effet, le bénéficiaire du RSA est tenu à certaines obligations lorsqu'il est sans emploi ou ne tire de l'exercice d'une activité professionnelle qu'un revenu inférieur à 500 €[618]. En

---

[616] PETIT F., « L'émergence d'un droit à l'accompagnement », *RDSS*, 2012, p. 977.
[617] BORGETTO M., « La portée juridique de la notion d'accompagnement », *RDSS*, 2012, p. 1029.
[618] CASF, D.262-65.

effet, il doit, dans ces deux hypothèses, rechercher un emploi ou entreprendre des démarches en vue de créer sa propre activité ou entreprise, ou entreprendre des actions nécessaires à une meilleure insertion sociale et professionnelle. Les travailleurs pauvres échappent à cette obligation dans la mesure où leurs ressources sont supérieures à 500 €. L'obligation sus-décrite ne concerne donc que les plus fragiles, c'est-à-dire ceux qui, manifestement, sont le plus éloignés de l'emploi. Pour autant, remarquons que l'ordre dans lequel sont disposées les obligations qui leur incombent dans le corps même du texte de l'article L. 262-28 relègue au second rang les actions nécessaires à une « meilleure insertion sociale et professionnelle ». Or, dans le dispositif antérieur, c'est-à-dire le RMI, cette obligation était prioritaire. Cela traduit, sans doute, l'idée fortement soutenue d'activation des chômeurs. Il ne s'agit plus de prôner, prioritairement, l'idée d'assistance.

Pour en revenir maintenant à notre propos initial, nous pouvons dire que les obligations réciproques auxquelles doivent répondre les parties, conseils départementaux et bénéficiaires, à défaut d'être qualifiées d'obligations de résultat, n'en constituent pas moins des obligations de moyens. La question de leur opposabilité nous parait fondée et possible, au nom de la logique contractuelle qui semble les soutenir.

Pour autant peut-on soutenir avec certitude que la relation qui lie les parties relève du champ contractuel ? Sous l'égide du RMI on parlait de contrat d'insertion, désormais, on parle de contrat d'engagements réciproques. Finalement, que nous révèle ce glissement sémantique sur la nature du lien entre les parties ?

La jurisprudence du Conseil d'État apporte des précisions qui, *in fine*, nous permettent d'affirmer qu'il s'agit bien de relations qui relèvent d'un contrat synallagmatique. En l'espèce, un bénéficiaire du RMI (devenu RSA) a vu son allocation suspendue par le président du conseil général (devenu président du conseil départemental) de l'Indre au motif d'une absence de justification de démarches d'insertion sociale et professionnelle. Après avoir exercé un recours gracieux, rejeté par l'autorité administrative, le requérant a saisi le tribunal administratif de Limoges qui a confirmé la décision de rejet.

Aussi, le Conseil d'État a été saisi en vue d'obtenir l'annulation dudit jugement. Pour le tribunal administratif, selon le 5ème considérant de l'arrêt du Conseil d'État de décembre 2015, le président du conseil général (départemental) a pu légalement suspendre le RSA de l'intéressé *« en raison de l'absence de toute démarche de sa part en vue de son insertion sociale, ainsi qu'en témoignait, notamment, son refus d'exercer une activité bénévole auprès d'associations caritatives ou de suivre une formation en informatique »*. Cette motivation n'a pas emporté la conviction de la Haute juridiction puisque les juges du fond n'ont pas *« cherché si ce refus manifestait la méconnaissance, par M. A…, des engagements pris dans le contrat d'insertion conclu avec le président du conseil général de l'Indre le 21 avril 2009 ou faisait obstacle, sans motif légitime, au renouvellement de ce contrat arrivé à son terme le 20 octobre 2009, le tribunal a commis une erreur de droit »*.

Que l'on parle de contrat d'insertion (RMI) ou de contrat d'engagements réciproques (RSA), on retrouve l'idée d'engagements respectifs des parties. Ainsi, l'ancien article L. 262-37 du CASF précisait : *« Dans les trois mois qui suivent la mise en paiement de l'allocation de revenu minimum d'insertion, l'allocataire [doit] conclure un contrat d'insertion avec le département (...). Le contenu du contrat d'insertion est débattu entre la personne chargée de son élaboration et l'allocataire. Le contrat est librement conclu par les parties et repose sur des engagements réciproques de leur part »*. Le non-respect du contrat d'insertion sans motif légitime par le bénéficiaire pouvait entrainer la suspension de l'allocation[619].

On retrouve depuis l'entrée en vigueur du RSA une formulation quasi-identique dans l'article L. 262-35 qui dispose : « *Le bénéficiaire du revenu de solidarité active (...) conclut avec le département (...), sous un délai d'un mois (...) un contrat librement débattu énumérant leurs engagements réciproques en matière d'insertion professionnelle* ». Un autre article du même code prévoit les hypothèses légales de suspension du service de l'allocation dont, notamment, le non-respect par l'allocataire des engagements pris, sauf motif légitime[620]. Même si l'on peut contester l'utilisation, sans doute abusive, du concept de contrat, on peut s'entendre, *a minima,* sur la notion d'engagements réciproques et pas seulement d'obligations réciproques comme le souligne le rapporteur public Rémi Decout-Paolini[621].

Pour en revenir à notre cas d'espèce, une question fondamentale mérite d'être posée en ces termes : l'obligation d'insertion sociale des bénéficiaires du RSA relève-t-elle de la philosophie générale du dispositif RSA ou trouve-t-elle sa source dans le contrat d'engagements réciproques signé par les parties ? Si l'on valide la première hypothèse, cela place, *de facto*, tous les bénéficiaires du RSA dans une même obligation, où qu'ils se trouvent. À l'inverse, dans la seconde hypothèse, c'est le contrat qui fait foi, donc des différences d'exigences en termes d'obligations d'insertion peuvent se faire jour d'un département à l'autre.

À en croire l'analyse faite par le Conseil d'État, dans son arrêt du 15 décembre 2015, la deuxième hypothèse semble l'emporter. En l'espèce, le bénéficiaire a vu son RSA suspendu au motif qu'il aurait *« refusé d'exercer une activité bénévole auprès d'associations caritatives ou de suivre une formation en informatique »*. Pour le Conseil d'État, aucune disposition du contrat d'insertion initialement conclu ne prévoyait de tels engagements. Ainsi, il est aisé de comprendre que seuls les engagements prévus initialement

---

619 CASF, art. L. 262-23 (ancien).

620 CASF, art. L. 262-37.

621 CE, 15 décembre 2015, n° 377138, RDSS 2016, p. 182, Rémi Decout-Paolini, rapporteur public.

au contrat sont opposables aux parties. Autrement dit, il n'existe pas, y compris dans la philosophie sous-tendue par le dispositif RSA, une obligation générale imposant à l'ensemble des bénéficiaires des obligations d'insertion. On aurait pu le penser à la lecture de l'article L. 262-28 qui précise, notamment, que le bénéficiaire du RSA, sous certaines conditions, est tenu *« d'entreprendre les actions nécessaires à une meilleure insertion* sociale *et professionnelle »*. Cela demeure vrai, mais à condition d'être précisé dans le contrat d'insertion. Il n'y a donc pas d'obligation générale qui découlerait de la loi, mais des obligations particulières de nature contractuelle.

Cela n'est pas sans conséquences dans la mesure où le contrat constitue la loi des parties. Ce qui aujourd'hui semble établi est l'utilisation généralisée de la technique contractuelle dans le domaine social. *« L'invasion est aveugle et touche tous les domaines de l'intervention publique, tous les acteurs, quels que soient leur statut et leur rang »*[622]. C'est d'ailleurs le RMI qui marque le début de cette évolution dans notre secteur. Comme pour le RMI, les politiques contractuelles en matière de RSA sont l'apanage des conseils départementaux. D'aucuns pourraient être tentés par plus de sévérité en imposant des obligations plus fortes à leurs bénéficiaires. Le but étant, notamment, de réduire la charge financière que représente le RSA.

Le cas alsacien mérite d'être étudié puisqu'il a fait l'objet d'une jurisprudence du tribunal administratif de Strasbourg du 5 octobre 2016, insuffisamment remarquée, et pourtant très riche d'enseignements. Il s'agit en effet, selon nous, d'un coup de canif dans le principe d'égalité de traitement des bénéficiaires du RSA en matière d'insertion.

Par un déféré, le préfet du Haut-Rhin demande au tribunal d'annuler la délibération du 5 février 2016, par laquelle *« le conseil départemental a approuvé le principe d'instaurer un dispositif de service individuel bénévole que pourrait effectuer les bénéficiaires du RSA, auprès d'une structure telle qu'une association ou une collectivité, à raison d'une moyenne de sept heures hebdomadaires et qui conditionnerait le versement de cette allocation »*[623]. Les motivations du déféré sont extrêmement intéressantes pour deux raisons. D'une part, elles rappellent que les conditions d'attribution du RSA relèvent de la compétence exclusive du législateur, y compris pour définir le périmètre des cas de suspension de l'allocation. Que par conséquent, le conseil départemental ne peut, par simple délibération, ajouter à la loi une condition qu'elle ne contient pas, pas plus d'ailleurs qu'imposer aux bénéficiaires des obligations de manière unilatérale. D'autre part, la violation du principe d'égalité est mise en avant. Tout en rappelant que seule la loi peut assouplir le principe susvisé, il est également souligné qu'il convient de ne pas traiter de

---

622 MOULAY-LEROUX S., « Le contrat avec l'usager : paradigme ou parasite de la relation d'aide ? À propos du contrat de séjour dans les établissements sociaux et médico-sociaux, *RDSS*, 2012, p. 5.
623 TA Strasbourg, 5 octobre 2016, n° 1601891.

manière identique des bénéficiaires dont les situations individuelles sont différentes.

Le tribunal administratif va préciser que *« si (...) des actions de bénévolat sont susceptibles d'être proposées au titre de l'insertion sociale du bénéficiaire, elles ne peuvent toutefois résulter que du contrat [d'engagements réciproques], en fonction de la situation particulière de l'intéressé ; que, de même, les possibilités de suspension du versement du revenu de solidarité active, limitativement définies [par la loi], excluent la possibilité de suspendre ledit versement en raison du non-accomplissement d'heures de bénévolat, sauf à constater qu'il figure parmi les engagements souscrits dans le contrat ; que le département ne pouvait donc, (...), ainsi qu'il résulte tant des termes de la délibération critiquée que du rapport de présentation à l'assemblée délibérante, envisager de conditionner, de manière générale, le versement du RSA à l'accomplissement de telles actions de bénévolat »*.

On peut déduire de ce considérant que la relation entre le conseil départemental, représenté par son président, et le bénéficiaire de l'allocation revêt tous les aspects d'une relation contractuelle (contrat administratif)[624] basée sur des engagements réciproques. En effet, pour le tribunal administratif, on ne peut imposer, en dehors du contrat, d'obligations aux bénéficiaires de l'allocation. Outre cet aspect, que l'on retrouve également dans la décision sus-analysée du 15 décembre 2015, ce qui est particulièrement remis en cause est le fait que le conseil départemental *« légifère »* par délibération pour soumettre l'ensemble des bénéficiaires du RSA à l'obligation de bénévolat à hauteur de sept heures hebdomadaires. Un tel procédé contredit la démarche contractuelle basée sur la notion de « *contrat librement débattu énumérant les engagements réciproques en matière d'insertion sociale et professionnelle* »[625]. D'une certaine manière, imposer unilatéralement aux bénéficiaires du RSA des obligations viole les dispositions légales applicables au RSA. Il n'est pas davantage possible, pour un conseil départemental, de créer des cas de suspension de l'allocation en dehors de ceux énumérés par les textes. Or, en l'espèce, la délibération litigieuse ne permet pas, en cas de non-respect, de prononcer une suspension puisque la loi n'a pas prévu cette hypothèse[626].

La Cour administrative d'appel de Nancy, saisie sur appel du conseil départemental, a confirmé dans toutes ses dispositions le jugement du tribunal administratif de Strasbourg dans un arrêt du 18 avril 2017[627], tout d'abord en refusant de transmettre au Conseil d'État la question prioritaire de

---

[624] TC, 21 mars 1983, *C.N.E.X.O.*, n° 02256 [critère organique : le contrat est administratif si l'un des contractants est une personne morale de droit public].
[625] CASF, art. L. 262-36.
[626] CASF, art. L. 262-37.
[627] CAA de Nancy, arrêt n° 16NC02674 et 16NC02675.

constitutionnalité soulevée par le conseil départemental, ensuite en confirmant l'annulation de la délibération litigieuse du 5 février 2016.

Un pourvoi en cassation a été déposé par le conseil départemental, ce qui a donné lieu à un arrêt du Conseil d'État du 15 juin 2018 dont il y a lieu d'analyser la portée. Selon les juges de la Haute Juridiction : *« Les engagements que peut prévoir, en vertu de l'article L. 262-35, le contrat conclu entre le département et le bénéficiaire du revenu de solidarité active portent, lorsque ce dernier est disponible pour occuper un emploi ou créer sa propre activité, sur des actions d'insertion professionnelle, et non d'insertion sociale ou professionnelle comme le prévoit l'article L. 262-36 pour les bénéficiaires rencontrant des difficultés qui font temporairement obstacle à leur engagement dans une démarche de recherche d'emploi. À ce titre, le contrat doit préciser tous les actes positifs et répétés de recherche d'emploi que le bénéficiaire s'engage à accomplir. Toutefois, les dispositions de l'article L. 262-36 ne font pas obstacle à ce que, dans certains cas, le contrat, élaboré de façon personnalisée, prévoie légalement des actions de bénévolat à la condition qu'elles puissent contribuer à une meilleure insertion professionnelle du bénéficiaire et restent compatibles avec la recherche d'un emploi, ainsi que le prévoit l'article L. 5425-89 du code du travail ».* Tout d'abord, on voit apparaitre deux catégories de bénéficiaires qui ne sont pas soumis aux mêmes obligations. D'une part, ceux qui sont disponibles pour occuper un emploi ou créer leur activité ne peuvent se voir imposer que des actions visant à leur insertion professionnelle en vertu de l'article L. 262-35 du CASF. D'autre part, ceux qui ne sont pas disponibles pour occuper un emploi peuvent se voir imposer des actions d'insertion sociale ou professionnelle en vertu de l'article L. 262-36 du même code.

Le Conseil d'État ne vise dans sa décision que la première catégorie de bénéficiaires du RSA (CASF, L. 262-35). Tout d'abord, le contrat doit préciser les actes positifs et répétés de recherche d'emploi que le bénéficiaire s'engage à accomplir. Ensuite, si le bénévolat est prévu contractuellement, encore faut-il qu'il puisse contribuer à une meilleure insertion professionnelle du bénéficiaire d'une part et, d'autre part, qu'il soit compatible avec la recherche d'un emploi. En d'autres termes, il n'y a plus d'obstacle à la proposition de bénévolat dès lors que les conditions sus-indiquées sont respectées. Ceci dit, insistons sur le fait qu'il ne s'agit pas d'un *« blanc-seing donné au département »* [628]par le Conseil d'État. En effet, un cadre précis est exigé pour imposer cette forme de réciprocité.

Nous pensons que le Conseil d'État, malgré la cassation, va dans le même sens que les juges du fond. Au final, le bénévolat n'est pas proscrit en soi. Il faut, mais il suffit, qu'il ait fait l'objet de dispositions contractuelles. Le

---

628 THOUZEIL-DIVINA M., « Déféré recevable mais non confirmé à propos du bénévolat des bénéficiaires du RSA », *La semaine juridique, administrations et collectivités territoriales, n° 25, 25 juin 2018.*

tribunal administratif, comme la cour administrative d'appel, reprochaient au conseil départemental de légiférer par délibération en dehors de tout contrat. Le Conseil d'État ajoute, simplement, que pour les bénéficiaires de l'article L. 262-35 susvisé, le bénévolat doit contribuer à une meilleure insertion professionnelle de l'intéressé et être compatible avec sa recherche d'emploi. *In fine*, le point commun à toutes ces décisions réside dans l'existence d'un contrat librement débattu entre les parties. Reste la situation des bénéficiaires de l'article L. 262-36 du même code. Même si la décision du Conseil d'État n'y fait pas référence, il y a lieu de penser que les mêmes principes s'appliqueront, à savoir l'existence d'un contrat. Les actions de bénévolat devront contribuer à une meilleure insertion sociale ou professionnelle du bénéficiaire.

Enfin, la question de savoir ce que l'on entend par « meilleure insertion sociale ou professionnelle » reste en suspens. Dans tous les cas, rien ne s'oppose à ce que le bénéficiaire du RSA saisisse le juge qui, dans un nouvel office, devra objectivement apprécier si la proposition est susceptible de contribuer à une meilleure insertion sociale ou professionnelle.

Nous avons précédemment signalé qu'un doute pouvait subsister sur le caractère contractuel de la relation entre le conseil départemental et le bénéficiaire du RSA. Dans leur ouvrage commun, Laurent Richer et François Lichère posent clairement la question en ces termes : *« les contrats administratifs sont-ils vraiment des contrats ? »*[629]. Après avoir rappelé les positions doctrinales référées à cette question, ces mêmes auteurs précisent que *« de toute façon, même si l'équilibre des droits et obligations résultant du contrat administratif ne procède pas entièrement de la volonté des parties, il n'en demeure pas moins que cette volonté reste fondamentale quelle que soit l'importance des notions de services publics et d'intérêt général ; c'est à l'intention des parties que le juge se réfère le plus souvent pour déterminer le contenu des obligations et il est certain que dans la pratique les parties à un contrat administratif perçoivent bien celui-ci comme un contrat qui les lie au même titre qu'un contrat de droit privé »*.

Contrairement à la position des auteurs précités, nous pensons que le doute sur le lien contractuel n'est pas complétement levé. En effet, même s'il est exact que les juges sanctionnent l'administration lorsqu'elle abuse de sa position, en créant, notamment, en dehors des possibilités que lui offre la loi, des obligations particulières à l'égard du bénéficiaire du RSA, la conclusion du contrat d'engagements réciproques relève davantage de la contrainte que du choix. Les pratiques contractuelles en la matière semblent plaider pour cette thèse. À titre d'exemple, nous nous référerons à un mémoire de fin d'étude réalisé, dans le cadre du certificat d'aptitude aux fonctions d'encadrement et de responsable d'unité d'intervention sociale (CAFERUIS) par Audrey Dehu. L'auteure relève que *« l'absence de débat lors de*

[629] RICHER L, LICHÈRE F, Droit *des contrats administratifs*, LGDJ, 2016, p. 46-48.

l'élaboration du contrat a également fait l'objet d'un échange lors d'une réunion de service (...). Le compte-rendu fait état des difficultés des assistantes sociales à élaborer les objectifs de ce contrat. Elles indiquent que face à l'absence d'attitudes projectives des bénéficiaires, elles réalisent le contrat par obligation et sans qu'il soit négocié. Elles précisent être à l'origine des objectifs, les bénéficiaires ayant un rôle passif et étant prêts à signer un contrat auquel ils n'ont pas réfléchi »[630]. Ainsi, le contrat d'engagements réciproques relève davantage de la catégorie des contrats d'adhésion dans la mesure où la place de la négociation y est, en réalité, quasi absente.

Constatons aussi, à partir du rapport d'évaluation du RSA de décembre 2011[631], que le taux de contractualisation varie de 30 % à 80 % selon les départements. Autrement dit, les bénéficiaires du RSA ne disposent pas des mêmes chances de réinsertion en fonction de leur département de résidence.

Eu égard aux évolutions jurisprudentielles signalées, on perçoit aisément les multiples applications susceptibles d'être envisagées par les départements de résidence qui intègrent rapidement les enseignements tirés des différentes décisions de justice.

Par exemple, depuis le 1er janvier 2017, le département du Haut-Rhin incite les allocataires à signer un contrat d'engagements réciproques (CER). Le bénéficiaire ne s'engage plus sur la base de sept heures hebdomadaires, mais sur un engagement hebdomadaire régulier dans le cadre d'un dispositif appelé « RSA-bénévolat ». Notons, qu'« *il existe près de 9 000 CER dans le Haut-Rhin, soit près de la moitié des quelque 19 000 bénéficiaires du RSA du département. Depuis le début de l'année [2017], quelque 800 sanctions ont été prononcées* »[632].

Prosaïquement, conditionner l'attribution du RSA à du bénévolat permet de suspendre l'allocation en cas de refus du bénéficiaire d'effectuer tout ou partie des heures. Ce qui, pour le département, constitue une économie. En même temps, le dispositif mis en place dans le département haut-rhinois est accompagné de moyens pour assurer son efficacité. Notamment par la mise en place d'une plateforme web, dès le 1er janvier 2017, qui permettra aux associations, aux collectivités et aux établissements publics de faire connaitre leurs offres de bénévolat. Les allocataires pourront alors y effectuer leurs recherches de façon plus aisée. D'autres moyens complémentaires sont

630 DEHU A., « Garantir « le librement débattu du contrat RSA » : un défi pour un service d'action sociale », Mémoire de CAFERUIS, Reims, session janvier 2014, Institut Régional du Travail Social de Champagne-Ardenne, p 5.

631 Rapport final du Conseil national d'évaluation du RSA, décembre 2011, p.29-31.

632 TONNOT C., « Bénévolat sous contrat pour les bénéficiaires du RSA », *Alsace*, 15 novembre 2016, consultable sur : https://www.lalsace.fr/actualite/2016/11/15/benevolat-sous-contrat-pour-les-beneficiaires-du-rsa.

déployés, un numéro vert, des points d'information ou encore des groupes d'entraide volontaire[633].

En outre, imposer une activité permet aussi de déceler les personnes en incapacité de travailler, et qui, par conséquent, relèvent du régime de la Sécurité sociale et non du RSA. Là encore, une économie substantielle peut être réalisée s'ils sortent du dispositif RSA.

Dans le département du Maine-et-Loire, *« le conseil départemental estime à 4 000 sur les 19 500 le nombre de bénéficiaires qui devraient être inscrits à Pôle emploi et ne le sont pas effectivement. Il n'est pas alors surprenant que les dépenses non compensées à la charge de ce département soient passées de 14,8 millions à 41 millions d'euros en quatre ans sur une charge totale avoisinant les 100 millions d'euros »*[634]. On comprend alors que les bénéficiaires qui font l'objet d'une orientation vers Pôle emploi, lors de l'évaluation de leur situation par le conseil départemental, devront élaborer avec leur conseiller Pôle emploi un projet personnalisé d'accès à l'emploi (PPAE) dans les trente jours qui suivent l'inscription sur la liste des demandeurs d'emploi. Le PPAE définit les actions que Pôle emploi s'engage à mettre en œuvre (formation, aide à la mobilité) et à financer. Le non-respect des obligations du PPAE par le bénéficiaire peut avoir des conséquences sur le montant de son RSA, qui peut être suspendu conformément aux dispositions de l'article L. 262-37 du CASF. Il en sera de même s'il ne s'inscrit pas à Pôle emploi contrairement à l'indication donnée par le conseil départemental. Pour le département, le suivi des bénéficiaires, aux fins de s'assurer qu'ils ont respecté les indications données, peut être source d'économie sur le poste RSA. À titre d'exemple, le département du Nord a été autorisé par la CNIL à recouper son fichier RSA avec celui de la CAF et de Pôle emploi. Cela lui a permis de déceler 45 000 allocataires non-inscrits à Pôle emploi sur les 115 000 que compte le département du Nord, le plus peuplé de France avec ses 2,6 millions d'habitants. Les non-inscrits risquent une réduction, voire une suspension du montant de leur RSA parce qu'ils ne sont inscrits dans aucune démarche d'insertion sociale ou professionnelle[635].

C'est dire également que le cas alsacien constitue aussi une façon d'alerter l'État sur les difficultés que rencontrent les départements face à l'augmentation importante du nombre de bénéficiaires du RSA. La non-prise en compte, ou la prise en compte insuffisante de ces revendications poussent les départements à adopter des stratégies d'économie qui, malheureusement, ont des conséquences directes sur les bénéficiaires eux-mêmes.

---

633 *Ibid.*

634 RIHAL H., « RSA : halte au bénévolat forcé ! », *AJDA*, 2017, p. 226.

635 *Le Figaro.fr économie* « Le Nord traque les allocataires du RSA non-inscrits à Pôle emploi », 13 septembre 2016, consultable sur : http://www.lefigaro.fr/flash-eco/2016/09/13/97002-20160913FILWWW00179-le-nord-traque-les-allocataires-du-rsa-non-inscrits-a-pole-emploi.php.

Ajoutons que l'un des indicateurs du malaise des départements face à l'accroissement de la dépense engendrée par le RSA résulte de l'accroissement simultané du contentieux du RSA. En effet, *« l'on ne s'étonnera guère du phénomène contentieux que suscitent désormais, au sein de la juridiction administrative, les litiges relatifs au versement de l'allocation, que ce soit dans les champs de l'indu RSA et de la remise gracieuse, très abondante, ou encore dans celui des interruptions et suspension de droits »*[636]. Désormais, les litiges relatifs au RSA constituent un contentieux de masse qui donne au juge administratif une place prépondérante dans ce type d'affaire. En 2016, par exemple, on dénombre 13 467 requêtes nouvelles dont 7 000 environ concernent le seul RSA[637]. On peut dire que désormais *« le contentieux du RSA représente une branche du contentieux social relativement abondante »*[638]. On aurait pu supputer une réduction dudit contentieux avec la disparition de la voie de l'appel, à compter du 1er janvier 2014, mais les faits sont têtus puisqu'ils démontrent l'inverse depuis plusieurs années. Nous assistons par ailleurs, dans ce contentieux désormais bien installé, à une évolution remarquée de l'office du juge. En effet, cantonné jusqu'alors à un simple contrôle de légalité des actes pris par le président du conseil départemental, il doit maintenant se prononcer sur les droits du bénéficiaire du RSA[639]. Saisi, par exemple, d'une contestation portant sur le refus d'une demande de remise gracieuse opposé par le président du conseil départemental au bénéficiaire du RSA, il se doit non seulement de vérifier la légalité externe de l'acte déféré mais, au-delà, d'analyser le bien-fondé de la prétention du requérant. D'aucuns qualifient l'office du juge de « 2 en 1 » pour exprimer le caractère particulier de son intervention dans le contentieux de l'indu de RSA. Le caractère opératoire des moyens de légalité externes dans ce contentieux n'est pas transposable à celui référé à l'attribution du RSA. Soulignons toutefois que l'annulation de la décision du président du conseil départemental motivée par un vice de légalité externe entraine, *de facto*, une disparition rétroactive de l'effet interruptif de prescription. Celle-ci continue donc à courir et, généralement, est acquise avant même que ne soit édité un nouveau titre de perception. Ce qui paradoxalement peut amener les bénéficiaires à exercer des recours dans l'espoir d'obtenir l'annulation de la décision contestée et, en même temps, le « droit de préserver » les sommes indument perçues du fait de la prescription biennale prévue par l'article L. 262-45 du CASF. Comme le souligne fort justement Alexandre Ciaudio[640],

---

636 HABCHI H., *« 2016-2017* : un panorama contentieux du revenu de solidarité active », *La semaine juridique, administrations et collectivités territoriales*, n° 50, 18/12/2017.

637 HABCHI H., *ibid.*

638 HABCHI H., « Contentieux du revenu de solidarité active », La *semaine juridique, administrations et collectivités territoriales*, n° 14, 11/04/2016.

639 CE, 9 mars 2016, n° 381272.

640 CIAUDO A., « Le contentieux de l'indu de revenu de solidarité active », *AJDA* 2013, p. 294.

l'alignement de la logique applicable aux titres de perception émanant de l'administration avec le contentieux de l'indu de RSA, procède d'une unification fortement contestable. En effet, il ne s'agit pas de récupérer des sommes légitimement dues à l'administration, mais des sommes indument versées à l'usager. Cela change complétement la perspective. Que la légalité externe de l'acte soit un motif opérant pour les titres de perception visant à récupérer des sommes effectivement dues s'entend parfaitement. En revanche, dans l'hypothèse qui nous intéresse ici, cela parait particulièrement discutable pour des raisons plus morales que juridiques, selon nous. En effet, conserver en toute légalité une somme versée indûment peut paraitre contraire à la morale et à l'éthique.

Parallèlement à l'accroissement du contentieux RSA, on assiste à un accroissement des contrôles administratifs sur les bénéficiaires qui, à l'analyse, permettent de réduire, dans une proportion modérée toutefois, les dépenses départementales liées au RSA. C'est le département des Bouches-du-Rhône, en 2007, qui a la primeur de la mise en place d'une politique de lutte contre la fraude au RSA. Puis, par mimétisme sans doute, vont apparaitre des « Brigades anti-fraude au RSA » dans les Alpes-Maritimes en 2011 ou encore dans l'Ain en 2015.

Une enquête flash menée auprès de 29 départements[641] a permis de préciser les modalités de récupération des indus du RSA. Légalement, aucun recouvrement ne peut avoir lieu si la somme à recouvrer est inférieure ou égale à soixante-dix-sept euros[642]. Ce qui laisse supposer qu'au-delà de ce seuil, les départements procèdent aux opérations de récupération. Dans la pratique, cette règle connait des variations. S'il est vrai qu'en général les départements procèdent à la récupération, il n'en n'est pas moins vrai que d'autres fixent le seuil de récupération à un montant égal à celui du RSA pour une personne seule.

Il faut savoir, par ailleurs, que la lutte contre la fraude aux prestations sociales est devenue une véritable priorité des CAF qui sont chargées de leur versement. L'idée étant de mettre en place une *« stratégie du paiement à juste droit »*[643]. En 2015, 1 135 000 contrôles RSA ont été réalisés sur place, ce qui a permis de déceler 23 % d'indus, mais également 21 % de rappels, c'est-à-dire de sommes dues aux allocataires. Cette même année, *« la branche famille a objectivé un préjudice relatif au RSA de 166,4 millions d'euros, soit 67 % du montant total de la fraude détectée »*[644]. On sait également que les non-

---

641 *LA LETTRE DE L'ODAS*, « Financement de l'action sociale. Les départements dans l'impasse », juin 2014, p.4.
642 CASF, art. R. 262-92.
643 CNAF, « Bilan de la lutte contre la fraude 2015 sur les prestations légales de la branche famille », *Sécurité sociale, La vie en plus*, consultable sur : https://www.caf.fr/sites/default/files/caf/331/Documents/AgenceComptable/Bilan%20national%20Lutte%20contre%20la%20fraude%202015.pdf.
644 *Ibid.*, p. 23

recourants au RSA représentent un bénéficiaire potentiel sur deux avec une prévalence pour le non-recours au RSA activité qui s'élève à 68 %. Cela représente 330,5 millions d'euros en masse mensuelle, soit près de 4 milliards d'euros annuels[645].

Par ailleurs, on observe une nouvelle orientation des politiques sociales. En effet, le passage du RMI au RSA s'inscrit dans une logique d'activation des dépenses sociales. On attend en effet du bénéficiaire du RSA « un retour sur investissement ». Il doit être actif et le démontrer par son comportement en termes de recherche d'emploi, de création de sa propre activité ou encore d'inscription dans des actions nécessaires à une meilleure insertion sociale et professionnelle. Cette dernière hypothèse se limitant aux bénéficiaires rencontrant des difficultés tenant notamment aux conditions de logement, à l'absence de logement, ou à un état de santé faisant obstacle temporairement à l'engagement dans une démarche de recherche d'emploi[646]. La priorité est à l'emploi, l'insertion sociale n'est déclenchée qu'à titre subsidiaire, contrairement à la logique qui présidait à l'instauration du RMI. D'aucuns soulignent que ces nouvelles orientations signent l'échec du dispositif RSA en faisant *« l'impasse sur un certain nombre de problématiques pourtant envahissantes dans le quotidien des personnes, tant par les démarches qu'elles génèrent que par leur caractère prioritaire : les difficultés d'accès aux droits (logement, santé, accueil du jeune enfant), aux services bancaires, à l'alimentation, les difficultés financières, voire l'endettement, etc. »*[617]. En réaction à cette injonction de l'emploi comme priorité absolue, *« la majorité des départements, s'appuyant sur une connaissance des publics acquise au cours de 20 ans de gestion RMI, ont de fait poursuivi cette approche globale ».*

Ceci étant, sous l'égide du RMI, il existait également de nombreuses inégalités territoriales liées principalement aux logiques d'intervention. *« Par exemple, un déséquilibre important du marché local du travail peut renforcer l'importance du type allocation chômage (...). A l'inverse, un contexte local marqué par une nouvelle dynamique de l'emploi peut induire une extension relative du type complément salarial »*[648]. Cette comparaison permet de rappeler que les questions référées aux inégalités de traitement des bénéficiaires du RMI/RSA restent d'actualité. Il s'agit davantage de dispositifs ayant vocation à réduire la pauvreté, et non pas à lutter contre les inégalités.

---

645 ODENORE, « *Le* Non-recours au RSA : des éléments de comparaison », document de travail, décembre 2011.

646 CASF, art. L.262-29.

647 BLANCHELMANCHE I., « L'expérience d'une chargée de mission insertion », in A. EYDOUX et B. GOMEL (dir.), « Apprendre (de l'échec) du RSA. La solidarité active en question », 2014, Wolker Kluwer, pp. 191-196.

648 BOUCHOUX J., HOUZEL Y., OUTIN J-L., « Revenu minimum d'insertion et transition : une analyse des inégalités territoriales », *RFAS*, 2004, n°4, pp. 107-132.

Ce qui semble apparaitre clairement, malgré tout, c'est que l'insertion des bénéficiaires du RSA relève de « l'*Organisation départementale du dispositif d'insertion* » constituant la section première du chapitre III « *Actions d'insertion* » du CASF. Il est constant que le titre évoque de fait une territorialisation des actions d'insertion, ce qui de toute évidence contredit l'idée de la mise en place d'une politique uniforme sur l'ensemble du territoire national. Cette section première se compose de trois articles[649]. Le premier précise que le conseil départemental délibère, avant le 31 mars de chaque année, sur l'adoption ou l'adaptation du programme départemental d'insertion (PDI). Ce même article précise également les trois objectifs assignés au PDI : d'une part, définir la politique départementale d'accompagnement social et professionnel ; d'autre part, recenser les besoins de l'offre locale d'insertion ; enfin, planifier les actions d'insertion correspondantes. Issu de la loi du 1er décembre 2008 relative au RMI, le PDI a connu une simplification de son contenu et de ses modalités d'élaboration[650]. Pour autant, il demeure le document de référence, à visée prospective, en matière d'insertion.

Le deuxième article concerne la mise en œuvre du PDI qui s'élabore au travers d'un pacte territorial pour l'insertion (PTI) conclu entre le département et les parties intéressées. Il peut s'agir, notamment, de l'État, de Pôle emploi, des organismes concourant au service public de l'emploi, à défaut des personnes gestionnaires des plans locaux pluriannuels pour l'insertion et l'emploi, des organismes compétents en matière d'insertion sociale, des régions ainsi que de leurs établissements, des associations de lutte contre l'exclusion… L'objectif du PTI est de définir les modalités de coordination des actions entreprises par les différents acteurs en vue de favoriser l'insertion sociale et professionnelle des bénéficiaires du RSA. Il doit également prévoir, en particulier, le concours de la région au titre de la formation professionnelle. Enfin, cet article indique que le PTI peut faire l'objet de déclinaisons locales dont le président du conseil départemental détermine le nombre et le ressort.

Le dernier article de la section susvisée donne au président du conseil départemental la possibilité de conclure avec le représentant de l'État dans le département une convention d'appui aux politiques d'insertion. Il s'agit de définir les objectifs conjoints, sur trois ans, en matière de lutte contre la pauvreté, d'insertion sociale et professionnelle, et de développement social. Les moyens financiers annuels alloués au titre de cette convention sont notifiés au département par le conseil de gestion du fonds d'appui aux politiques d'insertion au plus tard le 15 mars. Par cette convention, le département s'engage sur un socle commun d'objectifs concernant à la fois les bénéficiaires du RSA et les aides financières attribuées conjointement au secteur de l'insertion par l'activité économique (IAE). Il nous semble clair que le PTI « *dénote une volonté de mettre en place une véritable politique*

[649] CASF, art. L. 263-1, L.263-2 et art. L. 263-2-1.
[650] CASF, art. L. 263-2 et art. L. 263-3 anciens.

territorialisée de l'insertion »[651] ce qui induit nécessairement, et peut être judicieusement, la nécessité d'adapter l'outil aux réalités des territoires pour éviter une déconnexion préjudiciable à tous.

Enfin, nous pensons que l'on assiste finalement à un alignement des logiques de l'aide sociale légale sur celles de l'action sociale. En effet, depuis la jurisprudence *Commune de Mons-en-Barœul,* du 29 juin 2001, il est admis qu'une commune peut créer, de sa propre initiative, et sous certaines conditions, notamment d'existence d'un intérêt communal, une aide à l'insertion sociale attribuée en contrepartie d'une participation à des activités d'intérêt général ou d'utilité publique[652]. Ce qui était vrai pour l'action sociale facultative le devient aussi, partiellement, pour l'aide sociale légale grâce à l'outil contractuel. Cela donne d'une certaine manière toute sa portée à *« l'exclamation de Saint-Paul : que celui qui ne veut pas travailler ne mange pas non plus »*[653].

§ 2. L'accompagnement dans le cadre du fonds de solidarité logement et de la gestion des prestations sociales

Outre la compétence du département en matière de revenu de solidarité active et d'insertion sociale et professionnelle de ses bénéficiaires, il lui appartient également de gérer le fonds social au logement (A) et de mettre en place la mesure d'accompagnement social personnalisé (B). L'ensemble de ces dispositifs participent *« à la réalisation de l'impératif national de lutte contre la pauvreté et les exclusions »*[654].

A. Le fonds de solidarité logement

Conformément aux dispositions de la loi n° 90-449 du 31 mai 1990 visant à la mise en œuvre du droit au logement, dite « loi Besson », il est créé dans chaque département un fonds de solidarité pour le logement (FSL)

Le FSL vise à permettre aux personnes qui y sont éligibles d'accéder à un logement décent et indépendant ou à s'y maintenir, pour y disposer d'eau, d'énergie et de services téléphoniques. Le règlement intérieur du FSL définit

---

651 LONG M., « L'incidence de la mise en place du RSA sur la politique d'insertion du département », *RDSS*, 2009, p. 241.

652 GHEBALI-BAILLY M., « Les communes sont compétentes pour créer des aides à l'insertion sociale qui répondent à un intérêt public communal », *RDSS*, 2002, p. 81. ; JÉGOUZO Y., « La commune est compétente pour accorder des aides à la réinsertion », *AJDA*, 2002, p. 42.

653 ROMAN D., « Les collectivités locales et l'insertion sociale. À propos d'une jurisprudence ambiguë, *AJDA* 2002, p. 386.

654 CASF, art. L. 115-2.

les conditions d'attribution des différentes aides financières susceptibles d'être accordées tant aux locataires qu'aux propriétaires (1er type d'aide), ou prend en charge des mesures d'accompagnement social individuelles ou collectives lorsqu'elles sont nécessaires au maintien dans un logement des personnes et des familles éligibles à ces interventions (2ème type d'aide).

Enfin, le fonds peut accorder une garantie financière aux associations qui mettent un logement à la disposition des personnes défavorisées (3ème type d'aide).

On voit bien que le champ d'intervention du FSL est particulièrement large mais étroitement lié au contenu de son règlement intérieur. Ce qui, de toute, évidence, ne peut que conduire à des applications locales de la loi.

Par la suite, l'article 65 de la loi n° 2004-809 du 13 août 2004 relative aux libertés et responsabilités locales avait prévu le transfert de compétences aux départements de la gestion du FSL à compter du 1er janvier 2005. Auparavant, cette compétence relevait du département et de l'État. Le financement du fonds est assuré par le département. D'autres acteurs, CAF, collectivités territoriales, établissements publics de coopération intercommunale (EPCI) notamment, peuvent abonder le fonds. Une convention entre le département et les fournisseurs d'énergie, d'eau ou de services téléphoniques et d'accès internet précise le montant et les modalités de leurs concours financiers au FSL.

Le conseil départemental peut créer des fonds locaux pour l'octroi de tout ou partie des aides du FSL et en confier la gestion, par convention, aux communes et aux établissements publics de coopération intercommunale sur leur demande. En revanche, si la demande émane d'un EPCI ayant conclu une convention avec l'État, la création d'un fonds de solidarité intercommunale est de droit.

Enfin, la loi n° 2014-366 du 24 mars 2014 pour l'accès au logement et à un urbanisme rénové dite « loi ALUR » va également apporter des modifications à la loi de 1990 au sujet du FSL. En effet, va notamment être complété l'article 6. Ce dernier précise désormais, dans son troisième alinéa, que le FSL, dans les conditions définies par son règlement intérieur, *« accorde des aides au titre des dettes de loyers et de factures d'énergie, d'eau et de téléphone, y compris dans le cadre de l'accès à un nouveau logement »*. Ce qui étend considérablement son champ d'intervention qui, jusque-là, n'avait pas vocation à prendre en charge des arriérés de loyers, charges, factures d'énergie et de téléphone. La loi n° 2016-1321 du 7 octobre 2016 pour une République numérique va y ajouter les factures d'accès à internet (article 108). D'autres dispositions de la loi ALUR viennent soutenir les acteurs de l'intermédiation locative. Notamment en accordant une aide aux associations, CCAS, CIAS et autres organismes à but non lucratif, aux unions d'économie sociale, ou à ceux qui, pour le compte de propriétaires, en assurent une gestion destinée à financer, totalement ou partiellement, le surcoût engendré par la gestion des sous-locations accordées au public cible visé par la loi de 1990 (article 1er). La même aide peut être octroyée aux bailleurs sociaux qui louent directement audit public. Signalons aussi que la loi MAPTAM[655] et la loi NOTRe du 7 août 2015[656] prévoient la possibilité de transférer ou déléguer aux métropoles la gestion des aides du FSL.

Constatons que la décentralisation du FSL en 2005 n'a pas eu pour effet de faire chuter le nombre de bénéficiaires, ce qui signifie que les départements assument totalement cette charge nouvelle. En revanche, la montée en charge du dispositif LOCA-PASS peut expliquer en partie la baisse de l'aide à l'accès. Pour ce qui est de l'aide au maintien, les raisons économiques, notamment le chômage, expliquent les difficultés rencontrées par les ménages pour assumer entièrement leurs obligations locatives.

Ainsi, le montant moyen des aides à l'accès au logement en 2006 varie de 230 € en Côte-d'Or à 1323 € dans les Bouches-du-Rhône, soit 5,75 fois plus ; variation également pour l'aide au maintien dans le logement : la fourchette va de 194 € en Martinique à 8 559 € dans la Meuse, soit 44 fois plus. Les écarts des aides aux fluides sont aussi importants : pour l'eau, il se situe entre 7 € dans le Tarn et 660 € en Guadeloupe ; pour l'énergie, entre 14 € dans la Meuse et 399 € dans le Haut-Rhin ; enfin, pour le téléphone, les écarts vont de 7 € dans le Bas-Rhin à 273 € dans les Vosges.

D'autres différences majeures peuvent également se faire jour. Les aides du FSL prennent la forme soit de subventions (prêts non-remboursables) soit de prêts remboursables. Les pratiques départementales varient considérablement en la matière. Par exemple, la Corse du Sud, la Creuse, les Landes, le Lot, la Meuse, les Hauts-de-Seine et la Martinique ne pratiquent que le système des subventions, donc des prêts non remboursables. Les départements justifient leur choix d'une part parce que les familles ont des capacités de remboursement quasi-nulles, d'autre part en raison des coûts qu'induirait une procédure de recouvrement qui pourrait, *in fine*, s'avérer infructueuse (bénéfice/risque peu favorable).

A l'inverse, la Corrèze, la Somme, l'Aisne, le Cher, la Côte-d'Or, le Loir-et-Cher, le Loiret, le Pas-de-Calais, les Pyrénées-Atlantiques, les Pyrénées-Orientales, la Haute-Savoie, Paris, Les Yvelines, l'Essonne et le Val-d'Oise affichent un taux de prêt supérieur ou égal à 90 %, la Corrèze et la Somme atteignant 99 %.

De plus, il faut garder à l'esprit la place fondamentale que joue le règlement intérieur du FSL. Toutes les aides accordées par le FSL sont définies par le règlement élaboré et adopté par le conseil départemental après avis du comité

---

655 Loi n° 2014-58 du 27 janvier 2014 de modernisation des collectivités publiques territoriales et d'affirmation des métropoles, dite « loi MAPTAM », *JORF* n° 0023 du 28 janvier 2014, p. 1562.

656 Loi n° 2015-991 du 7 août 2015 portant nouvelle organisation territoriale de la République, dite « loi NOTRe », *JORF* n° 0182 du 8 août 2015, p. 13705.

responsable du plan départemental d'action pour le logement et l'hébergement des personnes défavorisées (PDLHPD).

Les dispositions légales ne font que définir le périmètre du règlement intérieur sans jamais définir les conditions d'attribution des aides. L'article 6-1 de la loi Besson indique, en effet, que c'est le règlement intérieur qui précise les conditions d'octroi des aides et les modalités de fonctionnement et de gestion du fonds. Ensuite ce même article fixe des impératifs concernant les conditions d'attribution des aides. D'une part, *« les conditions d'octroi des aides ne peuvent reposer sur d'autres éléments que le niveau de patrimoine ou de ressources des personnes et l'importance et la nature des difficultés qu'elles rencontrent »*. D'autre part, *« les aides accordées par le fonds ne peuvent être soumises à aucune condition de résidence »*. Enfin, *« aucune participation aux frais de dossier ou d'instruction ne peut être exigée des personnes ou des familles »*. Au-delà de ces conditions particulières concernant le bénéficiaire, on trouve aussi d'autres types de restrictions. Il est interdit notamment de subordonner l'aide à une contribution financière au fonds, ou à une participation aux frais de dossier ou d'instruction de la part d'une collectivité territoriale, ou à l'accord des bailleurs ou autres créanciers. Subordonner l'aide à une contribution financière au fonds, ou à un abandon de créance, ou à une participation aux frais de dossier ou d'instruction de la part du bailleur, du fournisseur d'énergie ou de l'opérateur téléphonique est également prohibé.

Le seul texte règlementaire applicable au FSL est le décret n° 2005-212 du 2 mars 2005 relatif aux fonds de solidarité pour le logement. Composé de treize articles, il précise des éléments généraux comme l'obligation de notifier la décision aux personnes intéressées, ou encore le fait que les prêts octroyés ne produisent pas d'intérêts. Pour le reste, il s'agit de dispositions concernant la gestion comptable et financière du fonds (obligation de conventionnement entre le conseil départemental et le délégataire), ou encore l'agrément d'associations chargées d'accorder tout ou partie des aides du fonds. La seule disposition du décret de 2005 intéressant directement l'octroi d'une aide figure à l'article 5. Ce dernier indique en effet, que *« les ressources prises en compte par le règlement intérieur du fonds de solidarité pour le logement en vue de fixer les conditions d'attribution des aides comprennent l'ensemble des ressources, de quelque nature qu'elles soient, de toutes les personnes composant le foyer, à l'exception de l'aide personnelle au logement, de l'allocation logement, de l'allocation de rentrée scolaire, de l'allocation d'éducation spéciale*[657] *et de ses compléments et des aides, allocations et prestations à caractère gracieux »*. Enfin, le règlement intérieur contient obligatoirement des *« modalités d'urgence pour l'octroi et le paiement des*

[657] L'allocation d'éducation spéciale (AES) a été remplacée par l'allocation d'éducation de l'enfant handicapé (AEEH) à la suite de l'adoption de la loi n° 2005- 2012du 11 février 2005 d'égalité des droits et des chances, participation et la citoyenneté des personnes handicapées.

aides, dès lors qu'elles conditionnent la signature d'un bail, qu'elles évitent des coupures d'eau, d'énergie, de services téléphoniques ou de service d'accès à internet ou qu'elles concernent des personnes ou des familles assignées aux fins de résiliation du bail ».

Des précisons certes intéressantes mais qui, malgré tout, laissent aux départements toute latitude pour définir, par exemple, des plafonds de ressources pour l'obtention des aides sollicitées. À titre d'exemple, nous nous référerons à une étude de la DRESS, de janvier 2008, intitulée *« La place du Fonds de solidarité logement (FSL) dans les systèmes départementaux d'aide aux personnes en difficulté suite à sa décentralisation »*[658]. Une étude comparative entre six départements désignés par les six premières lettres de l'alphabet (A à F) a été menée. Trois dimensions ont été explorées aux fins de mesurer l'impact de la décentralisation du FSL. D'une part, une dimension organisationnelle et institutionnelle ; d'autre part, une dimension du fonctionnement des FSL ; enfin, une dimension stratégique et partenariale. Un tableau synthétique présente les principaux constats effectués. On trouve dans ce tableau les plafonds de ressources définissant les critères d'accès au fonds et le niveau des aides financières. Pour l'accès au FSL, des barèmes précis sont parfois fixés en fonction de la composition familiale (département A et E). En revanche, la référence utilisée pour définir le barème est laissée à la discrétion de chaque conseil départemental. Le département A n'a qu'un seul plafond qui varie selon la composition de la famille. Le département E définit trois plafonds en fonction du type de famille et de la moyenne économique. D'autres ne font référence à aucun barème (départements B, C, D et F). Le département C fixe un seuil de ressources mensuelles à ne pas dépasser sans autre précision alors que le département D fixe ce seuil en se référant au RMI augmenté de 160 €. On retrouve une très grande variabilité pour le niveau des aides financières. Par exemple, l'aide aux fluides (énergie, eau et téléphone) est plafonnée par le département F à 720 € pour l'eau et l'énergie, et à 60 € maximum pour les dettes téléphoniques. Pour le département D, un seul plafond est fixé à 300 €, sans autre précision.

On perçoit aisément, au travers de ces exemples, que le règlement intérieur constitue la base des droits FSL et que le cadrage national de son périmètre ne permet pas de garantir une égalité de traitement. Bien entendu des raisons sociales, sociodémographiques, économiques, historiques expliquent, nous l'avons déjà signalé, l'existence de ces disparités.

---

[658] BALLAIN R., SAUVAYRE A., « La place du Fonds de solidarité logement (FSL) dans les systèmes départementaux d'aide aux personnes en difficulté suite à sa décentralisation », *Études et recherche*, n° 74, janvier 2008.

Pour autant, et à partir d'une autre étude[659], nous allons voir que même au sein d'un même département, on peut relever des différences importantes d'application du même règlement FSL.

L'étude porte sur un département de la banlieue parisienne où le dispositif FSL est organisé sur une base communale. Il s'agit de comparer les pratiques de délibération et d'attribution des aides du FSL de trois commissions communale (A, B et C) à partir d'une enquête de terrain menée durant treize mois. Formellement, les commissions sont donc soumises au même règlement intérieur. Trois niveaux de comparaison ont été sélectionnés. D'une part, la structure organisationnelle des commissions municipales, d'autre part la couleur politique de la commune, enfin les caractéristiques des ménages demandeurs. De façon sous-jacente, cette étude porte sur les *« effets que produit sur l'accès aux droits l'inscription sociospatiale des politiques sociales »*.

Les auteurs de l'étude ont d'abord établi que les différences de contextes socio-urbains ne produisent pas d'effet sur les demandes adressées aux commissions. Pour autant, le taux d'accord varie de façon importante. Il est de 87 % pour la commission communale C, de 66 % pour la B et de 47 % pour la A. Autrement dit, un demandeur à 1,85 fois plus de chances d'obtenir une aide dans la commune C que dans la commune A. À y regarder de plus près, on constate que la présidence de la commission joue un rôle déterminant dans la décision finale. Ainsi, la commission communale C est présidée par une assistante sociale, et la commission communale A par une élue au logement. La méthode d'analyse du budget familial s'avère également être redoutable. La commission communale A tend à minimiser le reste à vivre en refusant de tenir compte de certaines dépenses, ce qui permet le refus pour inadéquation entre les ressources et les charges du demandeur. En effet, si le reste à vivre est négatif, par exemple, la commission communale refusera tout prêt au motif de l'impossibilité manifeste de rembourser.

L'étude constate que toutes les commissions communales font, plus ou moins, fi du principe d'anonymisation des dossiers. Or, c'est la seule véritable manière d'assurer un traitement objectif des situations. Pourtant, la commission communale A se distingue par ses pratiques.

Dans une monographie relatée on peut lire : *« Bah je peux vous dire que ce sont des compatriotes... Le propriétaire et le bailleur sont tous les deux d'Haïti : c'est la même île, donc ça aide hein [Rires] »* puis l'élue conclut *« Bon de toute façon, on a le reste à vivre négatif, donc on n'a qu'à jouer là-dessus pour motiver le refus »*. En réalité le dossier fait état d'une APL future, c'est-à-dire non encore perçue au moment de la présentation de la situation. La commission écarte purement et simplement cet élément qui conduit à la

[659] FRANÇOIS C., « Un droit au logement à géométrie variable. Les ancrages sociospatiaux du fonds de solidarité logement », in, *Espaces et Sociétés*, « Logement et inégalités », Éres, mars 2017, n° 170, pp. 91-106.

conclusion d'un reste à vire négatif avec les conséquences qui y sont rattachées. Or, dans les deux autres commissions (B et C) lorsqu'il y a un doute sur la réalité du budget présenté, la décision est simplement ajournée. Une explication des disparités de traitement découle également de l'*« identification urbaine des demandeurs »* (localisation géographique de l'immeuble, réputation du bailleur, centre-ville, parcours résidentiel du locataire…). Selon les auteurs *« ce type particulier d'indentification institutionnelle des ménages peut influencer de manière décisive les décisions d'attribution, de différentes façons »*. Parfois, c'est un questionnement autour de l'origine des ressources qui peut expliquer les refus ou l'ajournement des dossiers. Par exemple, on peut lire dans un compte-rendu de la commission communale C, l'extrait suivant : *« Bah y a pas 10 000 solutions hein : c'est soit du black, soit « chez ma tante », soit la peur de l'audience au tribunal ou la frénésie des paiements pour l'éviter. Ou alors, y a une dernière solution : vous savez ce qui revient en force en ce moment à Allende [nom du quartier de la locataire] ? La blanche ! Donc voilà... »*. Pour les membres de la commission, il s'agit bien d'une technique d'évaluation du budget du ménage (sources des revenus, réalité des dépenses etc.). Enfin, il semble y avoir une corrélation entre la prise en compte de paramètres socio-urbains et la présence d'élus au sein des commissions. Les auteurs y découvrent des usages différents du dispositif FSL par les élus. Le FSL est un moyen de contrôle des populations mais aussi, en refusant certaines aides, un moyen de favoriser l'expulsion de locataires indésirables. Mais c'est incontestablement aussi l'expression d'un certain pouvoir d'influence. Dans un dossier où l'élue connaissait le bailleur et le locataire, la commission a accepté l'aide sous forme de subvention totale alors qu'habituellement ce type de dossier conduit à un ajournement ou un refus. En l'espèce le principe de subsidiarité du FSL (non-demande du RSA activité et du Locapass), a été purement et simplement mis de côté suite à l'intervention de l'élue.

Toutes ces situations révèlent finalement des inégalités d'accès aux droits sociaux liés au logement, et confirme la thèse de la prise en compte du lieu de résidence dans le processus de décision.

B. Mesure d'accompagnement social personnalisé

Les MASP ont été créées par la loi du 5 mars 2007 réformant la protection juridique des majeurs[660]. Cette mesure vient se substituer à l'ancienne curatelle pour prodigalité, intempérance ou oisiveté qui avait l'inconvénient d'une part, d'être judiciaire, d'autre part, d'être incapacitante, et enfin d'être disproportionnée au regard de la problématique à traiter. Sans compter le fait que, dans la pratique, les juges des tutelles y adjoignaient une tutelle aux

[660] CASF, art. L. 271-1 à L. 271-8.

prestations sociales et familiales, davantage pour assurer un complément de revenu aux professionnels chargés de la mesure que pour son intérêt réel[661].

À proprement parler, il ne s'agit pas d'une aide sociale légale dans la mesure où les départements n'ont pas l'obligation juridique de les mettre en place. Pour autant, il s'agit d'un accompagnement social qui, à titre illustratif, connait une mise en application très variable.

Il s'agit d'une mesure sociale, réservée aux majeurs rencontrant des difficultés de gestion de leurs prestations sociales et dont la santé ou la sécurité est menacée de ce fait. La MASP consiste à fournir non seulement une aide à la gestion desdites prestations, mais aussi un accompagnement social individualisé. Il s'agit d'une mesure non incapacitante et de nature contractuelle. On perçoit dès à présent la limite de cette mesure qui ne s'adresse, *in fine*, qu'aux bénéficiaires de prestations sociales. Autrement dit, ces *« nouveaux prodigues »*[662] sont les seuls visés par le texte. Il y a donc un double trou dans le filet de protection, d'une part parce que l'une des conditions est de percevoir l'une des prestations énumérées par l'article D. 271-1 du CASF, d'autre part parce que tous ceux qui ne bénéficient d'aucune prestation sociale, mais qui n'ont pas d'altération de leurs facultés mentales ou corporelles empêchant l'expression de leur volonté, risquent d'échapper à toute protection.

Concrètement, la MASP prend la forme d'un contrat conclu entre le département et la personne afin de rétablir les conditions d'une gestion autonome des prestations sociales. La durée initiale du contrat est de six mois à deux ans. Il peut faire l'objet de renouvellement dans la limite de quatre ans au total.

Il existe trois niveaux de MASP.

Le premier niveau consiste à être aidé dans la gestion de ses prestations sociales tout en bénéficiant d'un accompagnement social individualisé (MASP 1 ou simple).

Le deuxième niveau consiste à autoriser le département à percevoir et à gérer pour son compte tout ou partie des prestations sociales qui doivent, en priorité, être fléchées pour le paiement du loyer et des charges (MASP 2 ou renforcée).

Enfin, le troisième niveau consiste pour le président du conseil départemental à saisir le tribunal judiciaire (ex juge d'instance), en cas de refus de l'intéressé du contrat d'accompagnement social personnalisé ou du non-respect de ses clauses, aux fins que soit procédé au versement direct, chaque mois, au bailleur, des prestations sociales dont l'intéressé est bénéficiaire à hauteur du loyer et des charges (MASP 3 ou contrainte).

---

[661] MIKALEF-TOUDIC V., « Les mesures d'accompagnement social personnalisé : une mission nouvelle pour les conseils généraux », *RDSS* 2008, p. 813.

[662] MAUGER-VIELPEAU L., « Les destinataires de la loi n° 2007-308 du 5 mars 2007 : une loi d'action sociale ? », *RDSS* 2008, p. 809.

Retenons également qu'une contribution à la mesure peut être demandée aux bénéficiaires dans la limite d'un montant fixé par décret[663]. En revanche, aucune participation ne peut être demandée lorsque les ressources sont inférieures ou égales au montant annuel de l'AAH[664].

Après avoir rappelé succinctement le régime juridique de la MASP, intéressons-nous à sa mise en œuvre par les départements. Tout d'abord, les départements ont soutenu qu'il s'agissait d'une compétence nouvelle et que, par conséquent, l'État devait leur transférer les moyens de cette compétence conformément aux dispositions constitutionnelles en vigueur. Notons que cet argument est resté lettres mortes.

Selon la « Lettre de l'ODAS de juin 2016 »[665], les dépenses des départements consacrées au MASP représentent 28 millions d'euros en 2015 contre 25 millions d'euros en 2014, soit une augmentation de 12 %. Ce qui mérite d'être souligné eu égard au contexte d'accroissement des dépenses nettes d'aide sociale qui généralement conduit les départements à des politiques de restriction budgétaire.

Il ressort de l'enquête annuelle sur les MASP, menée par la DRESS en 2015[666], qu'il existe selon les départements des disparités importantes du nombre de mesures mises en œuvre.

Ainsi, au 31 décembre 2015, on comptait par exemple 12 MASP dans le Tarn-et-Garonne contre 378 en Gironde. On sait par ailleurs que les MASP sont généralement mises en œuvre à l'issue d'un parcours d'aides administratives restées infructueuses. Ces aides peuvent prendre la forme d'un accompagnement social dans le cadre du RSA, d'un accompagnement social lié au logement (ASLL), d'une aide éducative et budgétaire (AEB), ou encore d'un accompagnement en économie sociale et familiale. Selon les départements, ces différents types d'interventions sont plus ou moins utilisés. À titre d'exemple, la métropole de Lyon détient le record d'AEB avec 27 447 mesures alors que le Territoire de Belfort n'en comptabilise que 90. Pour ce qui est de l'ASLL, le record est détenu par le Tarn-et-Garonne avec 3 957 mesures contre seulement 30 mesures pour la Haute-Marne.

Toujours à partir de cette enquête, on constate que les types de MASP (1, 2 ou 3) varient également d'un département à l'autre. Par exemple, au 31 décembre 2015, la Gironde comptait 200 MASP 1 et 178 MASP 2, la Somme 99 MASP 1 et 215 MASP 2, le Pas-de-Calais enregistre 141 MASP 1 et 166

---

663 CASF, art. D. .271-5.

664 CASF, art. R. 471-5-2.

665 *LA LETTRE DE L'ODAS*, « Dépenses départementales d'action sociale en 2015 : L'inquiétude persiste », juin 2016, p. 14.

666 DRESS, Données brutes MASP, *Études et statistiques*, 2015, consultable sur : http://drees.solidarites-sante.gouv.fr/etudes-et-statistiques/open-data/aide-et-action-sociale/les-mesures-d-accompagnement-social-personnalise-masp/article/les-mesures-d-accompagnement-social-personnalise-masp. Il s'agit de données brutes. Certaines mesures ne sont pas renseignées.

MASP 2, enfin le Val-d'Oise 228 MASP 1 et 4 MASP 2. Cette répartition démontre que certains départements sont davantage respectueux de l'esprit de la loi de 2007 qui veut que le bénéficiaire garde la main sur la gestion de ses prestations tout en étant accompagné. Or le fait d'utiliser à grande échelle la MASP 2 indique que le département se substitue aux bénéficiaires plus facilement. C'est flagrant dans le cas du Val-d'Oise. On retrouve la même logique dans la Marne avec 81 MASP 2 sur 81 mesures, c'est-à-dire que l'on n'y pratique pas les MASP 1. Même schéma pour le Haut-Rhin, le Finistère, le Lot-et-Garonne et la Seine-Maritime. Le schéma inverse est pratiqué dans l'Aube avec 19 MASP dont 17 MASP 1 et 2 MASP 3, le Nord, la Haute-Saône, la Saône-et-Loire. Il est à remarquer aussi que l'Ariège n'a pas mis en place de MASP d'après les statistiques fournies par la DRESS. Tendanciellement, la mesure concerne davantage des personnes seules, précarisées et sans enfant (68 % des cas à Paris contre 76 % en Lozère.

Selon la DRESS[667]. fin 2017, les départements mettent en œuvre 116 MASP en moyenne. Ce nombre pouvant fluctuer, selon le territoire, de quelques-unes à près de 500. Le taux de MASP rapporté à la population est de 22 pour 100 000 personnes majeures au niveau national, mais varie du simple au décuple selon les départements. Dans un quart des collectivités, le ratio est compris entre 20 et 30 mesures pour 100 000 majeurs, ces valeurs se situant autour de la médiane (égale à 24 pour 100 000). Dans près d'un tiers des départements, le taux est plus élevé. Il est même supérieur ou égal à 40 dans 17 d'entre eux, particulièrement autour du Massif central. À l'inverse, dans 40 départements, le ratio est inférieur à 20 mesures pour 100 000 majeurs, dont 16 collectivités où il est inférieur à 10. Ces disparités peuvent en partie s'expliquer par la distribution des allocataires de minima sociaux selon les départements, mais traduisent également différents degrés d'appropriation du dispositif.

Des différences de modalités de gestion des MASP apparaissent également d'un département à l'autre. La très grande majorité des départements choisit de déléguer la fonction. Toutefois, certains préfèrent en conserver la régie directe (absence de délégation)[668] Entrent dans cette dernière catégorie l'Aube, la Haute-Corse, le Doubs, la Haute-Garonne, le Maine-et-Loire, le Nord, les Hautes-Pyrénées, la Saône-et-Loire, les Deux-Sèvres, le Tarn-et-Garonne, le Vaucluse, la Haute-Vienne et le Val-d'Oise. Certains choisissent de mettre en place une délégation totale alors que d'autres préfèrent une délégation

---

[667] DRESS, L'aide et l'action sociales en France, Édition 2022, pp. 232-237. Notons que la DRESS a intégré une fiche statistiques consacrée au MASP, pour la première fois, dans son édition 2020.

[668] L'Étude précitée indique qu'au 31/12/2017, 80 % des départements font le choix d'une délégation à une association ou à une autre collectivité territoriale [EPCI, CCAS/CIAS]. De manière générale, les départements conservent la gestion des MASP 1 et délèguent celle des MASP 2 et 3.

partielle. Au titre de la première hypothèse, on trouve, notamment, les Alpes-Maritimes, l'Ardèche, les Ardennes ou encore le Finistère.

Des distinctions sont également à relever sur les délégataires choisis. Le secteur associatif joue un rôle primordial dans les différents champs de la protection des majeurs. Les collectivités territoriales, en particulier le département, considèrent le secteur associatif comme un acteur de proximité bénéficiant d'une expertise en la matière. À ce titre, le département n'hésite pas à lui confier des MASP et autres mesures, le cas échéant.

Après avoir traité la question des inégalités dans l'accompagnement des majeurs dans le cadre des dispositifs de lutte contre l'exclusion, nous allons nous intéresser, désormais, à l'accompagnement des jeunes au travers de dispositifs qui leur sont réservés.

SECTION 2. L'ACCOMPAGNEMENT INÉGAL DES JEUNES RELEVANT DES DISPOSITIFS DE PROTECTION

Il faut distinguer l'accompagnement des jeunes dans le cadre de la protection de l'enfance (§ 1) de celui qui est mis en place dans le cadre du fonds d'aide aux jeunes (§ 2). Dans les deux cas, des inégalités de traitement « géographiques » sont relevées.

§ 1. Les jeunes accompagnés dans le cadre de la protection de l'enfance

Après avoir rappelé le cadre général de la protection de l'enfance, nous traiterons successivement des problématiques liées à l'évaluation inégale des situations de danger (A) et de la preuve statistique des inégalités de traitement (B).

La protection administrative de l'enfance relève de la compétence du conseil départemental, plus précisément de son service d'aide sociale à l'enfance (ASE) placé sous l'autorité du président du conseil départemental[669]. Elle s'adresse aux mineurs, aux mineurs émancipés et aux jeunes majeurs (18/21 ans).

La loi n° 2007-293 du 5 mars 2007 réformant la protection de l'enfance précise qu'elle *« vise à garantir la prise en compte des besoins fondamentaux de l'enfant, à soutenir son développement physique, affectif, intellectuel et social et à préserver sa santé, sa sécurité, sa moralité et son éducation, dans le respect de ses droits »*[670]. Il s'agit d'une définition particulièrement large qui s'appuie sur une démarche forte de prévention en faveur non seulement de l'enfant mais aussi, et surtout, de ses parents. Pour ce faire, le dispositif mis

---

[669] CASF, art. L. 221-2.
[670] CASF, art. L. 112-3.

en place, au sein de chaque département, doit permettre le repérage et le traitement des situations d'enfants en danger ou en risque de l'être. *« La protection de l'enfance a également pour but de prévenir les difficultés que peuvent rencontrer les mineurs privés temporairement ou définitivement de la protection de leur famille et d'assurer leur prise en charge »*[671]. Cette disposition, ajoutée par la loi du 14 mars 2016 de protection de l'enfant[672], est particulièrement importante puisqu'elle réaffirme que les MNA relèvent du dispositif de protection de l'enfance.

L'aide sociale à l'enfance constitue une aide sociale légale à statut particulier puisqu'elle présente des caractéristiques qui la distinguent des autres formes d'aides sociales. Tout d'abord, l'admission à l'ASE est prononcée par le président du conseil départemental où la demande est déposée[673], et non par une commission d'admission. Ensuite, les règles relatives au domicile de secours ne s'appliquent pas, puisque seul le département où la demande est formulée a l'obligation de financer la mesure. Par ailleurs, excepté pour les prestations financières, aucune condition de ressources n'est exigée pour bénéficier des prestations de l'ASE. Enfin, les enfants de nationalité étrangère bénéficient, *de facto*, de la protection administrative sans que puisse leur être opposée leur situation administrative ou celle de leurs parents.

Comme le précise l'article L. 221-1 du CASF, l'ASE est un service non personnalisé du département en charge, notamment, de la protection de l'enfance en danger. Il s'agit principalement, toujours selon cet article, d'enfants dont les familles sont confrontées à *« des difficultés risquant de mettre en danger la santé, la sécurité, la moralité de ces mineurs, ou de compromettre gravement leur éducation, leur développement physique, affectif, intellectuel et social »*. Par ailleurs, et dans le but de prévenir ces situations, le service de l'ASE doit mener des actions de prévention des situations de danger à l'égard des mineurs. Il doit aussi organiser les modalités de transmissions des informations préoccupantes (IP) relatives à des mineurs en danger ou risquant de l'être. Ainsi, le président du conseil départemental assure le recueil, le traitement et l'évaluation des situations portées à sa connaissance par l'intermédiaire de cellule de recueil, de traitement et d'évaluation (CRIP)[674]. La loi n° 2016-197 du 14 mars 2016 relative à la protection de l'enfance précise que l'évaluation doit être le fruit d'une équipe pluridisciplinaire. La notion de pluridisciplinarité qu'impose la loi de 2016

---

671 CASF, art. L. 112-3, al.5.

672 Loi n° 2016-297 du 14 mars 2016 de protection de l'enfant, *JORF* n° 0063 du 14 mars 2016. Ajoutons que cette loi propose un nouveau paradigme en invitant les acteurs de la protection de l'enfance à considérer l'enfant à partir de ses besoins fondamentaux. Parmi les méta-besoins on trouve justement le besoin d'être protégé contre toute forme de violence. Pour aller plus loin : PROCHASSON D., « La nouvelle donne », *ASH*, 29 juin 2018, n° 3067, pp. 6-7.

673 CASF, art. L. 222-1.

674 CASF, art. L. 226-3.

vise à corriger les pratiques différenciées d'évaluation des situations. Le but étant, tout au moins en théorie, la recherche d'une certaine homogénéisation des pratiques. La loi Taquet, du 7 février 2022[675], vise également à améliorer le dispositif de protection des enfants en risque ou en danger. Ce texte vise principalement à interdire les placements des enfants à l'hôtel, à mettre un terme aux sorties sèches à 18 ans et, enfin, à mieux lutter contre les violences faites aux enfants par un contrôle systématique des antécédents judicaires des professionnels et des bénévoles.

Selon l'article L. 221-2 du même code, il appartient au département d'organiser sur une base territoriale les moyens nécessaires à l'accueil et à l'hébergement des enfants confiés à l'ASE. Cette formule, particulièrement large et peu contraignante, laisse aux conseils départementaux une large marge de manœuvre pour satisfaire à leurs obligations. Ce même article pose, toutefois, des exigences particulières. D'une part, chaque département doit disposer d'un projet de service de l'aide sociale à l'enfance. Ce dernier précise, notamment, les possibilités d'accueil d'urgence, les modalités de recrutement des assistants familiaux par le département ainsi que l'organisation et le fonctionnement des équipes travaillant avec les assistants familiaux. D'autre part, les départements doivent disposer de structures d'accueil pour les femmes enceintes et les mères avec leurs enfants. Enfin, tous les départements doivent désigner, au sein d'un service du département, un médecin référent chargé de faire le lien entre les services départementaux et la cellule de recueil, de traitement et d'évaluation de l'information préoccupante (CRIP). Pour ce faire, le médecin référent organise les modalités de travail régulier et les coordinations entre ces deux acteurs.

Quant aux modes d'intervention de l'ASE, on peut les classer en deux catégories. D'une part les aides à domicile, d'autre part les accueils provisoires. Dans les deux cas, l'accord de la famille est recherché et constitue même une condition *sine qua non* de l'intervention[676]. L'aide à domicile comporte, ensemble ou séparément, l'action d'un(e) technicien(ne) de l'intervention sociale et familiale (TISF), un accompagnement en économie sociale et solidaire, l'intervention d'un service d'action éducative, ou le versement d'aides financières sous des formes et conditions définies par la loi. Toujours sur décision du président du conseil départemental, le service de l'ASE ou des services habilités par ses soins propose un accueil pendant tout ou partie de la journée. À chaque fois que possible, cet accueil doit avoir lieu à proximité du domicile de l'enfant. L'objectif étant d'apporter un soutien éducatif ainsi qu'un accompagnement à sa famille dans l'exercice de ses fonctions parentales.

---

[675] Loi n° 2022-140 du 7 février 2022 relative à la protection des enfants dite « Loi Taquet », du nom de l'ancien secrétaire d'État de l'enfance et de la famille de 2019 à 2022.
[676] CASF, art. L. 226-4.

Subsidiairement, c'est-à-dire en cas d'échec de la mesure de protection administrative, il pourra être déclenché, sous certaines conditions, une mesure de protection judiciaire dite d'assistance éducative[677]. Ces dernières relèvent de la compétence du juge des enfants, mais également, particulièrement en cas d'urgence et de manière temporaire, du procureur de la République. L'intervention judiciaire est indiquée, outre en cas d'échec de la mesure susvisée, lorsqu'il y a danger manifeste ou alors refus de l'intervention administrative malgré l'existence d'éléments objectivant le danger. Nous ne faisons que signaler, ici, l'existence du dispositif judiciaire de protection de l'enfance qui n'entre pas, *stricto sensu*, dans le cadre de ce travail. Pour autant, il convient de le traiter à chaque fois que nécessaire pour une meilleure compréhension du dispositif de protection dans sa globalité.

Après avoir rappelé, dans ces grandes lignes, le cadre général de la protection de l'enfance, nous allons traiter de la problématique de l'évaluation des situations des mineurs en danger (A). Ensuite, nous objectiverons nos constats par des données statistiques (B).

A. Évaluation inégale des mineurs en danger

L'évaluation inégale du danger peut concerner des mineurs relevant du dispositif de droit commun (1) mais aussi des mineurs non accompagnés qui, *de facto*, sont considérés en danger (2).

1. Évaluation de la situation des mineurs en danger

La loi du 5 mars 2007 marque un tournant dans le dispositif de protection de l'enfance en confiant l'évaluation des situations de danger ou des risques de danger à l'autorité administrative.

D'une certaine manière, on pourrait dire qu'aujourd'hui les choses sont claires. Pour autant, et nous le verrons par la suite, des zones d'ombre persistent. Le mécanisme imaginé par le législateur de 2007 est décrit par l'article L. 226-3 du CASF qui donne, en effet, au président du conseil départemental une place de centralisateur des situations d'enfants en danger ou en risque de l'être. Il appartient au président du conseil départemental de recueillir, de traiter et d'évaluer les informations préoccupantes (IP) dont il est destinataire. Quelle que soit l'origine de l'information (acteurs professionnels ou particuliers) et quel que soit le moment, les IP doivent toutes converger vers l'exécutif départemental. D'ailleurs, le texte susvisé précise que l'objectif est de *« centraliser les informations préoccupantes au sein d'une cellule de recueil, de traitement et d'évaluation de ces informations »* (CRIP). Le législateur demande au président du conseil départemental d'établir des protocoles de recueil d'IP avec le représentant de l'État dans le département

[677] C. Civ., art. 375 et s.

et l'ensemble des partenaires institutionnels (éducation nationale, secteur associatif, hôpitaux). Cela renforce l'idée de la centralisation des informations. Pour bien appuyer le fait que le président du conseil départemental est le chef de file de la protection de l'enfance, deux précisions sont apportées par le texte. D'une part, le représentant de l'État dans le département et l'autorité judiciaire doivent lui apporter leur concours. D'autre part, les services publics ainsi que les établissements publics et privés susceptibles de connaitre des situations de mineurs en danger ou en risque participent au dispositif départemental de protection.

À partir de la saisine de la CRIP, sur le fondement d'une IP, s'ouvre alors une phase d'évaluation de la situation. L'évaluation est obligatoirement réalisée par une équipe pluridisciplinaire de professionnels identifiés et formés à cet effet. Cette condition est posée par la loi du 14 mars 2016 de protection de l'enfant[678]. Il est clair que l'exigence de formation de l'équipe pluridisciplinaire introduite par la loi de 2007 vise à homogénéiser les évaluations qui, jusque-là, pouvaient être très disparates d'un département à l'autre, voire d'une équipe à l'autre[679].

Suite à l'évaluation, deux orientations sont envisageables. La première option consiste à déclencher, ou à continuer, une protection administrative sous forme de mise en place de prestations diverses (aides financières, accompagnement éducatif à domicile…). L'objectif étant, globalement, de venir en aide à la famille pour rétablir une situation normale, c'est-à-dire exempte de danger ou de risque de danger pour le mineur. La seconde option, qui implique un danger avéré, c'est-à-dire grave et imminent, consiste à effectuer un signalement au procureur de la République. Il s'agit alors d'envisager une protection judiciaire, et non plus administrative, qui sera mise en œuvre par un juge des enfants.

Le concept d'information préoccupante a été introduit par le législateur de 2007 dans le CASF[680]. Puis un décret du 7 novembre 2013[681], codifié à l'article R.226-2-2 du CASF, va préciser le circuit de la transmission de l'IP à la CRIP. Il s'agit, selon ce dernier, de transmettre automatiquement les IP à la CRIP en vue d'alerter le président du conseil départemental de *« la situation d'un mineur, bénéficiant ou non d'un accompagnement, pouvant laisser craindre que sa santé, sa sécurité ou sa moralité sont en danger ou risquent de l'être ou que les conditions de son éducation ou de son développement physique, affectif, intellectuel et social sont gravement compromises ou risquent de l'être »*. L'objectif étant de déclencher une évaluation pour, le cas échéant, déterminer les actions de protection et d'aide dont ce mineur et sa famille

---

678 Loi 2016-297 du 14 mars 2016 de protection de l'enfant, *JORF* n° 0063 du 15 mars 2016.

679 CASF, com. sous l'article L. 223-3.

680 CASF, L. 226-2-1.

681 Décret n° 2013-994 du 7 novembre 2013 relatif à l'organisation de la transmission d'informations entre départements en application de l'article L. 221-3 du code de l'action sociale et des familles, *JORF* n° 0621 du 9 novembre 2013, p. 18291.

peuvent bénéficier. Le décret de 2013, finalement, précise les objectifs de l'évaluation, la composition de l'équipe pluridisciplinaire, les éléments que doit contenir le rapport d'évaluation et les droits de l'enfant et de sa famille durant la procédure. Remarquons simplement que, *stricto sensu*, il ne s'aventure pas à donner une définition de l'IP.

En définitive, la seule définition « officielle » de l'information préoccupante est donnée par le guide pratique de protection de l'enfance publié par le ministère de la Santé et des Solidarités suite à l'adoption de la loi de 2007. D'après ce guide, *« on entend par information préoccupante tout élément d'information, y compris médical, susceptible de laisser craindre qu'un enfant se trouve en situation de danger ou de risque de danger et puisse avoir besoin d'aide, et qui doit faire l'objet d'une transmission à la cellule départementale pour évaluation et suite à donner »*[682].

Si l'on reprend certains éléments de l'enquête menée par l'ONED en 2011[683], on peut constater que pour qualifier les informations entrantes en informations préoccupantes, 68 % des départements se réfèrent aux textes de loi (69 départements sur 101), 29 % élargissent ou restreignent la définition de l'IP donnée par le ministère et 3 % mènent une réflexion sur la définition. Par ailleurs, sur les 68 % qui se réfèrent aux textes de loi, soit 69 départements sur 101, 83 % (57 départements) se fondent sur la définition du guide ministériel. Les 11,88 % qui restent (12 départements) utilisent comme base de travail une autre définition provenant d'autres sources comme l'article 375 du code civil (9 %), l'ONED (4 %), les États généraux de la protection de l'enfance (3 %) ou encore l'ODAS (1 %). *« Cependant, les définitions théoriques de l'information préoccupante sont façonnées et précisées par les pratiques départementales : les réalités de terrain et les moyens dont disposent les départements impactent la définition de l'IP et contribuent à déterminer un périmètre pratique à la notion d'information préoccupante ».* Il est intéressant de relever que parmi les 29 départements qui restreignent ou élargissent la définition de l'IP donnée par le guide ministériel, 83 % (24 départements) vont dans le sens d'un élargissement et 17 % d'une restriction (5 départements). L'élargissement conduit à accueillir tout type d'information. Cela se traduit nécessairement par une augmentation considérable de la charge de travail pour la CRIP. Aussi, certains départements, bien qu'ayant choisi cette option au départ, ont fini par mettre leur activité en adéquation avec leurs moyens. Pour la restriction au contraire, les départements posent des règles précises comme la non-classification en IP des informations provenant des demandes des familles ou concernant des jeunes majeurs. Rares sont les départements qui créent leur propre définition

682 GUIDE PRATIQUE DE PROTECTION DE L'ENFANCE, « La cellule départementale de recueil, de traitement et d'évaluation », ministère de la Santé et des Solidarités, 2007, p.9.
683 ONED, Septième rapport annuel, mars 2012, p. 29.

de l'IP. Parmi les 5 départements ayant opté pour la restriction, 2 ont une définition qui leur est propre.

Dans tous les cas, toutes les informations ne sont pas classées comme préoccupantes. Le périmètre est défini de manière différente selon les départements. Autrement dit, il n'y a pas, à proprement parler, de périmètre standard.

Ce sont les pratiques de terrain qui prévalent pour la fixation du périmètre de l'IP en fonction de l'origine de l'information ou de sa nature. S'il s'agit d'un soit-transmis du parquet, 64 % des départements l'enregistrent comme une IP. En revanche, les copies de signalements directs effectués par exemple par l'éducation nationale ou un hôpital, ne font l'objet d'un enregistrement comme IP que dans 28 % des cas. Si la demande émane de la famille dans 38 % des cas, et s'il s'agit d'un accueil d'urgence dans 55 % des cas.

Finalement, ni la loi de 2007, ni le décret de 2013 ne définissent le concept d'IP alors qu'ils y font référence. Les observations et critiques relatives à l'absence de définition restent d'actualité. D'aucuns constataient déjà que *« dans la pratique cependant, cette loi [2007] n'a pas réglé toutes les difficultés auxquelles elle était censée remédier. À titre d'exemple, on relève qu'en dépit de la définition, dans chaque département, d'un « protocole » destiné à formaliser les procédures de recueil des informations préoccupantes (article L. 226-3 du CASF), les procureurs reçoivent encore une profusion de signalements à propos de situations qui, à leurs yeux, relèvent de la protection administrative – y compris venant de professionnels qui concourent à la protection de l'enfance »*[684].

Les chiffres produits par l'ONED en mars 2012 à ce sujet viennent confirmer ce constat. En effet, les parquets renvoient, par le biais des CRIP, 90 % des signalements vers les autorités administratives, car ils s'estiment incompétents sur le plan judiciaire[685]. Il est intéressant de souligner également que parmi les 10 % de signalements pour lesquels le parquet s'est déclaré compétent, dans 58 % des cas, il demande des compléments d'informations et dans 40 % des cas une évaluation. Or, aucun texte ne prévoit une obligation pour les conseils départementaux de répondre aux demandes d'évaluation du ministère public. Outre cet aspect plus procédural, la question du périmètre de compétences et de missions entre les parquets et les conseils départementaux se pose toujours avec acuité. Pour tenter de répondre à cette problématique des groupes de travail entre les deux acteurs, notamment, sont organisés par certains conseils départementaux. L'idée étant généralement d'aller vers une collaboration intelligente en définissant plus précisément, au travers notamment de l'élaboration de protocoles, les périmètres de compétences

---

684 DERVILLE G., « Le système territorialisé de protection de l'enfance : enjeux et difficultés de la mise en œuvre de la réforme du 5 mars 2007 », *Informations sociales*, juin 2010, n° 162, pp. 122-129.

685 ONED, Septième rapport annuel, mars 2012, p. 23.

respectifs. On trouve des exemples de travail collaboratif ayant abouti à l'élaboration de documents-types. On peut citer, à titre illustratif, des documents de délimitation des soit-transmis des parquets.

Une circulaire du 6 mai 2010[686] rappelle aux parquets la place qu'ils doivent tenir dans le dispositif de protection de l'enfance. L'idée étant, avant tout, de bien délimiter les champs de compétences des acteurs pour éviter toute forme de dérives. Les problématiques liées à la définition des périmètres respectifs placent les professionnels de l'ASE, en particulier les cadres, dans des situations délicates. En effet, les parquetiers refusent de donner suite à des signalements qu'ils considèrent relever de la protection administrative dans 90 % des cas. Il y a donc, manifestement, un problème de frontières entre les deux types de protection. Or, « *les tensions [avec le parquet] qui en résultent peuvent être préjudiciables à la rapidité et à la qualité des prises en charge* ». Au bout du compte, c'est l'usager qui risque d'en subir les plus graves conséquences. Aussi la prise en charge plus ou moins rapide de l'enfant en risque ou en danger est étroitement liée aux choix du département sur cette question particulière référée au périmètre d'intervention. Les disparités de traitement semblent donc inévitables en l'état.

Ajoutons, pour finir sur l'aspect définitionnel, que le décret du 7 novembre 213 crée une certaine confusion. D'une part, parce qu'il fait référence à une dimension subjective en utilisant l'expression *« pouvant laisser craindre »*. Ce qui laisse par conséquent à l'acteur, professionnel ou non, la faculté de juger si l'information, de son point de vue, mérite d'être qualifiée de préoccupante. Il peut notamment faire le choix de ne pas transmettre à la CRIP l'information dont il est détenteur. Cela correspond à une forme de sélection effectuée par le professionnel en amont de la CRIP. Ce qui souligne particulièrement la subjectivité contenue dans le concept même d'« *information préoccupante* ». D'autre part, parce que cette « définition » n'est rien d'autre qu'une reprise de celle donnée de l'enfant en danger par l'article 375 du code civil. Il nous semble par conséquent difficile de distinguer à partir d'une définition quasi identique ce qui relève ou non de l'IP. D'autant plus que, même au niveau des CRIP, les fonctionnements sont très variables. Par exemple, certaines CRIP (15 sur 101) ne distinguent pas informations entrantes et informations préoccupantes. Aussi, toute information entrante est présumée préoccupante. A l'inverse, certaines procèdent à un pré-tri (80 sur 101). Quelques départements n'ont pas répondu à cette question (6).

Au-delà de ces quelques considérations, une note de l'ONPE[687] de mars 2018 fait état d'une forte hétérogénéité de l'organisation et du fonctionnement

---

[686] Circulaire d'orientation en date du 6 mai 2010 relative au rôle de l'institution judiciaire dans la mise en œuvre de la réforme de la protection de l'enfance.

[687] ONPE, « Proposition d'un socle commun d'indicateurs relatifs à l'activité des Crip », mars 2018.

des CRIP. À proprement parler, il ne s'agit pas d'un fait nouveau puisque le quatrième rapport de l'ONPE de décembre 2008 dressait déjà une typologie des types d'organisation des CRIP allant de la plus centralisée à la plus déconcentrée. Cela induit nécessairement des fonctionnements différents qui entrainent aussi des traitements différenciés de l'information préoccupante, comme nous l'avons signalé plus haut. Ce qui conduit d'ailleurs les auteurs de la note précitée à proposer un socle commun d'indicateurs aux fins d'affiner la connaissance des réalités territoriales, tels que des indicateurs d'activité ou encore populationnels. Cette enquête nous éclaire sur des pratiques départementales très hétérogènes qui, non seulement rendent difficiles des comparaisons interdépartementales et intradépartementales, mais aussi sur les disparités de traitement qui peuvent en résulter *in fine*. La loi Taquet précitée prévoyait la mise en place d'un référentiel unique partagé aux fins de remédier aux disparités ci-dessus constatées. Un décret du 30 décembre 2022 relatif au référentiel national d'évaluation des situations de danger ou de risque de danger pour l'enfant a été pris et publié au Journal officiel du 31 décembre de la même année. L'article 1er dudit décret renvoie à la possibilité de consulter le référentiel sur le site de la Haute autorité de santé (HAS)[688]. On peut y lire que le référentiel fait suite au constat qu'il n'existe pas d'outils partagés au niveau national. En outre, qu'il existe aussi une diversité des organisations et des pratiques en fonction des conseils départementaux et parfois au sein d'un même territoire. Ce qui tend à démontrer à nouveau la persistance des problèmes liés aux applications locales, pourtant maintes fois signalés.

2. Évaluation de la situation des mineurs non accompagnés

Après la loi du 5 mars 2007 relative à la protection de l'enfance, la loi du 14 mars 2016 relative à la protection de l'enfant a donné un cadre légal au dispositif de répartition des mineurs non accompagnés (MNA) entre les départements. Outre cet aspect technique mais fondamental, la loi vise à garantir aux MNA les mêmes droits qu'à tout autre enfant présent sur le territoire d'où, d'ailleurs, leur intégration dans le dispositif de protection de l'enfance.

Quant à la loi du 7 février 2022 de protection des enfants, elle modifie les critères de répartition des mineurs étrangers isolés sur le territoire. Outre un critère démographique et d'éloignement géographique, deux nouveaux critères de répartition sont ajoutés :

---

688 L'ensemble de la démarche s'inscrit dans le cadre de la stratégie nationale de prévention et de protection de l'enfance et du plan interministériel de mobilisation et de lutte contre les violences faites aux enfants 2023-2027.

- les spécificités socio-économiques des départements (en particulier leur niveau de pauvreté) ;
- et leur action en faveur des MNA à leur 18 ans (à savoir le nombre de bénéficiaires de contrats jeunes majeurs).

L'objectif est de garantir une répartition des efforts entre l'ensemble des départements et d'encourager l'accompagnement des jeunes majeurs.

Par ailleurs, la loi supprime la possibilité pour un département de réévaluer la minorité des MNA. Aujourd'hui, un département qui accueille un mineur réorienté peut en effet procéder à une seconde évaluation, alors même que la minorité a déjà été prouvée dans le département de départ.

Tous les départements devront recourir au fichier d'aide à l'évaluation de la minorité (AEM). L'enregistrement des personnes se déclarant mineurs non accompagnés dans le fichier AEM est ainsi rendu obligatoire, sauf lorsque la minorité est manifeste. De plus, les départements devront transmettre chaque mois au préfet leurs décisions concernant l'évaluation des personnes se déclarant MNA. Le refus d'un département de suivre ces obligations entraînera le retrait de la contribution forfaitaire de l'État.

Pour l'heure, il n'existe pas de définition, dans la législation française, du mineur non accompagné. En revanche, une directive européenne de 2011 le définit en ces termes : *enfant âgé de 0 à 18 ans [...] qui entre sur le territoire des États membres sans être accompagné d'un adulte qui est responsable de lui, de par le droit ou la pratique en vigueur dans l'État membre concerné et tant qu'il n'est pas pris en charge par une telle personne* ; *cette expression couvre aussi le mineur qui a été laissé seul après être entré sur le territoire des États membres* ». [689]

Cette catégorie juridique spécifique se caractérise par la réunion de trois critères cumulatifs, à savoir, la minorité[690], l'isolement, et l'extranéité[691]. Un arrêté du 17 novembre 2016 indique que « *la personne est considérée comme isolée lorsque aucune personne majeure n'en est responsable légalement sur le territoire national ou ne la prend effectivement en charge et ne montre sa volonté de se voir durablement confier l'enfant, notamment en saisissant le juge compétent* »[692].

---

[689] Directive 2011/95/UE du Parlement européen et du Conseil, 13 décembre 2011, concernant les normes relatives aux conditions que doivent remplir les ressortissants des pays tiers ou les apatrides pour pouvoir bénéficier d'une protection internationale, à un statut uniforme pour les réfugiés ou les personnes pouvant bénéficier de la protection subsidiaire, et au contenu de cette protection (refonte), art. 2l.

[690] C. civ., art. 388 : « Le mineur est l'individu de l'un ou l'autre sexe qui n'a point encore l'âge de dix-huit ans accomplis ».

[691] Il s'agit de ressortissants de pays membres de l'Union européenne (UE) ou de pays tiers ne disposant pas de la nationalité française.

[692] Arrêté du 17 novembre 2016 pris en application du décret n° 2016-840 du 24 juin 2018 relatif aux modalités de l'évaluation des mineurs privés temporairement ou définitivement de la protection de leur famille, *JORF* n° 0269 du 19 novembre 2016.

Le nombre total de mineurs non accompagnés évalué au 31 décembre 2017 serait d'environ 50 000 selon les données fournies par l'assemblée des départements de France (ADF) soit un « doublement des évaluations » en comparaison à l'année 2016[693]. L'enquête flash des Départements de France[694] de 2023 estime le nombre de mineurs arrivés spontanément et se déclarant non accompagnés à 66 899 en décembre 2023, soit 48 % de plus qu'en décembre 2021. Toutefois, des réserves doivent être émises dans la mesure où il n'existe pas de dispositif national de recueil de données concernant les MNA ce qui « nuit à la lisibilité des statistiques »[695].

Les MNA sont très majoritairement des garçons (95,8 %) âgés de 16 ans dans 44,69 % des cas. La tranche d'âge 15-17 ans représente 87,74 % des MNA[696]. D'après la Mission Mineurs Non Accompagnés (MMNA) du ministère de la Justice, 14 908 personnes ont été déclarées MNA entre le 1er janvier et le 31 décembre 2017 par décision judiciaire. Ce chiffre représente une hausse de 85 % par rapport à 2016. Selon le ministère de la Justice, 13 554 mineurs ont obtenu le statut de MNA pour la période allant du 1er janvier au 31 décembre 2024. Pour cette même année, 21 % des mineurs confiés à l'ASE sont des MNA[697].

Il est nécessaire de rappeler, dès à présent, que l'accueil des MNA correspond à un coût pour la collectivité. Les cinq premiers jours consacrés à la mise à l'abri et à l'évaluation de la minorité et de l'isolement sont, finalement, pris en charge par l'État sous forme d'un remboursement de la dépense avancée par les départements. En revanche, au-delà de cette première phase, l'ensemble du coût supplémentaire incombe entièrement aux départements. Selon le président de l'assemblée des départements de France (ADF), Dominique Bussereau, le coût total de la prise en charge des MNA (de

693 IGA, IGAS, IGF et ADF, « Mission bipartite de réflexion sur les mineurs non accompagnés », 15 février 2018, p.12. Les données de la DRESS de 2020 indiquent qu'en France métropolitaine et Outre-mer (hors Mayotte), l'effectif des MNA est estimé à 10 000 fin 2013 et 35 800 fin 2018. Si l'on fait l'hypothèse que la population des MNA est bien dénombrée parmi l'ensemble des enfants et jeunes majeurs accueillis à l'ASE, la proportion de MNA représente 19 % en 2018 contre 16 % en 2017 et 9 % en 2015 de la population accueillie.

694 Enquête flash ASE-MNA (mineurs non accompagnés) réalisée par Départements de France du 1/09/23 au 27/10/23.

695 Commission nationale consultative des droits de l'homme (CNCDH), Avis sur les mineurs non accompagnés : mieux les protéger et garantir leurs droits, Assemblée plénière du 12 juin 2025.

696 Au 31 décembre 2021, 22 % des jeunes pris en charge en établissement sont des mineurs et jeunes majeurs non accompagnés (MNA). Les MNA sont en grande majorité des garçons (93 %, contre 55 % des non-MNA). Sur l'ensemble des jeunes accueillis en établissement, la part des garçons reste donc plus élevée (63 %). Par ailleurs, 27 % des jeunes accueillis sont nés dans un pays étranger. La quasi-totalité des MNA sont nés hors de France, contre 6 % des non-MNA [données issues de DRESS, Aide sociale à l'enfance, Les dossiers de la DRESS, n° 131, juin 2025].

697 https://www.justice.gouv.fr/documentation/ressources/tableaux-suivi-annuels-mineurs-non-accompagnes.

leur arrivée en France à leur majorité) s'élève à un milliard d'euros pour les départements. Cela correspond à plus de 50 000 € par an et par personne. Là encore, les estimations doivent être nuancées et prises avec précautions.[698].

Ce sont les présidents de conseils départementaux qui transmettent chaque année, avant le 31 mars, le nombre total de mineurs privés temporairement ou définitivement de la protection de leur famille qui leur ont été confiés sur décision judiciaire[699]. Il est intéressant de souligner que l'on n'enregistre aucune demande de remboursement des départements d'outre-mer, pourtant concernés par la question des MNA, en Guyane et à Mayotte particulièrement[700].

La ventilation des MNA entre les départements se fait à partir d'une clef de répartition fixée réglementairement par le ministre de la Justice qui la rend publique le 15 avril de chaque année. Ainsi par exemple en 2024, le département du Nord reçoit 528 MNA, soit 3,94 % de cette population, Paris 420 (2,99 %) et le Territoire-de-Belfort 26 (0,21 %). Outre les MNA de leur propre département, les présidents des conseils départementaux peuvent être contraints d'accueillir des MNA provenant d'autres départements dans la limite du contingent fixé règlementairement. La clef de répartition fait l'objet de critiques nombreuses. Tout d'abord, elle ne tient pas compte des capacités d'accueil des départements. Ensuite, son calcul se fait sur la base des données arrêtée en N-1 alors que nous sommes en présence d'arrivées qui augmentent chaque année. Enfin, il n'est tenu compte que des MNA confiés sur décision de justice. Or, les départements comptent parmi leurs effectifs les personnes en cours d'évaluation et ceux qui, bien que reconnus MNA, n'ont pas encore été orientés. Tous ces éléments créent des tensions entre l'État et les départements, qui sont exsangues face à cette situation. Par exemple, le département des *« Alpes-Maritimes continue d'accueillir des jeunes réorientés par d'autres départements sur proposition de MMNA*[701] *alors*

[698] Cour des comptes, La prise en charge des jeunes se déclarant mineurs non accompagnés, 8/10/2020, p. 7 : « (…) la méconnaissance des coûts réels des dispositifs et procédures liés aux MNA, qui constitue une lacune grave tant pour piloter cette politique que pour la gérer de manière efficiente. L'absence de comptabilité analytique dans la majorité des départements les empêche en effet de distinguer ce qui relève des MNA dans leurs dépenses ». Il convient donc de faire preuve de prudence dans ce domaine particulièrement.

[699] Les demandes de remboursement sont adressées à l'agence des services et des paiements (ASP). Cela permet, notamment, d'avoir une donnée statistique plus officielle sur le nombre de MNA présents en France. En revanche, de nombreux mineurs étrangers ne sont pas repérés par ce biais, mais par des maraudes associatives.

[700] BAGARRY D., Assemblée Nationale, avis présenté par Mme BAGARRY D. au nom de la Commission des affaires sociales sur le projet de loi de finance 2018, n° 276, 12 octobre 2017, p. 19.

[701] Mission mineurs non accompagnés du ministère de la Justice.

même que ce département prend en charge un nombre important de jeunes interpellés par les forces de l'ordre après avoir passé la frontière »[702].

Comme nous l'avions signalé précédemment, *« La protection de l'enfance a également pour but de prévenir les difficultés que peuvent rencontrer les mineurs privés temporairement ou définitivement de la protection de leur famille et d'assurer leur prise en charge »*[703]. Le CASF prévoit[704] en effet qu'en cas d'urgence et lorsque le représentant légal du mineur ne peut donner son accord, l'enfant est accueilli provisoirement par le service de l'ASE. À charge pour ce dernier d'en aviser le procureur de la République. Si l'enfant n'a pas pu être remis à sa famille ou si son représentant légal n'a pas pu, ou voulu, donner son accord dans un délai de cinq jours, le service de l'ASE doit saisir l'autorité judiciaire (procureur de la République, juge des enfants ou juge des tutelles) afin que l'enfant fasse l'objet d'une orientation vers un département susceptible de l'accueillir. En effet, il appartient à l'autorité judiciaire de solliciter le ministère de la Justice qui lui communiquera les informations utiles pour prendre la décision d'orientation conforme au strict intérêt de l'enfant[705].

L'accompagnement des MNA commence par une première phase qui vise à vérifier leur minorité et leur isolement dans le cadre d'un accueil provisoire d'urgence (APU). L'acquisition du statut juridique de MNA se concrétise par la décision de placement prise par le président du conseil départemental. C'est à partir de cette décision que l'autorité judiciaire, sur proposition de la MMNA, va orienter le MNA vers un service départemental de l'ASE. La proposition faite par la MMNA est décidée à partir d'une clef de répartition des MNA entre les départements, fixée règlementairement.

Faisons remarquer, tout d'abord, que certains départements confrontés à une affluence forte de « mineurs présumés » à laquelle ils ne peuvent pas (ou plus) répondre peuvent être tentés de lier la reconnaissance du statut de MNA à leurs capacités d'accueil[706]. Même si bien entendu on peut le comprendre, il n'empêche que cette pratique contredit fortement le droit à un accueil provisoire d'urgence (APU). Les mineurs qui seraient confrontés à cette pratique sont également victimes d'un traitement inégal lié directement à la politique départementale dont ils relèvent.

Durant la phase d'accueil provisoire d'urgence (APU) le président du conseil départemental procède aux investigations nécessaires en vue d'évaluer

---

[702] DOINEAU E., GODEFROY J-P., « Rapport d'information au nom de la commission des affaires sociales sur la prise en charge sociale des mineurs non accompagnés », Sénat, juin 2017, p. 74.

[703] CASF, L. 112-3, al.5.

[704] CASF, art. L. 223-2 et art. R. 221-11.

[705] C. civ. art. 375-5.

[706] BAGARRY D, Assemblée Nationale, avis présenté par Mme BAGARRY D. au nom de la Commission des affaires sociales sur le projet de loi de finance 2018, n° 276, 12 octobre 2017, *op. cit.*, note 663, p. 13.

la situation de la personne se déclarant mineure au regard, notamment, de ses déclarations sur son identité, son âge, sa famille d'origine, sa nationalité et son état d'isolement. Durant l'APU, le mineur doit être mis à l'abri, c'est-à-dire hébergé. L'article L. 227-1 du CASF place tous les mineurs accueillis en dehors de leur domicile sous la responsabilité directe du président du conseil départemental. Ce dernier s'assure des conditions morales et matérielles de leur accueil en vue de protéger leur sécurité, leur santé et leur moralité.

Pour procéder à l'évaluation de la situation, des entretiens sont conduits par des professionnels formés et expérimentés. Ils doivent se dérouler dans une langue comprise par l'intéressé. Par ailleurs, et aux fins de vérifier l'authenticité des documents d'identification produits, le concours du préfet peut être demandé par le président du conseil départemental. Il peut également solliciter l'autorité judiciaire afin que soient ordonnés des examens osseux aux fins de détermination de l'âge, en l'absence de documents d'identité valables et lorsque l'âge allégué n'est pas vraisemblable. L'accord de l'intéressé est requis pour que ces examens puissent être réalisés[707]. En pratique, les accueils provisoires durent en moyenne 40 jours, financés par les départements[708]. L'État procède au remboursement des 5 jours dédiés à l'accueil d'urgence via le fonds national de financement de la protection de l'enfance (FNFPE)[709] abondé par l'État et la CNAF. Étant précisé, toutefois, que cette dernière ne l'abonde plus depuis 2013. À titre d'exemple 15 188 jeunes ont été évalués en 2016, ce qui représente 62 723 journées d'évaluation. L'État a donc procédé au remboursement de 15 680 750 €. C'est le comité de gestion du FNFPE qui définit les modalités de remboursement forfaitaire par jour et par personne prise en charge des dépenses relatives à la phase de mise à l'abri, d'évaluation et d'orientation engagées par les départements dans la limite des cinq jours dédiés[710]. Souvent la mise à l'abri et l'évaluation sont déléguées à des associations par les départements. Les dispositifs d'hébergement de droit commun (foyers de l'enfance, maisons d'enfant à caractère social) des mineurs en danger ne sont pas adaptés[711]. D'une part, parce que ces structures accueillent exclusivement des mineurs : or, dans le cas qui nous intéresse la minorité n'est pas encore établie. D'autre part, parce que ces structures s'inscrivent dans un temps d'accueil long visant à rendre l'enfant à sa famille une fois les difficultés résolues, mais dans le cas d'espèce, il n'y ni famille, ni adultes référents et la durée n'est pas du tout la même (40 jours en moyenne). Dans la majorité des cas, toutefois, les départements délèguent la mise à l'abri au secteur associatif suite à un appel d'offres. En revanche, c'est le département qui met à disposition les locaux d'accueil, l'association en

---

[707] C. civ., art. 375 al. 2.

[708] BAGARRY D., *op. cit.*, note 932, pp. 30-31.

[709] Le FNFPE a été créé par l'article 48 de la loi du 5 mars 2007 de protection de l'enfance.

[710] CASF, art. R. 221-12.

[711] Cette partie relative à l'hébergement des personnes accueillies est inspirée, en grande partie, du rapport de DOINEAU E. et GODEFROY J-P, *op. cit*, note 666, pp. 44-49.

devient alors gestionnaire. Le département verse alors un prix de journée individuel qui finance l'hébergement et l'encadrement par des éducateurs-évaluateurs-spécialisés. En moyenne, le prix de journée est de 90 € alors qu'en protection de l'enfance classique, il est de 150 €.

De grandes disparités de fonctionnement, voire de philosophie, peuvent être relevées en matière d'hébergement de ce public. Par exemple, certains départements limitent leurs capacités d'accueil pour assurer le prix de journée aux alentours de 90 €. C'est le cas du Pas-de-Calais (prix de journée, 85 €, 45 places), du Val-d'Oise (prix de journée 80 €, 40 places) ou encore du Morbihan (83 €, 30 places).

Ces choix départementaux ne permettent d'absorber, respectivement, que 18 %, 15 % et 26 % des jeunes en attente d'évaluation. D'autres départements ont préféré assurer l'accueil d'urgence de la totalité des jeunes qui se présentent, mais en attribuant un prix de journée inférieur au prix de référence.

Des partenariats avec d'autres structures sont expérimentés, par certains départements, en sus de l'accueil d'urgence qu'ils assurent. Ainsi, les départements de la Manche, de la Mayenne, de l'Isère, de la Drôme ou encore du Nord ont conclu un partenariat avec des foyers de jeunes travailleurs (FJT). Les prix de journée alors versés se situent aux alentours de 70/80 €.

Malgré toutes ces formules d'hébergement, les capacités d'accueil ne sont pas extensibles à l'infini. Par conséquent, une majorité des départements et des gestionnaires de structures d'accueil sont contraints de recourir à la formule hôtelière à un moment donné. Formule insatisfaisante puisqu'elle accentue l'isolement des jeunes dans la mesure où l'accompagnement social n'est pas mis en œuvre. Le Conseil d'État, dans un arrêt remarqué du 30 mars 2016[712], précise qu'en cas de carence de l'État en matière d'hébergement d'urgence, il appartient au département d'assurer une intervention supplétive. Qu'en effet, la rupture de prise en charge des frais d'hôtellerie notifiée par le président du conseil départemental à une mère isolée avec enfant faisait encourir un risque pour la sécurité, la santé, l'entretien et l'éducation des enfants. Risque représenté clairement par la perspective de se retrouver à la rue. Pour le Conseil d'État, le département est tenu de financer l'aide d'urgence aux mères isolées avec enfant de moins de trois ans conformément au 4° de l'article L. 222-5 du CASF. Pour autant, même si le dernier des enfants atteint son troisième anniversaire ce qui, juridiquement, transfère l'obligation d'intervenir vers l'État en vertu du 8° de l'article L. 121-7 du même code, le département doit continuer, à titre supplétif, la prise en charge des frais d'hôtellerie. À charge pour le département d'exercer une action contre l'État défaillant pour obtenir le remboursement des sommes avancées.

[712] CE, 30 mars 2016, *département de Seine-Saint-Denis*, n° 382437.

La loi Taquet de protection des enfants prohibe l'accueil en hôtel des MNA à compter du 1er février 2024[713].

Au-delà de la mise à l'abri de la personne, il faut noter que l'accueil d'urgence est suivi d'une évaluation dont l'objectif exclusif vise d'une part à démontrer la minorité, et d'autre part l'isolement.

Faisons remarquer que la quasi-totalité des départements délègue l'évaluation à des structures associatives expérimentées à la suite d'un appel d'offres émis par la collectivité départementale. Le rapport d'Elisabeth Doineau et Jean-Pierre Godefroy précité, alerte sur les pratiques départementales consistant à confier la mise à l'abri et l'évaluation à la même association. Les auteurs s'appuient notamment sur un ouvrage de Rozenn Le Berre[714] pour démontrer le risque de conflit d'intérêts puisqu'un appel d'offres unique lie les deux missions. La seule exception est le département de Paris qui confie à deux associations distinctes les missions dont il s'agit.

Deux éléments sont donc indispensables pour que le mineur entre dans le dispositif de protection de l'enfance. Une observation plus fine permet de mettre en exergue une différence de traitement entre l'évaluation réservée aux MNA et celle pratiquée auprès des mineurs de « droit commun ». En effet, pour ces derniers, l'évaluation qui suit la transmission d'une information préoccupante a pour objet *« d'apprécier le danger ou le risque de danger au regard des besoins et des droits fondamentaux, de l'état de santé, des conditions d'éducation, du développement, du bien-être et des signes de souffrances éventuels du mineur »*. En revanche, pour les MNA, l'arrêté interministériel du 17 novembre 2016 définit le déroulement du ou des entretiens d'évaluation et constitue le référentiel national prévu par l'article R. 221-11 du CASF. On peut y lire que *« l'évaluateur analyse la cohérence des éléments recueillis [qui] constituent un faisceau d'indices qui permet d'apprécier si la personne est un mineur privé temporairement ou définitivement de la protection de sa famille »* (art. 3). Puis, l'arrêté indique que *« l'évaluation sociale, qui porte a minima sur les six points d'entretien suivants, conduit à la rédaction d'un rapport de synthèse »* qui conclura ou non à la reconnaissance du statut de MNA. Les six points évalués portent sur l'état civil, la composition familiale, la présentation des conditions de vie dans le pays d'origine, l'exposé des motifs du départ du pays d'origine et la présentation du parcours migratoire de la personne jusqu'à l'entrée sur le territoire français, les conditions de vie depuis l'arrivée en France et le projet de la personne. Comparativement à l'évaluation prévue pour les mineurs de « droit commun » certains aspects ne sont pas abordés comme les besoins

---

[713] Décret 2024-119 du 16/2/2024 relatif aux conditions d'accueil des jeunes mineurs et majeurs pris en charge par l'aide sociale à l'enfance hébergés à titre dérogatoire dans des structures d'hébergement dites jeunesse et sport ou relevant du régime de la déclaration.

[714] LE BERRE R., *De rêves et de papiers*, Paris, La découverte, 2017 [immersion pendant 547 jours dans l'univers des MNA].

fondamentaux, l'état de santé ou encore le bien-être comme le souligne très justement l'ONEP dans un rapport de février 2017[715]. S'il est exact que l'on peut objecter qu'il s'agit de deux catégories juridiques distinctes qui appellent donc des traitements différents, il n'en est pas moins vrai que dans les deux cas il s'agit de mineurs. Que par conséquent la prise en compte des besoins fondamentaux de l'enfant doit s'appliquer, de manière identique aux enfants quel que soit leur statut juridique. Le rapport de Marie-Paule Martine-Blachais relatif aux besoins fondamentaux de l'enfant en protection de l'enfance[716] souligne que le besoin de sécurité constitue un méta-besoin sans lequel les autres besoins de l'enfant ne peuvent être satisfaits. Outre le besoin de sécurité, l'étude analyse les besoins fondamentaux universels (besoin d'un cadre, de règles et de limites, besoin d'estime de soi…) et les besoins spécifiques en protection de l'enfance. Ces derniers sont propres à chaque enfant ce qui implique une individualisation de la prise en charge. Sont mis particulièrement en exergue les dix principes pour mettre en place un cadre de suppléance compensateur structurant. À partir de là, et même si le rapport susvisé ne contient pas d'indications particulières au sujet des MNA, il nous semble suffisant pour soutenir qu'il y a méconnaissance des droits de l'enfant si ses besoins fondamentaux ne sont pas pris en compte au moment de l'APU.

L'ONEP relève, par ailleurs, dans ce même rapport, une distorsion entre les attendus du CASF et les réalités de terrain. En effet, l'article R. 221-11 du CASF précise que les entretiens d'évaluation doivent être menés par une équipe pluridisciplinaire, expérimentée et formée à cet effet dans une langue comprise par l'intéressé. L'arrêté interministériel du 17 octobre 2016 indique clairement que le président du conseil départemental doit garantir le respect des dispositions règlementaires précitées (art. 4). Ce qui semble résulter des observations de terrain menées par l'ONEP, c'est qu'il existe une hétérogénéité des organisations départementales. Certains départements mobilisent leurs moyens (régie directe) pour procéder aux évaluations alors que d'autres font appel au secteur associatif spécialisé. Par ailleurs, il est confirmé que le délai imparti, 5 jours, pour effectuer les évaluations est très en deçà du délai réel qui se situe aux alentours de 15 jours. Les choix « contraints » de certains départements peuvent avoir des effets négatifs en termes de qualité d'évaluation des situations. Aussi, nous pensons que cela s'analyse également comme une différence de traitement dont les conséquences peuvent être néfastes pour l'enfant.

---

715 ONEP, « Mineurs non accompagnés, Quels besoins et quelles réponses », février 2017, p. 16.

716 MARTIN-BLACHAIS M-P., rapport remis à Laurence Rossignol, Ministre des familles, de l'enfance et des droits des femmes, « Démarche de consensus sur les besoins fondamentaux de l'enfant en protection de l'enfance », février 2017.

Dans les faits, et selon le rapport de l'IGAS de 2005 précité[717], tous les mineurs qui se présentent spontanément auprès des services sociaux (service social polyvalent ou service de l'aide sociale à l'enfance) ne bénéficient pas automatiquement d'un accueil provisoire d'urgence. La plupart des personnes se déclarant mineures sont munies d'un document stéréotypé demandant l'aide sociale. Majoritairement il s'agit d'adolescents, ce qui jette un doute sur leur minorité et peut leur valoir d'être éconduits rapidement par le président du conseil départemental[718]. Des refus-guichet sont signalés dans certains départements et dénoncés par le secteur associatif. Les départements de Paris et de Seine-Saint-Denis sont particulièrement visés. Évidemment, il y a un lien avec l'affluence importante de personnes que connaissent particulièrement ces deux départements (effet de saturation de l'ensemble des structures d'accueil). Pour autant, de telles pratiques sont illégales comme le rappelle une décision du Défenseur des enfants[719].

Sans vouloir jeter la pierre aux présidents des conseils départementaux, mais en prenant en compte exclusivement l'intérêt de l'enfant comme nous y invite la loi, les pratiques refusant l'accueil d'urgence nous semblent être en contradiction avec les articles L. 223-2 et R. 221-11 du CASF. En effet, ces derniers sont rédigés au présent de l'indicatif, ce qui, par convention, *a minima*, exprime une obligation. Nous pouvons entendre que les départements manquent de moyens pour cet accueil d'urgence. Certes, mais est-ce pour autant les personnes, souvent les plus vulnérables, qui doivent en faire les frais ? Par ailleurs, la mission IGAS précitée constate clairement que la loi prévoit deux temps distincts. D'une part, l'avis au procureur de la République sur la situation du mineur et d'autre part, la saisine de l'autorité judiciaire, au bout de cinq jours. Or, certains départements ne saisissent pas l'autorité judiciaire afin d'obtenir une ordonnance de placement provisoire du juge des enfants ou du procureur de la République[720]. Cette non-saisine crée, *de facto*, une situation de non-droit pour les mineurs qui se retrouvent sans statut juridique puisqu'ils prolongent l'accueil provisoire bien au-delà de cinq jours.

Les mineurs qui ne bénéficient pas d'un accueil provisoire d'urgence sont orientés directement vers le tribunal judiciaire (ex-tribunal de grande instance), exceptionnellement vers le juge des enfants, par les services de l'aide sociale à l'enfance. Le parquet fait alors procéder, selon les cas, à une enquête rapide ou une expertise aux fins de déterminer l'âge de l'enfant.

---

717 BLOCQUAUX J., BURNSTIN A., et Giorgi D., « Mission d'analyse et de proposition sur les conditions d'accueil des mineurs étrangers isolés en France », IGAS, n° 2005-010, janvier 2005.

718 BAGARRY D, Assemblée Nationale, avis présenté par Mme BAGARRY D. au nom de la Commission des affaires sociales sur le projet de loi de finance 2018, n° 663, 12 octobre 2017, p. 16.

719 DOINEAU E, GODEFROY J-P, *op. cit*, note 666, p. 50.

720 C.civ, art. 375-5.

Mais il arrive aussi que certains parquets se prononcent, sans passer par cette étape préalable, en rendant une ordonnance de placement provisoire immédiate (OPP). Il s'agit d'hypothèses où la minorité est évidente ou encore de situations où le juge des enfants ne peut être saisi (la nuit ou les week-ends par exemple). Dans tous les cas, il est constaté par les auteurs du rapport, que l'expertise (test d'âge osseux et/ou dentaire) est demandée par les parquets dans les départements connaissant un flux important de personnes déclarant être mineures. L'élément déclencheur de l'expertise est alors lié à l'absence de documents officiels ou à l'apparence physique faisant présumer une majorité. Ces derniers éléments laissent donc une place, non négligeable, à la subjectivité des parquetiers qu'ils reconnaissent, d'ailleurs, comme indiqué dans le rapport de l'IGAS. Par ailleurs, les tests d'âge osseux de Greulich et Pyle doivent être considérés avec une grande prudence. En effet, ces tests se basent sur des radiographies de poignets de sud-américains dans les années 30. Les marges d'incertitude qui entourent ces tests jettent parfois le doute dans la communauté judiciaire. Dans tous les cas, et malgré toutes ces objections, seul le juge détermine, au regard de l'ensemble des éléments du dossier, si la personne est effectivement mineure.

On comprend donc qu'il est loisible au président du conseil départemental de notifier un refus de prise en charge au titre de l'aide sociale à l'enfance, dans le délai de cinq jours, notamment au motif d'une majorité présumée. Il appartient alors à la personne déboutée de saisir le juge des enfants, sur le fondement de l'article 375 du code civil, qui statuera sur la demande d'assistance éducative[721]. Eu égard au délai de jugement, les déboutés ne sont plus mis à l'abri et passent parfois plusieurs mois dans la rue dans l'attente d'une décision de justice définitive. En revanche, il ne peut être reproché au président du conseil départemental de ne pas saisir l'autorité judiciaire à l'issue du délai de cinq jours de l'accueil provisoire d'urgence, ou avant, en formulant une requête pour excès de pouvoir devant la juridiction administrative. En effet, il ne peut s'agir d'un excès de pouvoir dans la mesure où le président du conseil départemental n'est pas dans l'obligation de saisir l'autorité judiciaire dès lors qu'il a rendu une décision de non-éligibilité à l'ASE[722]. En revanche, il se doit de motiver sa décision d'interruption de la prise en charge au titre de l'aide sociale d'urgence (ASU)[723]. Notons cependant que le président du conseil départemental peut y mettre fin à partir d'une appréciation discrétionnaire de la situation du jeune[724].

Le taux de refus du statut de MNA connait des variations importantes d'un département à l'autre pour des raisons qui ne sont pas toujours évidentes à

---

721 CE, réf., 28 juillet 2016, n° 401626.

722 CASF, art. L.2 23-2.

723 CE, 1er juillet 2015, n° 386769.

724 BAGARRY, ASSEMBLÉE NATIONALE, avis présenté par Mme BAGARRY D. au nom de la Commission des affaires sociales sur le projet de loi de finances 2018, n° 276, 12 octobre 2017, *op. cit.*, note 663, p. 17.

saisir. Un tableau établi par Delphine Bagarry, sénatrice, est riche d'enseignement à ce sujet[725]. La référence à une explication sociodémographique ne permet pas toujours d'expliquer certains chiffres. Ainsi, pourquoi l'Aude déclare à l'agence des services et des paiements (ASP) en 2016 604 jeunes évalués, donc beaucoup plus que les Alpes-Maritimes (370) et les Pyrénées-Orientales (285), alors qu'il s'agit de deux départements qui se trouvent sur le parcours migratoire (frontière espagnole) ? Le Nord enregistre 836 demandes de remboursement, légèrement plus que l'Aude qui compte, en revanche sept fois moins d'habitants. Au final, on sait que 52 % des jeunes obtiennent le statut de MNA. Encore une fois, cela ne doit pas cacher les fortes disparités départementales en la matière. Par exemple, dans le département de Paris 2 687 jeunes ont été évalués et seulement 16 % ont obtenu le statut, alors que le département du Val-de-Marne enregistre 867 évaluations et un taux d'accord de 100 %, et la Seine-Saint-Denis 21 % pour 1 587 évaluations effectives. Quant au département de l'Aude, il accorde le statut à un mineur sur quatre environ. L'étude du tableau précité montre que 36,45 % des départements des 96 départements métropolitains ont un taux d'accord de 100 %. A l'inverse, certains départements ont un taux d'accord faible. C'est le cas, par exemple, de l'Eure-et-Loir (20 %), du Bas-Rhin (20 %), de la Côte-d'Or (20,44 %), de la Seine-Saint-Denis (21,36 %) ou encore de l'Ille-et-Vilaine (21,58 %). On peut lire dans le rapport de l'IGAS de 2005 précité, que « *les circuits de prise en charge très divers mis en place reflètent, notamment, l'hétérogénéité des pratiques administratives et judiciaires sur le territoire. La diversité de ces pratiques conduit à de sensibles inégalités de traitement pour les jeunes concernés* »[726].

Précisons, toutefois, que certains refus de prise en charge opposés par les conseils départementaux peuvent trouver une justification au regard, notamment, de circonstances exceptionnelles. Ainsi, par exemple, le démantèlement de la jungle de Calais a placé, *de facto*, 1500 mineurs isolés dans une situation d'urgence à être relogés et protégés conformément à la loi. A l'occasion d'un recours exercé contre la circulaire ministérielle créant des centres d'accueil et d'orientation des mineurs non accompagnés et fixant leurs modalités d'organisation, le Conseil d'État rappelle clairement les obligations de l'État en cas de défaillance de la protection administrative de l'enfance assurée par les départements[727]. Le Conseil d'État, dans cette décision du 8 novembre 2017, fait référence explicitement au principe constitutionnel de sauvegarde de la dignité humaine reconnu par le Conseil constitutionnel dans sa décision du 27 juillet 1994 relative aux lois bioéthiques[728]. Puis, il renvoie

---

[725] *Ibib*, p. 22.

[726] BLOCQUAUX J., BURNSTIN A. et GIORGI D., *op. cit*, note 680 , p. 21.

[727] CE, 8 novembre 2017, n° 406256.

[728] Cons. constit.., 27 juillet 1994, n° 94-343/344, DC, Loi relative au respect du corps humain et loi relative au don et à l'utilisation des éléments et produits du corps humain, à l'assistance médicale à la procréation et au diagnostic prénatal.

l'État français aux obligations qui découlent des conventions européennes et internationales qu'il a ratifiées. Enfin, il rappelle que l'État, du fait de son pouvoir de police générale, peut intervenir en matière de protection des mineurs dès lors que le département, dont la compétence de principe est rappelée, ne peut assumer ses responsabilités du fait de circonstances exceptionnelles.

D'une certaine manière l'intervention de l'État, dans ce contexte particulier, se justifie au regard du principe d'égalité de traitement auquel les MNA peuvent prétendre au titre de l'ASE qui, sans son intervention, aurait été mis à mal. Les mineurs isolés concernés n'auraient pas pu, et cela semble manifeste et évident, accéder à une protection adaptée à leur situation.

L'analyse des étapes postérieures à l'entrée dans le dispositif de protection permet également de relever certains dysfonctionnements qui produisent, *in fine*, des inégalités de traitement.

Dans l'avis de Delphine Bagary, sénatrice, donné à propos du projet de loi de finance pour 2018, il est relevé que certains départements tentent parfois d'échapper à leurs obligations d'accueil à la suite d'une orientation judiciaire de MNA, ou les hébergent à moindre coût et sans accompagnement social[729].

Outre ce constat, si l'enfant, après cette première phase de mise à l'abri et d'évaluation, intègre finalement le dispositif de protection de l'enfance, comme les « autres », des questions référées au projet pour l'enfant (PPE) restent en suspens. Le rapport de l'ONEP les pose dans des termes on ne peut plus clairs. *« Comment garantir une égalité de traitement des enfants en charge de protection de l'enfance et un exercice plein et entier de leurs droits ? L'approche encore récente, et non stabilisée juridiquement et politiquement, de la prise en charge des MNA en protection de l'enfance peut expliquer ces tâtonnements qui nécessiteront sans doute un renforcement de l'appareil juridique et éducatif les concernant, afin de veiller à une égalité de traitement et à une protection effective de ces mineurs, de leur prise en charge et à leur accès à l'autonomie »*. Nous constatons à nouveau que les dispositions relatives au PPE, codifiées dans le CASF[730], sont d'ordre général. Par conséquent, elles devraient s'appliquer, sans distinction de statut administratif, de la même manière à l'ensemble des enfants entrant dans le champ de la protection de l'enfance, et ceci quel que soit le mode d'entrée.

L'accompagnement social et éducatif des MNA implique une approche interculturelle, mais aussi l'acquisition de nouvelles connaissances et savoir-faire, car les publics dont il s'agit viennent télescoper les systèmes traditionnels du travail social en protection de l'enfance. Ainsi, par exemple, comment travailler avec ce public d'enfants, sans les repères habituels de l'autorité parentale ? On peut y ajouter la méconnaissance des problématiques

---

[729] Assemblée Nationale, avis présenté par Mme BAGARRY D. au nom de la Commission des affaires sociales sur le projet de loi de finance 2018, *op. cit*, note 633.

[730] L. 223-1-1 et D. 223-12 (référentiel fixant le contenu du projet pour l'enfant).

transculturelles et interculturelles. Autant de facteurs et de paramètres qui posent clairement la question du droit à un accompagnement individualisé ou spécifique pourtant reconnu amplement par les textes[731]. Mais quelle est son effectivité pour ces jeunes ? Le rapport de l'ONEP, cite une étude Minas de Daniel Sinovilla Hernadez « qui montre une très grande hétérogénéité dans l'accompagnement et le suivi éducatif de ces jeunes »[732]. Cette étude établit, en effet, que la disponibilité des référents ASE varie considérablement d'un département à l'autre. Les témoignages recueillis auprès des MNA et des professionnels (hors ASE) confirment cet état de fait.

Il nous semble important de signaler également de nombreuses expériences départementales de modes d'hébergement et d'accompagnement, qu'il conviendrait de mettre en place pour accueillir les MNA au regard des spécificités qui les caractérisent[733]. On trouve alors des formules d'appartements partagés pour les plus autonomes (Paris) ou encore l'accueil par des familles bénévoles formées et suivies par les services du département (Loire-Atlantique, Meurthe-et-Moselle, Bas-Rhin, Haute-Loire). D'autres expériences, davantage axées sur l'accompagnement des MNA et majeurs sortis du dispositif, existent sous forme d'aide à la régularisation administrative (Aisne), de prise en charge socio-éducative (Meurthe-et-Moselle), d'aide à la scolarité (Manche), d'accès à la vie sociale et à la santé (Manche, Jura) et de soutien aux jeunes majeurs (Territoire de Belfort). Il est constant que le département de résidence définit, d'une certaine manière, les services auxquels pourra prétendre le MNA en particulier. Cela crée, *de facto*, une inégalité de traitement immédiatement rattachable à son lieu de résidence.

Outre les départements qui innovent, dans la mesure de leurs moyens, afin d'assumer leurs responsabilités en matière de MNA, il faut savoir que l'ex-agence nationale de l'évaluation et de la qualité des établissements sociaux et médico-sociaux (ANESM) a publié une recommandation de bonnes pratiques professionnelles. Cela signifie surtout qu'il y a des diversités dans les pratiques. Malgré tout, il y a aussi une volonté d'homogénéisation de certaines pratiques jugées suffisamment « bonnes » pour être proposées de façon plus large[734]. Cette recommandation s'articule autour de trois chapitres : évaluer la minorité et l'isolement de la personne durant la phase d'accueil provisoire

---

[731] Notamment, loi n° 2002-2 du 2 janvier 2002 rénovant l'action sociale et médico-sociale, *JORF* du 3 janvier 2002, p. 124. Loi applicable au secteur de la protection de l'enfance. Cette loi reconnait un ensemble de droits aux usagers dont le droit à un accompagnement individualisé (CASF, art. L.311-3 et s.). Voir, notamment l'arrêté du 8 septembre 2003 relatif à la charte des droits et libertés de la personne accueillie, mentionnée à l'article L. 311-4 du code de l'action sociale et des familles publiée, *JORF* n° 234 du 9 octobre 2003, p. 17250.

[732] ONEP, « Mineurs non accompagnés, Quels besoins et quelles réponses », février 2017, p. 19.

[733] LA LETTRE DE L'ODAS, « Les modes d'accueil face aux mineurs non accompagnés : Face à l'urgence, des départements innovent », janvier 2018.

[734] ANESM, « L'accompagnement des mineurs non accompagnés dits « mineurs isolés étrangers », décembre 2017.

d'urgence, répondre aux besoins fondamentaux et spécifiques du mineur non accompagné et élaborer et mettre en œuvre le projet d'accompagnement du mineur non accompagné.

B. La preuve statistique des inégalités de traitement

Tout d'abord, il convient de donner quelques chiffres qui permettent de mieux appréhender la situation générale de la protection de l'enfance (1). Ensuite, nous nous évertuerons à démontrer, par les chiffes également, des inégalités en matière d'accueil familial (2).

1. Données chiffrées sur la protection de l'enfance

En 2015, les départements ont dépensé près 7,7 milliards d'euros pour la protection de l'enfance. Environ 75 % de cette somme a été consacrée à des mesures de placement. Au 31 décembre 2015, 325 000 mesures (mineurs et majeurs de moins de 21 ans) d'aide sociale à l'enfance étaient en cours.

Entre 1996 et 2015, le nombre de mesures a augmenté de 23 %, enregistrant une croissance annuelle d'environ 1 %. Sur cette même période de vingt ans, la population des moins de 21 ans a crû de 4 %. Ainsi, le taux de mesures dans la population cible augmente de façon régulière mais légère en passant de 1,6 % en 1996 à 1,9 % en 2015[735]. On sait par ailleurs qu'il existe de fortes variations dudit taux entre les départements, la fourchette allant de 0,9 % à 4,2 %. Pour autant, et pour plus de la moitié des départements, la variation du taux de mesures se situe entre 1,7 % et 2,3 %. Ce même taux est supérieur à 2,4 % dans un peu plus d'un tiers des départements, les taux les plus faibles étant observés dans les départements du quart sud-est de la France y compris la Corse, les départements d'Île-de-France et les Pays-de-la-Loire[736]. La moitié de ces mesures consiste en des actions éducatives (161 000), l'autre moitié en des placements (164 000). Parmi les enfants placés, 148 000 sont spécifiquement confiés à l'ASE, soit 90 %. La moyenne d'âge est de 12 ans. 52 % des enfants ont entre 11 et 17 ans alors que cette classe d'âge correspond à 34 % de la population générale des moins de 21 ans. Il y a donc une surreprésentation de cette classe d'âge parmi les enfants placés. On trouve le phénomène inverse à propos des enfants de moins de 10 ans qui sont, quant à eux, sous-représentés. En effet, alors qu'ils représentent 28 % de

[735] DRESS, « L'aide et l'action sociale en France », Édition 2017, p. 89-105 (toutes les données chiffrées sont issues de cette étude, sauf indications contraires). Les chiffres produits dans cette partie de l'étude sont confirmés en termes d'ordre de grandeur par les dernières données chiffrées disponibles. Cf. DRESS, « « L'aide et l'action sociale en France », Édition 2018, pp. 133-136 et 2020, pp. 160 et suivantes. On relève dans l'édition 2020 qu'au 31/12/2018 355 000 mesures d'aide sociale à l'enfance (ASE) sont en cours. 53 % sont des placements et 47 % des actions éducatives. Les départements ont consacré 8,3 milliards d'euros à la protection de l'enfance. 80 % de cette dépense est fléchée placements.

[736] DRESS, « L'aide et l'action sociale en France », Édition 2017 et suivantes, *préc.*

la population générale, ils ne sont que 15 % à être confiés à l'ASE. Quant aux majeurs confiés à l'ASE, ils représentent 13 %. De manière générale, les garçons sont plus nombreux que les filles parmi les enfants placés (57 %)[737].

Au 31 décembre 2023, 384 900 mineurs et jeunes majeurs bénéficient au total de 396 900 mesures d'action éducative et d'accueil à l'ASE [un jeune ne peut bénéficier de deux actions éducatives ni de deux mesures d'accueil à l'ASE à un instant donné. Il peut, en revanche, bénéficier d'une action éducative et d'une mesure d'accueil à l'ASE]. Le nombre de mesures progresse régulièrement depuis 1996. En effet, entre fin 1996 et fin 2023, il a augmenté de 51 %, soit un taux de croissance annuel moyen de 1,5 %. En 2023, en revanche, il croît de 4,2 %, un rythme plus élevé que celui observé au cours des trois dernières décennies. En France, entre 1996 et 2023, la population des moins de 21 ans a crû de seulement 0,6 % (soit +0,02 % par an en moyenne). Ainsi, le taux de mesures dans cette population, soit le rapport entre le nombre de mesures et le nombre de personnes de moins de 21 ans, augmente régulièrement au cours de cette période : de 16,1 ‰ fin 1996, il est de 24,1 ‰ fin 2023[738].

En 2017, selon la DRESS, les modes d'hébergement varient en fonction de l'âge de l'enfant. Ainsi, la moitié d'entre eux sont accueillis dans le cadre de l'accueil familial, 38 % par un établissement, 5 % sont en autonomie dans des foyers d'étudiants, des foyers de jeunes travailleurs, en location, parfois en hôtel (solution prohibée par la loi Taquet précitée), 7 % dans d'autres structures (internat scolaire, tiers digne de confiance, village d'enfants…)[739].

En 2023, les constats établis par la DRESS six ans auparavant semblent toujours d'actualité. Plus l'enfant est jeune, plus la formule de l'accueil familial est utilisée, sachant que 75 % environ des 3-5 ans sont en famille d'accueil. Toutes formules d'hébergement confondues, 50 % des enfants sont placés en famille d'accueil. Les jeunes confiés à l'ASE peuvent vivre dans différents lieux ou structures. Depuis fin 2022, l'accueil en établissement constitue le mode d'accueil le plus fréquent : 41 % des jeunes confiés y sont hébergés fin 2022 et fin 2023. Cette proportion oscillait entre 37 % et 39 % entre 2003 et 2021. Le placement en famille d'accueil est ainsi devenu le deuxième mode de prise en charge, représentant 36 % des jeunes confiés fin 2023. Cette proportion diminue régulièrement depuis quinze ans. En effet, fin 2008, 55 % des jeunes confiés étaient pris en charge par ce biais. Fin 2023, 18 % des accueils se font dans d'autres lieux tels que l'internat scolaire, chez la future famille adoptante, chez un accueillant durable et bénévole, à domicile, etc. Enfin, les jeunes majeurs et certains adolescents autonomes

---

737 DRESS, L'aide sociale en France, Édition 2017, préc.

738 DRESS, Aide sociale à l'enfance, Les dossiers de la DRESS, n° 131, juin 2025.

739 DRESS, « L'aide et l'action sociale en France », Édition 2017 et suivantes, *préc.*

peuvent, par ailleurs, être hébergés en foyers d'étudiants ou de jeunes travailleurs, ou encore en location. Ils représentent 6 % des enfants et jeunes confiés fin 2023. L'âge de l'enfant ou du jeune confié et son mode d'accueil principal sont liés. Ainsi, parmi les plus jeunes, l'accueil par une assistante familiale est largement plus répandu que celui en établissement. À l'inverse, les adolescents sont davantage orientés vers un établissement. Aussi, l'accueil familial reste majoritaire jusqu'à 10 ans : il concerne 61 % des enfants accueillis âgés de 3 à 5 ans et 54 % de ceux âgés de 6 à 10 ans. À partir de 11 ans, l'accueil en établissement devient plus fréquent (42 % des 11-15 ans et 53 % des 16-17 ans). Par ailleurs, 71 % des jeunes majeurs sont pris en charge dans des lieux de vie autonome ou en établissements. Dans certains cas, l'accueil en établissement peut être proposé en hébergement « éclaté », c'est-à-dire en dehors des murs de la structure, dans un ensemble de logements ou de chambres dispersés au sein du logement social ou ordinaire. Tant en 2017 qu'en 2023, les modes d'hébergement des enfants accueillis en dehors de leur famille naturelle restent quasi-identiques en proportion selon l'âge. À ce niveau, on peut donc conclure qu'il n'y pas eu de changements notables.

Parmi les 221 000 mineurs et jeunes majeurs accueillis à l'ASE en 2023, 203 900 sont spécifiquement confiés à l'ASE, soit 92 %. En moyenne, ils ont un peu plus de 12 ans, avec une surreprésentation des jeunes de 14 à 19 ans (48 %, contre 31 % dans la population générale des moins de 21 ans). Les adolescents de 14 à 17 ans sont ainsi surreprésentés parmi les mineurs confiés à l'ASE (43 %, contre 29 % parmi les mineurs suivis en action éducative et 24 % dans la population des mineurs). À l'inverse, les plus jeunes, âgés de 13 ans ou moins, sont sous-représentés. En particulier, les enfants de moins de 5 ans constituent 13 % des mineurs confiés, contre 24 % des mineurs dans la population générale. En moyenne, les mineurs confiés à l'ASE ont un peu plus de 11 ans, soit un an de plus que les mineurs bénéficiant d'une action éducative. Les garçons sont, par ailleurs, plus nombreux que les filles. Alors qu'ils représentent 51 % de la population des moins de 21 ans et 54 % des bénéficiaires d'une action éducative, ils représentent 61 % des enfants et jeunes confiés, soit une surreprésentation des garçons dans les mesures. Ce constat est particulièrement marqué pour les jeunes de 15 à 18 ans : 68 % des enfants confiés sont des garçons, contre 52 % des 15-18 ans dans la population générale. Entre 2016 et 2019, la part des mineurs parmi l'ensemble des bénéficiaires confiés à l'ASE augmente, portée par une nette hausse de la part des 16-17 ans. Après avoir lentement progressé entre fin 2010 et fin 2016, passant de 17 % à 21 %, la part des 16-17 ans augmente plus fortement entre 2018 et 2019 pour atteindre 25 %. Restée stable en 2019, elle diminue ensuite pour s'établir à 20 % fin 2021, avant de repartir à la hausse pour atteindre 22 % fin 2023. Cette évolution concerne principalement les garçons : fin 2016, 23 % des garçons confiés à l'ASE avaient 16 ou 17 ans ; ils étaient 30 % fin 2018, 22 % fin 2021 et 25 % fin 2023. La part des jeunes filles confiées à l'ASE âgées de 16 ou 17 ans est restée relativement stable sur la période (entre

18 % et 19 % entre 2016 et 2020 ; 17 % entre 2021 et 2023). Ces tendances sont en partie liées à l'évolution du nombre de mineurs non accompagnés (MNA)[740].

D'après les données fournies par la DRESS en 2017, les placements représentaient 54 % des mesures entre 1996 et 2007. Depuis cette dernière année, la tendance est à la baisse, voire à la stabilisation. En revanche, il existe une variabilité départementale du taux de placement. Dans les trois quarts des départements, il est compris entre 45 % et 56 %. Mais on trouve des départements enregistrant des taux inférieurs à 40 % alors que d'autres se situent au-delà de 60 %. On constate un taux de placement faible dans la moitié sud de la France, plus particulièrement autour du Massif central (Auvergne-Rhône-Alpes, Bourgogne-Franche-Comté, Nouvelle-Aquitaine et Occitanie)[741]. Fin 2023, les accueils à l'ASE (221 000) sont plus nombreux que les actions éducatives (175 800). En 1996, les accueils à l'ASE représentaient 54 % des mesures d'ASE. Cette part a ensuite progressivement diminué jusqu'en 2009, oscillant autour de 50 % de 2007 à 2015. À compter de 2016, les mesures d'accueil redeviennent majoritaires, atteignant 56 % fin 2023. Cette évolution récente tient notamment à l'importante augmentation des accueils de mineurs non accompagnés (MNA) entre fin 2015 et fin 2019. La forte progression du nombre d'accueils provisoires de jeunes majeurs observée entre 2018 et 2021 (+21 % par an en moyenne) y contribue également. Elle est liée aux mesures spécifiques mises en place dans le contexte de la crise sanitaire visant à prolonger systématiquement la prise en charge des jeunes majeurs. Cette disposition s'est conjuguée aux effets des mesures prises dans le cadre de la stratégie nationale de prévention et de lutte contre la pauvreté, amorcée dès 2018 et qui incite à la prolongation des prises en charge après la majorité de ces jeunes[742].

À notre niveau, on ne peut que constater l'existence de disparités, plus ou moins importantes, des taux de mesures et de placements. Il nous semble difficile de vouloir interpréter ces disparités en des termes définitifs.

Tendanciellement, les chances de bénéficier d'une mesure ASE sont plus importantes dans seize départements qui affichent des taux compris entre 2,6 % et 4,2 %. On y trouve, notamment, le Pas-de-Calais, les Landes, la Haute-Garonne, les Pyrénées-Atlantiques ou encore les Alpes-de-Haute-Provence. Par conséquent, les chances d'être pris en charge dans le cadre de l'ASE y sont plus fortes. En revanche, les mineurs et jeunes adultes de Guyane, du Var, des Bouches-du-Rhône ou encore de Vendée voient leurs chances se réduire considérablement puisque le taux de mesures y est inférieur à 1,5 %. En tenant compte des jeunes qui bénéficient de plusieurs mesures

---

[740] DRESS, Aide sociale à l'enfance, juin 2025, *préc.*

[741] DRESS, L'aide sociale en France, Édition 2017, préc.

[742] DRESS, Aide sociale à l'enfance, juin 2025, *préc.*

simultanément, la part de bénéficiaires d'au moins une mesure d'ASE dans la population des moins de 21 ans est de 2,3 % au niveau national, et varie fortement selon les départements. Un peu plus de la moitié des collectivités ont une part comprise entre 2,1 % et moins de 3,1 % sachant que la médiane est égale à 2,6 %. Un peu plus d'un département sur cinq a une part inférieure à 2,1 % et, à l'opposé, un peu plus d'un sur quatre une part supérieure ou égale à 3,1 %. Trois départements se distinguent par une part particulièrement élevée, supérieure ou égale à 4,0 % : la Meuse, la Creuse et la Nièvre. Les départements qui ont les parts de bénéficiaires les plus faibles sont surreprésentés en Île-de-France, dans le quart sud-est de la France et dans les Pays de la Loire[743].

Ces disparités pourraient signifier que les systèmes de repérage des enfants en danger ou en risque de l'être sont moins performants dans certaines parties du territoire. Ce qui, en termes d'égalité des chances de se voir « secouru », peut être interrogé.

On peut tenir le même raisonnement sur les taux de placements. Certains affichent un taux faible, c'est notamment le cas de la Réunion, de la Corse du Sud ou encore de la Charente-Maritime. Dans ces quelques départements, le taux de placements est compris entre 26 et 45 %. A l'inverse, ce taux se situe entre 56 % et 69 % en Guadeloupe, en Seine-et-Marne, dans le Finistère, dans l'Aube, la Marne, les Ardennes ou encore la Meuse. A l'instar de ce qui a été signalé pour les taux de mesures, les chances de bénéficier d'un placement sont, par conséquent, variables selon le département de résidence. Ce qui dans l'interprétation peut causer souci, c'est de savoir si un placement est préférable à une mesure d'accompagnement au domicile par exemple. On peut également poser l'hypothèse de cultures départementales du placement différentes ce qui expliquerait en partie les variations constatées.

Si l'on reprend, dans le détail, les mesures d'actions éducatives (161 000 en 2015), 31,68 % sont des mesures d'actions éducatives à domicile (AED), c'est-à-dire administratives donc contractuelles, et 68,32 % des mesures d'actions éducatives en milieu ouvert (AEMO), c'est-à-dire judiciaires et donc contraignantes.

Parmi les 175 800 mineurs et jeunes majeurs bénéficiant d'une action éducative en 2023, 54 % sont des garçons ; une proportion supérieure à celle observée dans la population générale des moins de 21 ans (51 %). Leur proportion est légèrement plus élevée parmi les bénéficiaires d'une mesure administrative (aide éducative à domicile [AED]), où elle atteint 56 %, contre 54 % pour ceux bénéficiant d'une mesure judiciaire (action éducative en milieu ouvert [AEMO]). En moyenne, les mineurs bénéficiant d'une action éducative ont un peu plus de 10 ans. Parmi eux, 52 % ont entre 11 et 17 ans et 35 % sont âgés de 5 à 10 ans. Les enfants et les adolescents de 5 à 17 ans sont surreprésentés parmi les mineurs bénéficiaires d'une action éducative

743 DRESS, Aide sociale à l'enfance, juin 2025, *préc.*

relativement à leur part dans la population générale : 87 % contre 76 %. En revanche, les enfants de moins de 5 ans sont peu nombreux parmi les bénéficiaires de ces aides (13 % contre 24 % dans la population générale) et, plus encore, les enfants de moins de 3 ans (2 % contre 14 % dans la population générale).

Ce qui est intéressant de souligner, c'est que la répartition AED (mesure administrative) et l'AEMO (mesure judiciaire) varient considérablement d'un département à l'autre.

La part d'AED dans l'ensemble des actions éducatives varie de moins de 20 % à plus de 50 % selon les départements. Le Pas-de-Calais, le Nord, la Somme ou encore la Guyane, par exemple, affichent moins de 20 % d'AED alors que les Hautes-Pyrénées, le Gers, les Alpes-de-Haute-Provence ou encore la Martinique se situent au-delà 50 %. Il y a donc des départements où la judiciarisation des actions éducatives est très forte contrairement à d'autres. On peut supposer qu'un lien puisse exister entre les configurations socio-économico-démographiques du département. Ce qui nous semble poser question, c'est que le principe de subsidiarité de l'action judiciaire par rapport à l'action administrative contenu dans la loi 2007 est remis en cause dans les départements où le taux d'AED est faible. En revanche, il est difficile d'affirmer que la qualité de la prise en charge varie selon qu'il s'agit d'une AED ou d'une AEMO. La seule véritable différence est que l'une est soumise au regard extérieur du juge, contrairement à l'autre[744]. Le nombre d'enfants placés directement par un juge augmente de 4,6 % en 2023, après une hausse moyenne de 2,0 % par an entre fin 2019 et fin 2022. Néanmoins, la tendance était à la baisse entre fin 1996 et fin 2019, leur nombre diminuant en moyenne de 2,7 % par an, soit une baisse globale de 46 % sur cette période. Ainsi, fin 2023, les enfants placés directement par un juge représentent 8 % des enfants accueillis à l'ASE, contre 20 % fin 1996. Aussi, nous assistons à une déjudiciarisation marquée des mesures de protection de l'enfance en l'espace d'un quart de siècle.

L'analyse des mesures de placements permet aussi de mettre en lumière certaines disparités départementales.

Au 31 décembre 2023, 221 000 mineurs et jeunes majeurs sont accueillis à l'ASE. Après avoir légèrement diminué entre 1998 et 2002, ce nombre a continûment augmenté : +58 % entre fin 2002 et fin 2023, avec un taux d'évolution annuel moyen de 2,2 % . Parallèlement, la population âgée de moins de 21 ans a légèrement diminué : -0,4 % entre fin 2002 et fin 2023, soit une baisse moyenne de 0,02 % par an. La part d'enfants accueillis à l'ASE a ainsi nettement augmenté, passant de 0,8 % de la population âgée de moins de 21 ans fin 2002 à 1,3 % fin 2023. Le nombre de mineurs et jeunes majeurs accueillis à l'ASE progresse de 6,0 % en 2023, après une hausse annuelle moyenne de 1,9 % entre fin 2019 et fin 2022 et de 4,7 % entre fin 2015 et fin

[744] DRESS, L'aide sociale en France, Édition 2017, préc.

2019 (contre seulement +1,2 % par an entre fin 2002 et fin 2014). Cette hausse s'explique en partie par la forte croissance du nombre de mineurs non accompagnés (MNA) et de jeunes majeurs anciennement MNA. Entre fin 2015 et fin 2019, leur nombre a augmenté de 29 % par an en moyenne, contribuant pour 81 % à la hausse totale du nombre d'enfants accueillis à l'ASE pendant cette période, les accueils des enfants non MNA continuant parallèlement à se développer. Ainsi, la part des jeunes MNA et anciennement MNA parmi l'ensemble des enfants accueillis à l'ASE est passée de 1 sur 10 à 1 sur 5 entre fin 2015 et fin 2019. La crise sanitaire survenue en 2020 et la forte chute des flux migratoires qui en a découlé, combinées aux difficultés rencontrées par les départements à prendre en charge des MNA cette année-là expliquent la baisse du nombre de jeunes MNA et anciennement MNA pris en charge en 2020 (-1,0 %). Leurs effectifs diminuent encore en 2021 (-6,5 %), puis augmentent en 2022 (+2,4 %), avec la reprise des flux migratoires, et plus fortement en 2023 (+17 %), atteignant 46 200 jeunes en fin d'année.

La part d'enfants et de jeunes de moins de 21 ans accueillis à l'ASE varie d'un département à l'autre. Ainsi, la part d'enfants et de jeunes accueillis à l'ASE est comprise entre 1,2 % et 1,8 % dans 55 collectivités. Cependant, les disparités géographiques sont bien plus marquées dans les autres départements. Vingt-deux départements présentent un ratio bas, variant de 0,7 % à 1,1 %. Ils sont surreprésentés en Île-de-France, en Bretagne, dans les Pays de la Loire, en Guyane et dans le quart sud-est de l'Hexagone. À l'opposé, 23 départements présentent un taux d'accueil à l'ASE supérieur à 1,8 %. La part d'enfants et de jeunes de moins de 21 ans accueillis à l'ASE est particulièrement élevée dans quatre départements : la Dordogne, la Meuse, la Haute-Marne et la Nièvre, dans lesquels elle varie de 2,3 % à 2,8 %.

Précisons enfin à propos des placements qu'au niveau national 8 % environ d'entre eux se font en dehors du département d'origine. Les raisons tiennent essentiellement au déménagement des parents, au besoin d'un accueil spécifique ou encore aux indications d'une nécessaire rupture pendant un certain temps. Cette moyenne nationale proche de 8 % ne doit pas cacher les disparités interdépartementales. Hors DOM, le taux de placement hors département varie de 0,3 % dans l'Ariège à 53 % pour les Hauts-de-Seine[745].

Entre 1998 et 2023, les dépenses totales d'ASE ont été multipliées par 2,6 en euros courants. En tenant compte de l'inflation, cela représente une augmentation de 70 % en euros constants. Les dépenses globales d'ASE croissent de 5,7 % entre 2022 et 2023 en euros constants. Cette hausse est portée par celle des dépenses d'accueil à l'ASE, liée à la fois à la hausse du nombre de bénéficiaires et aux mesures de revalorisation salariale des assistantes familiales prévue par la loi du 7 février 2022 relative à la protection des enfants. Entre 2022 et 2023, les dépenses d'accueil à l'ASE augmentent

[745] Inspection générale des affaires sociales (IGAS), Évaluation de l'accueil de mineurs relevant de l'aide sociale à l'enfance hors de leur département d'origine, février 2012, p. 13.

de 6,6 % en euros constants, une progression plus marquée que celle des dépenses d'action éducative (+4,1 %). Les dépenses consacrées aux allocations et à la prévention spécialisée, bien qu'en hausse en 2023 (respectivement +1,2 % et +1,9 %), tendent à décroître depuis 2010. Sur une période de treize ans, elles diminuent respectivement de 1,6 % et de 2,4 % par an en moyenne, en euros constants. Enfin, les dépenses moyennes d'ASE par habitant sont hétérogènes. Ces disparités peuvent en partie s'expliquer par le poids variable du recours aux différents modes de prise en charge (accueil familial ou en établissement, notamment) et par les écarts de coûts de ces derniers. Les dépenses d'accueil par bénéficiaire ont ainsi tendance à être plus élevées dans les départements où l'accueil familial est proportionnellement plus important. En 2023, la dépense annuelle d'accueil moyenne par bénéficiaire est de 41 000 euros au niveau national. Dans trois collectivités sur quatre, les montants moyens sont compris entre 31 200 euros et moins de 47 100 euros. La dépense annuelle moyenne par bénéficiaire est bien moins élevée lorsqu'il s'agit d'une action éducative : 3 600 euros au niveau national en 2023. Dans près d'un département sur deux, le montant moyen est compris entre 2 700 et 4 000 euros[746].

2. Des inégalités en matière d'accueil familial

En 2021, près de 38 000 assistants familiaux exercent en France métropolitaine, majoritairement des femmes, employées par les départements à 88 %[747].

Au 31 décembre 2023, 82 600 mineurs et jeunes majeurs confiés à l'ASE (hors placements directs par le juge) sont accueillis en établissement, soit 41 % d'entre eux. L'accueil chez des assistantes familiales[748] concerne, quant à lui, 36 % des jeunes confiés à l'ASE. Les 24 % restants regroupent des modalités d'accueil destinées aux adolescents et jeunes majeurs autonomes (6 %), mais également d'autres modes d'accueil (18 %), tels que l'internat scolaire, le placement chez la future famille adoptante, le placement auprès d'un accueillant durable et bénévole, l'attente d'un lieu d'accueil ou encore certains placements à domicile.

Le nombre d'enfants et de jeunes accueillis en famille d'accueil avait progressé de 23 % entre 1996 et 2019, mais il diminue de 4,4 % entre fin 2019 et fin 2023. Parallèlement, leur part parmi les jeunes confiés à l'ASE baisse régulièrement depuis quinze ans : après avoir atteint son niveau le plus élevé

[746] DRESS, Aide sociale à l'enfance, juin 2025, *préc*

[747] Les assistants familiaux en 2021 : qui sont-elles ? DRESS, Études et résultats, n° 1291, décembre 2023.

[748] Le statut des assistants familiaux a fait l'objet d'amélioration par la loi n° 2022-140 de protection des enfants du 7 février 2022 dite « loi Taquet » (rémunération, formation, congés, agrément).

en 2006 (56 %), elle est passée de 55 % fin 2008 à 36 % fin 2023. Ce recul s'explique par une hausse plus rapide des accueils en établissement, en hébergement autonome et dans d'autres modalités d'accueil. Entre fin 2008 et fin 2023, le nombre de jeunes accueillis a été multiplié par 1,7 en établissement, par 3,5 en hébergement autonome et par 7,2 pour les autres modalités d'accueil. En outre, les accueils en établissement ont doublé depuis 1996, avec une progression particulièrement marquée entre fin 2017 et fin 2019 (+ 17 %).

Bien que l'ensemble des collectivités françaises aient recours aux placements auprès d'une assistante familiale ou dans un établissement, la part que représente chacun de ces modes de prise en charge varie fortement d'un département à l'autre. Dans près de la moitié des départements (47), la proportion d'enfants accueillis chez une assistante familiale varie de 28 % à 45 % sachant que la médiane est de 37 %. Dans 24 collectivités, cette part se situe en deçà de cet intervalle. Ces départements sont davantage représentés dans l'est de la France, en Île-de-France et au sud de l'Hexagone. À l'inverse, 29 départements recourent davantage, en proportion, à des assistantes familiales. En particulier, dans 11 départements, au moins 56 % des jeunes confiés à l'ASE sont en famille d'accueil. Il s'agit, notamment, des départements et régions d'outre-mer (DROM).

Une étude menée par l'inspection générale des affaires sociales (IGAS)[749] en mars 2013 sur le placement familial nous apporte des précisions intéressantes. Cinq départements (Finistère, Indre-et-Loire, Var, Seine-Saint-Denis et Territoire-de-Belfort), notamment, ont été comparés en matière de placement familial. Il est relevé, tout d'abord, qu'il existe trois moments motivant l'entrée de l'enfant dans le dispositif de placement familial. La décision peut être prise dès les jours ou semaines qui suivent la naissance, ou après échec des moyens de soutien à la parentalité mis en place au sein de la famille de l'enfant, ou après échec d'un placement en établissement. Généralement, les décisions d'orientation vers une famille d'accueil semblent évidentes au regard de la nécessité de protection de l'enfant et du comportement ou de la situation des parents. Deux types de philosophie président à cette orientation. Majoritairement, les départements optent pour une orientation directe de l'enfant vers une famille d'accueil. D'aucuns, au contraire, font transiter l'enfant par une structure intermédiaire d'observation et d'évaluation de la situation avant toute décision (département de l'Indre-et-Loire par exemple). Par ailleurs, et surtout, le poids des contraintes liées à l'offre départementale en termes de placement familial ou de placement en établissements semble déterminant dans la décision finale. Ainsi, pour une situation similaire, l'enfant pourra être soit séparé de ses parents, soit maintenu dans son domicile familial. Les territoires d'intervention ne sont pas étrangers aux modes d'intervention. L'accueil familial ou en petite structure

---

[749] *Ibid.*

(lieux de vie) prédomine en milieu rural, l'accueil en établissement en milieu urbain. L'étude relève également l'importance des choix organisationnels du département. En comparant les départements de l'Aisne et du Haut-Rhin qui ont un même effectif d'enfants placés à un moment donné et une même structure par âge de ces enfants, les modes d'intervention sont quasiment à l'opposé. Dans l'Aisne, 73 % des placements se déroulent en famille d'accueil, alors que dans le Haut-Rhin ils ne sont que 27 %. Derrière cet exemple, la question fondamentale est celle de l'intérêt de l'enfant. La loi de 2007 pose comme indication qu'il faut garantir à l'enfant, dans le cadre de la protection de l'enfance, la prise en compte de ses besoins fondamentaux[750]. Eu égard à ce qui vient d'être dit, un doute peut s'immiscer dans le raisonnement. Comme l'observent très justement les rapporteurs, un département fortement doté en établissements ou, à l'inverse, en familles d'accueil orientera l'enfant en fonction non pas de l'intérêt de l'enfant, mais des moyens dont dispose le département. Il nous semble, à partir de là, pouvoir affirmer qu'il existe des disparités dans le traitement des situations de mineurs pour leur orientation vers un placement familial ou un établissement. Le département de Seine-Saint-Denis illustre parfaitement cette affirmation : les taux d'occupation en établissements et en familles d'accueil y sont de 100 %, la seule solution envisageable reste d'orienter l'enfant vers un autre département. L'inégalité de traitement entre un enfant qui relève de ce département en particulier, et un enfant d'un autre département semble relever de l'évidence.

Des disparités de traitement peuvent également être liées à la situation personnelle de l'enfant. C'est particulièrement le cas des enfants porteur d'un handicap ou encore de ceux qui souffrent de troubles psychiatriques. Pour ces enfants, les familles d'accueil ou les structures ne sont pas toujours adaptées et ils rejoignent la liste des enfants sans solution, parfois qualifiés d'« incasables ».

Par ailleurs, tous les départements ne sont pas dotés de la même manière en termes de structures. Celui de Seine-Saint-Denis, comme celui du Var ou du Finistère, possède deux structures associatives de placement familial dédiées au placement familial d'urgence. Des assistants familiaux sont directement rattachés à ce service et n'accueillent des enfants que dans ce cadre strict, même si la réalité conduit des accueillants familiaux permanents à constituer une équipe de renfort car le nombre de places dédiées s'avère insuffisant. La plupart des départements entrant dans le champ de cette étude disposent de structures associatives de placement familial, excepté l'Indre-et-Loire. Pour autant, ce département a mis en place, contrairement à tous les autres, un dispositif d'observation et d'orientation des cas difficiles, mais également d'appariement entre le profil des enfants à accueillir et celui des assistants familiaux. Il semble, d'après les rapporteurs, que ce département ne

[750] CASF, art. L. 112-3.

souffre pas particulièrement de l'absence de structures associatives spécialisées.

En revanche, dans aucun des départements enquêtés, il n'a pu être observé l'existence d'un service de placement familial adossé à un établissement médico-social dans une logique de plateforme qui permettrait d'accueillir, dans de meilleures conditions, les enfants porteurs de handicap notamment.

La question de l'appariement entre le profil de l'enfant et celui de la famille d'accueil pressentie semble être commune à l'ensemble des départements. Pour autant, les pratiques qui président à l'orientation en la matière divergent fortement. En Seine-Saint-Denis, l'orientation de l'enfant se joue au niveau de chaque circonscription, ce qui signifie que la décision n'est pas centralisée. Cela crée une forme de concurrence entre les responsables des circonscriptions qui réservent leurs accueillants familiaux aux enfants qui, localement, en dépendent. Dans le Var, le fonctionnement est à l'exact opposé. Une commission *ad hoc* est créée dès lors qu'une orientation doit être décidée. Chaque responsable d'unité territoriale fait connaitre les places disponibles en famille d'accueil sur son territoire. Puis, à l'issue d'une procédure d'instruction et d'un débat contradictoire, c'est l'inspecteur de la direction de l'enfance et de la famille qui prend la décision. En Indre-et-Loire, il existe un service départemental de placement familial. La demande d'orientation est formulée au niveau de l'une des neuf maisons départementales de solidarité. Une fiche synthétique, sous forme électronique, est envoyée au service de placement familial. Cette fiche contient, outre l'identité de l'enfant, des éléments d'exégèse ainsi que des informations plus précises sur le profil de l'enfant, mais aussi, d'éventuelles contre-indications du profil de l'assistant(e) familial(e), tenant à l'expérience par exemple. Le service compétent recherche alors une famille d'accueil susceptible d'accueillir l'enfant au regard des éléments contenus dans la fiche. La proposition est alors envoyée au responsable de l'unité locale ayant formulé la demande. À charge pour lui d'obtenir, le cas échéant, tout renseignement complémentaire de la part de ses homologues qui assurent le suivi des autres enfants accueillis, dans la famille d'accueil pressentie, avant de prendre une décision.

S'il est vrai que le souci de mettre en lien le profil de l'enfant et celui de l'accueillant familial est une préoccupation commune, l'extrême variété des modalités pratiques de mise en œuvre du placement ci-dessus décrites interroge l'égalité de traitement. Tout va dépendre des choix effectués par les départements de résidence. Quel(s) point(s) commun(s) y a-t-il entre les systèmes centralisés décrits ci-dessus et ceux qui ne le sont pas ? Il nous semble qu'un enfant dont l'orientation va se réduire aux possibilités d'accueil familial qu'offre la circonscription dont il dépend n'a pas les mêmes chances de trouver la famille d'accueil appropriée qu'un enfant dont la « candidature » va être analysée sur l'ensemble du département.

L'étude relève aussi des disparités sur la nature des informations qu'il y a lieu de transmettre à l'assistant familial. On trouve des pratiques départementales qui, clairement, se situent aux antipodes les unes des autres. Certains départements communiquent les informations sur l'enfant aux assistants familiaux contrairement à d'autres. Quand bien même l'explication donnée par les départements mutiques tient au souhait d'éviter toute forme de stigmatisation, il y a lieu de rappeler les dispositions de l'article L. 421-16 du CASF. Ce dernier précise, en effet que l'assistant familial doit être destinataire des informations relatives à *« la situation de l'enfant, notamment sur le plan de sa santé et de son état psychologique et sur les conséquences de sa situation sur la prise en charge au quotidien ».* Outre le fait que les départements qui refusent de communiquer violent les dispositions précitées, nous pensons que le placement peut également être mis en échec à cause de l'absence d'information, or les échecs de placement sont préjudiciables à l'enfant, mais aussi à la famille d'accueil. L'étude relève que les cas réussis d'intégration dans la vie adulte concernent, généralement, des enfants qui ont connu une stabilité du placement. À *contrario*, il y a plus d'échecs en cas de placements nomades[751]. Nous sommes davantage en présence d'une corrélation plus que d'une cause. Pour autant, les enfants concernés ne disposent pas des mêmes chances d'intégration dans la vie sociale selon les pratiques mises en œuvre par leur département de résidence.

D'autres points méritent d'être relevés. Ainsi, les services de l'ASE désignent toujours un référent pour l'enfant suivi. Ce qui est constaté par les rapporteurs est que le nombre d'enfants suivis par un même référent varie de 15 à 35. Parfois, ces différences sont même constatées au sein d'un même département. Nous pouvons raisonnablement poser l'hypothèse que la qualité du suivi est impactée par le nombre de dossiers attribués à chaque professionnel. *In fine,* les enfants ne sont pas traités de la même manière et les chances d'avoir un suivi personnalisé sont largement hypothéquées dans les configurations précitées. Enfin, signalons que des disparités importantes existent en termes de rémunération des assistants familiaux. S'il est exact qu'un système de rémunération minimum garantie est prévu par le législateur pour un assistant familial faisant de l'accueil continu[752], il n'en n'est pas moins vrai que les politiques salariales dépendent exclusivement des conseils départementaux. Lorsque l'employeur est de statut de droit privé (association 1901 par exemple), il y a une certaine homogénéité des rémunérations du fait de l'existence de conventions collectives. En revanche, pour les conseils départementaux, la rémunération est libre dès lors qu'ils respectent les minimums fixés par le législateur en termes de salaire de base et d'indemnités. Ces dernières complètent la rémunération de base. Il peut s'agir, par exemple, d'indemnités visant à compenser les périodes pendant lesquelles l'agrément est suspendu ou celles concernant des périodes d'attente de l'arrivée d'un ou plusieurs enfants. Il peut s'agir aussi d'indemnités visant à compenser les

---

[751] *Ibid.*, note 723, pp. 71-73.

[752] CASF, art. L. 423-30 et art. D. 423-23.

dépenses relatives à l'achat de fournitures destinées à l'entretien de l'enfant. On trouve aussi des indemnités pour sujétions particulières ou encore pour disponibilité lorsque les professionnels assurent une permanence d'accueil d'urgence.

La comparaison des politiques salariales des départements permet de prendre la mesure de ces disparités. Ainsi, par exemple, le salaire de base d'un assistant familial à temps complet accueillant deux enfants est de 1 974 € brut par mois en Indre-et-Loire, de 2 240 € brut dans le Var, et de 2461 € brut en Seine-Saint-Denis, soit 20 % de différence entre ce dernier département et l'Indre-et-Loire. L'écart peut également être aggravé par certains départements qui mettent notamment en place des systèmes de valorisation de l'expérience. On sait qu'au niveau national, le recrutement d'assistant familial est un problème récurrent aggravé par la pyramide des âges de la profession. Or, le non-renouvellement des assistants familiaux accentué, éventuellement, par une politique salariale peu favorable du département de résidence, diminue les chances des enfants de l'ASE de bénéficier de ce mode de placement, sans compter le fait qu'au titre des politiques départementales les enfants accueillis se voient attribuer certains avantages qui varient d'un département à l'autre[753]. On trouve, par exemple, des règles variables pour l'argent de poche dont le montant est défini en fonction de l'âge de l'enfant. Par exemple, dans les Ardennes, la somme de 6,20 € est versée aux enfants entre 0 et 5 ans alors que dans la Meuse, l'éligibilité à l'argent de poche est fixée à 11 ans et s'élève à 15 € par mois. Il existe aussi des systèmes de récompenses aux examens souvent définies en fonction du niveau de diplôme obtenu. Par exemple dans la Marne le jeune réussissant son CAP, son BEP ou son baccalauréat perçoit 61 €. En revanche, en Haute-Marne pour le baccalauréat il perçoit 150 €, pour le CAP ou le BEP 100 €. Le département de l'Aisne verse aux enfants ayant obtenu un diplôme, quel qu'en soit le niveau, une somme forfaitaire de 85 €. Plus grave sans doute est la situation des enfants qui se voient interdire l'accès à la cantine scolaire par la mairie au motif que le conseil départemental verse à la famille d'accueil une indemnité pour la nourriture et que par conséquent, si l'enfant veut accéder aux services de la cantine scolaire, il sera soumis aux tarifs appliqués aux non-résidents dits « tarifs hors communes ». Cette discrimination des enfants de l'ASE vient contredire l'idée d'un projet d'insertion des enfants dans la vie sociale. Certes, il s'agit d'un fait imputable à certaines mairies, pour autant, le lien avec le statut de l'enfant nous autorise à considérer qu'il s'agit d'une différence de traitement, infra-départementale ou interdépartementale, liée au lieu de résidence de la famille d'accueil.

Pour compléter notre propos et l'étude précitée, il y a lieu de se référer à la dernière publication de la DRESS consacrée aux enfants vivant

[753] Tableau présentant des comparaisons entre les départements de la Marne, de l'Aisne, des Ardennes, de l'Aube, de la Haute-Marne et de la Meuse [source : cadre ASE, anonyme et confidentiel]

principalement en famille d'accueil[754]. D'après les enquêtes annuelles de recensement (EAR) 2018-2020, l'effectif d'enfants concernés est estimé à 60 100 en France métropolitaine en 2019. Le nombre de familles d'accueil étant fixé à 25 600 cela porte la moyenne d'enfants par ménage à 2,35. Sur cette base, on peut constater que les Hauts-de-France concentrent plus d'un sixième des enfants accueillis (10 400) devant l'Aquitaine (6 400) et l'Occitanie (6 000). Certaines régions, au contraire, affichent des chiffres relativement bas. Ainsi en est-il de la région Provence-Alpes-Côte d'Azur (2 699), du Centre-Val de Loire (2 972) ou encore des Pays de la Loire (3 416). Les familles d'accueil sont majoritairement des couples avec enfants (53%), sans enfant (32%), des personnes seules (6%), parfois des familles monoparentales (4%). On comptabilise 5 % de ménages dits complexes (familles recomposées entre autres). 95 % des enfants sont accueillis dans une maison. À titre de comparaison, en moyenne en France métropolitaine en 2019, seulement 63 % des couples avec enfant(s) ou familles monoparentales vivent en maison – soit 31 points de pourcentage de moins que les familles d'accueil. Notons, que selon l'étude de la DRESS précitée, les enfants accueillis dans ces différentes familles réussissent deux fois moins au baccalauréat que les autres enfants (29 % contre 60 %). Par ailleurs, leur proportion chez les 15-20 ans "ni en études, ni en emploi, ni en formation" (NEET)[755] est plus élevé, atteignant 20 % entre 17 et 20 ans[756]. Ce qui interroge à nouveau l'égalité des chances et sans doute un certain déterminisme social lié au parcours de vie.

§ 2. L'accompagnement dans le cadre du fonds d'aide aux jeunes

Tout d'abord, intéressons-nous au régime juridique du FAJ (A). Ensuite, c'est la question de sa mise en œuvre au sein des départements qui nous préoccupera (B).

A. Régime juridique du fonds d'aide aux jeunes

L'origine du fonds d'aide aux jeunes remonte à la loi n° 89-905 du 19 décembre 1989 favorisant le retour à l'emploi et la lutte contre l'exclusion

[754] Les enfants vivant en famille d'accueil au prisme de l'enquête annuelle de recensement, Les dossiers de la DRESS, n° 116, mars 2024

[755] Acronyme anglais de neither in employment nor in education or training.

[756] En standardisant les structures par âge de la population des 15-20 ans vivant en famille d'accueil dans l'échantillon millésimé 2019 et la population totale des 15-20 ans en France métropolitaine dans l'EAR 2019 (c'est-à-dire en comparant par structure par âge identique), on constate que la part de NEET parmi les enfants et jeunes adultes accueillis (10,2 %) est légèrement supérieure à la moyenne métropolitaine (9,6 %).

professionnelle. Ce texte prévoyait la possibilité de créer un fonds d'aide à l'insertion des jeunes en difficulté, cofinancé par l'État et le département.

L'objectif était de pallier la non-éligibilité des jeunes de moins de 25 ans au revenu minimum d'insertion (RMI) créé par la loi du 1er décembre 1988. Divers arguments avaient été avancés, à l'époque, pour exclure du RMI les moins de 25 ans. Il s'agissait, en effet, de ne pas favoriser la décohabitation d'avec leurs parents, mais aussi, de leur éviter d'entrer dans la vie par le biais de l'assistance. Facultatif à l'origine, la loi du 29 juillet 1992 va rendre obligatoire le FAJ dans tous les départements. Cette loi a, par ailleurs, *« rendu possible un soutien particulier aux jeunes proches de l'exclusion, par la mise en œuvre de mesures d'accompagnement social et la possibilité de renouvellement des aides »*[757]. Puis la loi du 29 juillet 1998 de lutte contre les exclusions va parfaire le dispositif en créant le programme Trajet d'accès à l'emploi (TRACE). Enfin, la loi du 13 août 2004 relative aux libertés et responsabilités locales va transférer intégralement la gestion du FAJ vers les conseils départementaux, alors qu'il était jusque-là cogéré avec l'État.

Le fonds d'aide aux jeunes en difficulté, communément dénommé FAJ, fait l'objet des dispositions des articles L. 263-3 et suivants du CASF. C'est le département qui a compétence pour attribuer aux jeunes Français ou aux étrangers en situation régulière de 18 à 25 ans des aides destinées à favoriser leur insertion sociale et professionnelle. Le cas échéant, il leur apporte des secours temporaires pour répondre à des besoins urgents.

Dans chaque département, un FAJ est créé. Il est placé sous l'autorité du président du conseil départemental. Le financement de ce fonds est assuré par le département, sans préjudice de participations éventuelles versées par d'autres collectivités territoriales, leurs groupements et les organismes de protection sociale.

Le président du conseil départemental peut décider de confier la gestion, totale ou partielle, du FAJ à une ou plusieurs communes, ou à un ou plusieurs établissements publics de coopération intercommunale. Une convention devra alors être conclue en ce sens. Enfin, il peut confier, toujours par convention, la gestion financière et comptable du fonds à un organisme de Sécurité sociale, une association ou un groupement d'intérêt public.

Chaque FAJ dispose d'un règlement intérieur adopté par le conseil départemental après avis du conseil départemental d'insertion. C'est le règlement intérieur qui détermine les conditions et les modalités d'attribution des aides, y compris en cas d'urgence. On y trouve également les conditions de mise en œuvre des mesures d'accompagnement.

Certains points sont communs à l'ensemble des règlements intérieurs. Tout d'abord, aucune condition de durée minimale de résidence dans le département ne peut être exigée pour l'éligibilité aux aides du FAJ. Par ailleurs, tout jeune qui bénéficie d'une aide du FAJ fait l'objet d'un suivi dans

---

757 MONROSE M., « La décentralisation des fonds d'aide aux jeunes », *RDSS*, 2005, p. 29.

sa démarche d'insertion. Enfin, les aides du FAJ sont attribuées sans qu'il soit tenu compte de la participation éventuelle des obligés alimentaires.

En 2015, le budget global des FAJ s'élevait à 41 millions d'euros[758]. Les conseils départementaux abondent les fonds à hauteur de 84 % (environ 34 millions d'euros). Le reste provient principalement des CAF, MSA, communes et communautés de communes et de reliquats de fonds de l'année n-1.

En 2015, et toujours selon l'enquête de la Dress, un FAJ finance 70 % des actions individuelles et 15 % des actions collectives. Il subventionne également d'autres organismes œuvrant dans le champ de la jeunesse à hauteur de 11 % environ. Le reste permet de couvrir les frais de gestion. Précisons, tout de même, que 20 % des départements consacrent la totalité de leurs fonds aux actions individuelles.

Pour autant, ces données globales ne doivent pas dissimuler des disparités entre les départements quant au budget qu'ils consacrent au FAJ. En effet, dans le Val d'Oise, par exemple, le département consacre moins d'1 € par jeune de 18 à 25 ans alors que l'on atteint 18 € dans les Vosges. Pourtant, en termes de population totale, y compris de jeunes de cette tranche d'âge, le département du Val d'Oise est quasiment 3,4 fois plus peuplé que celui des Vosges. Il n'y a donc pas nécessairement de relation entre le montant consacré dans le budget du FAJ par jeune et la démographie départementale. Toujours selon l'étude de la Dress précitée, le budget provisionné au titre du FAJ pour l'année 2015 se situe dans une fourchette allant de 25 000 € à presque 3 millions d'euros. La moyenne se situant à 410 000 €. Il nous semble que le paramètre budgétaire est un élément à prendre en compte si l'on raisonne en termes de chances, pour un jeune éligible, de se voir attribuer une aide du FAJ.

La part de bénéficiaires d'aides individuelles du FAJ, en 2015, parmi les jeunes de 16 à 25 ans varie de 0,2 % dans les Yvelines et en Corrèze à 4,6 % dans la Nièvre. Elle s'élève à 1,2 % au niveau national.

Ainsi par exemple, la Bretagne, une partie de l'Occitanie correspondant à l'ancienne région côtière composée de l'Aude, du Gard, de l'Hérault, de la Lozère et des Pyrénées-Orientales, la région PACA, une partie de la Nouvelle-Aquitaine (Pyrénées-Atlantiques, Hautes-Pyrénées…), et une partie du Centre-Val-de-Loire (Loir-et-Cher, Loiret, Indre…) constituent des zones de forte utilisation du FAJ. Enfin les départements qui affichent, en valeur absolue, les parts les plus importantes de jeunes pris en charge par le FAJ sont ceux où la population âgée de 16 à 25 ans est la plus faible. Entrent dans cette catégorie la Nièvre, le Tarn-et-Garonne ou encore la Lozère. A l'inverse, l'Ile-de-France, la Gironde ou les Bouches-du-Rhône affichent une part plus forte de cette population. Inversement, dans les départements qui comptent une

---

[758] DRESS, « Le fonds d'aide aux jeunes en 2015 », *Études et Résultats*, n° 996, février 2017 (l'ensemble des chiffres concernant le FAJ sont tirés de cette étude). Le DRESS reprend dans son édition 2020 les mêmes données qu'en 2017.

population de 16-25 ans élevée, la part des bénéficiaires d'aide du FAJ est faible. C'est le cas, par exemple, de l'Ile-de-France, de la Gironde ou encore des Bouches-du-Rhône.

Au cours de l'année 2015 près de 91 000 jeunes âgés de 18 à 25 ans et en grande difficulté sociale ont bénéficié des aides du FAJ pour un montant moyen de 193 €. En moyenne, une aide alimentaire s'élève à 146 € contre 328 € pour une aide à la formation. Une analyse plus fine permet de constater que la moitié de ces aides avaient une finalité alimentaire (51 %), de financement de transport (21 %) ou de formation (10 %). Le reste des financements concerne le logement, la recherche d'emploi, l'attente du paiement d'un revenu et la santé. Plus des deux tiers des jeunes éligibles ne sont ni scolarisés, ni en emploi, ni en formation. En outre, 39 % de ces jeunes sont dans une situation incertaine par rapport au logement.

En 2020, 99 900 aides individuelles ont été accordées dans le cadre du fonds d'aide aux jeunes (FAJ), dispositif départemental de dernier recours à destination des jeunes connaissant des difficultés d'insertion sociale ou professionnelle. Plusieurs aides peuvent être attribuées à une même personne afin de répondre à différents besoins (alimentation, transport, formation, logement…). Le montant total affecté à ces aides a été de 17,5 millions d'euros et a bénéficié à 67 000 jeunes en 2020. Le nombre de bénéficiaires et les dépenses associées sont en baisse depuis 2013, du fait notamment de la montée en puissance sur la période de la garantie jeunes[759]. Si la crise sanitaire et ses conséquences sociales ne semblent pas avoir modifié significativement cette évolution sur le long terme, les changements observés dans les types d'aides attribuées et le profil des bénéficiaires peuvent y être en partie liés. De fait, entre février 2020 et février 2021, la moitié des départements déclarent constater une évolution du profil des demandeurs d'aides au FAJ. La part des aides alimentaires dans l'ensemble des aides du FAJ progresse nettement entre 2019 et 2020 (60 % contre 53 %). Par ailleurs, en 2020, 60 % des bénéficiaires du FAJ ne sont ni scolarisés, ni en emploi, ni en stage, contre 55 % en 2019[760].

Les demandes transitent obligatoirement par un travailleur social. L'instruction des dossiers est assurée par les missions locales dans 75 % des cas. Pour autant, les services départementaux, les centres communaux d'action

---

[759] La garantie jeunes (GJ) s'adresse aux jeunes de 16 à 25 ans qui ne sont ni en études, ni en emploi, ni en formation et qui sont en situation de précarité. Ils font l'objet d'un accompagnement par une mission locale et perçoivent une allocation pendant un an. Depuis, mars 2022, la GJ est remplacée par le contrat d'engagement jeune (CEJ). Au 31 décembre 2021, 160 500 jeunes percevaient la GJ soit une hausse de 83 % par rapport à fin 2020 (conséquence de la crise sanitaire du Covid 19). Fin 2023, 186 400 jeunes bénéficient d'un CEJ. Deux tiers d'entre eux sont suivis par une mission locale et un tiers par France Travail. L'effectif a connu une forte baisse en 2024 pour atteindre 150 700 en fin d'année (- 19,2 %) [tous les chiffres de cette note de bas de page sont issus de deux études de la DRESS : Minima sociaux et prestations sociales, Édition 2023 et minima sociaux et prestations de solidarité, Édition 2025].

[760] DRESS, Fonds d'aide aux jeunes en 2020 : un nombre de bénéficiaires encore en baisse, mais dont le profil et les besoins ont changé, Études et résultats, mars 2022, n° 1224.

sociale ou encore d'autres structures, comme les foyers de jeunes travailleurs ou les clubs de prévention, assurent également l'instruction si nécessaire. De façon générale, les aides prennent la forme de subventions et non de prêts. Ces derniers représentent moins d'1 % du budget alloué au financement d'aides individuelles.

B. Mise en œuvre différenciée du FAJ selon les départements

Une enquête de terrain sur la décentralisation du FAJ a été réalisée dans le cadre d'un appel d'offres de la Dress auprès de six départements désignés par les lettres A à F. Chacun d'entre eux répond à des caractéristiques différentes en termes de démographie, taux de chômage et tendances politiques. Cette étude intitulée *« Fonds d'aide aux jeunes et inégalités territoriales : aide a minima ou politique départementale de la jeunesse »*[761] nous apporte de nombreux éléments allant dans le sens d'une disparité de mise en œuvre du FAJ selon les départements. Nous reprenons, à notre compte certains de ces éléments.

Tout d'abord, l'étude confirme bien que les départements ne consacrent pas le même budget au fonds d'aide aux jeunes. Que par ailleurs, il n'y pas de corrélation entre la démographie départementale et l'importance du budget dédié.

Au-delà de ce constat, l'appropriation différenciée du FAJ traduit également la manière dont les départements ont vécu la décentralisation intégrale du FAJ. Certains la vivent comme une contrainte de plus, alors que d'autres en font un outil de leur politique à l'égard de la jeunesse.

Nous avons précédemment vu que le règlement intérieur du FAJ constituait l'outil principal qui fixe la règlementation du fonds et notamment des conditions d'accès aux aides. L'étude montre que les départements A, E et F, sont très investis dans leur politique à l'égard de la jeunesse. Par conséquent, les modifications apportées à leurs règlements intérieurs traduisent cette orientation forte. En effet, y sont encouragés les partenariats, notamment avec les missions locales. L'idée d'un décloisonnement de l'action publique et d'une volonté de faire ensemble pour la jeunesse est affirmée. A l'inverse, les départements B, C et D n'ont modifié leurs règlements intérieurs qu'à la marge. Pour eux, la politique de la jeunesse n'est pas une priorité. Les modifications visent davantage à harmoniser les pratiques entre les différents comités locaux pour éviter des disparités trop importantes ou réduire les dépenses ou donner un cadre général à un dispositif très territorial.

Chaque département définit, dans son règlement intérieur, les conditions d'éligibilité au dispositif FAJ. Ainsi, par exemple, l'âge d'éligibilité au FAJ

---

[761] LONCLE P., MUNIGLIA V., RIVAR T., ROTHÉ C., « Fonds d'aide aux jeunes et inégalités territoriales : aide a minima ou politique départementale de la jeunesse », in *RFASS*, janvier 2008, p. 246 et s.

peut varier. Certains départements le fixent à 16 ans, d'autres à 18 ans. Même le seuil de ressources déterminant l'éligibilité au FAJ varie selon les départements. Si les ressources de la famille peuvent être prises en considération, les aides sont attribuées sans qu'il ne soit tenu compte d'une éventuelle participation des personnes tenues à l'obligation alimentaire à l'égard du jeune. Trois critères sont généralement prioritaires pour l'attribution d'une aide : la situation sociale, la situation familiale (revenu des parents, rupture familiale) et l'inscription dans un parcours d'insertion professionnelle. Aucune durée minimale de résidence n'est par ailleurs exigée afin de garantir à tout jeune, quel que soit le lieu où il se trouve, de pouvoir bénéficier sans délai du dispositif[762].

Un autre indicateur de disparité découle de l'articulation entre le FAJ et les autres dispositifs à destination des jeunes en difficulté. Les auteurs de l'étude mettent en évidence trois cas de figure en termes d'articulation. La FAJ comme outil isolé (C, D) ou comme support d'une compétence jeunesse du département (B, E) ou comme instrument de renforcement d'une politique jeunesse du département (A, F).

On peut constater, également, le lien qui existe entre la conception départementale du rôle du FAJ et les conditions d'accès aux différentes prestations qu'il offre. Même s'il est exact que le FAJ doit intervenir au titre de l'insertion sociale et professionnelle, certains départements font de la situation personnelle du demandeur un élément déclencheur de l'aide. Ainsi, les aides du FAJ peuvent être attribuées en dehors de tout projet d'insertion sociale et professionnelle (F, E et D). Parfois, une condition complémentaire sera exigée comme la situation de précarité des parents. Autrement dit, le FAJ est octroyé à titre subsidiaire. Si une aide familiale est possible, la demande sera rejetée (F). D'autres départements, au contraire, insistent sur l'existence d'un projet d'insertion professionnelle. Pour eux, si le jeune est en grande difficulté par rapport à l'insertion professionnelle, il relève d'autres dispositifs que le FAJ (actions caritatives, actions facultatives des CCAS). Ces deux conceptions départementales du rôle du FAJ, bien que différentes, voire antagonistes, participent de la même logique puisque le FAJ est considéré comme un outil isolé, c'est-à-dire déconnecté des autres dispositifs qui existent. D'autres départements (A et B) considèrent le FAJ comme un outil d'insertion sociale et professionnelle à part entière, étant précisé, toutefois, que l'insertion sociale reste un préalable à l'insertion professionnelle.

L'analyse de certaines dispositions des règlements intérieurs démontre l'existence de disparités dans l'attribution des droits.

Dans le département E, les étudiants peuvent bénéficier des aides du fonds, ce qui est totalement exclu par le règlement intérieur du département C.

---

762 DRESS, Fonds d'aide aux jeunes en 2020 : un nombre de bénéficiaires encore en baisse, mais dont le profil et les besoins ont changé, Études et résultats, mars 2022, n° 1224

Parfois, on trouve des positions départementales intermédiaires qui octroient les aides du FAJ, à titre exceptionnel, aux étudiants (B). Généralement, les départements qui font de la situation du demandeur un critère déterminant d'entrée dans le dispositif FAJ sont les plus enclins à accorder les aides aux étudiants (F, E, D). Pour ceux qui accordent plus d'importance à l'existence d'un projet professionnel, les étudiants sont inéligibles au FAJ (D). Il existe des positions intermédiaires pour les départements A et B qui ont une conception large de la notion d'inscription dans un parcours d'insertion, notamment professionnelle.

On trouve aussi des disparités fortes sur la prise en compte au titre du FAJ des problématiques liées au logement des jeunes. Certains départements font jouer la subsidiarité du FAJ ce qui conduit à rejeter toute intervention du fonds dans ce sens (C). Ils invoquent l'existence du FSL ou du dispositif Loca-pass pour se désengager.

Pour d'autres, au contraire, le logement est une condition *sine qua non* de l'insertion sociale et, *a fortiori*, professionnelle (D). Dans ce même département, ce qui relevait de l'accompagnement social lié au logement à destination des jeunes n'est plus financé par le FSL, depuis la décentralisation, mais par le FAJ. Il s'agit d'un choix exprimé par le département qui traduit sa volonté de mettre en place une politique cohérente de la jeunesse. Parfois, des budgets spécifiques sont dédiés au logement. C'est notamment le cas du département A qui a mis en place un « FAJ Logement ».

D'autres obstacles sont susceptibles d'entraver l'insertion sociale et professionnelle des jeunes. La mobilité en fait partie. Tous les départements la prennent en compte, mais, pour autant, des disparités de conception se font jour. En effet, les départements A et D financent les déplacements aux deux-tiers, dès lors qu'il s'agit de déplacements via les transports en commun de l'agglomération principale. A l'inverse, le département C n'intervient que pour les déplacements à objet professionnel (entretien d'embauche notamment). Pour ces mêmes départements, des dispositions prévoient des aides au financement du permis de conduire. Des plafonds d'intervention sont prévus pour les départements A et D, plafonds se situant aux alentours de 1000 €. Pour le département C, l'aide au financement du permis de conduire est beaucoup plus cadrée. Il faut d'abord que le jeune ait déjà commencé à payer, le FAJ n'intervenant qu'en cas de rupture de revenus. Par ailleurs, le jeune doit être engagé dans une démarche d'insertion professionnelle. Enfin, l'aide est plafonnée à six leçons de conduite.

Il parait évident, à partir de ces exemples, de constater que le lieu de résidence du bénéficiaire détermine les droits susceptibles d'être ouverts au titre du FAJ. *« Dès lors, le processus de décentralisation va accentuer une hétérogénéité déjà forte du dispositif selon les territoires, qu'il s'agisse du contenu de l'aide, de sa forme ou de son organisation creusant, de ce fait, les inégalités d'accès à un soutien financier pour les jeunes en fonction des départements. Dans un certain nombre de territoires, le décalage semble de plus en plus patent entre la précarisation grandissante des jeunes et un durcissement des critères d'attribution de l'aide. Ces inégalités paraissent d'autant plus dommageables que le FAJ constitue, pour les professionnels travaillant auprès des jeunes en grande difficulté, un support essentiel et unique de la stabilisation des parcours d'insertion »*[763].

On peut ajouter aux constats d'inégalité de traitement mis en lumière par cette étude, une inquiétude exprimée dans un rapport de 2001, sur les fonds d'aide aux jeunes. Les auteurs du rapport écrivaient que *« La mobilisation du fonds est anormalement inégale selon les départements. En effet, la proportion du nombre d'aides par rapport au nombre de jeunes varie de 1 à 28. Les différences constatées ne peuvent pas toutes s'expliquer par les particularités des départements au plan social, par l'intervention des CCAS ou d'autres dispositifs spécifiques, ni par les sensibilités différentes des équipes départementales. Au demeurant, des disparités parfois importantes existent également à l'intérieur des départements eux-mêmes »*[764].

Tout cela tend à démontrer que le problème d'inégalité de traitement de jeunes éligibles au FAJ n'a rien de nouveau. Manifestement, il y a une forme de récurrence de cette problématique qui trouve en partie sa source dans la marge de manœuvre que laisse la loi aux autorités locales, marge de manœuvre qui leur permet de définir de façon plus ou moins favorable les conditions d'accès aux FAJ. Ainsi, les jeunes concernés ne se retrouvent pas sur un pied d'égalité en termes, encore une fois, de chances de réinsertion tant sociale que professionnelle. En l'espèce, l'État ne joue aucun rôle de garant et laisse s'installer des situations qui, du point de vue des principes constitutionnels qui nous régissent, semblent peu acceptables.

---

763 *Ibid.*

764 IGAS, *Rapport sur les fonds d'aide aux jeunes* de SALZBERG L et BOULANGER J-M, février 2001 p. 2.

CONCLUSION DU TITRE I DE LA DEUXIÈME PARTIE

Nous avons analysé attentivement tout au long du titre I de la deuxième partie de cette étude l'ensemble des dispositifs d'aide sociale légale - qu'il s'agisse de ceux référés au champ de l'autonomie des personnes, de la lutte contre les exclusions ou de la protection de l'enfance. Nous arrivons à la conclusion que les dispositifs dont il s'agit sont encadrés par une législation nationale qui n'empêche pas des applications locales. Applications qui posent évidemment la question de l'égalité de traitement de ceux et celles qui sont accompagnés ou pris en charge par des structures ou services dont la vocation première est de répondre aux besoins des populations les plus vulnérables.

Au-delà de cette problématique bien particulière, nous mettons en exergue les raisons qui nous semblent expliquer, au moins partiellement, les constats que nous faisons. Plusieurs niveaux peuvent être interrogés.

D'abord, la réalité sociodémographique des territoires explique aussi des variabilités dans l'application de la règle de droit. À partir du moment où la dépense d'aide sociale est directement corrélée aux caractéristiques économiques et sociales des territoires, les moyens consacrés aux politiques sociales départementales s'en trouvent immédiatement impactés. Les difficultés rencontrées par les collectivités pour financer l'aide sociale obligatoire ont des conséquences immédiates sur l'accompagnement des bénéficiaires, notamment du RSA, comme nous l'avons démontré dans cette seconde partie. Or, cet accompagnement social constitue une obligation pour la collectivité départementale. Il est clair alors que, selon le département de résidence du bénéficiaire, ses chances en termes de qualité de l'accompagnement social, lorsqu'il existe, vont être très variables.

Ensuite, on peut également observer les différences de traitement sous l'angle des pratiques des travailleurs sociaux ou médico-sociaux. En effet, nous avons montré à plusieurs reprises qu'il existe des variations dans la lecture et l'interprétation des textes qui règlementent l'aide sociale légale. Plus finement encore, nous constatons l'existence d'un infra-niveau qui permet de constater que deux équipes d'un même territoire peuvent avoir une lecture différenciée d'un même texte. Par conséquent, le sort du bénéficiaire peut être scellé différemment selon les acteurs professionnels qui seront chargés d'évaluer sa situation par exemple. C'est donc toute la question de la régulation des pratiques de terrain qui se trouve également posée. Pour autant, une telle régulation ne permettrait, au final, que de réduire les écarts constatés au sein d'un même territoire, mais pas forcément entre les territoires.

Il nous semble par conséquent indispensable de nous pencher maintenant sur les moyens à mettre en œuvre pour aller vers une correction des inégalités dont nous avons fait état. L'analyse de ces dernières, tout au long de ce titre 1 a été longue, détaillée mais nécessaire puisqu'elle nous permet d'envisager, désormais, des pistes de réflexion qui nous autorisent à entrevoir des solutions à mettre en œuvre.

Plus globalement, la place de l'État dans des dispositifs à vocation sociale et solidaire est à réinterroger. On sait que le financement de la solidarité sociale passe principalement par l'impôt qui traduit l'effort de solidarité de la Nation envers les plus défavorisés. Le fait que cette solidarité ne soit pas distribuée également pour toutes les raisons évoquées ci-dessus contredit frontalement le droit à l'égalité auquel tout un chacun peut prétendre. N'est-ce pas alors à l'État que revient le rôle de garant de cette égalité ? Il s'agit là d'une question transversale qui nous guidera tout au long de ce dernier titre.

Ainsi réserverons-nous le titre II de cette dernière partie à des préconisations en vue de réduire les écarts d'application mis en exergue.

TITRE II

Vers une correction des inégalités

Les politiques publiques d'accès aux droits sont basées sur l'idée que chacun doit pouvoir accéder à ses droits. Pourtant, force est de constater que malgré les dispositifs mis en place, certaines personnes vulnérables sont encore exclues de cet accès (chapitre 1). Nous y décelons une inégalité particulière dont les conséquences sont graves puisqu'elle place ces personnes en dehors des protections sociales auxquelles elles pourraient légitimement prétendre. Si certains rencontrent des difficultés d'accès aux droits, d'autres, pour des raisons diverses et variées, ne réclament pas leurs droits. C'est la problématique du non-recours aux droits qui, au-delà du fait d'être une problématique nationale, se retrouve au niveau local, notamment, lorsque l'on étudie les moyens mobilisés par les collectivités territoriales pour informer le public sur ses droits. Nous avons déjà montré, dans ce travail, les disparités en la matière. Bien sûr, il ne s'agit pas de placer ces deux problématiques sur un même plan, mais simplement de constater qu'elles participent de l'inégalité de traitement entre les bénéficiaires de l'aide sociale, seul objet de cette étude. Par ailleurs, la recentralisation partielle de certaines aides sociales légales nous parait constituer une piste sérieuse en termes de correction des inégalités (chapitre 2). Il s'agit, à titre principal, de recentraliser les aides sociales qui reposent sur une logique de solidarité nationale et qui, pour cette seule raison, ne peuvent relever, selon nous, de la seule responsabilité des collectivités départementales (Chapitre 2).

Signalons également que ce titre II se veut particulièrement succinct dans la mesure où il convient de le considérer comme un titre conclusif. En effet, nous souhaitons donner à cette étude un caractère opératoire qui implique, par conséquent, que nous formulions des propositions d'amélioration du système actuel d'organisation de l'aide sociale légale.

CHAPITRE 1

L'égalité d'accès aux droits sociaux : un objectif affirmé des politiques sociales

Aujourd'hui, la question du non-recours aux droits, en général, et aux droits sociaux, en particulier, constitue une problématique sociétale de premier plan. Aussi, agir d'abord sur le non-recours *stricto sensu* et, ensuite, sur l'amélioration de l'accès aux droits sont des moyens de tendre vers l'égalité d'accès (section 1). D'autres solutions semblent se dessiner autour d'une plus grande précision rédactionnelle des textes juridiques ainsi que de la formation des personnels chargés d'évaluer les situations sociales des bénéficiaires (section 2).

Section 1. Agir contre le non-recours aux droits et développer l'accès aux droits : un couple pour l'égalité

Nous pensons indispensable d'agir de front contre le non-recours aux droits (§ 1) et pour le développement de moyens permettant d'optimiser l'accès aux droits (§ 2). Ces deux problématiques dont les ressorts sont totalement différents, se traduisent, dans les faits, par des différences de traitement. Puisque l'objectif est de réduire ces dernières, il semble donc opportun d'actionner simultanément ces deux leviers dans la mesure où le non-recours aux droits est un aspect de l'accès aux droits. Il nous semble peu judicieux de ne pas lier ces deux questions dans la mesure où nous considérons qu'elles participent à la problématique de l'inégalité de traitement qui fait l'objet de ce travail de recherche. Par ailleurs, et nous le démontrons par la suite, les territoires ne peuvent être exclus du périmètre de cette problématique particulière. En effet, qu'il s'agisse du non-recours ou de l'accès aux droits, il y a nécessairement un ancrage territorial et, par conséquent, des différences d'un territoire à l'autre peuvent apparaitre. Ce qui nous conduit à penser que les territoires sont à la fois la cause et la solution (partielle) de ces deux problématiques réunies qui aboutissent, à défaut d'être traitées, à la production d'inégalités de traitement des bénéficiaires de l'aide sociale légale.

§ 1. Le non-recours aux droits : une problématique nationale ancrée localement

Dans le cadre de cet ouvrage, nous considérons que la question de la lutte contre le non-recours aux droits concerne l'ensemble des collectivités départementales. En effet, il leur appartient légalement de mettre en place une politique de lutte contre la pauvreté et les exclusions qui consiste à garantir à chacun l'accès aux droits fondamentaux[765]. Même si, en effet, on analyse généralement la problématique du non-recours à l'échelon national comme en témoigne, d'ailleurs, les statistiques produites en la matière, les territoires sont directement impliqués. Comment peut-on raisonnablement penser qu'une collectivité départementale qui totalise un certain nombre de non-recourants sur son territoire puisse être dédouanée de toute responsabilité sur ce sujet ?

Le concept de non-recours aux droits a été défini, en 1996, par Antoine Math et Win Van Oorschot. Pour ces auteurs, l'expression désigne « une personne [qui] ne perçoit pas tout ou partie de ses droits »[766]. Pour la Caisse nationale d'allocations familiales (CNAF), ce même concept désigne *« l'ensemble des personnes qui, pour de multiples raisons, n'accèdent pas aux droits ou prestations sociales, financières ou non-financières, auxquels elles peuvent avoir accès ».*[767] Le phénomène concerne la France mais également l'Europe. On peut dire que pour la France il s'agit d'une préoccupation récente contrairement aux pays anglo-saxons dans lesquels la question est à l'ordre du jour depuis les années 1930. À la différence de la France dans ces pays une aide sociale insuffisamment utilisée est purement et simplement supprimée. « Le thème de l'accès aux droits et du non-recours se généralise dans les pays de l'OCDE, avec la tendance à l'individualisation des prestations sociales, alliant ciblage des aides et activation des politiques, en lien avec la mise sous tension de l'État providence »[768].

Selon le type de prestations concernées, des écarts considérables sont enregistrés en termes de non-recours. Un document de travail élaboré par l'Observatoire des non-recours aux droits et services (ODENORE)[769]

---

765 CASF, L. 115-1 al. 1er : « La lutte contre la pauvreté et les exclusions est un impératif national fondé sur le respect de l'égale dignité de tous les êtres humains et une priorité de l'ensemble des politiques publiques de la nation ».

766 Assemblée Nationale, rapport d'information déposé par le comité d'évaluation des politiques publiques sur l'évaluation des politiques publiques en matière d'accès aux droits sociaux de Gisèle BIÉMOURET et Jean-Louis COSTE, n° 4158, 26 octobre 2016, p. 29.

767 ONPES, « Penser l'assistance », Rapport thématique, 2013, p. 66.

768 *Ibid.*, p. 32.

769 ODENORE, *« Le* Non-recours au RSA : des éléments de comparaison », document de travail, décembre 2011.

démontre que la situation peut être jugée préoccupante. Le taux de non-recours au RSA est de 50 %. Si l'on prend le RSA socle, le non-recours est estimé à 36 %, taux qui atteint 68 % pour le RSA activité et qui se situe à 33 % si le bénéficiaire est éligible au cumul des deux types de RSA[770].

Selon les chiffres fournis par Hélène REVIL de l'ODENORE, pour la France entière, le taux de non-recours se situe à 30 % en moyenne[771], quelle que soit la prestation considérée. Au niveau européen, les taux de non-recours oscillent entre 20 et 40 % selon une étude menée dans divers pays de l'OCDE[772].

Une étude réalisée en 2017 par le cabinet Adjuvance[773] pour le compte de la Fédération nationale d'aide à domicile (Adessadomicile) a aussi exploré les freins qui empêchent les personnes dépendantes de percevoir des prestations sociales. Il en résulte d'abord qu'une personne sur trois éligibles aux aides sociales n'y accède pas. Ce qui confirme l'ordre de grandeur établi par l'ODENORE. Par ailleurs, cette même étude montre que pour une personne sur deux le non-recours est lié à un problème d'information. Nous avons déjà démontré dans le cadre de cette recherche que l'absence ou l'insuffisance d'information du public était à l'origine de ce non-recours. Tel est le cas, par exemple, en matière d'accueil familial, d'allocation personnalisée d'autonomie ou encore de prestation de compensation du handicap. L'étude récente précitée confirme donc cet état de fait. Nous soutenons que l'État doit jouer un rôle plus actif en organisant, au niveau national, des campagnes d'information sur les prestations légales d'aide sociale notamment. Ces actions doivent se combiner avec les obligations d'informations qui pèsent sur les acteurs locaux et sur la collectivité départementale tout particulièrement.

Pour confirmer l'intérêt d'une telle orientation, il convient de revenir aux travaux des États généraux du travail social (EGTS) qui se sont tenus au cours de l'année 2014. Cinq groupes thématiques avaient été constitués : coordination des acteurs, formation initiale et formation continue, métiers et complémentarités, place des usagers, et développement social et travail social collectif. Suite aux EGTS, un plan d'action interministériel en faveur du travail social a été adopté. La mesure 1.4 du plan prévoyait l'organisation du

---

[770] *Ibid.* Nous complétons les chiffres de l'ODENORE de 2011 par ceux fournis par la DRESS au 13/12/2022. Nous retiendrons que les non-recourants représentent 50% pour le minimum vieillesse (320 000 personnes), 34 % pour le RSA (600 000 foyers/trimestre) et 30 % pour l'assurance chômage (540 000 personnes). Toutes prestations sociales confondues, le taux de non-recours est souvent supérieur à 30 %.

[771] DURAND A-A et MADAR A., « Les décodeurs du monde, Venons-en aux faits », 12 juin 2018 [interview d'Hélène REVIL d'ODENORE].

[772] *Ibib.*

[773] Cabinet Ajuvance, « Pourquoi les personnes fragiles renoncent-elles de plus en plus à l'aide à domicile ? », étude réalisée pour le compte de la Fédération nationale d'aide, d'accompagnement et de soins à la personne, 2017 : https://www.adessadomicile.org/sites/default/files/adessadomicile/page/fichiers_joints/dp_adessadomicile.pdf.

premier accueil inconditionnel de proximité dans le cadre des schémas d'accessibilité des services au public. Le premier accueil social a pour objectif de garantir l'amélioration de l'accès aux droits et la mise en place, le cas échéant, d'un accompagnement répondant aux besoins de la personne en vue d'une prise de relais éventuelle, sans remettre en cause le principe de participation des personnes aux décisions qui les concernent. À notre sens, il s'agit bien d'un moyen concret visant à améliorer la qualité de l'information donnée au public dans le but principal d'ouvrir l'ensemble des droits auxquels la personne peut prétendre. La loi du 21/2/2022 relative à la différenciation, la décentralisation, la déconcentration et portant diverses mesures de simplification de l'action publique locale dite « loi 3DS » prévoit la mise en place d'une expérimentation dénommée « Territoires zéro non-recours » dits TZNR[774]. Trente-neuf territoires volontaires, représentatifs de la France expérimentent et partagent leurs solutions pour lutter contre le non-recours sur trois ans (2023-2026)[775]. Onze territoires ont commencé l'expérimentation en 2023 et vingt-huit en 2024. Un comité national de suivi de l'expérimentation a été mis en place sous l'égide de la Direction Générale de la Cohésion Sociale (DGCS). Le bilan 2024 de cette communauté apprenante a été réalisé. Le comité scientifique d'évaluation aura la charge de coordonner deux rapports d'évaluation. L'un interviendra six mois avant la fin de l'expérimentation (juillet 2026), l'autre six mois après (juillet 2027). Le consortium évaluateur a été désigné fin 2024 pour mener à bien cette étape.

L'ODENORE a élaboré une typologie des raisons du non-recours aux droits. Quatre grandes explications peuvent être avancées. La non-connaissance (personne ignorant l'offre ou qui ne se sent pas concernée par celle-ci), la non-réception (la demande n'aboutit pas car les démarches sont trop complexes ou par négligence de la personne), la non-demande (le bénéficiaire choisit de ne pas demander ses droits pour diverses raisons souvent personnelles) et enfin la non-proposition (les agents n'orientent pas la personne vers l'aide à laquelle elle pourrait prétendre, notamment par ignorance de l'existence même de l'aide).

La non-dépense effectuée du fait du non-recours au RSA est estimée, en 2011, toujours selon ODENORE, à 330,5 millions d'euros mensuels, soit 4 milliards d'euros annuels[776]. Ce qui représente pour chaque bénéficiaire (1,314 millions de personnes), tous RSA confondus, « un manque à

---

[774] Les territoires sont composés de 20 communes, 7 départements et 12 établissements publics de coopération intercommunale (EPCI).

[775] Pourront être mises en place différentes actions pour lutter contre le non-recours. Par exemple : aller vers les personnes les plus éloignées des institutions en leur fournissant l'information nécessaire et un accompagnement adapté à leurs besoins, renforcer l'aller-vers et le travail partenarial dans les pratiques des professionnels du travail social ou encore travailler sur le non-recours à un panel de droits sociaux dont, *a minima*, la RSA et la prime d'activité.

[776] Tous les chiffres cités dans cette section proviennent, pour l'essentiel du rapport de l'Assemblée nationale du 26 octobre 2016, *op.cit.*

gagner »[777] de 250 € par mois[778]. Le coût total du RSA, en 2010, a été de 7,5 milliards d'euros soit une « économie involontaire » de 53,33 %. Comparativement, pour l'aide à la complémentaire santé (ACS), la non-dépense mensuelle est estimée en 2011 à 2,25 millions d'euros, soit 27 millions par an soit un « manque à gagner » mensuel par bénéficiaire de 273 €. La masse totale versée au titre de l'ACS a été de 153 millions d'euros, soit une « économie involontaire » de 17,64 %. Quant à l'allocation personnalisée d'autonomie (APA), la non-dépense mensuelle s'élève à 69 millions d'euros, en 2005, soit 828 millions annuels, ce qui équivaut à un « manque à gagner » mensuel par bénéficiaire de 409 €. La masse totale versée a été de 4 milliards d'euros soit une « économie involontaire » de 20,7 %.

Enfin, pour les prestations familiales et de logement, la non-dépense annuelle s'élève à 4,7 milliards d'euros pour une dépense effective de 51,6 milliards en 2002, soit une « économie involontaire » de 9,1 %.

La non-dépense totale s'élève donc à 9,790 milliards d'euros. On pourrait penser que tout l'argent non versé constitue une économie pour l'État et pour les collectivités territoriales. En réalité, pour les personnes en situation de fragilité cela ne fait qu'accroitre les inégalités et les conséquences de cet état de fait produisent des effets négatifs sur l'individu, sa famille, le cas échéant, mais également la collectivité.

Signalons également que la fraude aux prestations sociales représente un peu plus d'un milliard d'euros soit 21 fois moins que la fraude fiscale[779] et quasiment 10 fois moins que la non-dépense engagée.

Selon le rapport d'évaluation de la prime d'activité qui remplace, au 1er janvier 2016, la prime pour l'emploi et le RSA activité, le taux de non-recours trimestriel moyen s'élève à 27 % en effectif et à 23 % en masse financière[780]. Faisons remarquer, par ailleurs, que la conséquence macro-économique du non-recours *« questionne largement les discours qui ont pu être entendus sur les effets pervers de l'assistance et la supposée propension des personnes en situation de pauvreté à bénéficier des largesses de la société »*[781].

Ces quelques données chiffrées permettent de mesurer l'ampleur de la problématique du non-accès aux droits et services. Il nous semble que la lutte contre le non-recours doit devenir un impératif national au même titre que la lutte contre la pauvreté et l'exclusion dont elle constitue une forme atypique. En réalité, lorsque l'on ouvre des droits, qui jusque-là étaient dormants, alors les sommes versées sont réinjectées dans le circuit économique. Par

---

777 Il ne s'agit pas d'un manque à gagner réel. Il s'agit de distribuer, en théorie, la non-dépense effectuée, aux bénéficiaires de la prestation considérée.

778 Non-dépense mensuelle globale de RSA (330.5 millions d'euros) /population percevant le RSA (1.314 millions) = 250 euros arrondis.

779 Comité national de lutte contre la fraude, dossier de presse, 14 septembre 2016.

780 DGCS, *Rapport d'évaluation de la prime d'activité*, 2017, p. 19.

781 GÉLOT D., « Le non-recours aux prestations sociales » in Marc de Montalembert (dir.), *La protection sociale en France*, La Documentation française, 2013, p. 318.

conséquent, c'est un cercle vertueux qui profite aux bénéficiaires et à la société. L'un des moyens d'aboutir à ce résultat réside, notamment, dans les « rendez-vous des droits » mis en place, depuis 2014, au sein des CAF, car c'est l'interlocuteur naturel en matière de prestations sociales et familiales. Deux objectifs sont poursuivis simultanément : d'une part, informer, d'autre part, favoriser l'accès aux droits. Selon une récente étude de la Dress, *« 63 % des personnes pouvant bénéficier d'une prestation sociale y accèdent après un rendez-vous des droits »*[782]. Ce chiffre tend à démontrer tout l'intérêt qu'il convient de porter à la question de l'accès aux droits. Encore une fois, tous les acteurs des territoires doivent participer à une politique globale favorisant celui-ci afin de mettre en place un maillage territorial efficace et susceptible de déceler rapidement les non-recourants.

§ 2. L'accès aux droits comme condition de l'égalité de traitement des bénéficiaires de l'aide sociale légale.

Le concept juridique d'accès aux droits fait son apparition dans la loi du 29 juillet 1998 de lutte contre les exclusions[783]. Il s'agit d'un concept nouveau dont il y a lieu d'analyser le sens et la portée.

On peut lire dans l'exposé des motifs de la loi précitée, qu'il *« n'est pas admissible que la pauvreté réduise la capacité des individus à faire valoir leurs droits (...). C'est dans cet esprit que l'objectif du programme est d'abord de garantir l'accès aux droits fondamentaux : il est vain de songer à mener une véritable politique de cohésion si l'accès à l'emploi, si l'obtention d'un logement décent ou encore la prévention ou les soins demeurent des principes théoriques et sans véritable efficacité. Cet accès aux droits fondamentaux doit être le tremplin vers la réinsertion sociale »*[784]. Par ailleurs, *« il faut favoriser l'inscription [des personnes] (...) dans le droit commun afin d'éviter la formation d'un droit des exclus qui pourrait être stigmatisant et synonyme d'un droit de seconde classe »*[785]. Le titre 1 de cette loi intitulée *« De l'accès aux droits »* décline ensuite en chapitres les droits fondamentaux dont il s'agit, à savoir l'emploi, le logement, les soins, et même la citoyenneté. En réalité, cette loi propose de créer un pont entre les droits fondamentaux théoriques, que reconnaissent de nombreux textes nationaux, européens, internationaux, et l'État qui doit garantir leur effectivité. En outre, elle pose comme principe que l'accès au droit commun doit être la finalité de toutes les politiques sociales. Il s'agit d'un changement radical de point de vue, d'aucuns diraient

---

[782] DRESS, « Lutter contre le non-recours : 63 % des personnes pouvant bénéficier d'une prestation sociale y accèdent après un rendez-vous des droits », *Études et résultats*, n° 1058, avril 2018.

[783] Loi n° 98-657 du 29 juillet 1998 d'orientation relative à la lutte contre les exclusions.

[784] *Ibid.* (exposé des motifs).

[785] *Ibid.*

de paradigme. Très clairement, il ne s'agit pas de créer un droit des exclus. Au contraire, le modèle sous-tendu dans cette loi est un modèle inclusif. L'accès aux droits constitue le point d'orgue d'un système qui *« donne sa cohérence globale au montage juridico-institutionnel et qui en oriente les effets pratiques*[786] ». Ce système se compose en effet, d'abord des droits fondamentaux (1er objectif) et, ensuite du principe de non-discrimination (2ème objectif) . Le premier objectif permet de situer les droits fondamentaux, reconnus constitutionnellement, au-dessus des droits nationaux (hiérarchie des normes oblige). En même temps, ces mêmes droits deviennent opposables et constituent *« un standard minimal dans les conditions d'existence en-deçà duquel la socialisation et l'intégration des personnes au sein de la société est compromise »*[787]. Le Code de l'action sociale et des familles se fait l'écho (à plusieurs reprises) de ces nouvelles orientations. L'article L. 116-2 du CASF précise que l'action sociale et médico-sociale vise à satisfaire les besoins de chacun mais, en même temps, qu'il convient de garantir à tous *« un accès équitable sur l'ensemble du territoire »*. De façon plus spécifique, l'article L. 114-1 du même Code prévoit que toute personne handicapée doit se voir garantir l'accès *« aux droits fondamentaux reconnus à tous les citoyens ainsi que le plein exercice de sa citoyenneté »*. Enfin, l'article L. 115-1 du CASF indique que la lutte contre l'exclusion et la pauvreté *« tend à garantir sur l'ensemble du territoire l'accès effectif de tous aux droits fondamentaux dans les domaines de l'emploi, du logement, de la protection de la santé, de la justice, de l'éducation, de la formation, de la culture, de la protection de la famille et de l'enfance »*.

Quant à la non-discrimination (deuxième objectif), sa logique de fonctionnement se distingue de celle sur laquelle repose le principe républicain d'égalité. Ce dernier admet des dérogations dès lors qu'il s'agit de situations objectivement différentes ou qu'il existe des raisons d'intérêt général[788]. La référence à la non-discrimination équivaut à la reconnaissance de la réalité de discriminations qui empêchent l'accès au fonctionnement social en raison de différences prises en compte par un ou plusieurs acteurs en vue d'obstruer la voie d'accès pour des raisons discriminatoires. En résumé, l'égalité postule un traitement identique de situations identiques alors que la non-discrimination postule d'égaliser le traitement de situations différentes.

L'exposé des motifs de la loi du 18 décembre 1998[789] relative à l'accès aux droits et à la résolution amiable des litiges précise que *« chacun doit pouvoir connaitre ses droits et les faire respecter. Le droit au droit est un élément*

---

786 LAFORE R., « L'accès aux droits, de quoi parle-t-on ? », *Regards*, février 2004, n° 46, pp. 21-32.
787 *Ibidem.*
788 Voir la section 2 « Dérogations au principe d'égalité » du chapitre 2 du titre 1 de la première partie.
789 Loi n° 98-1163 du 18 décembre 1998 relative à l'accès aux droits et à la résolution amiable des litiges.

essentiel du pacte démocratique, parce qu'il conditionne l'exercice effectif de la citoyenneté, et, plus largement, contribue à la sauvegarde de la dignité humaine. Le principe d'égalité veut que tous les citoyens puissent faire valoir leurs droits dans les mêmes conditions. Ce qui implique une attention particulière aux personnes défavorisées, qui n'ont parfois pas même idée qu'elles ont des droits. Le combat contre l'exclusion implique donc des mesures favorisant l'accès au droit ».

Non seulement le droit aux droits est un droit mais, en plus, c'est un des moyens de lutter contre l'exclusion de façon générale et de rétablir une égalité, au minimum devant la loi.

Selon Michel Borgetto *« l'"accès aux droits" est institué comme le nouveau socle des politiques d'insertion et d'inclusion, et il marque en même temps un retour de la problématique de l'égalité en général et de l'égalité des chances en particulier. Cette conception de l'action sociale construite autour de la "non-discrimination", plutôt que de ségréguer les publics concernés par des prises en charge spécialisées assurées par des organisations distinctes des structures de droit commun, entend au contraire ramener les bénéficiaires le plus possible dans les institutions de droit commun en imposant à ces dernières de prendre en charge les populations en difficultés »*[790].

Une égalité, certes, mais seulement devant la loi dans la mesure où face à l'administration les usagers se sentent un peu comme l'un des personnages de Sempé qui, désigné par un doigt accusateur traversant les nuages, se recroqueville en se sentant coupable (mais de quoi ?). Ce sentiment de petitesse a été mis en lumière par une étude sociologique menée auprès de caisses d'allocations familiales par Vincent Dubois. Il est clair selon cet auteur qu'entre les bénéficiaires des prestations et leur CAF la « relation est inégalitaire »[791]. Agir sur le droit ne suffit pas à rétablir plus d'égalité ; il nous semble qu'une action simultanée sur les représentations que les usagers ont de l'administration et réciproquement ne peut être que bénéfique si l'on y ajoute également la formation du personnel d'accueil.

Nous avons vu, tout au long de ce travail, que des différences de traitement sont parfois liées à l'ignorance des droits sociaux, mais aussi à une implication parfois insuffisante des collectivités territoriales. Il appartient à l'État de garantir l'égalité d'accès aux droits. Parallèlement, l'action contre le non-recours aux droits est indispensable car elle permet de récupérer, d'une certaine manière, ceux qui sont passés au travers du filet de la protection sociale.

Par ailleurs, on peut également rappeler ici que l'État a, en matière de non-recours aux droits, une responsabilité particulière qui découle du fait que les prestations d'aides sociales légales trouvent leur fondement juridique dans le

---

790 BORGETTO M. et LAFORE R., *Droit de l'aide et de l'action sociale,* LGDJ, 2018, p. 652.

791 DUBOIS V., *La vie au guichet. Relation administration et traitement de la misère*, Économica, pp. 55-68.

paragraphe 11 du Préambule de la Constitution du 27 octobre 1946. Ce qui, et nous l'avons déjà développé dans cet ouvrage, leur confère un statut de droits-créances constitutionnellement protégé. Mais au-delà de cette nécessaire protection, il appartient à l'État de garantir à tous l'accès aux prestations sociales auxquelles chacun peut prétendre. Dans une décision du 29 décembre 2009, le Conseil constitutionnel a eu l'occasion de rappeler clairement au législateur la nature des obligations lui incombant en la matière. Pour les neuf Sages « *les exigences constitutionnelles résultant des dispositions précitées [paragraphe 11 du Préambule de la Constitution de 1946] impliquent la mise en œuvre d'une politique de solidarité nationale en faveur des personnes défavorisées (...)* »[792]. La lutte contre le non-recours aux droits apparait alors comme l'un des aspects de la politique nationale de solidarité à l'égard des plus nécessiteux. Par ailleurs, et surtout, elle permet dans l'absolu de lutter plus efficacement contre les inégalités de traitement liées à la méconnaissance de ses droits par une certaine frange de la population et aussi aux difficultés d'exercer un recours contentieux pour les faire valoir, le cas échéant[793].

SECTION 2. LA STABILITÉ DE LA NORME JURIDIQUE D'AIDE SOCIALE LÉGALE : UNE NÉCESSITÉ AU SERVICE DE L'ÉGALITÉ DE TRAITEMENT

« *Après l'idée d'un pouvoir unique et central, celle qui se présente le plus spontanément à l'esprit des hommes dans les siècles d'égalité est l'idée d'une législation uniforme. Comme chacun d'eux se voit peu différent de ses voisins, il comprend mal pourquoi la règle qui est applicable à un homme ne le serait pas également à tous les autres. Les moindres privilèges répugnent donc à la raison. Les plus légères dissemblances dans les institutions politiques du même peuple le blessent, et l'uniformité législative lui parait être la condition première d'un bon gouvernement* »[794].

Au même titre que l'application différenciée d'une règle identique sur un même territoire peut créer un sentiment d'injustice chez ceux qui se sentent lésés, les citoyens sont demandeurs d'une certaine sécurité juridique qui implique une permanence de la règle applicable (§ 1). Par ailleurs, nous démontrons dans cet ouvrage que l'imprécision rédactionnelle de certains textes règlementant l'aide sociale légale se traduit par une production d'inégalité territoriale de traitement. Il y a donc lieu d'agir sur cet aspect en particulier pour rétablir un minimum d'égalité (§ 2). Nous considérons, par conséquent, que la garantie de la sécurité juridique, d'une part, et l'action simultanée contre les imprécisions des normes légales et règlementaires,

---

[792] Cons.const., 29 décembre 2009, n° 2009-599 DC, Loi de finances 2010, *JORF* du 31 décembre 2009, p. 22995.

[793] MAGORD C., *Le parcours contentieux de l'aide sociale*, thèse, Lyon, 2015.

[794] TOCQUEVILLE (de) A., *De la démocratie en Amérique*, Éditions Gallimard, 1992, p. 808.

d'autre part, contribuent à stabiliser la norme juridique d'aide sociale pour aboutir à une réduction des inégalités de traitement auxquelles nous consacrons notre travail de recherche.

§ 1. Le principe de sécurité juridique : une exigence contre l'instabilité juridique

Le principe de sécurité juridique est devenu un principe général du droit reconnu par la Cour de justice de l'Union européenne[795] ainsi que par la Cour européenne des droits de l'homme (Cour EDH)[796]. Ce principe se conjugue avec le principe de confiance légitime dégagé par la jurisprudence communautaire dans l'arrêt Algera du 12 juillet 1957[797] et promu au rang de *« principe fondamental de la Communauté »* en 1981[798].

On peut aisément comprendre que le principe de sécurité juridique soit un impératif dans l'ordre communautaire eu égard, en particulier, à la diversité des systèmes et traditions juridiques qu'il convient d'harmoniser, dans une certaine mesure, dans le cadre de l'UE[799]. Problématique qui trouve toute son expression quand il s'agit de normes européennes immédiatement applicables aux États (règlements européens, notamment) ou opposables aux États par le citoyen (droit dérivé horizontal, notamment). Puissochet et Legal soulèvent, toutefois, un risque d'hétérogénéité de l'application de la norme européenne que la CJUE considère comme *« un danger pour l'édification de l'Europe »*[800]. Outre la CJCE, les autres institutions européennes (Commission européenne, Conseil de l'UE et Parlement européen) proposent de viser un objectif de qualité de la règlementation au sein de l'UE. La 39ème déclaration adoptée par la Conférence du Traité d'Amsterdam va dans ce sens puisqu'elle

---

[795] Voir, CJUE, Arrêt du 6 avril 1962, de Geus, C-13/61, EU:C:1962:11 : https://www.doctrine.fr/d/CJUE/1962/CJUE61961CJ0013.

[796] CEDH, 13 juin 1979, Marcks c/ Belgique : CEDH, Cour (Plénière), 13 juin 1979, n° 6833/74, consultable sur : https://www.doctrine.fr/d/CEDH/HFJUD/CHAMBER/1979/CEDH001-62092.

[797] CJCE, affaire 7/56, 12 juillet 1957, Algera c/ Assemblée commune de la CECA : CJUE, Arrêt du 12 juillet 1957, Algera e.a. / Assemblée commune, C-7/56, EU:C:1957:7 : consultable sur : https://www.doctrine.fr/d/CJUE/1957/CJUE61956CJ0007.

[798] CJCE, affaire 112/80, 5 mai 1981, Dürbreack/Hauptzollamt Frankfurt am Main-Flughafen : CJUE, Arrêt du 5 mai 1981, Dürbeck, C-112/80, EU:C:1981:94, consultable sur : **Erreur ! Référence de lien hypertexte non valide.**.

[799] PUISSOCHET J-P., LEGAL H., « Le principe de sécurité juridique dans la jurisprudence de la Cour de justice des Communautés européennes », *Cahiers du Conseil constitutionnel*, n° 11, décembre 2011.

[800] *Ibid.*

est titrée « *Déclaration relative à la qualité rédactionnelle de la législation communautaire* »[801].

Cette préoccupation européenne se retrouve également en France. En témoigne, par exemple, un rapport du Conseil d'État de 2006 intitulé « *Sécurité juridique et complexité du droit* »[802] qui développe l'idée que cette complexité est, entre autres, une menace pour l'État de droit. S'il est vrai que, dans un premier temps, le Conseil d'État tant dans ses attributions consultatives que juridictionnelles ne consacrait pas, *stricto sensu*, ledit principe, il n'empêche qu'il en faisait des applications indirectes. Il s'agissait donc d'un principe non nommé, mais appliqué quand même. Le rapport de 2006, précité, en donne quelques exemples : interdiction de retrait, au bout d'un certain temps, d'un acte administratif créateur de droit même déclaré illégal[803], principe de non-rétroactivité des actes administratifs[804] ou encore validation des actes pris par un fonctionnaire dont la nomination a été annulée[805]. Dans un arrêt remarqué du 24 mars 2006, le Conseil d'État a, pour la première fois, consacré le principe de sécurité juridique en droit interne. Pour la Haute juridiction « *il incombe à l'autorité investie du pouvoir règlementaire d'édicter, pour des motifs de sécurité juridique, les mesures transitoires qu'implique, s'il y a lieu, une règlementation nouvelle ; qu'il en va ainsi en particulier lorsque les règles nouvelles sont susceptibles de porter une atteinte excessive à des situations contractuelles en cours qui ont été légalement nouées* » [806] Une des principales traductions concrètes de ce principe réside dans le fait que le pouvoir règlementaire a l'obligation de prévoir, dans certaines circonstances, des mesures transitoires lors d'un changement de règlementation. Dans le cas particulier de cette affaire, le changement litigieux portait atteinte aux contrats en cours. À l'occasion d'un litige concernant les tarifs d'électricité, le Conseil d'État a réaffirmé avec force le principe de sécurité juridique dans un arrêt du 15 juin 2016[807].

Quant au Conseil constitutionnel, il a par décision du 16 décembre 1999 fait de l'accessibilité et de l'intelligibilité de la loi un objectif de valeur constitutionnelle[808]. Pour le Conseil constitutionnel *« l'égalité devant la loi*

---

801 Traité d'Amsterdam, Office des publications officielles des Communautés européennes, 1997, p. 139, consultable sur : https://europa.eu/european-union/sites/europaeu/files /docs/body/treatyofamsterdamfr.pdf .

802 Conseil d'État, rapport, Sécurité juridique et complexité du droit, La documentation française, 2006 (ce rapport fait suite à celui de 1991 qui portait exactement le même titre).

803 CE, 3 novembre 1922, *Dame Cachet*, rec. p. 790.

804 CE, Ass., 25 juin 1948, Société du journal l'Aurore, rec. p. 289.

805 CE, Ass., 1 novembre 1923, Association de l'administration centrale des postes et télégramme, rec., p. 699.

806 CE, Ass., 24 mars 2006, Sté KPMG, n° 288460.

807 CE, 15 juin 2016, Association nationale des opérateurs détaillant en énergie (ANODE), n° 386078.

808 Cons. constit., 16 décembre 1999, n° 99-421 DC, Loi portant habilitation du Gouvernement à procéder, par ordonnances, à l'adoption de la partie législative de certains codes.

énoncée par l'article 6 de la Déclaration des droits de l'homme et du citoyen et la « garantie des droits » requise par son article 16 pourraient ne pas être effectives si les citoyens ne disposaient pas d'une connaissance suffisante des normes qui leur sont applicables ». Outre sa nécessaire intelligibilité et accessibilité, la jurisprudence du Conseil constitutionnel ajoute des exigences de qualité de la loi relativement précises. Encourt ainsi la censure la loi excessivement complexe[809] ou non normative[810]. Par ailleurs, l'impératif de prévisibilité du droit est également affirmé par la Haute juridiction, impératif qui, sauf motif d'intérêt général, interdit la rétroactivité de la règle juridique[811]. Enfin, signalons que le juge judiciaire, en particulier celui de la Cour de cassation, est également très attentif au principe de sécurité juridique. Ainsi, dans le procès, le juge apprécie la demande en fonction du droit applicable au jour de la demande[812] ou refuse de remettre en cause une décision passée en force de chose jugée[813]. Ces deux derniers exemples constituent des applications du principe de sécurité juridique.

§ 2. L'imprécision des normes juridiques : une cause sérieuse de l'inégalité de traitement des bénéficiaires de l'aide sociale

Après avoir démontré l'importance que revêt le principe de sécurité juridique au niveau européen d'abord, et au niveau national ensuite, nous considérons que certains dispositifs mis en place dans le cadre des prestations légales d'aide sociale ne permettent pas de garantir aux bénéficiaires une égalité de traitement, du fait de l'imprécision de la norme juridique en cause, qui conduit, *de facto*, à des appréciations différentes de situations qui peuvent être objectivement identiques. Nous avons, par exemple, démontré les conséquences liées à l'imprécision du concept d'information préoccupante (IP). On sait qu'à partir de là, le traitement qui sera réservé aux mineurs variera considérablement d'un département à l'autre. Nos constats sont également confirmés par certains travaux scientifiques menés par Melvyn et Daly, auteurs de deux rapports sur le non-recours aux droits au sein des pays du Conseil de l'Europe, soit 46 pays[814]. Ces auteurs ont dressé un tableau des sept types d'obstacle à l'accès aux droits sociaux en Europe. Le premier d'entre eux est intitulé « *Énoncé du droit et adéquation de ses mesures d'application légales et autres* ». Les deux premières caractéristiques de ce premier type

[809] Cons. constit., 29 décembre 2005, n° 2005-530 DC, Loi de finances pour 2006 (système de niches fiscales jugé trop complexe).

[810] Cons. constit., 12 avril 2005, n° 2005-512 DC, Loi d'orientation et de programmation pour l'avenir de l'école.

[811] Cons. constit., 13 janvier 1983, n° 2002-465 DC, Loi relative aux salaires, au temps de travail et au développement de l'emploi.

[812] Cass. civ 1., 25 novembre 1997.

[813] Cass. Ass. plèn., 21 décembre 1990.

[814] WARIN P., *L'accès aux droits sociaux*, Presse universitaire de Grenoble, 2006, pp. 33-55.

d'obstacle, qui en compte six, s'intitulent « *Manque de précisions du droit* » et « *Limitation du droit à certaines catégories de la population* ». Cette étude citée par Philippe Warin, démontre également que cette problématique concerne bien tous les pays d'Europe, riches et pauvres, à des degrés différents. Si l'on prend le cas de la France, *« l'application de certains droits est parfois ineffective, par manque de politique active (...). Les nombreux recours en justice pour défendre les droits défaillants de certaines catégories sont significatifs de l'ineffectivité mais aussi de l'imprécision, de l'incomplétude, des contradictions, et parfois du caractère restrictif, sinon discriminatoire, de la loi. Au niveau des prestataires (organismes, services et même agents) les risques se multiplient, puisque le foisonnement règlementaire est tel que les dernières directives ne sont pas forcément connues et qu'il est toujours possible de procéder à une lecture restrictive d'une règlementation au regard d'un autre texte, voire de règles internes, et de pénaliser ainsi certaines catégories de bénéficiaires* »[815]. L'inflation législative nuit à la qualité des textes juridiques et perturbe également le principe de la hiérarchie des normes. Comme le souligne très justement Jacques Chevallier, « *si le nombre de lois tend à diminuer (...), il n'en va pas de même des règlements (...) et quelques milliers de circulaires émanent chaque année des seules autorités de l'État ; ces circulaires, non seulement sont un vecteur de sur-règlementation (...), mais encore contribuent à saper la hiérarchie des normes – l'application de la loi par les services étant souvent conditionnée par l'intervention d'une circulaire* »[816]. Il nous semble que le risque de produire des textes qui se contredisent ou dont l'interprétation peut être douteuse s'accroit, ce qui peut se traduire par un traitement différent de la situation en fonction de l'interprétation des dispositions règlementaires faite par le service social, voire par l'agent du service.

Pour illustrer notre propos référé aux problématiques d'interprétation des textes règlementaires, nous prendrons l'exemple d'une affaire jugée le 11 octobre 2011 par la Cour nationale de l'incapacité et de la tarification de l'assurance des accidents du travail (CNITAT)[817]. En l'espèce, il s'agissait d'interpréter la définition d'aides techniques figurant au chapitre III de l'annexe 2-5 du CASF constituant le référentiel pour l'accès à la prestation de compensation du handicap (PCH). Madame X a saisi le tribunal du contentieux de l'incapacité pour contester la décision de la CDAPH qui a rejeté ses demandes de prise en charge d'un entraineur thérapeutique et de réévaluation de son taux horaire de rémunération en qualité d'aidant familial de son fils. Décision de rejet qui a été confirmée par le tribunal du contentieux de l'incapacité (TCI) en date du 3 février 2009, d'où le recours auprès de la

---

815 *Ibid.*, p. 42.

816 CHEVALLIER J., *L'État post-moderne*, LGDJ, 2014, p. 109.

817 CNITAT, 11 octobre 2011 consultable sur : http://www.cnitaat.fr/docs/jurisprudence/HA/11-10-2011-HA-PCH-aide_technique.pdf.

CNITAT. L'intimée soutient que l'entraineur thérapeutique est un « matériel spécifique de rééducation, permettant un entretien orthopédique et musculaire, et non un équipement de compensation de limitation d'activité telle que définie par le Code de l'action sociale et des familles. Elle ajoute que l'équipe pluridisciplinaire de la MDPH, compte tenu de l'état de santé de X, n'a pas souhaité valider l'utilisation de cet appareil en dehors de la présence et de la surveillance d'un professionnel de santé, en précisant que X bénéficiait déjà de séances de kinésithérapie trois fois par semaine ». Ce passage cité dans la décision commentée mérite quelques observations. En effet, nous remarquons la référence au « souhait » de l'équipe pluridisciplinaire ce qui tend à démontrer une interprétation purement subjective. Le sort de la personne est donc étroitement lié à cette référence. Par ailleurs, l'équipe pluridisciplinaire ne considère pas cet appareil comme un équipement de compensation ce qui permet de rejeter la demande de prise en charge. Or, l'appelante fournit une décision émanant d'une autre MDPH ayant accepté la prise en charge de l'appareil litigieux. Ce qui démontre que la lecture de l'annexe 2-5 qui définit l'aide technique comme « tout instrument, équipement ou système technique adapté ou spécialement conçu pour compenser une limitation d'activité rencontrée par une personne du fait de son handicap, acquis ou loué par la personne handicapée pour son usage personnel » varie d'une MDPH à une autre.

Sans qu'il soit nécessaire de reprendre ici tous les constats d'inégalité de traitement mis en exergue dans ce travail (APA, PCH ...), nous pensons que plusieurs pistes d'amélioration sont envisageables.

Tout d'abord, il conviendrait de mettre en place une formation obligatoire à destination des évaluateurs qui interviennent dans le cadre de l'APA et de la PCH. Nous avons démontré que même si les outils utilisés dans le cadre des évaluations sont définis nationalement (grille AGIRR, GEVA...), leur lecture est étroitement liée à leur utilisateur et aux pratiques départementales. Pour la protection de l'enfance, la loi du 14 mars 2016 prévoit déjà cette obligation de formation[818]. Par analogie, on pourrait imaginer une formation des professionnels intervenant dans le cadre de l'APA ou de la PCH aux méthodes d'évaluation des situations individuelles avec obligation de mise à jour des connaissances. Bien sûr, cela impliquerait l'élaboration d'outils et cadres de référence définis et partagés au sein des conseils départementaux et au niveau national. Même si nous pouvons objecter que la formation n'est pas une garantie absolue contre un risque d'interprétation trop important, il n'empêche que cela peut contribuer à le réduire. Nous pensons également que ces formations devraient être obligatoires pour les personnels intégrant les services APA et PCH. Quant aux autres, il s'agirait de formation continue selon une périodicité qu'il conviendrait de définir.

[818] CASF, art. D. 226-2-5.

Ensuite, nous pensons que la rédaction des textes règlementaires doit être une priorité des politiques publiques, en général, et sociales, en particulier. Ces textes doivent être suffisamment précis et clairs (sécurité juridique) pour éviter des interprétations qui, *in fine*, sont créatrices d'inégalités de traitement. Il est vrai qu'il existe un Conseil national d'évaluation des normes (CNEN), créé par la loi du 17 octobre 2013, dont la mission principale consiste à évaluer l'impact technique et financier des normes légales ou règlementaires pour les collectivités territoriales et leurs établissements publics[819].

Nous proposons de créer en sus du CNEN, un Observatoire national chargé, d'abord, de repérer, d'enquêter et d'analyser toutes les formes d'application différenciée des normes juridiques nationales. Ensuite, d'en rendre compte annuellement au travers d'un rapport public qui devra proposer les évolutions nécessaires pour tenter de réduire les écarts d'application conduisant à des inégalités de traitement. Il nous semble qu'un tel observatoire devrait pouvoir être saisi de manière large afin que les citoyens, notamment, puissent faire remonter des situations concrètes d'application différenciée de la loi ou du règlement. Il s'agirait là d'une mission qui viendrait compléter celles que la loi attribue au CNEN. Nous considérons que les deux instances contribueraient alors à l'amélioration de la qualité rédactionnelle des normes juridiques. Ce qui, indirectement, pourrait aussi se traduire par une réduction du contentieux, car plus la loi est claire, moins elle parait discutable.

Enfin, nous pensons que la recentralisation partielle de certaines aides sociales peut également contribuer à réduire les inégalités de traitement liées aux départements de résidence. Il s'agit là d'une autre piste que nous proposons d'analyser maintenant.

[819] Loi n° 2013-921 du 17 octobre 2013 portant création du conseil national d'évaluation des normes applicables aux collectivités territoriales et à leurs établissements publics, *JORF* n° 0243 du 18 octobre 2013, p. 17147.

CHAPITRE 2

Recentralisation partielle de l'aide sociale

Nous allons, d'abord, présenter les arguments qui nous semblent plaider pour une recentralisation de certaines aides sociales (section 1). Enfin, nous analyserons la piste de la mise en place d'un revenu universel (section 2).

SECTION 1. PLAIDOYER POUR UNE RECENTRALISATION DE CERTAINES AIDES SOCIALES

Proposer une solution pour réduire les inégalités de traitement entre les bénéficiaires de l'aide sociale liées, comme nous l'avons maintes fois démontré dans cette recherche, à leur département de résidence, constitue une entreprise complexe. C'est au travers d'un minimum social, le RSA, que nous proposons d'étudier cette éventualité (§ 1). Par ailleurs, il nous semble impossible d'échapper à la question du financement des allocations individuelles de solidarité, car il s'agit là d'un véritable nœud gordien. En même temps, nous allons forcément traiter la question de la fiscalité locale qui semble être au cœur de la problématique qui nous intéresse. En effet, réussir à pérenniser le financement des allocations individuelles de solidarité pose également la question sensible de l'éventuelle disparition de la collectivité départementale (§ 2).

§ 1. La question de la recentralisation du revenu de solidarité active : un modèle à suivre ?

Au 31/12/2015, le nombre de foyers bénéficiaires du RSA s'élève à 1,95 million ce qui signifie que 4,01 millions de personnes vivent de cette allocation (bénéficiaire, conjoint, enfants)[820]. Autrement dit, 6 % de la

[820] Signalons, pour être complet et précis, que fin 2016, 1,86 million de foyers bénéficiaient du RSA soit 4.3 % de moins que fin 2015. C'est la première fois, en effet, que les effectifs

population française. La charge nette de RSA pour les départements a augmenté, entre 2009 et 2015, de plus de 307 %, passant de 1 380 millions d'euros à 4 240 millions d'euros. Or, la charge nette de RSA s'obtient en défalquant les concours TICPE[821] et FMDI[822]. Par conséquent, cela représente le reste à charge pour les départements, hors dépenses du personnel. Les taxes affectées en compensation de cette nouvelle dépense, TICPE et FMDI, évoluent plus lentement que les dépenses. Par ailleurs, il faut aussi prendre en compte la baisse générale, depuis 2014, de la dotation globale de fonctionnement (DGF). Cette baisse, en 2015, était de 1,1 milliard d'euros, soit deux fois plus qu'en 2014, où elle se situait à 476 millions d'euros selon des données fournies par la Banque Postale. L'analyse du taux de couverture par l'État de la dépense de RSA connait une chute importante depuis 2009, passant de 90,4 % à seulement 61,3 % en 2015[823]. L'effet ciseau est donc inévitable puisque les ressources baissent alors que, dans le même temps, la dépense de RSA augmente. Ce qui explique en grande partie la situation actuelle des départements par rapport aux allocations individuelles de solidarité (AIS) et, en particulier, le RSA. La conjonction de la crise économique, particulièrement de 2008, et du transfert du financement du RSA aux départements accentue l'effet ciseau, car le nombre de bénéficiaires augmente. Comme l'écrit très justement Anne Eydoux, maître de conférences au CNAM, *« Cette tendance nationale recouvre d'importantes inégalités entre les départements. Diversement touchés par la crise, ces derniers ne sont pas confrontés aux mêmes hausses de leurs dépenses de prestation et n'ont pas les mêmes ressources pour y faire face. Sans un mécanisme de solidarité nationale permettant de prendre en compte l'évolution de leurs dépenses, il existe plus que jamais un risque que les plus contraints d'entre eux aient à choisir entre la hausse des prélèvements fiscaux et le durcissement de l'accès aux prestations, et que des droits définis nationalement s'appliquent différemment dans les territoires »*[824].

L'évolution de la situation économique et sociale semble avoir donné raison à madame Eydoux. Il suffit, en effet, de se référer à la politique sociale du département du Haut-Rhin, par exemple, déjà analysée dans ce travail, qui démontre que certains départements sont tentés d'être plus exigeants à l'égard

---

d'allocataires diminuent depuis 2008 : DRESS, « L'aide et l'action sociale en France », Édition 2017, pp. 111-117. Voir également : DRESS, « L'aide et l'action sociale en France, Édition 2018 », p. 161. Se reporter également aux analyses figurant aux pages 21 et 180-200 de cet ouvrage pour une mise à jour des données. On peut remarquer que la problématique ici soulevée est toujours d'actualité.

[821] Taxe intérieure de consommation sur les produits énergétiques (TICPE).

[822] Fonds de mobilisation départemental pour l'insertion (FMDI).

[823] Les chiffres cités dans ce paragraphe sont issus de : La lettre de l'ODAS, « Dépenses départementales d'action sociale en 2015 : L'inquiétude persiste », juin 2016.

[824] EYDOUX A., « Les difficultés d'une gouvernance décentralisée » in *« Apprendre (de l'échec) du RSA, La solidarité active en question »* ouvrage coordonné par A. EYDOUX ET B. GOMEL (dir.), Wolker Kluwer, 2014, pp. 177-189.

des bénéficiaires des aides sociales en général et du RSA en particulier (accentuation des contrôles, contreparties exigées pour le versement de l'allocation…).

Par ailleurs, la démonstration de madame Eydoux met également en lumière l'existence d'une corrélation entre la situation économique des départements et le nombre de bénéficiaires de ce minimum social. Corrélation largement confirmée par la DRESS en 2018. En effet, « fin 2016, les allocataires du RSA représentent 4,5 % de la population âgée de 15 à 64 ans. Leur répartition départementale confirme le lien étroit entre minimum d'insertion et chômage. Le coefficient de corrélation entre la part des allocataires du RSA dans un département et le taux de chômage s'établit ainsi à 0,84 en France métropolitaine »[825].

Finalement, les bénéficiaires du RSA sont, d'une certaine manière, doublement victimes de la conjoncture économique. D'une part, parce que certains d'entre eux ne retrouvent pas le chemin de l'emploi et, d'autre part, parce que la collectivité départementale peut être amenée à durcir les conditions d'octroi des aides par des biais divers et variés pour les raisons sus énoncées.

Aussi, nous soutenons qu'il convient de poser la question d'une éventuelle recentralisation du RSA dans le but de réduire les inégalités qui découlent directement du fait de son transfert aux départements suite à la loi de décentralisation de 2004[826].

C'est Michel Dinet, conseiller général de Meurthe-et-Moselle de 1978 à 2014, année de son décès, qui évoque l'idée d'une recentralisation du RSA. Puis, l'ADF s'inscrira dans cette démarche, par la voix de Dominique Bussereau, son président. Par la suite, la proposition effective sera faite par le gouvernement de Manuel Valls, alors Premier ministre. Les discussions ont achoppé, à l'époque, au sujet de l'année de référence qu'il convenait de retenir pour calculer la somme que les départements devaient reverser à l'État dans l'hypothèse d'une recentralisation. L'État demandait de retenir l'année 2016 alors que l'ADF proposait 2014. D'après les calculs de l'ADF, retenir 2016 au lieu de 2014 équivaut à un différentiel de près de 2 milliards d'euros à la charge des départements. Il faut également avoir à l'esprit qu'il existe un taux de corrélation de 0,94 entre la part d'allocataires du RSA socle et le taux de chômage dans un département[827]. Or, plus le nombre d'allocataires est élevé, plus le reste à charge pour les départements l'est également. Ce qui peut être perturbant, *in fine*, est que le RSA s'inscrit dans une logique de solidarité

825 DRESS, « L'aide et l'action sociale en France », Édition 2017, pp. 111-117. Voir également : DRESS, « L'aide et l'action sociale en France, Édition 2018 », p. 162.

826 Pour la mise à jour de cette question, nous renvoyons le lecteur au Chapitre 2, section 1, §1 de cet ouvrage dans lequel est traitée dans le grand B la question de la recentralisation partielle du RSA en Outre-mer et dans certains départements métropolitains.

827 DRESS, « L'aide et l'action sociale en France », 2017, p. 112.

nationale et non locale. Or, la pratique de la décentralisation transfère le RSA vers une solidarité locale qui ne peut qu'aboutir à des disparités de traitement.

Ce qui signifie que plus un département est touché par la précarité, plus la « facture RSA » est lourde. Ce qui, *de facto*, crée une forte disparité économique et sociale entre les départements, qui se répercute sur les bénéficiaires notamment en matière d'accompagnement social.

Le transfert de la compétence du RSA s'est accompagné d'un transfert de moyens limité aux moyens affectés par l'État au jour du transfert. L'article 72-2 de la Constitution dispose, en effet, que « *Tout transfert de compétences entre l'État et les collectivités territoriales s'accompagne de l'attribution de ressources équivalentes à celles qui étaient consacrées à leur exercice* ». Il n'y a donc aucune évolution possible de la dotation versée aux départements. L'équation semble alors difficile à résoudre, sauf à recentraliser partiellement le RSA, sous certaines conditions. On peut penser à une recentralisation limitée au reste à charge (ADF) comme solution alternative, ou la mise en place d'un droit d'option entre accepter ou refuser la recentralisation.

Certains freins à l'idée de recentralisation existent. Tout d'abord, et c'est sans doute un frein psychologique puissant, la perte de légitimité du département. En effet, la collectivité départementale est considérée comme la collectivité en charge de l'aide sociale. Recentraliser le RSA équivaut à toucher le cœur de l'action départementale et donc sa légitimité. Faut-il rappeler que le dispositif RSA (socle, socle majoré et financement des actions d'insertion) représente 30 % du total des dépenses sociales des départements[828] ? Outre cet argument, le choix du système de péréquation cristallise le désaccord entre le gouvernement et l'ADF. En effet, pour le premier, il convient de favoriser la péréquation horizontale, alors que, pour le second, la préférence va à la péréquation verticale. La péréquation horizontale consiste, en effet, à prélever les ressources des collectivités les plus dynamiques[829] pour les reverser à celles qui le sont moins. À l'inverse, la péréquation verticale consiste, pour l'État, à répartir équitablement les dotations qu'il verse aux collectivités territoriales[830]. Un autre argument est tiré du risque d'accroissement des contrôles sur les dépenses d'insertion des départements par l'instauration, notamment, d'un plancher. Enfin, la question de la conciliation du principe de libre administration des collectivités territoriales, dans l'hypothèse d'un retour de l'État, reste en suspens.

Au-delà de ces freins, c'est également la question de la définition du concept de compétences locales qui se pose ici. Nous savons que le débat est

---

[828] *Ibid.*, p. 115.

[829] Deux fonds de péréquations concernent les départements : fonds de péréquation des droits de mutation à titre onéreux (DMTO) et le fonds national de péréquation de la cotisation sur la valeur ajoutée des entreprises perçue par les départements (CVAE).

[830] Dotation de fonctionnement minimum (DFM) qui correspond à la dotation de péréquation verticale pour les départements non urbains et la dotation de péréquation urbaine (DPU) qui correspond à la dotation de péréquation verticale pour les départements urbains.

loin d'être tranché. En effet, les possibilités d'action des collectivités territoriales ont pour fondement l'habilitation du législateur. Par conséquent, il n'y a pas à proprement parler de compétences locales en dehors de cette stricte habilitation. L'alinéa 1er de l'article L. 1111-4 du CGCT exprime cette idée en disposant que « *la répartition des compétences entre les collectivités territoriales et l'État s'effectue, dans la mesure du possible, en distinguant celles qui sont mises à la charge de l'État et celles qui sont dévolues aux communes, aux départements et aux régions (...)* ». D'une certaine manière, seul l'État distribue les cartes et fixe les règles du jeu.

Comme le souligne très justement François-Xavier Fort, « *en dépit des incertitudes entourant la notion de compétence locale, on assiste en grande partie en raison de la décentralisation, à une territorialisation du droit. Le "local" est devenu un territoire sur lequel s'exercent des compétences précises dévolues à un niveau d'administration locale, parfois complétées par des dispositions spécifiques (zones urbaines, zones rurales...). Ainsi que le constate J.B. Auby, "l'action publique tend à se démultiplier territorialement de façon croissante" ; il s'agit tout à la fois de mieux prendre en charge les problématiques locales et de se rapprocher du citoyen. Néanmoins, cette territorialisation, si elle peut permettre une meilleure efficience de l'action publique locale, ne donne pas à voir de manière plus précise ce que peut être la compétence locale* ». Au final, et malgré plus de trente années de décentralisation, le concept reste flou. En revanche, le législateur dispose du pouvoir de reprendre ce qu'il a donné par ailleurs dans la mesure où il ne peut se lier lui-même. Ainsi, Bertrand Faure soutient-il que, d'une part, « *l'origine législative des compétences locales ne protège pas le statu quo* »[831] et que, d'autre part, « *ces titres légaux [habilitation législative] peuvent être mis en échec par les décrets gouvernementaux. Il suffit de présenter un décret comme nécessaire à la loi d'habilitation, voire simplement utile à cette exécution, pour modifier cette habilitation (...). Ce n'est qu'un recours à un subterfuge pour recentraliser* »[832].

À propos du RSA, la seule certitude, pour l'heure, est que la Guyane et Mayotte vont connaitre une recentralisation du RSA à compter du 1er janvier 2019. Par ailleurs, le projet de loi de finances pour 2021 prévoit également une recentralisation du RSA à la Réunion.

On voit bien au travers de cet exemple de recentralisation que finalement l'État peut, s'il le décide, reprendre en main le financement de cette prestation. Il n'y a pas d'obstacles juridiques. La question relève davantage d'un choix politique. Par ailleurs, avant la fin de l'année 2019, l'État reprendra à sa charge la gestion du revenu de solidarité active sur l'île de la Réunion. Cette annonce a été faite officiellement, le 17 mars 2019, par Annick Girardin, ministre des Outre-mer. D'après Cyrille Melchior, président du conseil départemental,

---

831 FAURE B., « Droit des collectivités territoriales, Dalloz, 2018, p. 577.

832 *Ibid.*

« *tous les ans à partir de septembre, c'est de fait le département qui verse environ 50 millions d'euros par mois sur ses fonds propres à la caisse d'allocations familiales* »[833] pour combler la différence entre l'enveloppe allouée invariablement par l'État depuis 1988 (450 millions d'euros) et le montant réel qu'il convient de verser aux bénéficiaires (640 millions d'euros).

À l'occasion de la séance de questions orales du 13 mars 2018 à l'Assemblée, le Premier ministre répondait à une question de Lénaïck Adam, député, relative aux accords de Guyane[834] : « *Au 1er janvier prochain, l'État reprendra la responsabilité en matière de RSA - revenu de solidarité active - c'est un engagement pris par le président de la République. Cette mesure ne concerne que deux territoires : la Guyane et Mayotte – je suis certain que nous aurons l'occasion d'en reparler. Dès 2017, l'État a apporté à la collectivité de Guyane 50 millions d'euros supplémentaires pour faire face à cette dépense ; il consentira encore cette année un effort considérable* ». Pour la Guyane, des adaptations législatives ont été prises. En effet, l'éligibilité au RSA sera conditionnée par une présence régulière sur le territoire national de 15 ans et non pas, comme en droit commun, de 5 ans. Par ailleurs, le RSA sera versé sous forme démonétisée pour éviter qu'il ne soit dépensé ailleurs que sur le territoire.

La Constitution prévoit, dans son article 73, que dans les départements et régions d'outre-mer, les lois et règlements s'appliquent de plein droit[835]. Pour autant, toujours selon ce même article, ces derniers peuvent faire l'objet d'adaptation aux fins de tenir compte des caractéristiques et contraintes particulières desdites collectivités. La Guyane appartient aux collectivités régies par l'article 73 précité à l'instar de la Guadeloupe, de la Martinique, de la Réunion, de Mayotte, de Saint-Barthélemy, de Saint-Pierre-et-Miquelon, des îles Wallis-et-Futuna et de la Polynésie Française.

Le Conseil d'État, dans un arrêt du 8 février 2017, a annulé une délibération du conseil territorial de Saint-Martin du 8 avril 2016, déférée à la censure du Conseil d'État par le Préfet délégué de Saint-Barthélemy et de Saint-Martin. La délibération litigieuse prévoyant la démonétisation partielle du RSA. En effet, une convention entre le département et les CAF/MSA doit prévoir les modalités pratiques en termes de versement et de contrôle du RSA, notamment[836]. Dans le cas d'espèce, cette convention prévoyait que le versement du revenu de solidarité active « *s'effectue pour partie sous une forme* démonétisée *garantissant l'utilisation des sommes correspondantes dans un État membre de l'UE, dans un autre État partie à l'accord sur l'EEE*

---

[833] Dépêche AFP, 19 mars 2019, consultable sur : https://www.capital.fr/economie-politique/annick-girardin-annonce-la-reprise-en-charge-du-rsa-par-letat-a-la-reunion-1332107.

[834] Accord signé le 21 avril 2017 entre l'État et les élus guyanais et le Collectif « Pou Lagwiyann dékolé, publié au J.O. du 2 mai 2017.

[835] Article 73 de la Constitution du 4 octobre 1958.

[836] CASF, art. L. 262-25.

ou de la Confédération suisse ». La convention prévoyant que le montant de la partie démonétisée serait fixé par délibération du conseil territorial.

Le Conseil d'État va préciser que *« la collectivité de Saint-Martin a entendu limiter les territoires dans lesquels les bénéficiaires du revenu de solidarité active seront susceptibles d'effectuer des dépenses à l'aide des ressources octroyées à ce titre. Si la collectivité fait valoir qu'une proportion importante des sommes octroyées à ce titre est dépensée en dehors du territoire de la collectivité et que cette situation préjudicie à l'économie de Saint-Martin, une telle circonstance ne constitue pas une caractéristique particulière justifiant, au regard de l'objet des dispositions instituant le revenu de solidarité active, de priver le bénéficiaire de la libre disposition de la ressource qui lui est ainsi allouée* ».

Pour Michel Borgetto, le droit à l'aide sociale est un droit alimentaire, subjectif et subsidiaire[837]. Mais il est également un droit spécialisé dans le sens où les prestations délivrées doivent être utilisées pour répondre aux besoins qu'elles visent à satisfaire. C'est en ce sens, d'ailleurs, qu'elles ne répondent pas entièrement à la logique qui préside au droit alimentaire du code civil qui est général et non spécial. Le RSA n'est pas une prestation d'aide sociale comme les autres, dans la mesure où il se comporte, si l'on peut dire, comme un droit alimentaire général. Il a pour vocation de répondre à une insuffisance de ressources. Le but étant de hisser les ressources du demandeur jusqu'à due concurrence de son montant forfaitaire afin d'augmenter le *« pouvoir d'achat des 481 pauvres »*[838]. Dans le cas qui nous intéresse, le Conseil d'État fait référence à *« l'objet des dispositions instituant le RSA »*. Et comme pour compléter la solidité de son raisonnement, la Haute juridiction va rappeler le principe de libre disposition du RSA, qui n'est en fait qu'une déclinaison du principe de libre disposition de ses ressources. En effet, en s'appuyant sur l'article L.262-2 du CASF qui reconnait le droit au RSA sous certaines conditions à toute personne, le Conseil d'État ajoute qu'il résulte de ces dispositions *« que le revenu de solidarité active a le caractère d'une ressource dont les bénéficiaires ont la libre disposition »*. Le Conseil d'État reconnait donc l'existence d'un principe de libre disposition du RSA. Or, vouloir en limiter l'utilisation au seul motif qu'une proportion importante des sommes octroyées à ce titre est dépensée ailleurs que sur le territoire de la collectivité n'est pas suffisant pour valider une atteinte au principe de libre disposition sus-énoncé.

Autrement dit, l'application des règles spécifiques qui permettent d'adapter, dans le respect scrupuleux des principes posés par la Constitution,

---

837 BORGETTO M., LAFORE R., *Droit de l'aide et de l'action sociale*, LGDJ, Paris, 2015, pp. 115-119.

838 Expression utilisée par le Premier ministre de l'époque, lors de la présentation à Argenteuil, le 23 juillet 2007, du RSA. Cité par : AUBIN E., *Droit de l'aide et de l'action sociales* », Gualino, 2014, p.68.

les dispositions légales ou règlementaires de l'article 73 par les collectivités connait des limites que le Conseil d'État n'hésite pas à rappeler. Aussi, le projet de circonscrire l'utilisation du RSA à la Guyane pour éviter, comme cela a été dit par le Premier ministre actuel, qu'il ne soit dépensé au Brésil ou au Surinam[839] semble compromis eu égard à cette jurisprudence dont il faudra bien tenir compte.

Très clairement, l'ODAS opte pour une recentralisation du RSA qui devrait, selon l'observatoire, engager la solidarité nationale et non la solidarité locale[840]. Même si certains considèrent que « *l'État n'est plus le sauveur suprême* », nous pensons qu'une dose de recentralisation est une nécessité[841]. Par ailleurs, et en contrepartie, les départements seraient tenus de consacrer une part de leur budget de solidarité à l'insertion. Nous nous inscrivons dans ce courant pour toutes les raisons développées dans ce travail. Nous pensons, en effet, qu'au-delà des problèmes budgétaires évoqués, il en va de la philosophie même de notre système de protection sociale et de sa cohésion globale. La problématique des bénéficiaires du RSA (emploi, santé, logement…) dépasse largement le cadre local et s'inscrit, par conséquent, dans un cadre plus large, celui de la Nation toute entière

§ 2. Le financement des allocations individuelles de solidarité pose la question de l'avenir de la collectivité départementale

Pour l'heure, une mission sur le financement des allocations individuelles de solidarité (AIS) a été confiée par le gouvernement actuel à Dominique Bur, préfet honoraire et à Alain Richard, sénateur, *« commission Bur-Richard »,* qui ont rendu leur rapport définitif en mai 2018[842]. Le rapport présente les éléments d'une réforme globale de la fiscalité locale qui devrait prendre effet en 2020, éventuellement de manière échelonnée. Cette dernière représente, en 2018, 138 milliards d'euros soit 5.8 % du PIB pour l'ensemble des collectivités territoriales et leurs groupements. La réforme précitée trouve sa justification dans la suppression de la taxe d'habitation (TH) décidée après dégrèvement de 80 % des foyers fiscaux soumis à cet impôt. Deux raisons sont avancées pour justifier sa remise en cause. D'une part, l'absence de corrélation

---

839 TENDIL M., « Le gouvernement confirme la reprise en main du RSA en Guyane, *Groupe Caisse des dépôts et consignation*, consultable sur :
https://www.caissedesdepotsdesterritoires.fr/cs/ContentServer?pagename=Territoires/Articles/Articles&cid=1250279999819.

840 ODAS, *op. cit*, note 793 , p.4.

841 DRUCKER P., Les nouvelles réalités. De l'État providence à la société des savoirs, InterÉditions, 1989, pp. 25-33.

842 BURE D., et RICHARD A., « Rapport sur la refonte de la fiscalité locale », mai 2018, consultable sur :
https://www.gouvernement.fr/sites/default/files/document/document/2018/05/rapport_sur_la_refonte_de_la_fiscalite_locale_-_09.05.2018.pdf.

entre le montant de la TH et le niveau de ressources de l'assujetti (impôt injuste). D'autre part, une manne financière pour les collectivités communales très inégale selon les territoires concernés. Or, sa suppression équivaut à amputer 34 % des ressources fiscales du bloc communal selon le rapport précité - d'où la nécessité de procéder à une refonte de la fiscalité locale. Très concrètement, la perte de recettes est estimée pour 2020 à 24,6 milliards d'euros à quoi il faut ajouter 1,7 milliard d'euros de compensations d'exonérations de TH, soit un total de 26,3 milliards d'euros.

Deux scénarios de refonte de la fiscalité locale sont proposés par les auteurs du rapport :

- transférer au bloc communal la taxe foncière sur les propriétés bâties (TFPB) perçue par les départements (15,1 milliards d'euros) et complétée par une attribution d'impôt national ;
- attribuer un impôt national, à hauteur de la perte de recettes subie, aux communes et aux établissements publics de coopération intercommunale à fiscalité propre.

Le premier scénario implique, par conséquent, de compenser la perte des parts de TFPB, voire également des droits de mutation à titre onéreux (DMTO)[843] selon une variante étudiée dans le rapport, perçues jusque-là par les départements aux fins de financer, en partie, les allocations individuelles de solidarité (AIS). Pour la mission, les DMTO présentent l'inconvénient majeur de varier en fonction de la conjoncture immobilière, d'une part, et du territoire considéré, d'autre part. En revanche, les missions sociales du département (AIS et accompagnement social) sont permanentes et les dépenses qui en découlent tendent à croître. Par conséquent, le scénario consiste à substituer à la DMTO un impôt national au profit des départements. L'État se voit alors transférer le produit de la DMTO. Ainsi, les distorsions fiscales entre les collectivités départementales devraient disparaitre du fait de la suppression de cette recette et de son remplacement par des parts prélevées sur deux impôts nationaux. Actuellement, le panier fiscal des départements est composé de la contribution sur la valeur ajoutée des entreprises (CVAE), de la taxe intérieure sur la consommation des produits énergétiques (TICPE) et de la taxe sur les conventions d'assurances (TSCA). Soulignons qu'un tel scénario a l'avantage de stabiliser la recette fiscale, mais l'inconvénient de déterritorialiser l'impôt puisque la collectivité départementale perd son pouvoir de fixation du taux. Ce qui, de notre point de vue, peut s'analyser comme une atteinte indirecte au pouvoir de libre administration des collectivités départementales même si l'on peut toujours rétorquer que l'autonomie financière n'équivaut pas à une autonomie fiscale. Il faut rappeler ici que 64 % des dépenses départementales sont consacrées à l'aide sociale en 2015, c'est-à-dire une dépense nette de 36,3 milliards d'euros, soit une

---

[843] Les DMTO s'élèvent à 12 milliards d'euros en 2018 (chiffres issus du rapport étudié ici).

augmentation de 3 % par rapport à 2014 et de 11 % depuis 2010. En ce qui concerne la charge nette[844] de fonctionnement, elle représente en 2015 28,3 milliards d'euros à la charge des seuls départements[845]. Selon les derniers chiffres publiés par la DRESS, fin 2016, les départements ont octroyé 4,1 millions de prestations d'aide sociale, soit une dépense annuelle de 37 milliards d'euros. Montant qui a progressé de 2 % en un an et de 13 % en cinq ans. Par conséquent, on comprend alors tout l'enjeu qu'il y a derrière la question du financement de l'aide sociale. En perdre la maîtrise comme évoqué précédemment peut s'avérer très préjudiciable pour les collectivités départementales qui trouvent dans l'aide sociale leur principale raison d'être. Même si, pour l'heure, nous n'avons pas de certitude en la matière, il n'empêche que la question de la survivance de la collectivité départementale continue de se poser clairement. Nous plaidons pour une économie du bonheur, chère à Pierre Bourdieu. En effet, il faut prendre en compte, dans le calcul, outre la rentabilité liée à la suppression (éventuelle) de l'échelon départemental, le coût social d'une telle décision. Il est possible que, sur le papier et pour des raisons exclusivement budgétaires, la collectivité départementale soit amenée à disparaitre. Nous posons ici la question de savoir si, au fond, le jeu en vaut véritablement la chandelle. Pour notre part, nous restons convaincus que la réponse à cette question est totalement négative.

SECTION 2. VERS UN CHANGEMENT DE PARADIGME : LE REVENU UNIVERSEL

L'idée de la mise en place d'un revenu universel fait son chemin puisqu'on l'évoque aujourd'hui très sérieusement dans le monde politique, mais aussi et surtout dans la société. Dans un premier temps, nous allons procéder à un état des lieux de la pauvreté en France et en Europe (§ 1). Puis, dans un second temps, nous analyserons les fondements juridiques qui peuvent servir à soutenir l'idée de la mise en place du revenu universel (§ 2).

§ 1. État des lieux de la pauvreté en France et en Europe

La France connait un système de protection sociale dual. Il se compose, d'une part, de la Sécurité sociale et, d'autre part, des aides sociales.

---

[844] La charge nette s'obtient en défalquant de la dépense nette la contribution de la CNSA aux allocations de soutien à l'autonomie et les contributions de l'État affectées au RSA (TICPE et FMDI).

[845] Les chiffres cités dans ce paragraphe sont issus de : « Dépenses départementales d'action sociale en 2015 : L'inquiétude persiste », La lettre de l'ODAS, juin 2016.

Notre système de Sécurité sociale a été conçu, originellement, pour une société de quasi plein emploi où les accidents de la vie sont naturels (maternité, maladie, décès), parfois, accidentels (accident du travail, chômage). Ceux qui ne peuvent bénéficier des garanties qu'apporte la Sécurité sociale peuvent prétendre, sous certaines conditions, de ressources notamment, aux aides sociales. Deux distinctions majeures séparent les deux systèmes. D'une part, le caractère universel des prestations de Sécurité sociale, contrairement aux prestations d'aide sociale qui impliquent de remplir certaines conditions précises pour y être éligible. D'autre part, le mode de financement puisque la Sécurité sociale est financée par des cotisations prélevées sur les salaires (part salariale/part patronale), pour assurer une redistribution horizontale alors que les aides sociales sont financées par l'impôt pour assurer une redistribution verticale.

Or, la société actuelle, et sans doute future, s'est installée dans la rareté et la précarité des emplois. À partir du moment où tout repose sur un financement basé sur les cotisations salariales et patronales, le chômage devient l'ennemi juré du financement de notre système de Sécurité sociale. Quant aux aides sociales, elles contribuent sans doute à améliorer le sort des millions de gens qui les perçoivent. Pour autant, la pauvreté touche 8,5 millions de personnes si l'on fixe le seuil de pauvreté à 60 % du revenu médian, et 5 millions si l'on fixe ce seuil à 50 %. Cela représente, en valeur relative, respectivement 8 % et 14,5 % de la population française. En dix ans (2005-2015), le nombre de pauvres a augmenté de 600 000 (seuil à 50 %, soit un revenu mensuel de 846 €) ou de 1 million (seuil à 60 %, soit un revenu mensuel de 1015 €). Selon les derniers chiffres disponibles[846], la France compte, fin 2015, 1,95 million de foyers qui bénéficient du RSA.

Si l'on devait dresser le portrait-robot de la personne pauvre, on pourrait dire qu'elle est plutôt jeune, vivant en famille, peu diplômée, ouvrière ou employée[847]. En effet, dans le détail, 1,8 million de personnes pauvres sont des enfants parce qu'ils vivent dans des familles pauvres. Si l'on extrait la catégorie des 20-27 ans, 17 % d'entre eux sont pauvres. Les deux tiers des pauvres sont des couples avec enfants, 40 % sont seulement en couple et 25 % constituent des familles monoparentales. On peut également dire qu'il y a quasiment parité entre les femmes et les hommes pauvres, respectivement 52 % et 48 %. Simplement, les femmes sont davantage concernées par la monoparentalité. On sait par ailleurs que pauvreté scolaire et pauvreté monétaire sont étroitement liées. En effet, 34,8 % des pauvres ont au plus le CAP contre moins de 10 % des bac +2. En outre, le peu de qualification amène à des emplois sous-qualifiés et donc peu payés. Aussi, 34,2 % des pauvres

---

846 DRESS, « L'aide et l'action sociale en France », Édition 2017, p.111 et s.

847 OBSERVATOIRE DES INEGALITES, « L'État de la pauvreté en France » note de l'Observatoire, n° 4, novembre 2017 (tous les chiffres cités dans ce paragraphe proviennent de cette note).

vivent dans une famille où la personne de référence n'est pas ou peu diplômée. Enfin, 31,4 % des pauvres vivent dans des centres villes, 16,6 % dans le périurbain, 12,8 % dans les petites et moyennes aires urbaines et 5,3 % dans les zones rurales isolées. Les inégalités se concentrent lorsqu'il y a proximité des villes et des banlieues. La plus grande pauvreté côtoie alors la plus grande richesse. Cette concentration de population, sur un même territoire, explique aussi des taux de pauvreté pouvant se situer aux alentours de 40 %. En Europe, la pauvreté touche 87 millions de personnes, soit 17,3 % des Européens (seuil de pauvreté à 60 % du revenu médian). La République Tchèque, les Pays-Bas et la Norvège comptent le moins de pauvres. Respectivement, 9,7 %, 11,6 %, 11,9 % contre 13,6 % en France, 16,6 % en Allemagne et au Royaume-Uni. À l'inverse, on trouve des taux de pauvreté très élevés, c'est-à-dire supérieurs à 20 %, en Grèce, en Espagne et dans les Pays baltes. Le Portugal et l'Italie enregistrent des taux supérieurs à 19 %.

À partir de l'ensemble de ces données, on peut dire que la pauvreté fait partie intégrante de nos sociétés modernes et que, à ce jour, le travail, principale source de revenus, n'est plus un rempart contre ce fléau. D'une part du fait de sa rareté, d'autre part du fait de son niveau de rémunération faible, enfin du fait du développement du temps partiel rémunéré sur la base du SMIC.

Fin 2015, 4,2 millions de personnes perçoivent l'un des dix minima sociaux qui existent en France, soit 11 % de la population[848]. En 2016, la France consacre entre 40,5 et 57 milliards d'euros à la lutte contre la pauvreté et l'exclusion sociale, ce qui représente, pour la fourchette basse, 1,8 % du PIB et pour la fourchette haute, 2,6 %. Le différentiel de 16,5 milliards d'euros tient au périmètre de la dépense. Si l'on exclut les prestations familiales (2,9 milliards d'euros) et les allocations logement (10 milliards d'euros), les minima sociaux représentent une dépense estimée à 40,5 milliards d'euros. Pour atteindre ce chiffre, il faut ajouter aux 26,6 milliards d'euros que représentent le RSA socle et l'AAH, la prime d'activité, les prestations d'hébergement des personnes en difficulté, les prestations des CCAS, mais aussi les revalorisations du RSA et de l'AAH et de leur nombre de bénéficiaires. En revanche, si l'on réintègre les prestations familiales, les allocations logement et l'augmentation du nombre de ménages non-imposables (- 0,8 % entre 2007 et 2016 soit 2 milliards de recettes en moins pour l'État), la dépense consacrée atteint 57 milliards d'euros.

En 2016, la dépense totale de protection sociale s'est élevée à 759,1 milliards d'euros[849]. Si l'on retranche les frais de gestion et les frais financiers,

---

848 DRESS, Minima sociaux et prestations sociales. Ménages aux revenus modestes et redistribution, 2017 [les chiffres de ce paragraphe proviennent de cette étude].

849 DRESS, La protection sociale en France et en Europe. Résultats des comptes de la protection sociale, 2018 (les chiffres de ce paragraphe émanent de cette étude).

le chiffre passe à 714,5 milliards d'euros[850]. Comparativement à ce dernier chiffre, la dépense consacrée à la lutte contre la pauvreté et l'exclusion se situe entre 5,66 % (fourchette basse) et 7,97 % (fourchette haute) de la dépense totale de protection sociale. On peut donc dire que globalement *« les dépenses directement liées à la lutte contre la pauvreté et l'exclusion restent d'un montant relativement faible (sic) »*[851]. La France consacre, à l'instar du Danemark et de la Finlande, 30 % de son PIB à la *protection* sociale alors que la moyenne de l'UE-28 se situe à 28 %. Il est constant que les pays les plus riches consacrent une plus grande part de leurs ressources à la protection sociale. À l'inverse, les États de l'est de l'Europe y consacrent 18 % de leur PIB. On peut légitimement penser que le système de protection sociale en France constitue un rempart contre une plus grande pauvreté puisque 13,6 % des Français vivent en dessous du seuil de pauvreté contre 17,3 % des Européens, y compris vivant dans des pays économiquement équivalents à la France (Allemagne ou Royaume-Uni par exemple).

Au-delà de cet état des lieux, la question principale qui va nous occuper maintenant est celle de savoir sur quels fondements juridiques peut reposer la mise en place d'un revenu universel, question d'autant plus importante que certains auteurs se demandent, avec une pointe de provocation, s'il faut « *brûler le modèle social français* ? »[852]. Pour nous, la réponse est évidemment négative comme pour ces auteurs qui proposent d'adopter un modèle social européen de type nordique, puisque nous plaidons davantage pour une transformation radicale de notre modèle social. Nous pensons, en définitive, que l'instauration d'un revenu universel ou d'existence contribuera à réduire les inégalités de traitement des bénéficiaires de l'aide sociale selon leur département de résidence. La déconnexion de l'emploi et des ressources produira, selon nous, cet effet. Par ailleurs, l'augmentation du pouvoir d'achat liée à son instauration permettra plus facilement d'accéder à des services que certains bénéficiaires ne peuvent utiliser du fait du reste à charge trop élevé qui leur incombe, malgré l'intervention de l'aide sociale.

§ 2. Fondements juridiques du revenu universel

Pour que le législateur agisse dans le sens de la mise en place d'un revenu universel encore faut-il qu'il en ait la volonté, mais aussi qu'il puisse justifier de son obligation d'agir (1). Par ailleurs, et pour donner de la constance à ce

---

[850] Ventilation des 714.5 milliards d'euros : 249.9 (risque santé soit 34,97 %), 325.3 (risque vieillesse, survie soit, 45,52 %), 139.3 (famille, emploi, logement, pauvreté et exclusion sociale soit 19,49 %).

[851] GÉLOT D., « Le non-recours aux prestations sociales » in Marc de Montalembert (dir.), *La protection sociale en France*, La Documentation française, 2013.

[852] LEFEBVRE A., MÉDA D., F*aut-il brûler le modèle social français ?,* Seuil, 2006, pp. 151-153.

projet, une présentation d'expériences en France, en Europe et dans le reste du monde viendra clore notre propos (2).

A. Fonder l'obligation d'agir du législateur sur le droit

Nous allons, tout d'abord, nous intéresser à une théorie civiliste qui remonte au 19ème siècle, le quasi-contrat, pour fonder le droit de l'individu à obtenir un revenu universel (1). Ensuite, nous nous référerons au droit à une existence digne pour en déduire l'obligation d'agir du législateur quant à l'instauration du revenu universel (2).

1. Mobilisation de la théorie civiliste du quasi-contrat

« Qu'il le veuille ou non, l'homme doit entrer dans une société préexistante dont il doit accepter les charges comme il profite de ses avantages. Il est débiteur ou créancier de naissance » écrivait Léon Bourgeois dans son *Essai d'une philosophie de la solidarité : Conférences et discussions*, publié en 1907 et cité par Marie-Claude Blais[853].

Léon Bourgeois faisait référence à un principe civiliste pour justifier la doctrine solidariste dont il est le père fondateur : le quasi-contrat. Ce principe a été découvert par la jurisprudence dans un arrêt rendu du 15 juin 1892. En l'espèce, le sieur Patureau, propriétaire du fonds, avait affermé ses terres à un fermier dont il résilia le contrat de bail pour non-respect de ses obligations. Afin d'éteindre partiellement sa dette à l'égard du propriétaire, le fermier abandonna sa récolte, encore sur pied, au bailleur. Or le sieur Boudier qui avait vendu des engrais restés impayés au fermier se retourna contre le propriétaire bien que non partie au contrat de vente. Son action était fondée sur le fait que les engrais litigieux avaient directement profité au propriétaire puisqu'ils avaient été utilisés pour faire fructifier sa récolte. Que par conséquent, le propriétaire s'était enrichi sans cause. Il lui réclama alors une indemnité en compensation de l'enrichissement procuré. Ayant succombé devant les juges du fond, le propriétaire s'est pourvu en cassation. Pour la Cour de cassation, il ne s'agissait pas de faire produire un effet juridique à l'égard d'un tiers, non partie au contrat initial *« mais seulement à raison du profit personnel et direct que ce demandeur [le propriétaire] aurait retiré de l'emploi de ces engrais sur ses propres terres dans des circonstances déterminées »*. Les magistrats de la Haute juridiction ajouteront que *« cette action dérivant du principe d'équité qui défend de s'enrichir au détriment d'autrui et n'ayant été règlementée par aucun texte de nos lois, son exercice n'est soumis à aucune condition déterminée ; qu'il suffit pour être recevable que le demandeur allègue et offre d'établir l'existence d'un avantage qu'il aurait, par un sacrifice ou un fait personnel, procuré à celui contre lequel il agit »*.

---

[853] BLAIS M-C., *La solidarité. Histoire d'une idée*, Gallimard, 2007, p. 266.

À partir de là, nous pouvons également soutenir que chacun tire avantage de la société dans laquelle il vit au travers, notamment, des institutions (famille, école, police, armée, justice, hôpitaux…) qu'elle met à sa disposition tout au long de sa vie. En même temps, chacun contribue à la société à proportion de ses moyens et, à ce titre, son investissement personnel doit connaitre une rétribution au même titre que le salarié perçoit son salaire ou l'actionnaire ses dividendes. Léon Bourgeois dans l'ouvrage précité, écrivait *« Qui a reçu le capital et l'instruction et plus, peut plus que qui n'a reçu ni l'un ni l'autre »*[854]. On retrouvera la même idée chez Alfred Foullé cité par Pierre Descamps et Florent Vanremortere dans un article consacré à Gustave Dron. On peut y lire, en effet, que *« le principe de la morale solidariste (...) est que chaque vivant sociable, par le fait seul qu'il naît et développe sa vie individuelle au sein d'une société, profite réellement de tous les efforts sociaux antérieurs et doit rationnellement contribuer au bien commun »*[855]. L'idée d'une solidarité sociale découlant d'une responsabilité individuelle et collective des uns à l'égard des autres nous amène à penser que le revenu universel est un moyen de concilier l'ensemble de ces principes. Nous pensons, à l'instar de Patrick Viveret, que chaque être humain a au moins deux métiers matriciels. « *Le premier métier, c'est celui de chef de projet de sa propre vie, et la société a intérêt à ce que ce métier soit repéré par l'éducation au sens de ex-ducere (conduire en dehors) c'est-à-dire permettre à un être humain d'accéder à l'autonomie et non pas à une simple formation adaptatrice à des jobs et des techniques dont la seule chose que nous savons, c'est qu'elles seront obsolètes dix ans après* ». Dans la suite, et toujours selon cet auteur, le second métier dont il s'agit est celui de « chargé de savoirs ». En effet, *« Tout être humain, y compris dans des situations défavorisées, est porteur de savoirs (savoir être, savoir faire (sic), savoir de compétence) et à partir du moment où on aide cette personne à comprendre qu'elle est porteuse et qu'elle peut s'identifier positivement, elle rentre évidemment dans un autre échange social. À ce moment-là, dans une perspective de politique de temps de vie où la question fondamentale, c'est comment chaque être humain est contributeur et où le sens qu'il donne à sa propre vie est en même temps constitutif de sa reconnaissance sociale, des formes de revenus qui sont liées au fait que la richesse vient de la vie, cela légitime les approches telles que le revenu de vie, le revenu de base, le revenu d'existence. À ce moment-là, ce n'est pas un revenu qui tombe du ciel et qui crée une relation de dépendance,*

---

[854] *Ibid.*, p. 267.

[855] DESCAMPS P., VANREMORTERE F., « Gustave Dron (1856-1930 : la pensée et l'action sociale d'un parlementaire du Nord in PLONGERON B., GUILLAUME P., *De la charité à l'action sociale*, Comité des travaux historiques et scientifiques, section histoire moderne et contemporaine, Édition du CTHS, 1995, p. 377.

c'est un revenu qui est justement la rémunération déjà de ces deux métiers matriciels »[856].

Par conséquent, il existe un lien d'obligation entre chacun d'entre nous et la société. La théorie du quasi-contrat peut donc servir de base juridique à l'instauration du revenu universel qui, dans cette hypothèse, devient un droit pour le citoyen (premier fondement).

Nous parlons de changement de paradigme dans la mesure où il s'agit de considérer la société comme un facteur de production au sens économique, c'est-à-dire au même titre que le travail, le capital et parfois même la terre. Chacun, y compris l'entreprise, tire profit de cette production invisible qui pourtant crée les savoirs et les savoir-faire qui seront ensuite mobilisés pour servir aussi bien les intérêts privés que publics. Nous partons du principe que la société se compose de l'ensemble de tous ses acteurs (personnes physiques et personnes morales) qui sont à la fois ses débiteurs car ils en tirent avantage et ses créanciers car ils lui apportent leur talent. Ainsi, nous en déduisons l'obligation pour la société de verser, au titre d'un retour sur investissement personnel, un revenu unique, inconditionnel et universel. Unique dans la mesure où il s'agit de respecter une parfaite égalité de traitement. Universel car versé à tous, sans considération d'âge, et inconditionnel puisqu'il n'existe aucune condition préalable à remplir pour y être éligible.

Pour Marie-Claude Blais, *« L'être social n'est pas seulement celui qui est capable de s'associer à d'autres hommes et de respecter les règles de l'association. C'est celui qui comprend qu'il y a une part de sa personne qui est d'origine sociale et qui, par conséquent, doit être consacrée par lui à l'effort commun. La solidarité, en imposant l'idée de dette sociale, enserre l'homme dans tout un réseau d'obligations »*.

En définitive, l'instauration d'un revenu universel vise à déconnecter le revenu de l'emploi et, par conséquent, à redonner à chacun une forme de liberté en offrant une alternative à cette unique possibilité de gagner sa vie. Il s'agit, finalement, d'ajouter une nouvelle forme d'inclusion sociale par le revenu universel. Indirectement, c'est la reconnaissance des « invisibles », c'est-à-dire de ceux qui créent par leur activité, hors du champ de l'emploi et de l'économie, des richesses diverses non estimables et pourtant bien réelles (contribution à des activités bénévoles, prendre du temps pour autrui, aider une personne âgée...). Certains économistes[857], favorables à ce changement paradigmatique, estiment la rente du capital matériel et humain collectif à 14 % du PIB. C'est donc cette rente qui sera divisée par le nombre d'habitants et qui déterminera le montant du revenu universel ou d'existence. L'avantage, notamment, réside dans le fait que le revenu suit l'augmentation du PIB. Il est

---

[856] VIVERET P., « L'État social n'est pas dépassé. Comment continuer à l'instituer », in *Demain quelles politiques sociales de solidarité ? Vie sociale*, n° 4/2001, p. 47.

[857] Association en faveur d'un revenu universel (AIRE) créée en 1989 (AIRE) ou Mouvement français pour un revenu de base (MFRB) créé en 2013.

constant que le revenu universel ne fait pas disparaitre les inégalités. Voilà pourquoi, nous pensons que l'État doit continuer à jouer un rôle de garant. Il n'a pas vocation à se retirer du jeu. Pour cela, le revenu universel doit correspondre au montant suffisant pour que le droit à une existence digne soit garanti, et insuffisant pour que l'État ne se décharge pas de ses missions régaliennes et de service public. Il ne s'agit pas de demander aux individus d'assurer par leurs propres moyens leur éducation et celle de leurs enfants ou encore de financer totalement leurs frais de santé. Le revenu universel ne remet pas en cause notre système de protection sociale. En revanche, il contribue à sécuriser les parcours de vie et à ce titre, il a une fonction de protection sociale. Par ailleurs, c'est un système vertueux, d'une part parce que le revenu versé reviendra nécessairement dans le circuit économique, d'autre part, parce que l'augmentation des ressources procurée par le cumul du revenu universel et de salaires se traduira par une augmentation de l'impôt qui viendra abonder les caisses de l'État. Enfin, parce qu'il permet de restaurer l'estime de soi chez certains individus, ce qui profite indirectement à la société. En réalité, le financement n'est pas un véritable problème puisque des solutions existent. En revanche, la classe politique doit se saisir de cette question, ce qui est déjà partiellement le cas. Par conséquent, c'est la bataille de l'opinion publique qu'il convient de gagner pour pousser le politique à agir.

On trouve, également, de nombreuses résistances à ce projet de société. D'aucuns prétendent que *« le revenu d'existence ne pourrait être (...) qu'un pis-aller, un palliatif au maintien des injustices les plus criantes et qui laisse entiers les problèmes que ne sait pas résoudre le capitalisme »*[858]. Ce propos pose bien les termes du débat. En effet, le revenu universel est non seulement un moyen qui conduit vers davantage de justice sociale, mais également vers une plus grande liberté de choix individuel qui redonne un certain pouvoir sur la direction de sa vie. Par ailleurs, l'instauration d'un revenu universel n'a jamais signifié la fin du travail que certains redoutent. Au contraire, travail et revenu universel forment un couple totalement compatible.

Enfin, cette évolution sociétale majeure ne pourra se faire sans débat public. *« Pour Habernas, la capacité de contredire qui est une composante essentielle du jeu démocratique, tend à disparaitre. Il faut donc relancer « l'éthique de la discussion » pour lutter contre une opinion publique devenue une simple quantité (un chiffre) manipulée par les professionnels de la politique, le marketing, et les agences de publicité qu'ils emploient »*[859]. Dans tous les cas, le débat sur ce sujet est déjà une réalité et les nouveaux moyens de communication et d'information sont des amplificateurs d'idées. Après tout, les opinions sont faites pour être confrontées et l'art de convaincre est un

---

[858] TERRIER J. et POLTIER H, « Vers de nouvelles dominations dans le travail ? », Éditions Payot Lausanne, 2001, p. 157.
[859] KESLASSY E., Démocratie et égalité, Bréal, 2015, p. 77.

art martial à vocation pacifique lorsqu'il est tourné vers l'intention de produire du mieux pour tous.

2. Reconnaissance d'un droit à une existence digne

Nous pensons que le droit à une existence digne peut constituer, après le quasi-contrat, un second fondement juridique plaidant pour l'instauration d'un revenu universel. D'abord, parce que la loi du 1er décembre 2008 de généralisation du RSA[860] introduit, dans le CASF, un article L. 115-1 alinéa 1er ainsi rédigé : « *La lutte contre la pauvreté et les exclusions est un impératif national fondé sur le respect de l'égale dignité de tous les êtres humains et une priorité de l'ensemble des politiques publiques de la nation* ».

Par cette disposition, le législateur consacre le principe de dignité qui devient le fer de lance contre la pauvreté et l'exclusion qui conduisent généralement à la disqualification sociale des individus dont Serge Paugam décrit parfaitement le mécanisme[861].

Ensuite, parce qu'on retrouve la référence à la dignité exprimée différemment, dans l'article 34-3 de la Charte des droits fondamentaux de l'Union européenne[862]. En effet, il est précisé qu' « *afin de lutter contre l'exclusion sociale et la pauvreté, l'Union reconnait et respecte le droit à une aide sociale et à une aide au logement destinées à assurer une existence digne à tous ceux qui ne disposent pas de ressources suffisantes, selon les modalités établies par le droit communautaire et les législations et pratiques nationales* ». Par ailleurs, une résolution du Parlement européen, adoptée le 9 octobre 2008[863] fixe aux États de l'UE l'objectif de « *garantir un revenu suffisant pour assurer à tous une vie digne* ». Le Parlement européen rappelle également, dans le premier considérant de cette résolution, que le Conseil européen de Nice du 7 et 9 décembre 2000 avait fixé comme objectif à l'ensemble des États de l'UE-27 de réduire de façon décisive et mesurable la pauvreté et l'exclusion. Enfin, signalons également un avis du Comité économique et social européen sur l'insertion sociale qui précise : « *Les systèmes de protection sociale constituent potentiellement un atout majeur en matière d'insertion sociale. En effet, ils reconnaissent un statut extérieur au marché, impliquent des actions positives de la part de l'État et combattent, par la solidarité collective, les facteurs limitant la capacité des individus et*

---

[860] Loi n° 2008-1249 de généralisation du revenu de solidarité active et réforme des politiques d'insertion.

[861] PAUGAM S., *La disqualification sociale*, PUF, Quadige, 2013.

[862] Charte des droits fondamentaux de l'Union européenne, 2000/C, 364/1, *JOCE*, 18 décembre 2000.

[863] Résolution du Parlement européen du 9 octobre 2008 sur la promotion de l'intégration sociale et la lutte contre la pauvreté, y compris celle des enfants, au sein de l'Union européenne, 2008/2034 (INI).

des groupes défavorisés à vivre dans des conditions qui respectent leur dignité »[864].

On peut dire que les textes de nature européenne visent à garantir le respect de la dignité des personnes qui bénéficient d'aide sociale. Des expressions diverses comme « existence digne », « vie digne » ou encore « respect de la dignité » sont utilisées pour affirmer cet objectif. Il convient de préciser ici que la Charte des droits fondamentaux de l'Union européenne précitée bénéficie d'une opposabilité relative. En effet, le rejet, par référendum, du Traité constitutionnel pour l'Europe[865] ne lui a pas permis d'acquérir une opposabilité pleine et entière. Ceci dit, lors du Conseil européen de Nice du 7 décembre 2000, la Charte a été adoptée. Puis le Traité de Lisbonne, modifiant le Traité de l'UE (TUE) et le Traité instituant la Communauté européenne, a procédé à son adaptation au cadre nouveau. L'article 6 du Traité de Lisbonne dispose que *« L'Union reconnait les droits, les libertés, et les principes énoncés dans la Charte des droits fondamentaux de l'Union européenne du 7 décembre 2000, telle qu'adaptée le 12 décembre 2007 à Strasbourg, laquelle a la même valeur juridique que les traités »*. Il semble résulter clairement de cet article que la Charte jouit d'une véritable portée juridique. Pourtant, cette évidence peut être bousculée. Pour Mélanie Schmitt, *« l'effectivité des droits sociaux consacrés par la Charte dépend de l'intervention de la Cour de justice. Or celle-ci ne reconnait le statut de principe général de droit de l'Union que de manière pusillanime s'agissant des droits sociaux. La juridicisation de la Charte pourrait toutefois atténuer cette tendance, comme le suggère la reconnaissance anticipée du droit fondamental de mener une action collective, y compris le droit de grève* [866]*»*. Malgré cette réserve d'interprétation laissée à la Cour de justice de l'Union européenne (CJUE), le législateur peut s'appuyer sur la Charte de Lisbonne pour se saisir légitimement de la question du revenu universel.

Il faut également insister sur le fait que dans l'article L. 115-1 du CASF, le législateur pose comme règle que la lutte contre la pauvreté et l'exclusion est un impératif national. Or, la définition du substantif impératif renvoie à un commandement, à un ordre[867]. Juridiquement ce terme qualifie un *« texte législatif ou règlementaire dont les dispositions d'ordre public l'emportent sur toute volonté contraire que les particuliers auraient exprimée dans un acte juridique »*[868]. Ainsi, cet article permet non seulement de justifier certaines politiques sociales, mais également de légitimer l'action du législateur qui peut s'en saisir pour faire avancer le droit de l'aide sociale à la lumière du

---

864 Avis du Comité économique et social européen (avis exploratoire), 2010/C 128/03, JOCE, 18 mai 2010

865 Référendum français du 29 mai 2005 rejetant une Constitution pour l'Europe à 54,68 %. Idem pour le référendum néerlandais rejetant le projet à 61,45 %.

866 SCHMITT M., *« La dimension sociale du Traité de Lisbonne »*, Droit social, 2010, p. 682.

867 RAY A (dir.), Dictionnaire culturel en langue française, Le Robert, 2005.

868 CORNU G., Vocabulaire juridique, Association Henri Capitant, Puf, 2012.

respect dû à la dignité humaine. On trouve certains exemples en droit du logement. S'appuyant sur le concept de dignité, les juges vont vérifier si les conditions de logement heurtent la dignité des personnes[869]. Il en sera de même dans la jurisprudence européenne[870] ou dans les textes communautaires[871]. On retrouve une idée similaire dans l'article L. 345-2 du CASF relatif à l'hébergement d'urgence qui précise que *« cet hébergement doit permettre [à toute personne sans abri en situation de détresse médicale, psychique et sociale], dans des conditions conformes à la dignité de la personne humaine, de bénéficier d'un certain nombre de prestations (gîte, couvert, hygiène...) ».* On voit même apparaitre l'utilisation du concept de dignité pour neutraliser une décision d'expulsion, certains préfets refusant d'accorder le concours de la force publique sur ce fondement, paralysant ainsi la force exécutoire de la décision du juge de l'expulsion[872].

Dans le même ordre d'idées, le Conseil constitutionnel va se positionner sur la question de l'évacuation des campements illicites. Sans viser explicitement le concept de dignité humaine, certaines dispositions de la loi d'orientation et de programmation pour la performance de la sécurité intérieure vont être frappées d'inconstitutionnalité. Notamment parce que certaines dispositions autorisent le préfet (à Paris, le préfet de police), après mise en demeure de quitter les lieux demeurée infructueuse, *« de procéder dans l'urgence, à toute époque de l'année, à l'évacuation sans considération de la situation personnelle ou familiale, de personnes défavorisées et ne disposant pas d'un logement décent »*[873]. Le Conseil constitutionnel juge qu'il y a un déséquilibre manifeste entre la nécessité de sauvegarder l'ordre public et les droits et libertés constitutionnellement garantis aux occupants sans titre.

Toujours en référence au principe de dignité humaine, des décisions relatives au droit des étrangers vont être rendues. Les situations sont particulièrement délicates lorsqu'il s'agit de personnes en situation irrégulière. Le Conseil constitutionnel rappelant alors aux juges récalcitrants que la loi pénale est d'interprétation stricte. Que par conséquent, son application ne va pas à l'encontre du principe constitutionnel de sauvegarde de la dignité humaine[874].

Outre les juges, le Parlement européen s'est également positionné face à la crise des migrants, en particulier, dans une résolution du 5 février 2009. Cette dernière précise, très clairement, que *« la Charte des droits fondamentaux de*

---

[869] Cass. crim., 11 février 1998, n° 96-84897 : une famille de trois personnes, en situation irrégulière, est contrainte d'accepter un logement à fort loyer. La Cour de cassation va retenir l'« incompatibilité des conditions d'hébergement avec la dignité humaine » et condamner pénalement la propriétaire indélicate.

[870] CEDH, 18 janvier 2001, n° 24882/94, Beard c/ Royaume-Uni.

[871] Charte des droits fondamentaux de l'UE, art. 34.3, op. cit., note 1077.

[872] CE, 30 septembre 2016, n° 388538.

[873] CC, décision n° 2011-625 DC, 10 mars 2011, cons. 55.

[874] CC, décision n° 96-377 DC, 16 juillet 1996, cons. 11.

l'Union européenne et de la CEDH, tels que le droit de vivre dans la dignité, la protection de la vie familiale, l'accès à des soins de santé, et le droit à un recours effectif contre la rétention, devraient être d'application en toute circonstance, quel que soit le statut du ressortissant du pays tiers concerné ; ne saurait dès lors être toléré qu'une personne ne soit pas traitée en conséquence pour l'unique raison qu'elle est un(e) migrant(e) en situation irrégulière ».

Par ailleurs, l'article L. 115-1 du CASF parle *« d'égale dignité de tous les êtres humains »*. Cette même référence se retrouve, également, dans l'article L. 116-2, du même Code, qui en fait un principe directeur de l'action sociale et médico-sociale.

Outre ce qui vient d'être développé, le Conseil constitutionnel a reconnu le *« principe constitutionnel de sauvegarde de la dignité de la personne humaine »* dans une décision du 27 juillet 2004[875]. Nous relevons aussi la décision antérieure du Conseil d'État du 27 octobre 1995, dite « *Affaire du lancer de nain* ». Il s'agissait, en l'espèce, de juger de la légalité d'un arrêté de police interdisant cette activité, notamment parce qu'elle porte atteinte à la dignité humaine. On peut dire que ces deux décisions confèrent à la notion de dignité le statut de norme juridique. En revanche, et en l'état actuel de la jurisprudence constitutionnelle, administrative et judiciaire, aucune décision ne semble faire directement référence au concept *« d'égale dignité de tous les êtres humains »*.

Signalons toutefois que dans une décision de la Cour suprême canadienne du 19 mai 2007, ce concept d'égale dignité a été utilisé par le juge canadien aux fins de sanctionner une compagnie de transport ferroviaire. En l'espèce, il était reproché à VIA Rail par le Conseil des Canadiens avec déficiences (CDD) d'avoir acquis des voitures de chemin de fer inaccessibles aux personnes en fauteuil. Le recours était fondé sur une disposition de la loi sur les transports au Canada (LTC). Pour la Cour suprême, *l' « accès indépendant au même confort, à la même dignité et à la même sécurité que les personnes n'ayant aucune déficience physique, est un droit fondamental de la personne pour tous les utilisateurs d'un fauteuil roulant »*[876].

Au niveau européen, la Cour européenne des droits de l'homme (Cour EDH) a condamné la France pour avoir refusé d'attribuer à un ressortissant ivoirien, résidant en France régulièrement et de manière stable, le bénéfice de l'allocation aux adultes handicapés (AAH). Le motif invoqué étant qu'aucune convention de réciprocité n'avait été conclue entre la France et la Côte d'Ivoire en matière d'attribution d'AAH comme le prévoyait, à l'époque,

---

[875] CC, décision n° 94-343 344 DC du 27 juillet 1994, loi relative au respect du corps humain et loi relative au don et à l'utilisation des éléments et produits du corps humain, à l'assistance à la procréation médicalement assistée et au diagnostic prénatal.

[876] Cour suprême du Canada, 19 mai 2007, Conseil des Canadiens avec déficiences c/VIA Rail Canada Inc.

l'article L. 821-1 du code de la Sécurité sociale. Bien qu'il s'agisse, dans le cas qui nous intéresse, d'une prestation non contributive de Sécurité sociale, et donc hors du champ de notre étude, cette décision illustre parfaitement notre propos actuel. En effet, la cour EDH considère comme droit pertinent, d'une part, l'article du CSS susvisé mais aussi la loi n° 98-349 du 11 mai 1998 relative à l'entrée et au séjour des étrangers en France et au droit d'asile. Cette dernière supprime la condition de nationalité pour accéder à l'AAH. Par conséquent, et depuis le 1er juin 1998, tout étranger résidant de façon régulière en France peut demander cette allocation. D'autre part, la recommandation du comité des Ministres n° (92) 6 relative à une politique cohérente pour les personnes handicapées est considérée comme pertinente. En annexe de la recommandation R (92) 6, on peut lire que les États doivent *« assurer aux personnes handicapées un niveau de vie digne à travers des prestations économiques et des services sociaux appropriés »*. Pour atteindre cet objectif, les États doivent garantir aux intéressés *« un minimum vital »*, des *« allocations spécifiques »* et *« un système de protection sociale »*. Enfin, la charte sociale européenne constituera le troisième élément de droit considéré comme pertinent. Il est particulièrement fait référence à l'article 12 qui prévoit que *« tous les travailleurs et leurs ayants droit ont droit à la Sécurité sociale »*. Sur ce fondement, le comité européen des droits sociaux a constaté que la loi française du 11 mai 1998, précitée, était conforme à la charte sociale. Le requérant invoque la violation par la France de l'article 14 de la Convention (prohibition des discriminations) combiné avec l'article 1 du protocole n° 1 (droit au respect et à la protection des biens). La cour va considérer que l'AAH est un bien au sens du protocole susvisé et relève par conséquent du droit patrimonial protégé. La France soutient, au contraire, que pour être considéré comme la propriété du requérant, il eût fallu qu'il s'agisse d'une prestation contributive. Pour rejeter l'argumentaire de la France, la cour va se référer à sa jurisprudence. La cour précise que même si le requérant avait payé une contribution préalable lui ouvrant droit à une prestation d'urgence[877], il n'y a pas lieu de procéder à une interprétation, *a contrario*, de la jurisprudence Gayguzus. Autrement dit, les prestations contributives ou non contributives de Sécurité sociale acquièrent le statut de biens au sens du protocole susvisé. Jurisprudence qui peut raisonnablement être étendue, selon nous, aux aides sociales légales facultatives, ainsi qu'à l'action sociale. Pour autant, le protocole n° 1 reconnait aux États le droit de *« règlementer l'usage des biens conformément à l'intérêt général ou pour assurer le paiement des impôts ou d'autres contributions, ou des amendes »*. La cour finira par reconnaitre que la législation française antérieure à la loi supprimant la condition de nationalité méconnaissait l'article 14 de la Convention combiné avec l'article 1 du protocole n° 1. Nous pensons que cette jurisprudence de la cour qui attribue le statut de biens à une prestation sociale doit également être analysée

[877] CEDH, 16 septembre 1996, Gaygusuz c/ Autriche, Recueil des arrêts et décisions 1996-iV.

à la lumière des articles 8 (protection de la vie privée et familiale) et 14 (principe de non-discrimination) de la Convention de sauvegarde des droits de l'homme et des libertés fondamentales communément appelée Convention européenne des droits de l'homme (CEDH). En effet, refuser l'attribution de telles aides peut constituer, *in fine*, une atteinte indirecte à la dignité humaine. Comme le précise Diane Roman, la *« non-jouissance d'un certain nombre de biens considérés comme essentiels et nécessaires à un moment donné de l'évolution d'une société, a pour conséquence de rendre difficile toute vie sociale et, à terme, de causer discrédit et stigmatisation attentatoires à la vie privée et à l'épanouissement de la personne. Sont ainsi réunis les éléments consubstantiels à la dignité sociale, entendue au sens de droit à mener une vie privée et familiale sans subir de discrimination »*[878]. Il nous semble qu'il s'agit là d'un argument dirimant qui permet de déduire d'une non-attribution d'aide sociale une atteinte à des principes et droits contenus dans un texte européen des années 50 qui, à l'évidence, n'avait pas prévu de telles hypothèses. Pour autant, le juge européen fait preuve d'une certaine audace qui pourrait contribuer à la construction d'un véritable droit des personnes pauvres. Par la même occasion, il convient de souligner toute la modernité de la CEDH.

Précisons aussi que l'instauration d'un revenu universel est à distinguer de la garantie d'un « minimum vital », le périmètre de ce dernier étant limité aux personnes les plus vulnérables économiquement. Une proposition en ce sens émane du rapport Sirugue[879]. Pour l'essentiel, il s'agissait de procéder à une réforme globale des dix minima sociaux actuels (RSA, AAH, ASPA, ASS etc.). Trois scénarios sont alors proposés. Le premier consiste en une simplification de l'architecture des minima sociaux dans l'idée de simplifier les règles en vigueur et de permettre un meilleur accès aux droits. Le deuxième scénario s'inscrit dans une logique de réduction du nombre de dispositifs existants, en passant de dix à cinq minima sociaux (demandeurs d'asile, solidarité, vieillesse, fin de droits au chômage et handicap et invalidité). Enfin, le troisième scénario propose la création d'une *« couverture socle commune »* ayant vocation à se substituer aux dix minima sociaux actuels. Par ailleurs, deux compléments s'ajoutent à la couverture socle, auxquels s'ajouteront encore un complément d'insertion, financé par le département et un complément de soutien, financé par l'État. Le premier, dit complément d'insertion, s'adresse aux 18-65 ans en capacité de travailler. Le second, dit complément de soutien aux 65 ans ou plus, aux personnes en situation de handicap ou ne pouvant travailler.

Un arrêt intéressant de la Cour constitutionnelle allemande, du 9 février 2010, a considéré que le mode de calcul du minimum vital prévu par la loi dite « Hartz IV » n'était pas conforme au principe de dignité. Le contrôle exercé

---

[878] ROMAN D., *Le droit public face à la pauvreté*, LGDJ, 2002, p. 351.

[879] SIRUGUE C, « Repenser les minima sociaux. Vers une couverture socle commune », *avril 2016.*

par le juge allemand est beaucoup plus poussé que celui qu'exerce le juge constitutionnel français. En effet, le juge allemand va jusqu'à se prononcer sur les choix faits par le législateur, la Cour constitutionnelle allemande allant jusqu'à définir les contours du droit à un minimum. Ainsi va-t-elle préciser que le droit au minimum vital conforme à la dignité humaine ne se limite pas à un droit à la survie physique. Il se doit d'assurer à chaque individu dans le besoin *« les conditions matérielles à son existence physique et à sa participation minimale à la vie sociale, culturelle et politique »*[880].

Niveau de contrôle inconcevable en France : *« Ce dernier veille certes au respect du Préambule de la Constitution de 1946, mais il est loin de contrôler aussi finement les choix du législateur »*[881].

À partir des différents éléments développés ci-dessus, nous pouvons considérer, d'une part, que le droit à une vie digne constitue un fondement juridique, à part entière, en droit interne comme en droit communautaire et européen. D'autre part, que le législateur, outre sa légitimité à agir sur ce fondement, se retrouve dans l'obligation d'agir. La mise en place d'un revenu universel ou d'existence peut donc, selon nous, se justifier au regard du droit de vivre dignement reconnu à tout un chacun. Outre les aspects purement juridiques, la philosophie du revenu universel repose sur l'idée que l'objectif n'est plus l'emploi à tout prix. Cela résulte, notamment, du qualificatif qui le désigne. Il s'agit d'un revenu et non d'une allocation. Le premier correspond à une contrepartie, la participation à la vie sociale, le second s'inscrit davantage dans une logique d'assistance. Enfin, certains préfèrent l'expression « *revenu d'existence* » à « *revenu universel* ». En dehors des aspects purement sémantiques qu'il ne faut toutefois pas négliger, nous dirons que le revenu dont il s'agit n'est pas distribué pour exister mais parce qu'on existe. Rappelons-le, encore une fois, il n'est rien d'autre que la contrepartie de la contribution de chacun à la vie sociale ce qui en fait un droit subjectif.

B. Mise en œuvre du revenu universel en Europe et dans le reste du monde

On trouve dans l'Angleterre de la période élisabéthaine le système de Speenhamland, ville où il a été imaginé par les magistrats de Berkshire en mai 1795, la mise en place d'un système de secours pour tous (allowance system). Du fait de la guerre contre la France et de récoltes désastreuses pendant plusieurs années, un vent de révolte se leva dans tout le pays. Pour éviter une révolution de la faim, il a été imaginé la mise en place d'un droit à allocation pour toute personne, y compris les travailleurs. Ces derniers pouvant cumuler ladite allocation et leur salaire. *« Il ne s'agit plus ici d'une prestation*

---

[880] FERCOT C., « Les contours du droit à un minimum vital conforme à la dignité humaine *: à propos de la* décision « Hartz IV » de la Cour constitutionnelle allemande du 9 février 2010 », *RDSS*, 653.

[881] *Ibid.*

conditionnelle accordée à un public spécifique : le système du revenu garanti renverse la logique assistancielle et ouvre un droit au secours fondé sur des paramètres économico-démographiques totalement étrangers à la personne du pauvre »[882]. On voit à travers cet exemple que l'idée d'un revenu universel a plus de deux-cents ans. Simplement, la finalité qu'on lui attribue diffère selon le projet défendu.

Actuellement, huit départements français réfléchissent à la mise en place d'un revenu universel. Il s'agit de la Gironde, de l'Aude, de l'Ariège, du Gers, de la Meurthe-et-Moselle, de la Haute-Garonne, de l'Ille-et-Vilaine et de la Seine-Saint-Denis. Dans une tribune du « Journal du Dimanche » du 26 novembre 2017[883], les présidents de ces conseils départementaux interpellent le président de la République aux fins d'être « autorisés » à expérimenter la mise en œuvre du revenu universel. Actuellement, l'expérimentation n'est possible que dans le cadre rigide prévu par la Constitution[884]. Aussi, et suite aux engagements pris par le président de la République lors du 100ème congrès des Maires d'assouplir les conditions de l'expérimentation, les présidents précités souhaiteraient commencer celle-ci dès 2019, ce qui induit, *de facto*, la nécessité d'une révision constitutionnelle.

L'exemple finlandais est également intéressant puisqu'il est en œuvre depuis le 1er janvier 2017. Ce projet figurait dans le programme du gouvernement de Juha Sipilä, entré en fonction en mai 2015. Deux mille personnes âgées de 25 à 58 ans ont été tirées au sort pour bénéficier d'un revenu de base universel (universal basic income – UBI) de 560 € mensuels pendant deux ans versé par Kela (Caisse d'assurance sociale de Finlande, pilote du dispositif). Il s'agit, à titre principal, de demandeurs d'emploi en fin de droits ou de personnes sans expérience professionnelle. L'idée reste d'encourager ces personnes à retrouver un travail, étant précisé qu'ils cumuleront salaire et revenu universel. Le budget prévu est d'environ 20 millions d'euros. L'évaluation du dispositif se fera en 2019. L'extension du projet à tout le pays (5,5 millions d'habitants) est estimée à 11 milliards d'euros soit plus de 5,5 % du PIB. Le gouvernement finlandais vient d'annoncer l'abandon du projet de revenu universel qui semble ne pas avoir donné les résultats escomptés en termes de reprise d'emploi des bénéficiaires[885]. Plusieurs raisons semblent expliquer cet échec. D'une part, le système très avantageux de prestations sociales en cours concurrence le travail

---

882 CASTEL R. ET DUVOUX N, *L'avenir de la solidarité*, PUF, 2013, p. 88.

883 *TRIBUNE*, Pourquoi nous allons tester le revenu universel dans nos départements, 26 novembre 2017, consultable sur : https://www.lejdd.fr/politique/pourquoi-nous-allons-tester-le-revenu-universel-dans-nos-departements-3502832.

884 Se reporter au §2, de la section 2 du chapitre 2 du titre 1 de la Partie 1.

885 BASQUIAT (de) M., «Revenu universel : En France, il s'agit avant tout d'une nécessaire réforme de l'impôt sur le revenu», Tribune, 8 mars 2019, consultable sur : https://www.lemonde.fr/idees/article/2019/03/08/revenu-universel-en-france-il-s-agit-avant-tout-d-une-necessaire-reforme-de-l-impot-sur-le-revenu_5433327_3232.html.

dans la mesure où un euro gagné en travaillant correspond à quasiment un euro en moins sur ses prestations sociales. D'aucuns parlant même de « piège infernal »[886]. D'autre part, l'UBI n'est pas, à proprement parler, un revenu universel, car il reste soumis à des conditions d'éligibilité précises. Il s'agit donc d'une expérimentation qui nous intéresse sur le principe. Pour autant, elle ne correspond pas au projet de revenu universel que nous soutenons dans cet ouvrage.

L'Allemagne expérimente actuellement, auprès de 77 personnes[887], le revenu universel grâce à une initiative privée de *crawfunding* (financement participatif). Le revenu est fixé à 1 000 € mensuels pendant un an. À chaque fois que le site internet (mein Grundeinkommen)[888] perçoit 12 000 € de dons, une personne est tirée au sort pour bénéficier du dispositif. Autrement dit, cela se fait en dehors des instances gouvernementales.

Certains pays ont soumis l'idée d'un revenu universel par référendum. Cela a été le cas de la Suisse, qui, le 5 juin 2016, a rejeté à 76,9 % la proposition de mise en place d'un « revenu de base inconditionnel » (RBI)[889]. Le RBI était fixé à 2 500 francs suisses (2 260 €) par adulte et 650 francs suisses (598 €) pour chaque mineur. Une telle mesure aurait coûté 288 milliards de francs suisses (188 milliards d'euros). En fusionnant toutes les aides et assurances sociales, il aurait manqué, *in fine*, 25 milliards de francs suisses (22,5 milliards d'euros). D'aucuns proposaient une taxe de 0,2 % sur les transactions électroniques qui aurait rapporté 200 milliards de francs suisses (180 milliards d'euros) c'est-à-dire de quoi financer totalement la mesure.

Dès 2017, certaines municipalités des Pays-Bas ont expérimenté la mise en place d'un revenu universel fixé à 900 € mensuels pendant deux ans. La ville d'Utrecht, dans cette expérimentation, sert de laboratoire avec ses 335 000 habitants (4ème ville des Pays-Bas).

Depuis le début de l'année 2018, l'Ecosse envisage d'expérimenter l'UBI à Edimbourg, Glasgow et dans les régions de Fife et North Ayrshire.

Dans le reste du monde, des expérimentations de revenu universel existent ou ont existé. Ainsi, deux villes du Canada (Winnipeg et Dauphin) ont mis en place, de 1974 à 1979, un revenu versé à tous et sans condition (Mincome), financé grâce à la rente pétrolière. Expérience immédiatement stoppée par l'arrivée au pouvoir d'un gouvernement plus libéral à la fin des années 1970. Aux États-Unis, les habitants de l'Alaska, qui y résident depuis au moins cinq

---

[886] *Ibidem.*

[887] 77 personnes bénéficient de ce revenu au 5 février 2017.

[888] Mein Grundeinkommen = mon revenu de base.

[889] Le Monde, « Les Suisses rejettent l'instauration d'un "revenu de base inconditionnel", 5 juin 2016 : consultable sur : https://www.lemonde.fr/europe/article/2016/06/05/les-suisses-appeles-a-se-prononcer-sur-le-revenu-de-base-inconditionnel_4936537_3214.html.

ans, perçoivent depuis 1982 le versement d'un dividende provenant de la manne minière et pétrolière[890].

Le président Brésilien Lula a mis en place, au début des années 2000, un équivalent de revenu universel dénommé la *« Bolsa familia »*. Il s'agit d'une allocation universelle versée à tous les ménages scolarisant leurs enfants. Outre cette condition, d'autres obligations doivent être remplies par les familles, comme la vaccination des enfants. Mais à partir du moment où la *Bolsa familia* est soumise à condition de ressources, il s'agit davantage d'un minimum vital. Pour autant, la commune de Marica, près de Rio de Janeiro a créé un revenu de base citoyen versé sans condition de ressources et sans lien avec la composition du foyer. L'Afrique du Sud et de façon plus large la Communauté de développement de l'Afrique australe (CDAA), l'Iran ou encore la Lybie connaissent également un dispositif de revenu de base.

En Inde, le syndicat des travailleuses autonomes a permis la distribution mensuelle d'un faible pécule à 4 000 travailleuses. Ces dernières, moins exsangues, ont retrouvé une marge de négociation face aux grands propriétaires terriens. Une expérience similaire est relevée à Otjivero en Namibie. Dans ces derniers pays, il s'agit de lutter contre l'extrême pauvreté ce qui donne une coloration particulière à la démarche.

Toutes ces expérimentations en Europe et dans le reste du monde tendent à démontrer que la question du revenu universel est désormais intégrée dans le champ de la réflexion politique. De nombreuses questions restent encore en suspens, comme le montant du revenu ou encore son mode de financement. Pour autant, nous avons tendance à penser que nul ne peut arrêter un train sur sa lancée. Le temps fera sans doute son œuvre.

En France, on peut dire désormais que politiquement la solution semble être prise de plus en plus au sérieux. D'abord, Benoit Amon, ancien candidat socialiste à l'élection présidentielle 2017, en faisait l'idée phare de son programme. Ensuite, Aurélien Pradié, député « Les Républicains », défend également cette idée sur le principe. Enfin (et surtout), le Pape François dans son ouvrage « *Un temps pour changer* » édité chez Flammarion en décembre 2020 plaide à son tour dans le même sens. Fait particulièrement significatif d'une évolution de la doctrine sociale de l'Église qui a toujours considéré le travail comme une valeur fondamentale. Si l'on ajoute que 31 % des Français, selon un sondage IPSOS réalisé en janvier 2021, considèrent que le revenu universel figure parmi les trois solutions envisageables pour aider les gens dans leur vie quotidienne[891], notre proposition semble être sur la bonne voie. La crise sanitaire (Covid 19) traversée depuis quasiment deux ans au niveau

---

[890] Depuis 1976, il existe un fonds souverain, Alaska Permanent Fund, dont le capital repose sur les revenus miniers et pétroliers de l'État.

[891] La 1ère solution serait de garantir l'accès de tous à une alimentation de qualité (35 %) et la 2ème solution de mettre en place des aides supplémentaires permettant aux personnes âgées de se maintenir à domicile (35 %).

mondial n'a fait qu'accentuer les inégalités sociales, notamment en France. Toutes les études réalisées vont dans ce sens[892]. Ce qui, selon nous, vient confirmer l'urgence de la mise en place de solutions pérennes comme le revenu universel qui contribuera à redonner à chacune et à chacun la dignité qui lui revient de droit. En particulier lorsque la situation économique et sociale vient à se dégrader de manière soudaine, durable et importante.

[892] Voir notamment : INSEE, France, portrait social, Édition 2020.

CONCLUSION DU TITRE II DE LA DEUXIÈME PARTIE

Au titre des solutions envisageables en vue de réduire, voire de supprimer, les inégalités de traitement des bénéficiaires de l'aide sociale légale, nous nous sommes d'abord intéressés à la problématique du non-recours aux droits. En effet, il s'agit là incontestablement d'une source importante d'inégalité à laquelle il faut tenter de remédier, mais encore faut-il en saisir les ressorts qui sont variables et nombreux. Parallèlement, nous avons étudié la question de l'accès aux droits qui pointe davantage des dysfonctionnements des pouvoirs publics de façon générale. En réalité, il convient, selon nous, d'intervenir simultanément sur ces deux leviers pour améliorer significativement la situation de personnes vulnérables qui malheureusement ne sont pas repérées et donc considérées comme il faudrait au titre de leurs droits subjectifs.

Puis, nous avons démontré que la mise en place d'un revenu universel ou d'existence peut s'analyser comme une obligation juridique qui pèse sur l'État. Pour fonder notre raisonnement, nous avons mobilisé la théorie civiliste du quasi-contrat. Par ailleurs, il nous semble que la référence au concept de dignité humaine justifie également l'obligation de mettre en place ledit revenu.

Pour soutenir le caractère réaliste de notre propos, nous présentons des expériences de mise en œuvre d'un revenu universel, en Europe et dans le reste du monde, pour expliquer que l'utopie de départ est en partie en voie de devenir la réalité de demain. Pour cela, un véritable changement de paradigme semble nécessaire. L'affirmation, pour la première fois, du principe de fraternité par le Conseil constitutionnel laisse entrevoir une évolution jurisprudentielle que nous soutenons vivement.

CONCLUSION GÉNÉRALE

Après avoir étudié la question des inégalités de traitement des bénéficiaires de l'aide sociale légale et montré en quoi ces dernières sont directement liées au département de résidence, notre conclusion portera sur le principe de fraternité. En effet, selon les évolutions jurisprudentielles les plus récentes vues précédemment, ce principe semble promu à devenir un fondement juridique opératoire du droit français. Ceci dit, au niveau européen, on constate que les États adoptent davantage une attitude de repli qui, à notre sens, va à l'encontre de toute idée de fraternité européenne. Aussi, il existerait une fraternité interne en voie de devenir effective et réelle et une fraternité externe qui semble, pour l'instant tout au moins, être rejetée par les États européens.

Si l'on s'intéresse, en effet, à l'Europe sociale, on ne peut que relever une certaine frilosité des États de l'UE à octroyer des prestations sociales à certains résidents européens. C'est toute la problématique de l'immigration inter européenne, que certains qualifient de « tourisme social », qui surgit alors. Cette qualification vise, particulièrement, les personnes ou les familles qui décideraient de résider dans un État de l'UE aux seules fins de bénéficier d'un régime de prestations sociales favorable. Dans un arrêt du 11 novembre 2014, dit « arrêt Dano »[893], la CJUE, saisie d'une question préjudicielle posée par le Tribunal social de Leipzig (Allemagne), confirme la validité du refus opposé par le Jobcenter Leipzig à deux ressortissants roumains, Mme Dano et son fils, qui sollicitaient une prestation sociale de base. Pour Mme Dano, il s'agissait de l'allocation de subsistance et pour son fils de l'allocation sociale, ainsi que de la participation aux frais d'hébergement et de chauffage.

Pour la CJUE *« Un État membre doit donc avoir la possibilité (...) de refuser l'octroi de prestations sociales à des citoyens de l'Union, économiquement inactifs, qui exercent leur liberté de circulation dans le seul but d'obtenir le bénéfice de l'aide sociale d'un autre État membre alors même qu'ils ne disposent pas de ressources suffisantes pour prétendre au bénéfice d'un droit de séjour »*.

893 CJUE, 11 novembre 2014, « arrêt Dano », affaire C-333/13, consultable sur : https://www.cleiss.fr/docs/jurisprudence/c333-13.html.

L'argument des requérants, tiré d'une inégalité de traitement avec les citoyens de l'État d'accueil se trouvant être dans la même situation, a également été rejeté par la CJUE. Pour cette dernière, « *une telle inégalité potentielle est fondée sur le rapport qu'a établi le législateur de l'Union (...) entre (...), d'une part, l'exigence de ressources suffisantes comme condition de séjour et, d'autre part, le souci de ne pas créer une charge pour le système d'assistance sociale des États membres.* » En effet, et eu égard à la directive 2004, qui régit la liberté de séjour et de circulation au sein de l'UE[894], un citoyen de l'Union ne peut réclamer une égalité de traitement avec les ressortissants de l'État membre qui l'accueille que s'il respecte les conditions de séjour régulier prévues par ladite directive. Ce droit au séjour s'acquiert, sans autre condition, à partir de cinq ans de résidence ou si la personne exerce une activité professionnelle sur le territoire de l'État qui l'accueille. À défaut de pouvoir démontrer les cinq ans de résidence, la personne doit justifier de ressources propres suffisantes pour subvenir à ses besoins et, le cas échéant, à ceux de sa famille. En revanche, et toujours selon cette directive, les États membres ne sont pas tenus d'accorder un droit à prestations sociales durant les trois premiers mois du séjour. Or, pour que les requérants puissent se prévaloir du principe de non-discrimination consacré par les directives et le règlement de coordination des systèmes de Sécurité sociale, il aurait fallu qu'ils répondent aux critères de séjour tels que définis ci-dessus. Ce qui, de toute évidence et au regard des circonstances en l'espèce, n'est pas le cas.

On comprend alors que cette même cour, qui a pourtant élargi l'interprétation donnée à la notion de citoyenneté européenne, voire de « citoyenneté sociale »[895], y apporte désormais certaines limites. L'élargissement dont il s'agit a consisté à inclure, dans le périmètre de la directive des instruments de coordination de Sécurité sociale[896], les *« prestations spéciales en espèces à caractère non contributif »*[897] auxquelles appartient l'allocation de base litigieuse. Cela a eu pour effet de rendre éligibles aux prestations d'assistance les citoyens européens qui s'installent dans un autre état de l'UE. La notion de citoyen, plus large que celle de travailleur, permet d'inclure également les inactifs, les retraités et les étudiants. Pour autant, il n'y a pas d'assimilation des régimes juridiques des prestations de Sécurité sociale et des prestations relevant de d'assistance. D'abord, les premières sont exportables dans le sens où elles n'impliquent pas

---

[894] Directive 2004/38/CE du Parlement européen et du Conseil du 29 avril 2004 relative au droit des citoyens de l'Union et des membres de leurs familles de circuler et de séjourner librement sur le territoire des États membres, modifiant le règlement (CEE) n° 1612/68 et abrogeant les directives 64/221/CEE, 68/360/CEE, 72/194/CEE, 73/148/CEE, 75/34/CEE, 75/35/CEE90/364/CEE, 90/365/CEE et 93/96/CEE.

[895] BORGETTO M.ET LAFORE R., Droit de l'aide et de l'action sociale, LGDJ, 2015, p. 60.

[896] Règlement (CE) n° 883/2004 du Parlement européen et du Conseil du 29 avril 2004 sur la coordination des systèmes de Sécurité sociale entrée en vigueur le 1er mai 2010.

[897] CJUE, 11 novembre 2014, *op.cit.* note 1105.

de résider dans l'État où le droit a été ouvert, contrairement aux secondes. Ensuite, les citoyens mobiles au sein de l'UE peuvent totaliser toutes les périodes acquises dans chaque État aux fins d'ouvrir leur droit de Sécurité sociale, règle inapplicable pour les prestations dites d'assistance. Enfin, ce sont les instruments européens (règlement notamment) qui définissent les conditions de coordination des droits aux prestations de Sécurité sociale dans l'UE alors que les conditions d'attribution des *« prestations spéciales en espèces à caractère non contributif »* sont définies entièrement par le législateur national.

Cette jurisprudence permet de bien prendre conscience que la liberté de circulation des citoyens de l'Union et de leur famille au sein de l'UE ne signifie pas pour autant qu'ils peuvent accéder aux droits sociaux sans conditions. Cet arrêt va au-delà de ce seul constat dans la mesure où il constitue un frein aux tentatives d'immigration motivée par des raisons d'accès aux prestations sociales. Les juges semblent, au travers de cette décision, avoir cherché à délivrer un message clair aux éventuels candidats à l'« immigration intéressée ». Bien sûr, cela questionne l'office du juge dont la mission ne consiste pas à délivrer des messages, mais à appliquer la loi.

Il nous semble que dans cette affaire le juge européen applique rigoureusement la directive 2004/38 précitée qui précise, notamment, qu' *« il convient d'éviter que les personnes exerçant leur droit de séjour ne deviennent une charge déraisonnable pour le système d'assistance sociale de l'État membre d'accueil pendant une première période de séjour [fixée à trois mois] »*[898]. Pour autant, ne sont pas à l'abri d'une expulsion pour le même motif les personnes n'ayant pas acquis un droit au séjour permanent, comme vu précédemment[899].

La référence au concept, assez flou au demeurant, de « *charge déraisonnable* », légitime les expulsions pratiquées, plus ou moins, en Europe. Peu de chiffres officiels en la matière, sauf pour la Belgique qui annonce clairement appliquer la directive à la lettre. À ce titre, entre 2011 et 2016, 12 000 citoyens de l'UE ont été expulsés pour cette raison par les autorités belges[900]. Un phénomène similaire concerne la Grande-Bretagne qui a vu son taux d'expulsion d'Européens en situation régulière multiplié par cinq depuis 2010. Le Brexit a eu notamment pour conséquence une augmentation de 26 % du taux d'expulsion d'Européens, au cours des trois premiers mois de 2017[901].

---

[898] Directive 2004/38/CE, point 10.

[899] *Ibid*, point 16.

[900] CALDIRINI C., « Charge déraisonnable », *Éconosphères*, 5 juin 2016, consultable sur : http://www.econospheres.be/Charge-deraisonnable-689

[901] SPUTNIK, « Grande-Bretagne : les expulsions des citoyens européens en hausse suite au Bréxit », 11 septembre 2017, consultable sur : https://fr.sputniknews.com/international/201709111032994460-gb-expulsions-eu-uk-brexit/.

Pour la France, l'année 2017 a vu 14 859 expulsions exécutées dont 3417 concernent des renvois de personnes européennes en Europe soit 23 %[902].

Au-delà de ces aspects techniques, la question de la fraternité européenne, chère à Victor Hugo, se pose à nouveau. Dans une Europe divisée sur le sort qu'il convient de réserver aux exilés involontaires qui veulent échapper, à juste titre, à la misère, à la guerre ou à tout autre événement qui ferait que chacun d'entre nous, dans les mêmes circonstances, prendrait contraint et forcé le chemin de l'exil au péril de sa vie, de celle de sa famille ou de ses amis. Même si le doute sur nos capacités à accueillir l'autre persiste, nous apercevons, au loin, une lueur d'espoir, dans la décision rendue par Le Conseil constitutionnel le 6 juillet 2018 qui érige, pour la première fois, la fraternité au rang des principes à valeur constitutionnelle. Principe de fraternité qui vient donc se hisser au même rang que le principe de continuité de l'État et du service public, de respect de la dignité humaine, de la liberté d'entreprendre ou encore de respect de la vie privée. Désormais la fraternité fait partie intégrante du bloc de constitutionnalité. D'ailleurs, dans sa décision qui invalide, partiellement, certains articles du Code de l'entrée et du séjour des étrangers et du droit d'asile (CESEDA), le Conseil constitutionnel vise expressément les articles 2 et 72-3 de la Constitution. Le premier contient la devise de la République, « Liberté, Egalite, Fraternité », le second reconnait, au sein du peuple français, les populations d'outre-mer dans *« un idéal commun de liberté, d'égalité et de fraternité »*. Il s'agit des deux seules dispositions de la Constitution qui contiennent le mot fraternité. Nous nous autorisons à voir dans la référence directe aux peuples d'outre-mer un message de fraternité implicite à destination de celles et ceux qui fuient l'injustice du sort que la vie leur a réservé. Et au-delà, un message également aux États comme pour rappeler que, en humanité, nous sommes tous frères. Certes, chaque État est souverain mais, pour autant, l'Europe est ouverte au reste du monde. Les accords d'association qui nous lient à des pays tiers en sont une parfaite expression.

Enfin, nous voyons dans ce « retour » de la fraternité dans l'ordonnancement juridique une confirmation des propos développés par Michel Borgetto, dès 1993, dans sa thèse consacrée à la notion de fraternité en droit public français. On peut y lire que la fraternité est un concept d'avenir « dans la mesure où face au caractère souvent desséchant et bureaucratique que revêt la solidarité lorsqu'elle s'institutionnalise et face, surtout, à la réapparition de problèmes que l'on avait eu quelque peu tendance à oublier depuis près d'un demi-siècle – exclusion, intolérance, rejet de l'Autre… -, la fraternité semble bien avoir vocation non seulement à suppléer aux insuffisances de la solidarité en introduisant dans le Droit la dimension

---

902 La CIMADE, « Statistiques 2017 : ce que disent les chiffres de l'expulsion des personnes exilées, 25 août 2018 », consultable sur : https://www.lacimade.org/statistiques-ce-que-disent-les-chiffres-de-lexpulsion-des-personnes-exilees/.

humaine et affective qui manque à celle-ci, mais encore à apporter la preuve de son indépassable valeur et de son incontournable nécessité… »[903].

Nous pensons que la décision rendue par le tribunal correctionnel de Nice qui a relaxé, le 24 juillet 2018, une militante d'Amnesty International poursuivie pour avoir aidé deux mineurs étrangers à franchir la frontière franco-italienne[904] correspond à une mise en œuvre du principe de fraternité. Alors que le parquet demandait la relaxe, il est étonnamment à l'origine de l'appel interjeté contre cette même décision. Nous émettons le vœu de rester, comme l'indique la devise de l'Europe, *« Unie dans la diversité »,* face à cette crise de la solidarité à laquelle le Conseil constitutionnel répond en se référant à la fraternité qui constitue le ciment qui lie les individus les uns aux autres. Nous dirions même que la fraternité dépasse la solidarité et que, par conséquent, elle est porteuse de tous les espoirs.

À proprement parler, il n'y a pas lieu d'opposer la fraternité à la solidarité. D'une part, parce que la première est antérieure à la seconde. D'autre part, parce que la première contient la seconde tout en lui ajoutant une dimension affective et sentimentale.

Peut-être irons-nous alors vers une autre organisation sociale où le rôle de l'État ne sera plus *« d'encadrer la société, mais de pousser les individus à agir de manière solidaire, à se mobiliser, à faire "société" »*[905].

Dans tous les cas, nous pensons que l'instauration d'un revenu universel constitue une piste sérieuse pour lutter contre les inégalités de traitement en matière d'aide sociale légale telles que nous les avons étudiées dans le cadre de ce travail. En effet, se mise en œuvre conduira nécessairement à une refonte du dispositif d'aide sociale légale actuel. Ainsi, par exemple, les bénéficiaires du RSA seront placés, au titre de l'insertion professionnelle, sur un pied d'égalité dans la mesure où il y aura déconnexion entre revenu et obligation d'insertion. Quant à la fraternité, nous avons expliqué en quoi elle peut devenir le nouveau fondement des politiques sociales du XXIème siècle, comme le soutient également Michel Borgetto dans sa thèse précitée. Il est à noter que la Cour de cassation, dans un arrêt remarqué du 12 décembre 2018, vient d'annuler une condamnation pénale prononcée sur le fondement des articles L. 622-1 à L. 622-3 du code de l'entrée et du séjour des étrangers et du droit d'asile par la Cour d'appel d'Aix-en-Provence à l'encontre de deux militants ayant facilité la circulation et le séjour de migrants. En dehors de l'hypothèse de l'aide à l'entrée irrégulière sur le territoire national qui reste un délit punissable, la Haute juridiction s'est fondée sur l'immunité pénale prévue par

---

903 BORGETTO M., *La notion de fraternité en droit public français*, LGDJ, 1993, p. 13.

904 « Délit de solidarité : le ministère public fait appel contre une décision de relaxe », 25 juillet 2018 : consultable sur :
https://www.ash.tm.fr/asile-immigration/delit-de-solidarite-le-ministere-public-fait-appel-contre-une-decision-de-relaxe-507041.php.

905 DUBET F, La *préférence pour l'inégalité. Comprendre la crise des solidarités,* Seuil-La République des idées, 2014, p. 76.

l'article L. 622-4 du même Code qui s'applique dès lors que l'aide apportée au séjour et à la circulation n'a « *donné lieu à aucune contrepartie directe ou indirecte et consistait à fournir des conseils juridiques ou des prestations de restauration, d'hébergement ou de soins médicaux destinés à assurer des conditions de vie dignes et décentes à l'étranger, ou bien toute autre aide visant à préserver la dignité ou l'intégrité physique de celui-ci* »[906]. Par conséquent, le motif « *exclusivement humanitaire* »[907] est pris en compte, ce qui, de toute évidence, constitue une application du principe de fraternité dont la valeur constitutionnelle est désormais établie. Pour autant, « il est à noter que la Cour [de cassation] ne fait aucune référence au principe de fraternité qui était au cœur de la décision du 6 juillet [du Conseil constitutionnel], ni au fondement constitutionnel de ce principe »[908].

Aussi, est-il permis de penser qu'en changeant le paradigme, il est sûrement possible d'aller vers une société plus égalitaire et donc plus juste. Il ne s'agit pas d'offrir la même chose à tous, mais de faire en sorte que chacun puisse trouver sa juste place dans la société. Mais comme le dit très bien Pierre Rabhi, « c'est dans les utopies d'aujourd'hui que sont les solutions de demain »[909].

---

906 VERPEAUX M., « L'aide aux migrants illégaux : la Cour de cassation applique le principe de fraternité…sans le dire », consultable sur : http://blog.leclubdesjuristes.com/principe-de-fraternite-comment-traduire-la-decision-du-conseil-constitutionnel/.

907 CESEDA, L. 622-4 nouveau issu de la loi n° 2018-778 du 10 décembre 2018 pour une immigration maîtrisée, un droit d'asile effectif et une intégration réussie, JORF n° 0209 du 11 septembre 2018.

908 *Ibidem.*

909 RABHI P., « Vers la sobriété heureuse », Actes Sud, 2014.

BIBLIOGRAPHIE

OUVRAGES

ALFANDARI E. et TOURETTE F., *Action et aide sociales*, Dalloz, collection Précis, 2011.

AUBIN E., *Droit de l'aide et de l'action sociale*, Galino éditeur, 2014.

AUBY J.-B., *La décentralisation et le droit*, LGDJ, 2006.

AUTEXIER C., *Introduction au droit public allemand*, PUF, 1997.

BLAIS M-C, La solidarité. Histoire d'une idée, Gallimard, 2007.

BORENFREUND G. et VACARIE I. (dir)., *Le droit social, l'égalité et les discriminations*, Dalloz, 2013.

BORGETTO M. et R. LAFORE., *Droit de l'aide et de l'action sociale*, Montchrestien, éditions 2000, 2012, 2013, 2015 et 2018.

BOYER A., *Le statut constitutionnel des territoires d'outre-mer et l'État unitaire. Contribution à l'étude des articles 74,75,76 de la Constitution du 4 octobre 1958*, Presse universitaire d'Aix-Marseille- Économica, 1998.

CASTEL R., *L'insécurité sociale. Qu'est-ce qu'être protégé ?* Seuil-La République des idées, 2003.

CASTEL R., *Les métamorphoses de la question sociale*, Gallimard, collection Folio essais, 1995.

CASTEL R. et DUVOUX N., *L'avenir de la solidarité,* PUF, collection La vie des idées, 2013.

CHEVALLIER J., *L'État post-moderne*, LGDJ, 2014.

CORNU G., *Vocabulaire juridique*, Association Henri Capitant, PUF, 2012.

DAVEZIES L., *La crise qui vient. La nouvelle fracture territoriale*, Seuil-La République des idées, 2012.

DEBBASCH R., ROUX A., « L'indivisibilité de la République », Économica, 1996.

DRUCKER P., *Les nouvelles réalités. De l'État providence à la société des savoirs*, InterEditions, 1989.

DUBET F., *La préférence pour l'inégalité. Comprendre la crise des solidarités,* Seuil-La République des idées, 2014.

DUBOIS V., *La vie au guichet. Relation administration et traitement de la misère*, Economica, 1999.

FAURE B., *Droit des collectivités territoriales*, Dalloz, 2018.

FAURE B., *Le pouvoir règlementaire des collectivités locales*, LGDJ, 1998.

FOURNIÉ F., *Recherches sur la décentralisation dans l'œuvre de Maurice Hauriou*, LGDJ, collection Bibliothèque de droit public, 2005.

GUILLUY C., *La France périphérique, Comment on a sacrifié les classes populaires*, Flammarion, Champs actuel, 2014.
KESLASSY E., *Démocratie et égalité*, Bréal, 2015.
LE BERRE R., *De rêves et de papiers*, La découverte, 2017.
LEFEBVRE A. et MÉDA D., *Faut-il brûler le modèle social français ?,* Seuil, 2006.
PAUGAM S., *La disqualification sociale*, PUF, Quadrige, 2013.
PELLISSIER G., *Le principe d'égalité en droit public*, LGDJ, collection Systèmes, 1996.
PEREC G., *Espèces d'espaces*, Galilée, L'espace critique, 2000.
RABHI P., Vers la sobriété heureuse, Actes Sud, 2014.
REY A (dir.)., *Dictionnaire culturel*, Le Robert, 2005.
RICHER L. et LICHÈRE F., *Droit des contrats administratifs*, LGDJ, 2016.
ROMAN D., *Le droit public face à la pauvreté*, LGDJ, collection Bibliothèque de droit public. 2002.
SUPIOT A., *Grandeur et misère de l'État social*, Collège de France-Fayard, 2013.
TERRIER J. et POLTIER H., *Vers de nouvelles dominations dans le travail ?* Éditions Payot Lausanne, 2001.
TOCQUEVILLE (de) A., *De la démocratie en Amérique*, Gallimard, 1992.
WARIN P., *L'accès aux droits sociaux*, Presse universitaire de Grenoble, 2006.

THÈSES ET MÉMOIRES

BORGETTO M., *La notion de fraternité en droit public français*, LGDJ, thèse, 1993.
DEBBASCH R., *Le principe révolutionnaire d'unité et d'indivisibilité de la République*, Presses universitaires d'Aix-Marseille, thèse, 1988.
DEHU A., *Garantir "le librement débattu du contrat RSA" : un défi pour un service d'action sociale,* Expertise technique, Certificat d'aptitude aux fonctions d'encadrement et de responsable d'unités d'intervention sociale, janvier 2014, Reims, Institut Régional du Travail Social de Champagne-Ardenne.
DONIER V., *Le principe d'égalité dans l'action sociale des collectivités territoriales,* Presses universitaires d'Aix-Marseille, thèse, 2005.
DUCLERCQ J.-B., *Les mutations du contrôle de proportionnalité dans la jurisprudence du Conseil constitutionnel*, LDGJ, thèse, 2015.
FOULETIER M., *Recherche sur l'équité en droit public français*, thèse, LGDJ, Bibliothèque de droit public, 2003.
ISIDRO L., *L'étranger et la protection sociale*, thèse, Paris X (Nanterre), 2015.
MAGORD C., *Le parcours contentieux de l'aide sociale*, thèse, Lyon, 2015.
MELIN-SOUCRAMANIEN F., *Le principe d'égalité dans la jurisprudence du Conseil constitutionnel*, thèse, Presses universitaires d'Aix-Marseille, collection droit public positif, 1997.
PESQUET A., *Le principe d'égalité dans le droit de la fonction publique d'État*, thèse de doctorat en droit public, sous la direction de Michel DEGOFF, Reims, Université de Reims Champagne-Ardenne.

ARTICLES, CHRONIQUES, ÉTUDES ET RAPPORTS

AUBY J.-B., « Réflexions sur la territorialisation du droit », *in Mélanges en l'honneur de Jean- Claude Douence, « La profondeur du droit local »*, Dalloz-Sirey, 2006, pp. 1-15.

AUTISME FRANCE, EGALITED, TOUPI, DYS NOS DROITS, « Votre MDPH respecte-t-elle la loi ? », Synthèse de l'enquête menée du 12 décembre 2015 au 31 janvier 2016, mars 2016.

BASQUIAT (de) M., « Revenu universel : En France, il s'agit avant tout d'une nécessaire réforme de l'impôt sur le revenu », Tribune, 8 mars 2019.

BELLIARD D. et BERTRAND M., « La nouvelle fracture numérique », *Alternatives économiques*, hors-série n° 100, 1er février 2014, p. 54.

BELORGEY J.-M., « Les juridictions d'action sociale confrontées au principe d'égalité », *RDSS*, n° 4, 10 septembre 2013, pp. 414-421.

BLANCHELMANCHE I., « L'expérience d'une chargée de mission insertion », in EYDOUX A. et GOMEL B. (dir.), « Apprendre de (l'échec) du RSA. La solidarité active en question », 2014, Wolker Kluwer, pp. 191-196.

BOUNIOL B., « Que changera le "droit à la différenciation" dans la Constitution ? », *La Croix*, 13 juillet 2018 [interview de Didier Maus].

BOUVIER M., « Le Conseil constitutionnel et l'autonomie fiscale des collectivités territoriales : du quiproquo à la clarification », Nouveaux cahiers du Conseil constitutionnel, n° 33, octobre 2011.

BORGETTO M., Aide et action sociales, caractères généraux, *JurisClasseur protection sociale*, fasc. 859, 19 novembre 2006.

BORGETTO M., « La portée juridique de la notion d'accompagnement », *RDSS*, n° 6, 31 décembre 2012, pp. 1029-1040.

BORGETTO M., « L'égalité et l'aide sociale », *RDSS*, n° 3, 29 juin 2013, pp. 401-413.

BOUCHOUX J., HOUZEL Y. et OUTIN J.-L., « Revenu minimum d'insertion et transition : une analyse des inégalités territoriales », *RFAS*, n° 4, 2004, pp. 107-132.

CALDIRINI C., « Charge déraisonnable », *Éconosphères*, 5 juin 2016.

CAPELIER F., « La protection de l'enfance. Du droit aux pratiques », *ASH*, Les numéros juridiques, n° 3003, 24 mars 2017, pp. 100-107.

CASTEL R., « Le choix de l'État social », in AUVERGNON Ph et al. (dir.), *L'État à l'épreuve du social*, Éditions Syllepse, 1998, pp. 99-107.

CHAUVEAUD C., VIAL B. et WARIN P., « L'APA : utilisation des plans d'aide, adhésion aux services rendus », ODENORE, document de travail, novembre 2011.

CHAVRIER G., « Le pouvoir règlementaire des collectivités territoriales » in BENETTI J. (dir.), *Les collectivités territoriales et le principe d'égalité*, l'Harmattan, 2016, pp. 145-156.

CIAUDO A., « Le contentieux de l'indu de revenu de solidarité active », *AJDA* 2013, pp. 294-297.

CLAUDE M., « L'expérimentation territoriale de la prestation dépendance : fenêtre d'opportunité ou rendez-vous manqué ? », in HASSENTEFEL P. (dir.), *Politique et management public*, vol. 16, n° 3, 1998, numéro spécial Politiques sociales et territoires, pp. 69-91.

CNAF, « Bilan de la lutte contre la fraude 2015 sur les prestations légales de la branche famille », *Sécurité Sociale, La vie en plus*, consultable sur: https://www.caf.fr/sites/default/files/caf/331/Documents/AgenceComptable/Bilan%20national%20Lutte%20contre%20la%20fraude%202015.pdf.

CUNÉO P., BOURGEOIS P., FAUCHIER-MAGNAN É, MUNOZ-GUIPOUY A., PERNET-COUDRIER O., rapport, *Inspection générale des finances et Inspection générale des affaires sociales, Divergences territoriales dans les modalités d'attribution des aides sociales légales (AAH, AEEH, PCH, APA, ASH) et panorama des aides extra-légales, mai 2025.*

DAGORNE D-M., « Aide sociale communale de droit local », Jurisclasseur Alsace Moselle, fasc. 670, 16 mars 2015.

DENQUIN J.-M., « La jurisprudence du Conseil constitutionnel : grandeur ou décadence du droit constitutionnel ? Un regard surplombant sur les libertés publiques », intervention lors du colloque *Le Conseil Constitutionnel, gardien des libertés publiques* organisé par l'institut de recherches CARRE DE MALBERG (Université de Strasbourg) et l'institut Michel VILLEY (Paris II Panthéon-Assas), 6 mai 2011, consultable sur : http://institutvilley.com/IMG/pdf/Jean-Marie_Denquin.pdf.

DERVILLE G., « Le système territorialisé de protection de l'enfance : enjeux et difficultés de la mise en œuvre de la réforme du 5 mars 2007 », *Informations sociales*, juin 2010, n° 162, pp. 122-129.

DESCAMPS P. et VANREMORTERE F., « Gustave Dron (1856-1930) : la pensée et l'action sociale d'un parlementaire du Nord » in PLONGERON B., GUILLAUME P., *De la charité à l'action sociale*, Comité des travaux historiques et scientifiques, section histoire moderne et contemporaine, Éditions du CTHS, 1995, p. 377, pp. 367-385.

DONIER V., « Garantir les droits sociaux dans le cadre de la décentralisation », *Informations sociales*, juin 2010, n° 162, CNAF.

DONIER V., « Les ambivalence du critère de la résidence dans le cadre du revenu de solidarité active », *RDSS* 2012, p. 63.

DONIER V., « Les départements et les compétences sociales », *RFDA* 2016, pp. 474-480.

EYDOUX A. et TUCHSZIRER C., « Du RMI au RSA : la difficile mise en place d'une gouvernance décentralisée des politiques d'insertion in GALTIER B. (dir.) « Politiques sociales locales », RFAS, n° 4, 2011, La Documentation française, pp. 91-109.

EYDOUX A., « Les difficultés d'une gouvernance décentralisée » in EYDOUX A. et GOMEL A. (dir.), *Apprendre (de l'échec) du RSA, La solidarité active en question*, Wolker Kluwer, 2014, pp. 177-189.

FAURE B., *« La glorieuse trentenaire, A propos du 30ème anniversaire de la loi du 2 mars 1982 »*, *AJDA* 2012, pp. 738-742.

FAURE F.-X., « Observations sur la notion de compétences locales », *JCP La semaine juridique, édition administrations et collectivités territoriales*, n° 26, juin 2014.

FERREIRA N., « Les métropoles de droit commun », AJCT 2014, p. 249.

FERREIRA N., « La loi NOTRe : l'enchevêtrement des compétences, suite et…fin ? », *AJ Collectivités territoriales*, n° 2, 25 février 2016, pp. 79-83

FLAMAND-LÉVY B., « Nouvelle décentralisation et forme unitaire de l'État », *RFDA* 2004, pp. 59-68.

FERRIERA M., La différenciation des compétences : réelle innovation ou mystification ? Après la loi 3 DS, AJ Collectivités Territoriales, 2022, p. 240-244.

FRANÇOIS C., « Un droit au logement à géométrie variable. Les ancrages sociospatiaux du fonds de solidarité logement », in *Espaces et Sociétés*, *Logement et inégalités*, ERES, mars 2017, n° 170, pp. 91 à 106.

GALLO C., « Recherches sur la territorialisation du droit », *Jurisdoctoriat,* n° 10, 2013, pp. 21-45.

GÉLOT D., « Le non-recours aux prestations sociales » in MONTALEMBERT M. (de) (dir.), *La protection sociale en France*, La documentation française, 2013, pp. 318-320.

GHEBALI-BAILLY M., « Les communes sont compétentes pour créer des aides d'insertion sociale qui répondent à un intérêt public communal », *RDSS* 2002, pp. 81-93.

GISTI, « Singularité du droit des personnes étrangères dans les Outre-mer », *Les cahiers juridiques*, 2018.

GOMEL B., *Apprendre (de l'échec) du RSA. La solidarité active en question*, Wolker Kluwer, 2014, pp. 191-196.

HABCHI H., « Contentieux du revenu de solidarité active », *La semaine juridique, administrations et collectivités territoriales*, n° 14, 11 avril 2016, p. 2098.

HABCHI H., « 2016-2017 : un panorama contentieux du revenu de solidarité active », *La semaine juridique, administrations et collectivités territoriales*, n° 50, 18 décembre 2017, p. 2316.

JÉGOUZO Y., « La commune est compétente pour accorder des aides à la réinsertion », *AJDA* 2002, pp. 42-44.

KISSANGOULA J.C., « Brèves réflexions sur l'application du principe d'égalité aux droits sociaux des étrangers », *RDSS* 2013, pp. 422-430.

LAFORE R., « L'accès aux droits, de quoi parle-t-on ?, Regards, février 2004, n° 46, pp. 21-32.

LAFORE R., « La métropolisation de l'action sociale », *RDSS* 2015, pp. 525-534.

LE CHATELIER G., *« La métropole de Lyon »*, *AJ Collectivités territoriales*, n° 5, 28 mai 2014, pp. 241.

LONCLE P., MUNIGLIA V., RIVAR T. et ROTHÉ C., « Fonds d'aide aux jeunes et inégalités territoriales : aide a minima ou politique départementale de la jeunesse », *RFAS,* janvier 2008, pp. 229-249.

LONG M., « L'incidence de la mise en place du RSA sur la politique d'insertion du département », *RDSS* 2009, pp. 241-250.

LONG M., « Le département après la loi NOTRe : un acte de décès non transformé », *AJDA* 2015, pp. 1912-1916.

LONG M., La loi 3DS : la fin du département-providence ?, RDSS, 2022, pp. : 412-422.

MADIOT Y., « Vers une « territorialisation du droit », *RFDA* 1995, pp. 946-960.

MAUGER-VIELPEAU L., « Les destinataires de la loi n° 2007-308 du 5 mars 2007 : une loi d'action sociale ? », *RDSS* 2008, pp. 809-812.

MIKALEF-TOUDIC V., « Les mesures d'accompagnement social personnalisé : une mission nouvelle pour les conseils généraux », *RDSS* 2008, pp. 813-820.

MINNE M.-D., ROUX I., « Les bénéficiaires de l'allocation personnalisée d'autonomie dans les départements », *INSEE FOCUS*, n° 71, 9 décembre 2016.

MONROSE M., « La décentralisation des fonds d'aide aux jeunes », *RDSS* 2005, pp. 29-37.

MOREAU J., « Esquisse d'une théorie juridique de la territorialisation », *RDSS* 2009, pp. 1627.

MOULAY-LEROUX S., « Le contrat avec l'usager : paradigme ou parasite de la relation d'aide ? À propos du contrat de séjour dans les établissements sociaux et médico-sociaux », *RDSS* 2012, p. 5.

PAK M., « Le travail à temps partiel », *Synthèse. Stat*, n° 4, DARES, juin 2013, consultable sur : http://www.cor-retraites.fr/IMG/pdf/doc-2407.pdf.

PENAUD P., « Les dépenses d'aide sociale des départements, bilan et perspectives », *Gestion et finances publiques*, novembre 2013, p. 1-5.

PETIT F., « L'émergence d'un droit à l'accompagnement », *RDSS* 2012, p. 977-984.

RAMOS-GORAND M, « Le non-recours à l'APA à domicile vu par les professionnels de terrain », *Les dossiers DRESS*, n° 10, décembre 2010.

RENARD D., « Une définition institutionnelle du lien social : la question du domicile de secours », *Revue française de science politique*, n° 3, 1988, p. 370-386.

RENAUDIE O., « Le Grand Paris », *RFDA* 2016, p. 490.

REYNAUD I., « Explosion des dépenses pour financer le RSA : les départements inégalement impactés », C*lub finances*, 26 janvier 2016.

RICARD M., « Les départements sous pression », *ASH*, n° 3063, 1er juin 2018, pp. 6-7.

RIHAL H., *« 30 ans de décentralisation de l'action sociale »*, *SJACT*, n° 44-45, 5 novembre 2012, p. 2352.

RIHAL H., *« RSA :* halte au bénévolat forcé ! », *AJDA* 2017, pp. 226-230.

ROMAN D., « Les collectivités locales et l'insertion sociale », *AJDA* 2002, pp. 386-392.

RONGÉ J.-L., « Quand le département du Bas-Rhin établit des liste d'exclusion des jeunes étrangers de l'Aide sociale à l'enfance », *JDJ*, août 2012, pp. 10-12.

SAID MOHAMED SAÏD H., « Le principe de l'indivisibilité de la République et le droit de certains territoires à faire sécession », VIIe Congrès français de droit constitutionnel, Paris, 25-27 septembre 2008.

SCHMITT M., « La dimension sociale du traité de Lisbonne, Droit social, 2010, p. 682.

SIMONOT A., « ASE : « Le contrat "jeune majeur" va pouvoir se poursuivre après 21 ans », *ASH*, n° 1910, 15 mai 2015, p. 10.

SIMONOT A., « Protection de l'enfance : une proposition de loi pour renforcer l'aide aux jeunes majeurs », *TSA*, 22 juin 2018.

SPUTNIK, « Grande-Bretagne : les expulsions des citoyens européens en hausse suite au Bréxit », 11 septembre 2017.

TAILLEFAIT A., « Les pôles métropolitains et les pôles d'équilibre territoriaux et ruraux », *AJDA* 2014, p. 625.

TENDIL M., « Le gouvernement confirme la reprise en main du RSA en Guyane », *Groupe Caisse des dépôts et consignation,* 2 novembre 2017, consultable sur : https://www.caissedesdepotsdesterritoires.fr/cs/ContentServer?pagename=Territoires/Articles/Articles&cid=1250279999819.

THOUZEIL-D., « Déféré recevable mais non confirmé à propos du bénévolat des bénéficiaires du RSA », *SJAJCT*, n° 25, 25 juin 2018.

TONNOT C., « Bénévolat sous contrat pour les bénéficiaires du RSA », *Alsace*, 15 novembre 2016.

VERDIER P., « Le contrat jeune majeur : mythe ou réalité », *JDJ*, n° 320, octobre 2010, pp. 10-14.

VERPEAUX M., « 1982 : de quoi la loi du 2 mars est-elle la cause ? », *AJDA*, n° 14, 16 avril 2012, pp. 743-745.

VERPEAU M., « Acte III, scène finale ? », *SJACT*, n° 42, 20 octobre 2014, p. 2287.

VERPAUX M., « La fin des départements. Chronique d'une mort annoncée », in KADA N. (dir.), *Mélanges en l'honneur du professeur Henri Oberdorff*, LGDJ, 2015, p. 231- 240.

VERPEAUX M., « L'aide aux migrants illégaux : la Cour de cassation applique le principe de fraternité…sans le dire ».

VIENNOT M., « RSA, l'arme atomique du département », *Le Billet Économique*, 19 septembre 2016.

VIDEAU J-P., Bordeaux : pourquoi Juppé a été forcé d'enterrer la fusion métropole-département en Gironde, 25 janvier 2019, Challenge.

VIGNAL C., « Les espaces familiaux à l'épreuve de la délocalisation de l'emploi : ancrage et mobilité des salariés de l'industrie », *Espaces et Sociétés,* n° 120-121, janvier 2005, pp. 179-197.

VIVERET P., « L'État social n'est pas dépassé. Comment continuer à l'instituer ? », *Vie sociale*, avril 2011, pp. 35-47.

WOEHRLING J.-M., *Droit alsacien-mosellan, principes généraux*, fasc. 100, 17 juillet 2003.

ZARCA A., « Égalité et territorialisation du pouvoir normatif », *Civitas Europa*, n° 35, février 2015, pp. 55-76.

TABLE DES MATIÈRES

SOMMAIRE **9**

PRÉFACE **11**

INTRODUCTION **13**

PREMIÈRE PARTIE
Décentralisation de l'aide sociale légale et égalité : l'impossible équation ? **19**

TITRE I
La fonte de l'État social **21**

CHAPITRE 1
Désengagement progressif de l'État **23**

Section 1. Intensification de la décentralisation sociale 23
§ 1. Une pièce en « trois » actes 23
A. La décentralisation progressive de la compétence d'aide sociale 23
B. Concilier libre administration des collectivités territoriales et principe d'égalité 32
§ 2. Réduction drastique des moyens du social 33
A. L'excuse de proximité 33
B. Accentuation des inégalités 36

Section 2. Émergence du département providence 41
§ 1. D'une solidarité nationale à une solidarité locale 42
A. Mobilisation du principe de solidarité 42
1. Construction progressive du système de protection sociale 42
2. La solidarité comme fondement du système de protection sociale 44
B. Conséquences de la compensation partielle des dépenses d'aide sociale légale... 47
1. Dépenses d'aide sociale et autonomie financière du département 47
2. Dépenses d'aide sociale et situation sociodémographique du département 50
§ 2. Le département chef de file du social 54
A. Élargissement des compétences sociales du département 54
1. Le département comme chef de file du social 54
2. Pérennisation de la compétence sociale du département 58
B. Concilier pouvoir normatif des collectivités territoriales et principe d'égalité..... 60
1. Constitutionnalisation du pouvoir règlementaire des collectivités territoriales 60
2. L'expérimentation, une source particulière d'inégalité de traitement 64

CHAPITRE 2
Constitutionnalisation de l'inégalité dans le domaine de l'aide sociale 73

Section 1. Une égalité formelle 73
§ 1. Le principe d'égalité dans la jurisprudence administrative 73
A. Analyse du principe par le juge administratif 73
B. Applications dans le domaine de l'aide sociale 76
§ 2. Le principe d'égalité dans la jurisprudence constitutionnelle 80
A. Fondements constitutionnels de l'égalité 80
B. Conditions différenciées d'accès aux aides sociales et principe d'égalité 84

Section 2. Une inégalité réelle 86
§ 1. Dérogations au principe d'égalité 86
A. Dans la jurisprudence administrative 86
B. Dans la jurisprudence constitutionnelle 87
1. Situations objectivement différentes ou raisons d'intérêt général 88
2. Rupture caractérisée d'égalité 89
§ 2. Reconnaissance du droit à un traitement différent 93
A. Position jurisprudentielle 93
1. L'égalité de traitement comme anomalie 94
2. La différence de traitement comme argument 94
B. L'équité « contre » l'égalité 96

CONCLUSION DU TITRE I DE LA PREMIÈRE PARTIE 99

TITRE II
Aide sociale décentralisée : une égalité de façade 101

CHAPITRE 1
Domicile des secours et domiciliation : histoire d'un lien filial avec le territoire 103

Section 1. Concept de domicile de secours 103
§ 1. Naissance et évolution du concept 103
§ 2. Intérêt pour la collectivité départementale 104

Section 2. Concept de domiciliation 106
§ 1. Régime juridique de la domiciliation 107
§ 2. Régime jurisprudentiel de la domiciliation 108

CHAPITRE 2
Territorialisation du droit : la prise en compte du territoire
dans la détermination du contenu de la règle de droit 111

Section 1. Concept de territorialisation du droit 111
§ 1. Territoire, territoires du droit et territorialisation 112
§ 2. Territorialisation et principes républicains 115
A. Territorialisation et indivisibilité de la République 115
B. Territorialisation et égalité républicaine 118

Section 2. Des territoires de vie, source d'inégalité en matière d'aide sociale 121
§ 1. Métropole et égalité de traitement des bénéficiaires de l'aide sociale 121
A. La question des compétences sociales des métropoles 121
1. Métropoles de droit commun 121

2. Métropoles et collectivités à statut particulier 126
a. Les compétences sociales des métropoles à statut particulier 126
b. Lyon, une collectivité territoriale à statut particulier 130
B. La métropolisation, facteur d'accentuation des inégalités 133
§ 2. Des inégalités de traitement spécifiques à certaines parties du territoire 137
A. À l'intérieur du territoire métropolitain 137
1. Spécificités du droit alsacien-mosellan 138
a. Statut juridique du droit local alsacien-mosellan 138
b. L'aide sociale communale, une particularité du droit alsacien-mosellan .. 140
2. Hypothèse quasi-ultramarine : La Corse 143
B. Dans les territoires outre-marins 145
1. Départements et régions d'outre-mer (DROM) et communautés d'outre-mer d'Amérique 145
2. Les autres outre-mer : Nouvelle-Calédonie, Polynésie française et Wallis-et-Futuna 149

CONCLUSION DU TITRE II DE LA PREMIÈRE PARTIE 151

DEUXIÈME PARTIE
Territorialisation de l'aide sociale légale : une source avérée d'inégalité de traitement 153

TITRE I
L'inégalité comme dénominateur commun de tous les champs de l'aide sociale légale 155

CHAPITRE 1
Dans le champ de l'autonomie des personnes 157

Section 1. Prestations communes aux personnes âgées et handicapées 157
§ 1. Inégalités de traitement en matière d'aide à domicile aux personnes âgées et handicapées 157
A. Inégalité dans l'attribution de l'aide-ménagère en nature 157
B. Inégalité dans l'attribution de l'aide-ménagère en espèces 163
§ 2. Inégalités de traitement en matière d'accueil des personnes âgées et handicapées 167
A. Applications locales de la législation sur l'accueil familial par les départements 167
B. Des politiques départementales d'aide sociale à l'hébergement sources d'inégalité de traitement 173
1. Cadre règlementaire de l'aide sociale à l'hébergement pour personnes âgées et handicapées 173
2. Gestion départementale différenciée de l'aide sociale à l'hébergement 175

Section 2. Prestations spécifiques aux personnes âgées et aux personnes handicapées 182
§ 1. Inégalités dans la mise en œuvre de l'allocation personnalisée d'autonomie 182
A. La prestation spécifique dépendance : un modèle d'inégalité de traitement 182
B. L'allocation personnalisée d'autonomie : plus juste mais pas totalement égalitaire 184
1. Économie et régime juridique de l'allocation personnalisée d'autonomie 186
2. La gestion départementale de l'APA : source d'inégalité 188
a. Inégalités dans l'accueil, l'information et l'instruction administrative du dossier d'APA 189

b. Inégalités dans l'évaluation du degré d'autonomie, la formalisation du plan d'aide et la notification de la décision ... 201
§ 2. Gestion départementale de la prestation de compensation du handicap ... 204
A. Des inégalités en matière de PCH adultes ... 206
B. Des inégalités « spécifiques » en matière de PCH enfants ... 219

CHAPITRE 2
Dans le champ de la lutte contre les exclusions et de la protection de l'enfance ... 227

Section 1. L'accompagnement inégal des majeurs relevant des dispositifs de lutte contre l'exclusion ... 227
§ 1. L'accompagnement social des bénéficiaires du revenu de solidarité active ... 228
A. Conditions d'éligibilité au RSA ... 228
B. Des différences d'accompagnement social, source d'inégalité ... 230
1. Le poids du RSA dans les budgets départementaux ... 230
2. L'accompagnement social des bénéficiaires : une variable d'ajustement ... 235
§ 2. L'accompagnement dans le cadre du fonds de solidarité logement et de la gestion des prestations sociales ... 253
A. Le fonds de solidarité logement ... 253
B. Mesure d'accompagnement social personnalisé ... 259

Section 2. L'accompagnement inégal des jeunes relevant des dispositifs de protection .. 263
§ 1. Les jeunes accompagnés dans le cadre de la protection de l'enfance ... 263
A. Évaluation inégale des mineurs en danger ... 266
1. Évaluation de la situation des mineurs en danger ... 266
2. Évaluation de la situation des mineurs non accompagnés ... 271
B. La preuve statistique des inégalités de traitement ... 285
1. Données chiffrées sur la protection de l'enfance ... 285
2. Des inégalités en matière d'accueil familial ... 292
§ 2. L'accompagnement dans le cadre du fonds d'aide aux jeunes ... 298
A. Régime juridique du fonds d'aide aux jeunes ... 298
B. Mise en œuvre différenciée du FAJ selon les départements ... 302

CONCLUSION DU TITRE I DE LA DEUXIÈME PARTIE ... 307

TITRE II
Vers une correction des inégalités ... 309

CHAPITRE 1
L'égalité d'accès aux droits sociaux : un objectif affirmé des politiques sociales ... 311

Section 1. Agir contre le non-recours aux droits et développer l'accès aux droits : un couple pour l'égalité ... 311
§ 1. Le non-recours aux droits : une problématique nationale ancrée localement ... 312
§ 2. L'accès aux droits comme condition de l'égalité de traitement des bénéficiaires de l'aide sociale légale ... 316

Section 2. La stabilité de la norme juridique d'aide sociale légale : une nécessité au service de l'égalité de traitement ... 319
§ 1. Le principe de sécurité juridique : une exigence contre l'instabilité juridique ... 320
§ 2. L'imprécision des normes juridiques : une cause sérieuse de l'inégalité de traitement des bénéficiaires de l'aide sociale ... 322